苏东坡

一蓑烟雨任平生

因为乐观，所以心安；
因为独立不倚，所以处之泰然。

谷雨 著

新华出版社

图书在版编目（CIP）数据

苏东坡：一蓑烟雨任平生 / 谷雨著 . -- 北京：新华出版社 , 2024. 8. -- ISBN 978-7-5166-7490-1

Ⅰ . K825.6

中国国家版本馆 CIP 数据核字第 20246Q91T5 号

苏东坡：一蓑烟雨任平生

作者： 谷雨

出版发行： 新华出版社有限责任公司

（北京市石景山区京原路 8 号　邮编：100040）

印刷： 湖北金港彩印有限公司

成品尺寸： 170mm×240mm 1/16　　**印张：** 28.75　　**字数：** 412 千字

版次： 2024 年 8 月第 1 版　　**印次：** 2024 年 8 月第 1 次印刷

书号： ISBN 978-7-5166-7490-1　　**定价：** 98.00 元

微店　　视频号小店　　抖店　　京东旗舰店

微信公众号　　喜马拉雅　　小红书　　淘宝旗舰店　　扫码添加专属客服

自　序

宋代，是文人荣耀的时代，国家重文轻武，文化郁勃雄强；宋代，是武将耻辱的时代，比如澶渊之盟，比如靖康之耻。宋代，是繁荣昌盛的时代，工农商业得到长足发展，科学技术领域硕果累累；宋代是羸弱不堪的时代，政治腐败，军事孱弱，外患不断。

苏东坡就出生在这样的时代。

宋代，是璀璨辉煌的时代。宋朝的天文、历法、建筑、科技、经济等在当时世界遥遥领先。四大发明大多源自宋朝的发明和改造。其中，活字印刷术的发明和广泛使用，使中华文化在宋代登峰造极。

苏东坡的文采适逢其时。他的作品在承平盛世下，很快被结集出版，广为流传，使得苏轼闻名遐迩，加速提升了苏轼在文坛和政坛的影响力，但也给他造成了很大的舆论和麻烦，甚至给他的后半生带来巨大灾难。

宋代，是锐意变革的时代。宋神宗为实现开疆扩土、富国强兵，施行革新变法，改革社会，发展经济。这场改革影响了整个宋朝的发展，朝廷自此出现新旧党争，让北宋逐渐走向撕裂。这场变革也裹挟和影响了苏轼的一生，致使苏轼的仕途大起大落，从坦途坠入低谷，从低谷走向巅峰，又从巅峰跌进深渊。

飞黄腾达时，他做过帝王之师、封疆大吏、翰林三品大员；穷困潦倒时，他沦为海外瘴蛮之地的不赦罪官，成为布衣粝食的落魄流人。

跌宕起伏的人生境遇改变了东坡的命运，却没能改变他的心性和人生态度。他愈挫愈勇，生活越艰难反而越达观。他能在显赫之极的驸马府谈笑风生，成为贵族文人雅集的中心人物，也能在田间地头与乡野村夫相谈甚欢，与平民百姓打成一片。

宋代，是人才辈出的时代。许多士大夫不仅是政治家，还是文学家、书法家，有些甚至是科学家、医学家。

东坡既是文学家、书画家，也是政治家和实干家。他多年为政地方，革新除弊、兴修水利、救助百姓、应对疫情，创出赫赫政绩，留下载道口碑。这样的父母官，即使没有诗词歌赋的加持，也会留名史册，彪炳千秋。他不但务实能干，而且书画双馨；不仅一身正气，还能诗文并茂，不只行政工作出色，并且艺术成就非凡。

既能吟诗作画，又能身体力行的东坡已经令人高山仰止，而他还有更可敬可爱、更有魅力之处，那就是东坡的正直、乐观和纯真。他的正直在于坚守大节，心有底线；他的乐观体现在"瘴海炎陬，去若清凉之地"。他的真纯来自他的本性，倾泻于他的笔端。

他一生写下无数作品，因为文字，东坡饱受挫折，并非他不知世事险恶，只因他始终视诗文如生命，总是由着真性情纵情抒怀。他的文字亦庄亦谐，既遒健朴茂，又雄奇豪迈，直到现在，仍难被世人超越，值得细细品味，一读再读。他的书法，笔势劲健生动，用墨丰腴酣畅，书风绵里藏针，字体朴拙遒媚，千年后的今天，依然令人百看不厌。

宋代，是风雅迷人的时代。宋词婉约精致，意境深远，荡气回肠；宋代绘画典雅纤细，写实写意，形神兼备；宋代书法承唐继晋，风格多样，兼容创新；宋代茶道崇尚淡泊优雅，清静自然，包含着丰富的精神内涵。

苏轼既是诗词书画的高手，也是茶酒美食的行家。一代才子苏东坡，既能吟诵旷达豪放、气势恢宏的词句，也能做出流芳千古的东坡肉；既能画出简劲飘逸、风格淡雅的墨竹图，也能自酿清芳甘润的桂花酒；既能入仕主政一方，造福百姓，也能退隐山林，品味环玦芳瑶的紫笋茶。

宋代，是一个浪漫诗意的时代。文人雅士喜欢吟风弄月，他们宴游聚会、书画雅集常有美女佐酒助兴。北宋有很多有名的歌姬官妓，他们与东坡擦肩而过，留下不少惊鸿一瞥的风情韵事。

风度翩翩的谦谦才子，自然不缺走入生命的女子。东坡的一生共有三位佳人相伴。他身边的女子，皆重情重义，一往情深。

王润之如茶，淳朴简净，温润而泽，陪伴苏轼一生起落。王弗如歌，天籁不可多得，一曲终了，令人魂牵梦萦，余音袅袅，经久不绝。朝云如酒，沁人心脾，怡情逸趣，与苏轼心意相通，朝朝暮暮。因为她们的相依相守，冷暖相伴，他可以洒脱自如，尽情诗画。

东坡的生命中有兄弟，有良朋，有知音，有诗画，有美酒，有佳人。东坡的一生如他的文章跌宕起伏，波澜壮阔，大开大合。他历经凄风苦雨，尝遍人生百味，依旧天容海色，心清如水。他的故事与诗词文章交相辉映，无须渲染，足以动人心扉；原汁原味，已然精彩纷呈。

人物传记也是历史，无数人物的传记交织一起就是历史。让我们一起走进历史，走进东坡的时代，重温一下东坡旷世奇绝的一生。

目 录

第一卷　吾家江水绿如蓝

第一章　双亲家世

苏轼，字子瞻，于宋仁宗景祐三年（1036）十二月十九日出生于四川眉州眉山县。苏轼出生时，北宋已建立七十六年，正处于国富民安、经济繁荣的时代。

四川崇山峻岭，地势险固，盆地内平原土地肥沃，物产丰富，素有"天府之国"之称。

眉山，古称眉州，始建于南齐建武三年（公元496年），距离四川的经济文化中心成都，大约五十公里，是一座宁静质朴、温婉祥和的小城。眉山小城风景秀丽，树木葱郁，一条清澈小河从小镇东郊蜿蜒穿过，河岸上杨柳依依，桃花灼灼，春分时节，一片青翠绚烂，宛若世外桃源。

小城里，无论是乡绅之家还是书香门第，无论是豪宅深院还是小门小户，都有个或大或小的庭院，院里家家养竹，户户垂桃。小城更是水源丰足、莲花满塘，娉婷袅袅，清香雅致。

苏轼就是出生在这样一个青翠秀美、与世无争的小镇。说与世无争，是指苏轼出生的年代。事实上，在苏轼出生之前，自宋太祖一统天下，收复蜀地，四川经历了持续数十年抢掠烧杀的动荡。尽管"蜀道难，难于上青天"，四川这块风水宝地依然未能幸免战争和掠夺的涂炭。直到一波波的兵乱和农民反抗彻底被平定，蜀人经历了长达三十六年的战争纷乱。

苏轼出生时，四川的战乱已经平息稳定了三十余年，小城眉山经过一段休养生息，又恢复了往日的平静和温煦。读书风气也日渐浓厚，很多有名的诗人都曾来到四川，在这里居住、生活过。

苏轼是幸运的，他不但出生在一个和平的年代，还有一个非常幸福快乐的童年。他的童年浸染在一个山明水秀的诗书之城。

苏轼的父亲名叫苏洵（1009—1066），字明允。苏轼出生这一年，苏洵二十八岁，这是一个说大不大，说小又不小的年龄。在当时的年代，作为一个男人，这样的年纪若是在书香门第或大户人家，早已读完圣贤书，正是功成名就、一展宏图的好时候。若是生在普通耕农小户，则是务农耕作，勤劳持家，扛起家庭的全部责任和重担。

苏洵却在二十五岁之前既不读书也不耕作，依仗家有祖田，父亲健在，家境还算殷实，终日在外面游玩。

在古代，不读书却四处游荡，似乎显得有些不务正业、游手好闲。苏洵的父亲，也就是苏轼的祖父，是一个非常开明的老头儿。他从不强迫儿子读书，反而任由他四处游玩。老爷子性情十分乐观，他一点也不担心苏洵的不学上进，似乎他相信，天生其才必有用。

苏轼从小就开始读书，在学堂时就已展露出非凡的天分。这一点不像父亲，事实上，苏轼的性格也不像苏洵，倒似乎秉承他的祖父多一些。

苏轼的祖父名叫苏序（973—1047），四川眉山人，生于宋太祖开宝六年。苏轼出生时，祖父六十三岁，身体依然强壮，性格豪爽幽默，好喝酒，不怎么识字，却好作诗。

据说，苏序曾写了上千首诗歌。他的诗简单通俗，浅显易懂。诗的内容包罗万象，从朝野大事到乡村生活，从山水风景到人间烟火，他的所见所闻、所思所感，都用诗的形式表达了出来。苏序作诗很快，信手拈来，只是，他的诗一首也没流传下来，他的子孙三苏，也从未在诗文中提起过苏序的诗。

可见，苏老爷子写的诗应该没什么惊艳之处。他作诗也并非为了取悦他人，只是自娱自乐，有感而发罢了。苏序虽没怎么读过书，却有着诗人的浪漫、天真和热情。或许，苏轼血液里流淌的旷达和乐观，一部分正秉承于他的祖父。比较之下，父亲苏洵倒是个沉默谨慎的人，这一点，苏轼的弟弟苏辙倒更像父亲。

此外，苏轼的祖父喜欢喝酒，苏轼长大后也喜欢喝酒。西凤酒、荔枝酒、黄柑酒等，苏轼都喜欢，只是，苏轼的酒量或许远远不如祖父。

苏序有三个儿子，分别是苏澹、苏涣、苏洵，苏洵最小。长子苏澹和次子苏涣从小饱读诗书，只是，苏澹自幼身体不好，后来早逝了。

迁到蜀地的苏家，五代人之内并没有人考取过功名，因此苏家也并非士族之家。

唐末五代十国时期，天下纷乱，四川这个地方，因为得天独厚的地理环境，遗世独立，相对保持了一个平稳的时世。百姓悠然自得，民风质朴敦厚。蜀人的思想也很独立，只要生活富足安定，人们不愿背井离乡，到混乱的官场谋职。没有做官的欲望，也就缺少一定的读书动力，因此，蜀人的读书风气也不浓厚，尽管很多蜀人非常聪明，也有一定的文化修养和品德。

直到宋太祖建立大宋后，崇文抑武，风气大变，出仕为官的人都能得到极其丰厚的待遇。有一首著名的诗，天下人耳熟能详，"安居不用架高堂，书中自有黄金屋"。宋真宗赵恒为广招天下贤士，写了这首《劝学诗》，提倡读书的风气，鼓励读书人通过读书科举出仕，参政治国。

来自京城的这股读书之风，从京都汴梁越过高山峻岭，穿过迢遥山水，传到了偏安一隅的蜀地，也传到了连续五世都不曾出仕的眉山苏家。苏序的二儿子苏涣，备受鼓舞，因此努力读书，参加了科举。

宋仁宗天圣二年（1024）的一天，苏序正在街上像往常一样骑着毛驴闲逛，远远地传来人群的喧哗欢闹声。仔细一看，是乡里来了一个官差，后面跟着一大群乡里的族人。乡人兴高采烈，议论纷纷。等苏序走近，乡人纷纷向苏老爷子表示祝贺，原来是苏涣考中了进士，差人送来了告示和官袍。

这一年，苏涣（1000—1062）二十四岁。苏涣考中进士，轰动全蜀，他这一中，打破了苏家"三代皆不显"的局面，从此，苏家从平民人家成了官宦家族。

这一年，眉山还有一户人家考中，出仕受封的是眉山大理寺丞程文应的儿子。程家是个大户，得知儿子考中，早早准备了宴席庆祝。

苏序之前也听儿子苏涣写信说了中举一事，却不像程家提前备好酒宴，而是依旧像往常一样，在街上和邻里聊天喝酒。此时，老爷子手里拎着一块牛肉，满脸红润，喝得有些微醉。等他终于弄明白了怎么回事，高兴地接过官文，把官帽官袍连同告示一股脑儿塞进了包袱里，哼着小曲儿骑驴进城了。

乡人虽然觉得苏老爷子有点怪，但却都非常喜欢他。苏老爷子人缘很好，因为他豪迈正直，年轻时好打抱不平，很有侠义精神。

苏序年轻时，身材魁梧，气量宽宏，又勇敢无畏。眉山小城有一个茅将军庙，由于乡人比较迷信，庙祝（庙里管香火的人）便借助茅将军像欺骗乡人钱财。一天，苏序喝得有点多，趁着酒意，带领了二十几个村仆，不但砸碎了神像，连庙也一同拆毁。从此，庙祝再也不敢欺诈百姓了。

此外，苏序还临危不乱，气度从容。在苏序二十一岁那年，四川正逢兵乱，眉山被围。苏序毫不犹豫地参与了守卫家乡的战斗。不巧的是，苏序的父亲在那一年病亡了，他一边孝顺地宽慰伤心的母亲，一边在兵荒马乱中从容有序地操办了父亲的丧事。

苏序最大的优点是勤俭质朴、为人平和、乐善好施。他家里种植粟米，收割后并不去壳，而是修建一个大仓库把稻谷全部储存起来，另外还不停地以米换谷，积攒了好几年。乡人都很好奇，攒那么多稻谷做什么，苏序却笑笑并不多言。乡人觉得他就是一个与众不同的怪老头，也就不再多问。直到有一年赶上荒年，乡里族人很多家都断了粮，只有苏序囤积了大量的稻谷，足有四千担之多。

苏序虽粮食富足，却没有借机发财，而是开仓放谷，救济族人、亲戚和村里的佃户以及穷苦百姓。这时候大家才明白，苏老爷子之所以只囤稻谷，是因为米容易受潮霉烂，稻谷比米更耐藏久存。大家不但佩服苏老头儿的远见卓识、聪明智慧，更是非常感激和敬佩他的慷慨良善。那一年的饥荒，乡里的很多人家都受到了苏序的帮助。

苏序身上的豁达乐观、侠义热心，全部传给了他的子孙。我们会在苏轼的身上深刻地感受到这种正直善良的品质。

毫无疑问，苏序的侠义热心使他在乡里树立了一定的名望。说起名望，眉山还有一人，比苏序更有名气，此人就是大理寺丞程文应。

程家是北方世家，也是真正的豪门望族。881 年，唐末黄巢起义，唐僖宗逃到四川成都，程家祖辈跟随唐僖宗来到四川，之后便一直定居在眉州。

程家家境殷实，算得上眉山的首富。程文应的父亲是摄录参军程仁霸，程文应的两个儿子也都在朝为官。程家和苏家虽然都是眉山的大户人家，但和程家相比，苏家就显得家资平平了。

程文应和苏序是少年的玩伴，两家世代交好，彼此都很了解。苏洵十八岁时，一天，程文应派人到苏家来说亲，想把女儿嫁给苏洵。

苏序以为程文应是在说笑。小儿子苏洵游手好闲，不学无术，程家是完全了解的，怎会答应把女儿嫁给苏洵。程文应却是认真的，他愿意把女儿嫁给苏洵，自有他的道理。在他看来，苏家并不富足，却能把余粮接济给乡邻，其父品德高尚，其子必定贤良。程文应不但不认为苏洵是游手好闲，反而认为他行万里路，见识广阔，一定是个有大志向的人。

苏序觉得程文应宦海多年，见多识广，看人一定很准，既然他都如此高看自己的儿子，苏洵将来必成大器，苏序非常高兴。

程文应决定把女儿嫁给苏洵，却遭到儿子程浚的极力反对。程浚，是北宋天圣年间眉山县的上榜进士。对于功名富贵都不缺的程浚，平日接触的都是官宦子弟，他认为妹妹嫁给苏洵那样游手好闲之人，简直是给程家丢脸。他甚至说，如果妹妹嫁给那个浪荡子，就和妹妹断绝来往。

程文应却不顾儿子的反对，坚决促成了婚事。作为一位父亲，程文英没想那么多，他的理由很简单，他认为苏家对非亲非故的乡邻都能慷慨相助，日后必能善待自己的女儿。有时候，父亲的逻辑或选择，看似简单直接，却蕴含着最真挚深厚的父爱。

父亲不听劝阻，与苏家结成亲家，程浚为此大为不满，因为这个原因，他的态度为日后两家的交往埋下了祸根。

北宋天圣五年（1027 年），苏洵迎娶了眉山大理寺丞程文应的女儿程氏，那一年，苏洵十九岁，程氏十八岁。

程夫人家境优渥，自幼饱读诗书，不但知书达理，没有富家小姐的脾气和架子，还温婉贤良，善于女红。当时，苏洵的祖母宋氏健在，宋氏脾气有些怪，她不喜欢嘈杂，不喜欢别人大声说话，就连家人走路鞋子发出的声音大了，她都不高兴，宋氏对家里上上下下的人都有些不满，却唯独对程夫人另眼相待。仅此一点，足以说明程夫人对宋氏十分孝顺恭敬，悉心伺候，非常周到。

程夫人孝敬公婆，谦和恭顺，勤勉持家，生活简朴，不但赢得了老人的喜欢，也得到了族人的尊重和赞扬。

无论出身、学识还是相貌、品行，程夫人样样不差，有妻如此，苏洵应是幸福满足的。程氏嫁到苏家后，苏洵却依旧不思进取，到处游山玩水。

也许，在外人看来，苏洵有点身在福中不知福。其实，苏洵也是有烦恼的。上天总是先给你一份看似美满的生活，之后再不偏不倚地给你一些遗憾。苏洵的遗憾就是，婚后没多久，程夫人就生了个女儿，却不幸夭折了，这让苏洵郁郁寡欢。

天圣庚午（1030）年的一天，二十二岁的苏洵在外游玩时偶然逛到玉局观道院，在卜师无碍子占卜算卦的摊位上，看到一副张仙的画像。张仙，原名张远霄，是一位道士，擅长弹弓绝技，传说张仙曾师从南北朝时道教上清派宗师陆修静，后来在巴蜀道教名山青城山修道成仙。

卜师无碍子告诉苏洵，诚心供奉张仙的画像，祈福生子，有求必应。苏洵信以为真，立刻用随身携带的玉环换取了这幅画像，带回家后，每日恭恭敬敬地供奉上香，虔心祷告，以求得子。

三四年间，程夫人果然又添一儿一女。苏洵大喜，想不到张仙的画像竟如此灵验。

明道元年壬申（1032），苏洵的母亲史氏离世，苏洵的哥哥苏涣辞官离职，回家丁忧。

或许是来自做官的哥哥苏涣的激励，或许是母亲的离世让苏洵幡然醒悟，苏洵突然决定好好读书了。这一年，苏洵已经二十五岁，虽然时间有点晚，但他觉得读书并不是什么难事，对自己也充满了信心。为了妻子失望的眼神，也为了他自己，他必须开始用功了。

是的，妻子程夫人这些年失望和委屈的眼神，苏洵完全心知肚明，尽管她从未说出来。凡事就怕比较，有比较就会有失落。

苏洵的哥哥苏涣早已中了进士，程夫人的两个兄长也都在朝为官。嫁到苏家六年了，丈夫却依旧整日贪玩不知上进，作为一个妻子，程夫人心里应该是有一些不快的。但程夫人却从未表现出不满，正是因为她不抱怨，依旧任劳任怨，辛苦持家，让苏洵心里反而增添了更深的内疚。

就在苏洵打算用功读书时，又有一件事让他伤心不已。儿子景先体弱多病，郎中说，这个孩子恐怕养不大，苏洵听了心灰意冷，万念俱灰。

和天下所有的男人一样，苏洵盼着能有子嗣传承。二十五岁的年龄，在古代其他人家，早已子女成群。而他好不容易盼来一子一女，儿子却又长不大。想想自己一无所成，连个儿子都不能保住，他已失去了一个长女，如今，这个孩子也将失去，这对苏洵来说，不能不是一个沉重的打击。

苏洵充满了沮丧和悲伤。 他站在画像前，凝望着画中的张仙，心中不免有些埋怨。但是，第二天起床后，他又继续在张仙画像前敬重地上香祷告。

一年后，程氏再生一女，名为八娘。苏洵心里多少有了一些安慰，但他依然期盼能再有个健康的儿子。他继续坚持每日上香，虔诚敬拜，没多久，程氏再次有了身孕。

乡里的老妇人说，这次看起来又是个男孩。苏洵再次充满了欣喜和期待。对温婉贤惠的妻子也充满了感激。他开始闭门不出，更加发愤读书了。那一年，苏洵已经二十七岁。

终于，妻子临盆，苏洵盼来了新婴儿健康有力的第一声啼哭，果然是个男孩！终于又有了一个儿子，苏洵高兴得热泪盈眶。

看着襁褓里的儿子，粉嫩的皮肤，黑黑的大眼睛，高耸的颧骨，苏洵的心里百感交集，又喜又忧。 喜的当然是儿子的出生，这是他期盼了很久的事。忧的是，他想到之前夭折了的长女和体弱多病的长子。

为了慎重起见，虽然家里已经有了两个使唤丫鬟，苏洵还是为新出生的儿子请了一个心慈面善的奶娘，专门照顾他和他的姐姐八娘，这个奶娘名叫采莲。后来苏轼长大后，采莲一直跟随着苏轼，照顾他和他家人的起居日常，一直和苏轼生活在一起。

苏洵疼爱地注视着新出生的儿子，心里无限欢喜和憧憬。任凭他对这个儿子寄予多高的厚望，他都难以料到，这个儿子长大后能名震古今，才华盖世。当然，他也预料不到他一生的坎坷崎岖，颠沛流离。他当时心里唯一想到的，只是希望儿子能够健康平安地长大，如果再奢望一些，就是希望儿子能像他的伯父苏涣一样，考中进士，出人头地，光宗耀祖。

苏涣是苏家五代内唯一中举、在朝为官的人。虽然在后世，苏涣的声名不如弟弟苏洵，更不如侄子苏轼，但苏涣却开了个好头，打破了苏家三代皆不显的局面，使苏家从此成了官宦之家，也给弟弟苏洵及子侄树立了一个目标和方向。

或许是来自兄长苏涣的鞭策，或许是儿子苏轼懵懂纯真的眼神，或许是为了妻子默默的付出，或许是自己心有不甘，也或许这些原因都有，激起了苏洵内心深处强烈的责任感和上进心，他有些羡慕兄长，后悔自己没有好好读书，浪费了大好的时光。他决定要做一个好父亲，成为儿子的榜样。于是，苏洵更加发奋读书，并且准备也去参加进士的资格考试，像兄长一样，考取功名。

苏洵终于要立志读书了，程夫人感到很欣慰。可是，生存压力却横亘眼前。如果苏洵只管读书，维持生计就只能落在程夫人一人身上。程夫人对丈夫说，只管努力读书，生活上她会想办法。

让丈夫不用担心，这句话说起来简单，但付诸行动却并非易事。这不但需要能力，还需要持久的毅力，日复一日地打理家庭琐事，并承担全部责任。程夫人体谅地承担了一切，不仅说的令人舒心暖心，做的更是勤勤恳恳。于是，苏洵不管一切家务事，一心只读圣贤书。

宋仁宗景祐四年（1037），也就是苏轼出生的第二年，苏洵第一次参加乡试，可惜，他写的论文由于不合时宜，不幸落选。

苏洵回到家开始自我检讨，仔细研究古人名篇，把他以前写的几百篇旧作和古人名篇对比，感叹之后，一把火把自己的文章全部烧毁。之后潜心修读四书五经、诸子百家的著作，尤其是《论语》《孟子》和韩愈的文章，苏洵花费大量时间潜心研思，百般揣摩。他就这样每天坐在书斋，闭门苦读了五六年，这期间，他收起笔砚纸墨，发誓不读熟，不写一字一句。

几年时间内，苏洵的学业突飞猛进，不仅熟读经史，还能顷刻间写出数千字的好文章。他的作品言而有物，雄健有力，文字恣意奔放，落笔惊人。且每一篇都是有为而作的经世致用之文，而非以往那种空洞无用的应试文章。直到三十二三岁，苏洵终于自学成功。

看来，苏洵的丈人程文应的确是眼光独到。他没看错，苏洵果非泛泛之辈。其实，苏洵年少时也并非完全的不好学，更不是愚笨无知，他只是觉得读书不是什么难事，相比枯燥的四书五经，他更喜欢通过远游增长见识，开阔视野，走出眉山这个封闭的小城，了解外面更广阔的世界。

从春秋战国时起，就有很多著名的文臣谋士、思想家走出闭塞的家乡，通过游学获得知识和信息，增长智慧，同时了解其他诸国的状况。远的不说，离宋代较近的，如唐朝的李白、杜甫曾云游四方，两位大才也都曾来过四川，在四川居住过一段时间，留下了不朽的诗文。或许苏洵就是受到他们游历的启示和诗篇的鼓舞，也想像先贤那样游历四方，开阔眼界。

事实证明，苏洵那些年的游历的确收获巨大，他几乎走遍了大半个宋朝。不但自己增长了见识，他每次游历回来，还会把旅途见闻讲给儿子们，从山川风物到民间百态，从庙堂之高到江湖之远，从名士大儒到寻常布衣，这让苏轼很小就对外面的世界充满了向往。

后来，苏洵通过游历，还了解到时代的趋势和变革，朝野的动态和风向，学术思潮的发展和流向。他每到一处，都与当地文人才子切磋文章，不但自己更加热衷思索，还引导儿子们追求实用，深入思考，写出言而有物的文章。苏洵积累的学问和见识让两个儿子成了最直接的受益者。

通过游历，苏洵不但开阔了眼界，还结交了天下朋友，包括北宋政坛非常有名气的几个大人物。那些年走过的路，遇见的人，影响和改变了苏洵，也大大开阔了儿子的眼界。这些知名人士为他和儿子们后来进入京城，初露头角，起到了很大的帮助。

有些人，终其一生未能开悟，直至老死平庸无华、寂寂无闻；有些人，少年时或许并不出类拔萃，经历了一些事，遭遇过一些坎坷和伤痛，之后幡然醒悟，励志图强，终能大器晚成。苏洵就属于后者。

苏轼生逢盛世，家境小资，母慈父爱，父亲又文采非凡，卓尔不群，这对于一个少年，就已经很幸福了。更幸福的是，苏轼三岁那年，1039 年三月十八日，母亲程夫人又生了一个儿子：苏辙。

从此，苏轼的童年，不但有了一个手足之亲、形影不离的玩伴，还多了一个读书学习的学友。兄弟俩一起学习，一起进步，一起成长，后来又一起赴京赶考，同中进士。在苏轼仕途起伏、一生坎坷的命运中，弟弟苏辙始终和他一起，在政坛上同进退，共患难，弟弟成了苏轼生命中最大的精神支柱。

关于苏轼的出生，有一个美丽的传说。在苏轼出生那年，四川眉山县境内的彭老山忽然树木凋零，花草枯萎，一座原本秀丽青翠之山突然一片萧瑟。直到六十多年后，苏轼去世，山林才恢复以往的青翠繁茂。眉州百姓当时不解，后来才恍然大悟，原来，那一年天降奇才，山河的灵秀之气独钟于他一身，因此寸草不生。

这当然只是一个传说。自古有关这种英雄豪杰的祥瑞之说，往往都铺陈在帝王身上，苏轼作为一个文人，也能得此殊荣，足以说明苏轼深受百姓的喜爱和赞美，因此，人们愿意给他的出生抹上一层神秘的色彩。

苏轼有一个生机蓬勃的童年，是在山清水秀的眉山度过的。不但山上花草树木没有枯萎，而且枝叶繁茂，果实累累。苏轼小时候经常爬到树上采摘橘子柚子，有时也会登山采些松果，还会悠闲地坐在牛背上，边读书边放牧，牛儿则低头吃着翠绿的青草。

苏轼小时候，家里有个美丽的庭院，竹柏丛生，杂花满园。暮春时节，美丽的鸟儿三三两两栖集于桐花上，竹引清风，鸟雀鸣叫，花香满庭，绿荫如画；屋内翰墨书香，书声琅琅，兄弟俩不负青春，埋头苦读。这一番情景，后来在苏轼的诗里尽显："门前万竿竹，堂上四库书。"

苏轼的伯父苏涣已经做了官，朝廷偶尔有官员经过眉山，都会到苏家拜访。每次有官员来，家里就会很热闹，使女光着脚到院子里采摘青菜，家里准备酒肉宴席待客，那种热闹的气氛在苏轼的心中留下很深的印象。

苏轼就是在这样一个环境里长大。他身体健康，无忧无虑，拥有着一个非常快乐的童年。

除了弟弟苏辙，苏轼也常和堂兄弟、表兄弟一起在乡野里玩耍。无论是泥土、石块还是水沟、土墩，自然界的任何东西，小苏轼都能玩得不亦乐乎。在苏轼一生的作品中，就有很多写童年时代乡村生活的诗篇。如《戏作种松》《送表弟程六知楚州》等。

少年苏轼在故里快乐地嬉戏，眉州的山光水色赐予他无穷的乐趣和滋养，蜀地的风土人情也给予了他丰富的灵感和诗情，许多人文故事，启迪着苏轼的思想。他热爱家乡的山山水水，在《东湖》一诗中，深情地歌颂他的家乡："吾家蜀江上，江水绿如蓝。"

如果说，眉州的山水有情，孕奇毓秀，孕育了苏轼，给予他成长的沃土，苏轼的性格一部分秉承了祖父，文学造诣的启蒙来自父亲；那么，苏轼生命中还有非常重要的一人，他的母亲，苏轼高尚无私的品格，一部分就来自母亲的教育。

苏轼的母亲，程夫人，出生于 1009 年，眉州青神人（今四川省眉山市青神县）。十八岁时，奉父母之命，嫁给苏洵。程夫人从小笃信佛教，宅心仁厚，心地良善。

苏轼年少时，每逢父亲在外游历，教他和弟弟读书习字的任务就落在了母亲的头上。可以说，程夫人是苏轼和弟弟苏辙的启蒙老师。程夫人教育孩子，非常注重品格的培养。除了书本上的知识，程夫人还经常在生活中，用自身的言行对孩子进行潜移默化的教育。有几件事，给苏轼幼小的心灵留下深深的印记，令他终生难忘，苏轼后来在诗文中都有记叙。

其中之一，是《记先夫人不残鸟雀》。苏轼小时候，自家的院子里，种植了很多花草树木，竹柏茂盛，绿意盎然，引来不少鸟雀，在他家的院子建窝筑巢。苏轼和弟弟苏辙年少顽皮，在院子里追逐嬉闹，偶尔会爬到树上。程夫人严厉地告诉儿子们，要爱惜一切有生命之物，并立下家规，家中任何人不许捕鸟，更不许毁坏鸟巢。

苏轼和苏辙看着母亲严肃的表情，面面相觑，连连称是。苏家上上下下善待弱小，久而久之，飞到苏家的鸟类越来越多，树上的鸟巢也跟着多了起来。鸟儿不怕生了，胆子也大了，鸟巢越建越低，有的就建在低矮的树杈上，兄弟俩低头就能看到，有时，他们还会找些吃食喂喂小鸟。

母亲的言传身教对孩子是最好的教育。因为程夫人善良慈悲，苏轼长大后也一心系民，关爱百姓。日后为官，无论走到哪里，都把百姓生计放在第一，一生充满仁爱。

还有一件事，发生在苏家刚搬进纱縠行新居不久。苏洵经常外出游玩，程夫人带着孩子和公婆住在一起。随着人口的不断增加，苏家的经济状况日渐衰落。

苏洵未能入仕做官，又整日游手好闲，程夫人不愿一直靠公婆维生，更不愿接受娘家的接济，让乡村邻里对她的丈夫指指点点。于是，苏洵外出求官时，程夫人就从三代同堂的大家庭里搬了出来，在眉山城南纱縠行街租了一栋宅子，自住兼经营布帛生意。

一天，仆人在新居屋内一块地板下，发现前人窖藏的一个坛子，从重量上看，应该是一坛金银。大家都十分高兴，有了这笔钱，一家人的生活就能好过多了。程夫人却不等开启，让人立刻重新埋好。她教育儿子，君子爱财，取之有道，做人要堂堂正正，绝不贪图意外之财。程夫人对两个儿子的教导，让苏轼兄弟从小树立了高尚的品格和正确的人生观。

程夫人不但正直良善，还有着普通女人难以企及的气度。苏轼十岁时，母亲给苏轼读《后汉书》，读到《范滂传》。

范滂（137—169），字孟博，汝南征羌县人（今河南），东汉时期的大臣和名士。他敦厚质朴，谦逊节俭，为官清廉，刚正不阿。东汉末年，宦官当道，朝廷腐败，百姓苦不堪言。范滂为百姓疾苦呼吁，敢于伸张正义，鞭挞贪官污吏，受到百姓的尊敬，却受到奸党宦官的诬陷和追捕。

奉旨缉捕的官差知道范滂是一个正人君子而不忍去捉拿，抱着诏书痛哭，范滂听说了这件事，为了不使官差为难，主动到县府投案。县令郭揖深为范滂的义勇而感动，立刻解下官印绶带，决定弃官与范滂一起逃跑。范滂不愿连累县令，宁死不屈。

范滂临刑前，母亲赶来与范滂诀别。范滂对母亲说："弟弟仲博很孝顺，可以赡养母亲，儿子不孝，要离开您了，请您不要过分悲伤。"范母听了回答说："儿子能与李膺、杜密这样的贤人齐名，死有何憾！儿既然得了好名誉，又想要长寿，怎能两样占全？"范滂跪拜，接受母亲教诲。

范母对儿子虽义正词严，却免不了内心的哀伤，一边垂泪一边喃喃对范滂说："我不让你做坏事，让你做好事，可我却落得如此下场。"周围的邻里听了这句话都伤心不已。范滂慨然赴死，年仅三十三岁。

程夫人讲到这里，放下书卷，慨然喟叹。她敬重为官清正、为民请命的范滂，更深深佩服深明大义的范母。

苏轼和母亲两个人同时静默了许久。过了一会儿，苏轼抬起头，认真地问母亲："如果我长大，也成为范滂那样的人，母亲会允许吗？"

身为人母，谁都希望自己的孩子一辈子平平安安，程夫人当然也希望儿子无忧无虑、健康成长，但她的回答却令人意想不到。程夫人深沉地凝视着儿子，朗声回答："你能做范滂，我就不能做范母吗"？

母亲的智慧对孩子的价值观起着决定和引导的作用。正是因为程夫人的教育，一颗一心为民、追求真理、刚正不阿、矢志不渝的种子早早地埋在了苏轼的心中，为苏轼立下了安邦济世的雄心壮志。后来，无论苏轼是在文坛上被万人追捧，还是在官场上遭小人迫害，无论身居高位，还是流放万里，他始终乐观豁达，秉持高洁的操守，不肯同流合污。程夫人的一言一行，深深地影响了苏轼的一生。

第二章　眉山少年

五代十国时期，军阀混战，天下大乱，大批文人迁居蜀地避难，促进了西蜀的文化繁荣。宋太祖征服西蜀后，战乱连绵，内部叛乱与农民起义持续了三十多年，导致蜀地文化一度陷入低谷。苏轼出生时，蜀地已经过三十多年的休养生息，读书风气日渐浓厚。

庆历三年（1043），在宋仁宗的支持下，由名臣范仲淹、富弼、韩琦等为主导，北宋朝廷发起"庆历新政"的改革。当时的名士石介写了一篇《庆历盛德诗》，歌颂朝廷的能人志士。

这篇诗作传遍四方，甚至从京师翻山越岭传到了四川。一天，大人们正在谈论这首诗，苏轼听到了，好奇地询问一位老者，诗中所提及的人物是何许人也。老者瞥了一眼苏轼，漫不经心地回答说："小孩子知道这些有什么用。"一句敷衍的话并没有把苏轼打发走，他依然站在那里，很认真地说："如果他们是神仙，我会不敢探询；但若是凡人，为何不能了解呢？"

老者被问住了，他被苏轼的求知若渴所打动，不禁对他刮目相看。于是，详细地给苏轼讲解了一遍，并称赞韩琦、范仲淹、富弼、欧阳修是当世豪杰，鼓励苏轼好好读书，以他们为榜样，将来做个有才华的人。

苏轼听完，心中充满了敬佩和渴望。老者的话，让苏轼立下了远大的志向。少年苏轼绝没有想过，后来，这四人中，除了范仲淹终生未曾谋面，成了苏轼一生很大的一个遗憾，另外三人不只亲见，还在他日后的人生中有着深远的影响。

老者和苏轼自己都没有料到的是，多年后，苏轼的名气足以和四位大贤比肩，甚至远远超越。

眉州偏于帝国一隅，历史悠久，人文荟萃，苏轼不但汲取书本中的知识，还从小耳濡目染丰富多彩的民间故事和历史文化，一些流传于民间的诗文对少年苏轼也有着潜移默化的影响。

苏轼从小就很聪明，记忆力也很好。他一生的很多诗作和少年经历有关。据苏轼成年后自述，他小时候，曾听一个姓朱的九十岁老尼姑讲起后蜀宫廷旧事。老尼年轻时曾随师傅进入宫里做法事，在一个夏夜，听到后蜀国君孟昶和他的宠妃花蕊夫人，在摩诃池边乘凉时做的诗——《玉楼春·冰肌玉骨清无汗》。

北宋乾德二年（公元 964 年），宋太祖赵匡胤攻下荆、楚二州后，准备从水陆两路攻入西蜀。在面临即将亡国之际，孟昶写下了这首诗。老尼也是一个喜欢诗词的人，仍记得整首诗，她给苏轼读了一遍：

> 冰肌玉骨清无汗，水殿风来暗香暖。
> 帘开明月独窥人，欹枕钗横云鬓乱。
> 起来琼户寂无声，时见疏星渡河汉。
> 屈指西风几时来，只恐流年暗中换。

这首诗的前两句写尽花蕊夫人的体貌之美，文笔含蓄，看似清淡，却勾画出缠绵缱绻的香艳画面，饱含了对花蕊夫人的浓浓爱恋。后两句笔锋一转，写出了亡国前的心理。

这首诗很容易让人想起南唐后主李煜的词。同为亡国之君，不同的是，孟昶此作不像李煜的词那般哀怨凄美，孟昶也没有像李煜般仓皇辞庙，而是静静待在蜀地，黯然等待宋军的占领。他把内心的爱恨伤痛，用一种非常静美的文字表达出来，那种冷静又无奈的悲凉直击心扉，让人读了深深叹惋。

那一年，苏轼七岁。一个七岁的孩子虽然天资聪颖，但对于诗中潜藏的哀思如潮和耐人寻味的意境还不能完全准确地理解，倒是其中一句，"冰肌玉骨清无汗，水殿风来暗香暖"，深深地打动了少年的苏轼。

这句意境优美的文字，令苏轼久久不能忘怀。直到他走过懵懂少年，走过风姿勃发的青春，体验了人间情爱，也经历了被贬的失意，才对这首诗有了更深刻的理解。四十年后，苏轼依然记得这两句诗，那时他早已是一个文学大家。

苏轼七岁开始读书，八岁去学校。所谓学校，其实是一个道观，名叫天庆观北极院。天庆观是苏轼和苏辙平生就学的第一个学校，苏轼的老师是一个叫张易简的道士。很难想象，日后蜚声文坛的大文豪苏轼与苏辙的启蒙老师竟然是一位道士。

其实这并不奇怪，中国道教发源于四川的鹤鸣山。北宋时期，因皇室推崇，道教盛行，巴蜀地区道教气氛非常浓厚，道教观宇遍布城乡。这些道观的功能不只限于人们的祷告祭拜，也兼救济四方和教化百姓。

苏轼的一生似乎与道教有着不解之缘。苏轼出生前，父亲苏洵在玉局观道院求得张仙画像，之后带回家诚心供奉，以祈福生子。五六年后，苏轼和苏辙陆续出生。如果说成都玉局观和苏轼、苏辙两兄弟的生命起点有着冥冥的渊源，苏轼后来跌宕起伏的一生更似和道教有着千丝万缕的关联。

张易简很欣赏苏轼的聪明才智，对他用心教育。一百多个学生中，只有他和另一个名叫陈太初的学生天资较高，经常得到老师的夸奖。苏轼一生都未忘记他人生中的第一位老师。在谪居海南岛时，苏轼曾梦见自己又回到童年时代，回到天庆观，听着张道士讲解老子的道德经"玄之又玄，众妙之门"。关于陈太初，苏轼的诗文中也有提及，后来他也成了道士，云游求仙而去。

苏轼从小受到张易简道士的影响，虽不像陈太初那样选择成为道士，但在晚年也曾访道炼丹，寻求长生之术。苏轼成年后的文字仙气十足，逍遥出尘，有庄子之风。而他的性情也异常豁达，无论是写文章还是为人处世，都展现出一种仙风道骨的洒脱。这种仙气，或许在一定程度上受到了启蒙老师张易简道士的感染。

苏东坡的童年时期正逢宋朝最仁义宽厚的君主即宋仁宗主政。宋仁宗统治时期，是北宋历史上最好的四十年。国家安定太平，经济繁荣，科学技术和文化教育得到长足发展。宋仁宗一朝也是北宋文坛最为鼎盛的时期。太平盛世下，从朝廷到乡野，从官员到百姓，从名士到布衣，出现了大批的文人和学士。

有一天，苏轼和弟弟苏辙一同外出游玩，路过一座小院，院落的墙壁上刻着两行诗："夜凉疑有雨，院静似无僧。"兄弟俩读了几遍，反复琢磨诗中的意境，似乎有所感悟却又难以言喻。多年后，苏轼被贬至黄州，一晚住进了黄州禅智寺。寺庙空无一人，寂静异常。他久久不能入眠，直到夜半时分，忽然下起了雨，细雨敲竹，淅沥作响。那番寂静、凄清的气氛，让苏轼心生所感，忽然想起了少年时读过的这两句诗，数年之后，竟与当时意境相合，于是忍不住一番感慨。

苏轼成年后，随着岁月的流逝，仕途的迁转，故乡眉州已渐行渐远。但苏轼总念念不忘少年的时光。那些在童年遇到、听到的人和事，或许，冥冥之中，很多际遇早已潜藏在眉山小城那个无忧无虑的少年心中。

苏轼十二岁那年，父亲苏洵从外面游历回来，给苏轼兄弟俩讲述旅途见闻，提起他游历到江西赣州时，在山上的天竺寺里看到白居易亲笔题的一首诗：

> 一山门作两山门，两寺原从一寺分。
> 东涧水流西涧水，南山云起北山云。
> 前台花发后台见，上界钟声下界闻。
> 遥想吾师行道处，天香桂子落纷纷。

这首诗饱含禅境，新奇飘逸，余味无穷，令苏轼拍案叫绝。在父亲的影响下，苏轼不但对诗词歌赋、人文古迹非常喜欢，对寻幽览胜，山水自然也充满了兴趣。

苏轼成年后步入仕途，每到一处州县，常在闲暇时寻幽访古，遍览名胜，对四时风景充满了热爱。苏轼一生坎坷，人生失意时便寄情于山水。山水草木以其自然的灵性滋养着这位才子，陶冶着这位失落文人的性情，使得苏轼灵感迸发，写下大量名垂千古的诗篇。苏轼对于自然的喜爱，不能不说和父亲早年的熏陶有关。

因为年龄还小，不能独自出游，苏轼就经常和小朋友在家附近山野里玩耍、猎奇。一次，苏轼在外面玩耍时，挖出一块非常好看的石头，石头颜色浅绿，光滑如玉，熠熠闪光，苏轼高兴地拿回家给父亲看。

苏洵仔细研究后，发现竟是一块上好的砚石。和普通砚石不同的是，这块砚石轻击之下会发出铿然清脆的声响，苏洵非常高兴，就像孩子周岁抓周，他觉得儿子捡到这块天砚，预示着苏轼将来一定会在文学上有所造诣。于是，苏洵亲自雕刻了一个木匣给苏轼，让他好好保存这块砚石。苏轼听了父亲的话，小心翼翼地收藏多年，直到长大后，这块砚石也一直陪伴苏轼多年。

当苏轼两兄弟每天汲取大量的知识，一天天茁壮成长，不断进步时，父亲苏洵却屡次赶考，屡次失败。

庆历五年（1045），苏洵在京城又参加了茂材异等考试。茂材异等指的是出众的优秀人才，这是朝廷为收录在野贤人，让平民布衣也能获得出仕机会，而举办的一种特种考试。苏洵信心满满地去应试，遗憾的是，依然没能考中。他十分沮丧，无颜回到家中面对妻儿，索性继续游山玩水去了。

直到庆历七年（1047）五月，苏洵的父亲苏序离世，苏洵得知消息后，才匆匆回到眉山奔丧。

父亲去世，加上落榜，令苏洵心灰意冷，抑郁悲痛。仕途无望，人生艰难，苏洵经历了屡试不第的打击后，索性不再执着于自己的功名，而是把希望寄托在两个儿子身上。

回到家，苏洵开始亲自辅导儿子们学习。他躺在长椅上，闭上眼睛，听两个儿子读书，儿子稚嫩的读书声是世上最美妙悦耳的声音，如天籁般治愈着苏洵赶考失落的心。

两个儿子一起读书，一起生活，虽同进同出，亲密无间，性情却略有不同。苏轼直率热情、豪迈不羁，苏辙则略显谨慎持重，含蓄内敛。

苏洵对两个儿子的性情了若指掌，给两兄弟分别起名为"轼"和"辙"。"轼"是马车上作为扶手的一根横木，看起来似乎没什么用，不像车轮、车厢、车辐条那么重要，却缺之不可。车子没了轼，就不是一辆完整的车。苏洵希望苏轼能够掩饰自己的锋芒，善于藏锐，韬光养晦，以保护好自己。

"辙"字，是马车驶过的车痕，如果发生灾难，车毁马亡，人们不会怪罪车辙，车辙总能不受牵连。辙，看起来无功亦无过，却能悠游自处。苏辙性格沉稳，善处于祸福之间，父亲对于小儿子似乎没那么担心。

苏洵对两个儿子知之甚深，给两个儿子起的名字看起来朴实无华，却蕴藏着告诫与勉励的深意，更饱含了深沉的父爱。苏洵在一篇小文《名二子说》中，解释了给两个儿子的命名。他对两个儿子人生命运的预言，后来在苏轼和苏辙未来的人生中一语中的。苏洵写的这篇小文，也因为两个儿子后来的成名，而成了千古名篇。

苏轼十三岁、苏辙十岁时，苏洵送两个儿子到城西寿昌院读书。眉山学者刘巨是他们的老师。当时，科举注重诗赋文采，刘巨教他们声律和作诗、作对子等。

一次，刘巨在课堂上作了一首诗咏鹭鸶，念到最后两句，"渔人忽惊起，雪片逐风斜"，苏轼站起来说，先生的诗写得很好，但最后一句若改成，"雪片落蒹葭"，会更好。刘巨听了，十分汗颜地说："我当不了你的老师了。"

好一个少年苏轼，竟然敢挑战老师的文字。这时的他不仅能写出优秀的诗篇，更能写出不少出色的文章。早在十一岁时，苏轼就写过理趣横生的《黠鼠赋》，其中有一句："人能碎千金之璧，不能无失声于破釜；能搏猛虎，不能无变色于蜂虿"，寓意深刻，耐人寻味。父亲苏洵对此赞叹不已，苏轼自己也颇为得意。

苏轼跟随刘巨门下三四年，那时的他已经阅读了大量的经典著作，并且能背诵很多史书和古文。

苏洵不止让儿子们背书，还经常让他们抄写文章数遍。背书和抄写对学生来说是一件苦差事，但却有很大好处。它能加强学生对知识的了解，这是阅读多少遍都达不到的效果。逐字抄写文章，还能同时练习书法，苏轼的书法就是在少年时，打下了坚实的基础。

苏洵虽然科举落第，但是经过七八年的潜心研读，已经自成一派。他不善科举，也不按科举考试的题材来教导儿子，而是选了孟子、韩愈的文章，让他们学习。苏洵还经常鼓励儿子自由思考，对学问和知识勇于质疑，教育他们解决实际问题时要有宏观的视野。苏洵，一个屡试屡败的落榜书生，却常以战略性的思维和高远的格局，对孩子从小进行博学大儒式的教育和培养。

在苏洵的循循善诱和用心指导下，苏轼与苏辙的学识一日千里。尤其苏轼写的文章，文风简朴，内容充实，富有真情实感，经常得到父亲的夸奖。

当然，父亲对儿子也很严厉，以至苏轼六十岁时，梦到童年，父亲给他留的作业，因为贪玩没完成，担心被父亲责罚，在梦里还担惊受怕，像是被钩住的鱼儿一样惶恐不安。

在父亲的严厉督促下，少年苏轼读了诸子百家、史传等大量书籍。苏轼十分喜欢贾谊、陆贽的文章，对《庄子》更是情有独钟。庄子提倡的自由高远的道家思想，以及追求自我和在人生苦难中的不屈和乐观，深深地吸引着少年的苏轼，极大地影响了他成年后的人生。

苏洵物欲淡泊，喜欢艺术，苏轼耳濡目染，也对琴棋书画充满热爱，尤其书法，苏轼后来取得了很高的造诣，成了宋代四大书法家之首。

苏轼有个姐姐，名叫八娘，但在他的诗文中几乎没有提到与姐姐一起游玩的记录。或许，那个时代的女孩待字闺中时，更多的时间是学习女红，不像男孩子那样可以随意外出，嬉戏游玩。

八娘也是一个懂诗书的女子，兄弟俩在家读书时，偶尔姐姐也会和他们一起探讨诗文。相传，有一次，八娘故意想考考两位弟弟，于是，写下几个字："轻风细柳，淡月梅花"，让他们在中间各加一字，成为一句诗。苏轼才思敏捷，张口就来，"轻风摇细柳，淡月映梅花"。八娘听了觉得不错，却故意说，不够含蓄，缺乏想象的意境。苏轼略加思索，于是换成"轻风舞细柳，淡月隐梅花"。姐姐还是摇头。

弟弟苏辙还小，看到哥哥都没有答好，更是不敢再答。八娘看着两个弟弟，笑着吟道："轻风扶细柳，淡月失梅花。""扶"和"失"两个字，一动一静，形象生动，意境深远，两字之改，却别具神韵。苏轼突然醒悟，发现诗词的语言没有最好，只有更好。可见，读书习字永无止境。

　　可惜，这样一位聪慧的姐姐却没能陪伴苏轼兄弟太久。

　　八娘十六岁那年，遵照当时的旧俗，嫁给了十七岁的表兄程之才。程之才，字正辅，北宋眉山人，程文应之孙，程浚之子。程浚，与苏轼的伯父苏涣是同年进士。

　　当年，程浚的妹妹程夫人，嫁给苏洵，程浚曾极力阻挠，他看不起苏家，更看不起苏洵，一直认为苏洵是个游手好闲之人。苏洵屡次赶考，屡次失败，他鄙视这位妹夫，也从心里排斥他的女儿。迫于眉山亲上加亲的风俗，抑或其父程文应早年订下的姻亲，二十多年后，苏家和程家再度联姻。

　　与其说是父母之命、媒妁之言，倒不如说是不得不接受风俗与命运的安排。尽管在此之前，八娘和她的这位表兄并没有多少感情，还是像那时所有出嫁的女子一样，穿上红嫁衣，戴上红盖头，怀揣着对未来新生活的憧憬和期望，嫁到了程家。

　　八娘自幼聪慧好学，知书达理，在婆家自然也表现得谦恭温良、端庄静雅。可惜，八娘到了程家，并未得到夫家的善待。

　　程家官高位显，为人却不够厚道。公公行为不谨，婆婆骄横跋扈，经常对八娘斥责怒骂，丈夫程之才却充耳不闻，视而不见，八娘在程家屡受不平，日子过得十分艰难。

　　一年后，八娘生下一个儿子，月子里没有得到很好的照顾，产后抱病在身，夫家却不给儿媳请医诊治，苏洵和程夫人只好把八娘接回娘家修养医治。

　　八娘回到娘家，在父母的悉心照顾下，身体略见好转。这时，程家突然找上门来，兴师问罪，责怪八娘不回家侍奉公婆，不尽妇人之责，还把婴儿给抱走了。

　　八娘看不见儿子，伤心不已，悲愤交加，病情再度加重。可叹八娘温婉谦卑，贤淑恬静，面对嚣张的公婆一味委曲求全，对待无情的丈夫，一再隐忍自律，内心凄苦不安。直到儿子的出生，她才终于有了一线活下去的希望和支撑。儿子可爱的面孔带给她最大的温暖和慰藉。当儿子被夺走，八娘的世界轰然坍塌，她的人生只剩下绝望。

三天后，八娘含恨离世。 八娘走了，年仅十八岁。在最美的年华，鲜花一样的年龄，带着对人生的遗憾和失望，撒手人寰。

这些年，苏家骨肉相继凋零。先是苏洵的长女夭折，四五年后，苏洵的母亲离世，后来，苏洵的哥哥苏澹故去，紧接着，苏洵的长子景先夭折，再四年后，苏洵最小的姐姐过世，又过五年，苏洵的次女也离世了，再之后就是苏洵的父亲苏序和女儿八娘。亲人一个个相继离去，令人无可奈何又痛彻心扉。

八娘的离去最让苏洵愤恨、痛苦。苏洵一共有过三个女儿，前两个不幸夭折，这是唯一长大的女儿，却受尽虐待，忧恨离世，这令苏洵悲痛欲绝。他不仅在《自尤》诗中悔恨自责，还在《苏氏族谱亭记》里陈述了苏八娘之死的前前后后，痛陈程家几大罪状，大骂程家："舆马赫奕，婢妾靓丽，足以荡惑里巷之小人，其官爵货力足以摇动府县，其狡诈修饰言语足以欺罔君子，是州里之大盗也。"八娘的死让亲家转眼变成了仇家。

八娘的母亲程夫人，更是肝肠寸断。她的痛苦比苏洵更深更重。失去了爱女，让她心痛如绞；与娘家决裂，让她郁结于心，内心撕裂。她背负着苏程两家的矛盾，夹在娘家和夫家之家，只能沉默，只能煎熬，只能幽恨。

八娘的悲剧成了苏家最沉重的隐痛，苏洵更加沉默寡言。因对程家的怨恨，苏洵和程夫人之间的交流也逐渐减少。丈夫的冷漠和疏离令程夫人倍感心伤，却又无可奈何。从此，她对娘家只字不再提起，只是加倍操持生计，精心照顾着整日苦读的苏洵父子三人，哪怕再苦再累，她也从不抱怨。她不停地劳动，不停地工作，似乎只有将身体累得精疲力竭，累到麻木，才能稍微减轻内心的伤痛。

这种压抑的日子持续了很久，直到至和元年（1054），苏轼十九岁时，苏家终于迎来一些喜庆。

这一年，苏洵为儿子苏轼操办了婚事，迎娶了眉山邻邑青神县的乡贡进士王方之女王弗为妻。王弗时年十六岁，端庄大方，美丽聪慧；苏轼诗书满腹，风华正茂。

正当苏轼和王弗沉浸在蜜月中，享受人间欢愉，感受时光静好，体味岁月悠然，不料，蜀中的祥和宁静突然被打破了。

相传，骚扰两广数年的豪强侬智高准备攻入四川。侬智高（1025—1055），安德州（今广西靖西市安德镇）人，是北宋广源州的一个少数民族首领，曾归附宋朝，后又数度叛宋，宣布独立，建立"南天国"。

负守边疆之责的官吏接到消息惊慌失措，立刻屯边调防，积极备战，还发动百姓建筑堡垒，稳固城墙。

朝廷也仓促调兵遣将，派陕西步骑兵来守卫西蜀。弓箭手和步骑兵连夜训练，大战前夕的紧张气氛笼罩着蜀地。

三十多年前，蜀地曾持续长达三十年战乱纷扰，让蜀人备尝动乱的凄苦，惶惶不安。有的卖粮卖布，携家带口逃到了城里；有的掘地三尺，把家里值钱的东西深藏；还有的人家，把不到婚龄的女儿提前嫁了出去。一时间，全城谈侬色变，人心惶惑，百姓如惊弓之鸟，城里秩序大乱。

很快，朝廷派了一个能臣移镇西蜀。派来防御兵乱的是礼部侍郎张方平。张方平（1007—1091），字安道，号乐全居士，应天宋城人（今河南商丘）。

张方平小时就很聪明，看书极快，且过目不忘，成年后更是智慧从容，遇到事情，临危不乱。二十七岁时，张方平参加了茂才异等考试，苏洵三十六岁时，也曾参加过这种考试，不同的是，苏洵落选，而张方平不只考中茂才异等，后来又考中贤良方正科试。

张方平在宋朝是一个很有名气的人，在政治上富有才干，学术上见解非凡，官场上却有起有伏，升降不断。这次，张方平被朝廷派遣，以户部侍郎的身份到蜀地平叛。

张方平从陕西进入四川，沿途遇见新调来的军队，立刻把军队全部遣回。进入成都后，又下令停止筑城，遣散了新募的弓箭手，并且把最先传播战争消息的人枭首示众，并严厉警告，若再有人妄传战争一事，立刻斩首。不仅如此，他还大开城门，取消了宵禁，让城里百姓生活恢复如常。

很快到了正月十五，元宵佳节这天，城里灯火通明，到处是一派繁华热闹的景象。张方平悠然地走在街上，观灯赏月，根本不把侬智高攻蜀一事放在心上。数十天过去了，侬智高果然没有攻来，城里百姓渐渐心安下来。

张方平如此从容镇定，是因为他在来的路上，已经对大理和四川两地的地理环境和民族特点做了认真的研究。

侬智高是继承父亲之位当上的部落首领，他的父亲早已被李太宗俘获，侬智高当时带着母亲一起仓皇逃走。侬智高身边有一个十分得力的谋士，黄师宓。两年前，黄师宓的父亲被宋谋杀，之后，他的很多部众纷纷丧失了斗志。那时，侬智高还有五万兵马。

一年前，侬智高被狄青在昆仑山之战中打败，只率领五百兵士携带家眷逃到大理。短短的一年，侬智高不可能统一大理地区复杂的种族，更不可能这么快就积蓄强大的军力，何况大理离西蜀有两千多里，蜀地又多崇山峻岭，地势险峻，因此，张方平断定，所谓侬智高攻蜀只能是一个谣传。

一场虚惊终于烟消云散，百姓露出了笑颜，人心也终于稳定了。过完了年，蜀人非常感激张方平的功德，于是，按照当地的习俗，把张方平的画像陈奉在成都的净众寺，苏洵还作了一篇文章，记述此事，名为《张益州画像记》。

张方平完成维稳工作后，立刻着手开始另一件大事。北宋时期，官员外任期间，有向朝廷举荐在野遗贤的风尚，这也是当时宋代重才爱才的体现。张方平早就了解到，蜀人虽不好出仕，蜀地却藏龙卧虎，于是，到了益州后，就多方打听在野高贤奇士。他听说，眉山有个叫苏洵的读书人很有才华，一直很想见见。

当地的学子和游士自然十分渴望认识张方平，寻找一条出仕的捷径。苏洵也有此意，于是专程去了成都，谒见朝廷大员张方平。

苏洵见到张平方后，拿出自己写的文章向张方平请教。张方平读了苏洵写的《权书》和《衡论》，惊叹不已。他盛赞苏洵有着司马迁一样气势磅礴的文笔，认为苏洵是一个埋没在乡野的鸿鹄。

张方平与苏洵一起探讨时事政治，包括古今治理及战乱纷争之事等，两人越聊越投机，不知不觉中，已聊到了深夜。张方平让人准备了一间客房，让苏洵住下来，他准备向朝廷请奏，举荐他为成都的学官。苏洵接受了张方平的好意，在成都住了下来。

在宋朝，知州算是一个不小的官职。苏洵能够结识张方平，一方面说明张平方平易近人、礼贤下士，并且独具慧眼；另一方面，张方平的认可正是对苏洵学识的一个检验，说明苏洵的确已具备足够优秀的才华。

苏洵高兴地在成都等了几个月，但一直没有等到朝廷的任何消息，他渐渐失去了耐心，不想再浪费时间等下去，决定先去找雷简夫。

雷简夫（1001—1067），字太简，同州郃阳（今陕西合阳东南）人。早在庆历七年（1047），也就是七年前，苏洵游历到九江时，遇到雷简夫，雷简夫赏识苏洵的文章才气，两人一见如故。

雷简夫此时正在雅州（今四川雅安）任知州。苏洵到了雷简夫那里，把事情向雷简夫说了。雷简夫二话没说，立刻给朝中非常有名望的两个人——韩琦和欧阳修，分别致信，举荐苏洵。在信中，他夸赞苏洵虽为一介布衣却有王佐之才。

雷简夫又给张方平写了信，敦促他再替苏洵举荐一次。并且说，苏洵已年近五十，如果能够被善用，可做帝王之师，如果不被重用，他就只能是乡野的一个老翁了。

苏洵拜谢了雷简夫，回到家中继续等待。一天天过去了，朝廷依然没有任何消息传来，苏洵有些失望。

他是个内向寡言的人，自从女儿八娘死后，苏洵一直抑郁颓废。如今，看着两个已经长大、又学有所成的儿子，苏洵不得不强打精神，振作了起来。他觉得自己的仕途已经不重要了，但是孩子们绝不能像他那样，他要开始为孩子的前途考虑了。踌躇了很久后，苏洵决定厚着脸皮，再去求助刚认识、还不太熟悉的张方平。

苏洵给张方平写了一封信，信里介绍了两个儿子，说他们虽然仪表颇野，但这些年一直努力读书，写的文章也小有才华。他快五十了，人生已看到边际，不忍心两个儿子也被荒废弃置，希望张方平能帮帮他们。

苏洵让苏轼带着课业去拜见张方平。这一年，苏轼已经二十岁，经过几年的刻苦研读，学业已经取得了很大进步。他写的策论气贯长虹，言辞激昂，就像奔驰的骏马，生气勃勃，能量十足。

张方平看见苏轼，英姿勃发，青春正气，一见就十分喜爱，尤其是苏轼的学识和文章令张方平非常欣赏，他称赞苏轼有麒麟之才，并以国士之礼相待。

张方平比苏洵大两岁，比苏轼大二十九岁，张方平与苏轼在成都初见，从此结下了情系一生的师生之谊和忘年之交。后来，在苏轼坎坷颠沛的一生中，张方平对苏轼始终像对待自己的孩子一样。

可以说，张方平是苏轼父子官场上的第一个贵人，遇到张方平，也是苏洵人生的一个转折。每个人的一生都会有几个转折点，有时，一个际遇，一个贵人，都足以改变一个人的命运。

张方平推荐苏洵为成都州学教授的事情，还是没有朝廷指令下来。张方平思虑再三，最后给苏洵提了一个建议。他认为西蜀偏远，以苏洵的名气应该到京师谋求发展。

苏洵听了有些心动，他又征询张方平，是否该让他的两个儿子先在蜀地参加乡试。张方平回答说，乡试对于两位公子简直大材小用，不如直接去京城。

张方平的话让苏洵倍受鼓舞，他为儿子的前途找到了目标和方向，心里舒坦多了。高兴之下，苏洵带着苏轼在成都开心地游玩了几天。

成都是四川经济和文化最繁荣的城市，也是三国蜀汉时期蜀锦的生产地，当年诸葛亮六次北伐的费用主要来源于蜀锦贸易。蜀汉王朝为保护蜀锦生产，专门设置锦官管理，并筑城加以保护，因此成都也被称为锦官城。

苏轼漫步在成都的街头，感受着锦官城的热闹和繁华，在返回家乡前的最后一天，苏轼游览了成都著名的中和胜相院（今大慈寺，位于四川成都市锦江区）。在大慈寺，他看到了唐末黄巢起义时，唐僖宗和一些官员逃亡到四川时的画像。那些画像让苏轼不由得沉思历史的变迁、王朝的兴衰，心中充满了感慨。

游览大慈寺的最大收获之一是结识了惟度、惟简两位大师。两位大师气度超凡，博学多闻，给苏轼讲了许多史书中未曾记载的历史事件，苏轼听得津津有味。

释惟简是四川眉山人，年龄比苏轼大二十五岁，按辈分，是苏轼的远房族兄。后来，在苏轼坎坷漫长的人生中，无论苏轼春风得意，还是遭遇贬谪，惟简都始终和他保持着不变的友谊和紧密的联系。

苏洵回到眉山家中，把带儿子们进京赶考的打算告诉了程夫人。夫妻二人商议后决定，先安排苏辙成婚。如此，一旦考中，就可以免去不少麻烦。

宋朝有"榜下捉婿"的风尚。科举放榜那天，各地富绅争相对登科的士子进行挑选，看中就千方百计抢回家做女婿。苏洵觉得，与其娶一个不了解、不相熟的儿媳，不如找一个当地知根知底的人家更为稳妥。

为了不耽误进京赶考，在父亲苏洵的包办下，北宋至和二年（1055），苏辙匆匆结婚了，妻子是史氏。一对儿小夫妻，年龄都很小，苏辙十七岁，史氏只有十五岁。好在，苏辙沉静稳重，史氏温静贤淑，年龄虽小，却都很懂事，夫妻俩也十分恩爱。

苏辙婚后的第二年春天，苏洵带着苏辙再次拜见张方平，张方平对苏洵说："二子皆天才，长者明敏尤可爱，然少者谨重，成就或过之。"张方平认为苏轼聪敏更加可爱，苏辙却谨慎持重，或许将来的成就能超过哥哥。

张方平的评价与苏洵对两个儿子的预判几乎相似。张方平不愧为苏轼兄弟的恩人和伯乐，兄弟二人后来一生的经历，足以验证张方平与父亲苏洵的预见。

此时，张方平推荐苏洵的事情，还是石沉大海。张方平有些过意不去，对朝廷有关部门办事的拖沓也十分愤慨，于是，决定直接写信给欧阳修。

欧阳修当时是翰林学士，天下文人学士的进退荣辱，欧阳修一言九鼎。张方平认为只有把苏洵推荐给欧阳修才有用。麻烦的是，他和欧阳修因为政治立场不同，两人曾有嫌隙。虽然有些为难，但是，为了不埋没苏洵的才华，张方平还是写了封信，言辞诚恳地向欧阳修推荐了苏洵。

嘉祐元年（1056）三月，苏洵准备带两个儿子进京应试。不过，尴尬的是，苏家这时候的经济状况并不乐观。京城路远，三人出行，一路上车马费用是一笔不小的开支。家里留下程夫人带着两个儿媳生活，如果父子三人带走太多钱粮，那么家中将会面临财政拮据。苏洵想了很久，也没想出什么好办法。

想到动荡的岁月里，那些贩夫走卒为了生计，即便身负家庭重担，也不得不背井离乡，踏上漫漫旅途。苏洵最终下定决心，不畏艰难，毅然启程。幸运的是，慷慨仁义的张方平伸出援手，资助了苏洵一笔旅费，这份帮助令苏洵感动不已。

第二卷　万人如海一身藏

第三章　进京赶考

嘉祐元年（1056）三月，一个阳光明媚的春日，苏轼和苏辙与母亲、妻子依依惜别，怀着家人深厚的期望，跟随父亲离开了眉山，踏上了前往京城汴梁的旅途。

父子三人走陆路北上，首先到达嘉陵江畔的阆中（今四川省阆中市），从阆中登上秦岭中段的终南山。

终南山峻拔青翠，古柏苍劲，风景秀丽。从终南山踏上褒斜古栈道，路途开始变得崎岖难行。

褒斜古栈道又称蜀道，地处秦岭崇山峻岭之中，是由中原进入大西南的交通要道。李白有诗云"蜀道难，难于上青天"。这里水流湍急，树密草深，素练悬空，气势磅礴，是一段非常艰险的旅程。

尽管路途崎岖陡峭，异常难行，苏轼心里却兴奋异常。这是他第一次远行，一路的山川风物和名胜古迹让他激动兴奋，京城繁华灿烂的世界让他充满向往，满怀的壮志豪情让他信心满满。他不知疲倦，一边赶路，一边贪婪地饱览一路的风景。

抵达横渠镇（隶属于陕西省宝鸡市眉县）后，兄弟俩一起游览了崇寿禅院，随后前往凤翔。在凤翔短暂停留后，他们继续向东行进，经过了长安、南陵和北陵，出潼关，再往前来到了渑池。途中，由于旅途劳顿，马匹疲惫不堪，竟在途中累死，父子三人也早已筋疲力尽，于是在渑池停下来稍作休息。

他们在老僧奉闲的僧舍借宿，老和尚对三苏颇为照拂，离开前，苏轼和苏辙还在寺院的墙壁上各自题诗一首，以留作纪念。

经过两个多月的长途跋涉，五月，三苏终于抵达东京汴梁。五月的东京清风徐徐，绿意满城，石榴花开，艳红似火。父子三人进了城，借宿在兴国寺中。

三苏进京后，正赶上连天暴雨。雨一直淅淅沥沥下到了七月，致使汴京的蔡河决口，京城淹没在滔滔洪水之中，到处是汪洋一片，很多屋宇建筑都淹在水里。曾经繁华的街道如今冷冷清清，不见车马喧嚣，也不见人流穿梭，只有小船和木板在水面上漂浮。河道两旁横七竖八堆放着抽水工具，民夫们在县衙的召集下忙着抽水，内城十里，一片嘈杂。

到了京城两个月，一直是这样的天气，雨水肆虐，景象一片荒凉。一天晚上，雨终于停了。苏轼走出寺院，独自徜徉在街头，站在龙津桥上，放眼望去，冷月稀星下，东京夜色虽灯光璀璨，但连续两个多月的降雨让京都看起来有些凄凉萧瑟，苏轼心中不免有些失落。

汴京是北宋的首府，集全国的财富、文化、名流商贾于一城，而眼前的东京汴梁，是他心心念念的繁华之都吗？这就是他渴望一展宏图和梦想的京都？

茫茫人海，前路未卜，苏轼心中顿觉惆怅落寞，不由自主地吟出了两句诗："独立市桥人不识，万人如海一身藏。"他突然有些想家。离开家已经四个月了，这是他一生中第一次离家这么远，这么久。

只有远游的人才会思乡，才会觉得家乡的美好。苏轼想起了母亲和妻子，想起眉山的美味佳肴，他甚至想念家乡的草木山石和乡亲父老。然而，尽管心中充满了对家乡的眷恋，却不能沉浸在思乡之情中，他知道现在的重要任务是抓紧时间，准备即将到来的考试。

北宋科举的三级阶梯考试与唐代略有不同，宋代没有县试，却在州府发解试，省试之后增加了殿试。发解试在级别上相当于明清的乡试，解试由诸州、开封府、国子监主持，任何具备资格的人都可以去州府参加发解试，通过的考生称为"举子"或"举人"；省试统一在京城举行，由礼部主持，礼部隶属尚书省，因此，礼部的考试又称省试。省试通过的称为"贡生"；殿试，相当于省试的一种复试，由皇帝亲自主持，考中的称为"进士"。

苏家两兄弟首先参加了开封府举办的发解试。嘉祐元年（1056）年八月，兄弟俩首战告捷，顺利通过。苏轼还初露锋芒，取得了第二名的好成绩。

两个儿子顺利通过了文官考试的第一关，父亲苏洵十分欣慰。但晋级为举人后，他们还需准备参加礼部的省试。苏洵深知此次考试的重要性，不敢有丝毫懈怠，因此安排两个儿子在寺院闭门读书，为明年正月的考试做准备。

两个儿子在佛庙积极备考，苏洵对此感到欣慰，但也感到了内心的焦虑。看到儿子们的进取心，他也被激发起了雄心壮志。从眉山出发时，苏洵身上带着张方平和雷简夫的介绍信，这些信件让他觉得不应该错过在京城的机会。既然身处京城，他决定要尽力争取。于是，苏洵精挑细选出二十篇自己最得意的文章，带着这些作品和推荐信，前去拜见欧阳修。

欧阳修（1007—1072），字永叔，号醉翁，宋仁宗天圣八年（1030）进士，已经为官二十余年，北宋文坛泰斗。

欧阳修和张方平很久没有往来了，为了一介布衣，竟能主动写信给他，这已经令欧阳修非常意外，当他阅读了雷简夫的信，更加惊讶。雷简夫的信有点像碰瓷儿，简直是赤裸裸的威胁，令他哭笑不得。

雷简夫的信大意是：苏洵的才华不可忽视，而我的身份微贱，影响力有限，没能力让苏洵闻达，但这并不是我的责任。然而，如果我知晓了苏洵的才华却选择保持沉默，那就是我的过失。作为翰林学士，您肩负选拔人才的重任，同时也是文坛领袖，苏洵的命运与您息息相关。过去若您不知苏洵，他即便默默无闻，也无人会因此责备您。但现在，您已阅读了我的推荐信，了解了苏洵的才华，他也期望能亲自向您拜见，从今以后，苏洵有名无名，天下人都会认为与您有着莫大的关系。

读完信后，欧阳修抬头再次仔细打量了一下苏洵，发现他身材不高，相貌平平，神情肃穆，看起来有些沉默寡言。这让欧阳修感到好奇，一个外表如此平淡无奇的人，会有怎样的文采和学识，能够让两位知州如此不遗余力地举荐。

好奇心驱使着欧阳修迫不及待地浏览了苏洵的作品。立刻，他被苏洵的几篇政论文章深深吸引，其中一篇是《六国论》。文中写道："六国破灭，非兵不利，战不善，弊在赂秦。赂秦而力亏，破灭之道也。"

苏洵在文中指出，六国的灭亡并非因为武器不锋利或战略不足，而是因为割地贿赂秦国。拿出土地贿赂秦国，实质上是自己的力量被削弱，这是导致六国灭亡的根本原因。六国和秦国都是诸侯国，尽管六国的实力相对较弱，但仍有可能通过不贿赂秦国而战胜秦国。若一个一统天下的大国，也采取割地贿赂的下策，那就比六国还不如了。

显而易见，苏洵的这篇《六国论》是在借古讽今，暗指北宋王朝向辽和西夏输送岁币，以换取和平的屈辱政策，以此劝诫统治者应吸取六国灭亡的教训，以免重蹈覆辙。

读完了《六国论》，欧阳修坐不住了，他嚯地站起身，神情似乎有些严肃。苏洵不知所措，因为心里没底，有些紧张，额头微微冒汗。

欧阳修在房间里来回踱了几步，又深深看了苏洵一眼，然后坐下来，紧接着又阅读了苏洵的另两篇文章。

苏洵的《洪范论》和《史论》文风质朴，立论深刻，叙事宏伟又言之有物，既有荀子的文风，又有孔孟、韩愈的味道。

这位貌似平凡的布衣竟是一个博古通今、学识渊博之人。欧阳修一边读，一边忍不住微微颔首，微笑着自言自语道："张安道果然眼力老辣，一如当年。"张安道就是张方平，苏洵听到这句话，暗暗舒了一口气，心里终于有了底。

欧阳修立刻写下《荐布衣苏洵状》，极力称赞苏洵的文章，不但辞辩宏伟，还是一个能对现实问题提出解决方案的大才。写好后，连同苏洵写的二十篇文章，一起呈给了朝廷。至此，欧阳修接替了雷简夫和张方平，成为苏洵在朝廷上最有力的推荐人。

欧阳修是一代文学宗师，欧阳修的评判，让苏洵的文章得到最权威的检验。虽然没有师承，苏洵却靠自学达到了先秦两汉的文学水准。有了欧阳修的赞赏，等于苏洵的文章得到了政坛主流和文学大儒的认可。很快，苏洵的几篇文章便传遍京城。

欧阳修还把苏洵推荐给了韩琦、富弼、文彦博等当朝重臣。在欧阳修的推荐下，苏洵声名鹊起，以一介布衣之身，成了京城达官显贵的座上宾。

两个儿子还在紧张地备考之中，父亲的文章已名动京城，汴梁的文人墨客争相传诵，一时之间，汴京纸贵，苏洵成了京城文人里的名士。

苏洵性情内向，不善于钻营仕途，更不擅长科举应试，如果没人引荐，苏洵的才华就会被埋没在繁华盛世里，更不会出现在唐宋八大家之列。

张方平毫不顾忌与欧阳修之间的矛盾，毅然举荐；欧阳修也并未因为是张方平的介绍而漠视苏洵这个人才。两位大儒的高风亮节和豁达刚正，实在令人钦佩。由此可见，宋朝文人学士的风范，足以证明宋朝是一个崇尚学识、以文治天下的文明帝国。

嘉祐二年（1057）年正月，终于到了省试这一天。苏轼和苏辙早早地起床洗漱，神采飞扬、意气风发地前往考场。

贡院的中门早已大开，台阶前焚香摆案，前来应试的举子们鱼贯而入，列队上前拜见考官。六位考官也在堂前依次向考生还礼。

随后，考生按照号牌有序进入各自的考室。考室内备有桌案茶水，考生口渴时可自行取茶解渴，礼仪十分周到。

监考官员在考场的甬道间来回巡视，严格把守着考场的纪律。考场鸦雀无声，气氛一片庄重。

十年苦读，一朝成败。检验学问和决定命运的时刻到了，考生们的脸上神情各异，有的表情紧张，有的自信满满，有的患得患失，有的兴奋激动，考场上一片静寂。

考题发了下来，题目是《刑赏忠厚之至论》。苏轼看着考题略为沉思，之后提笔起稿。写了几行字后，他停了下来，眉头微皱，思索片刻，又弃之重写。写了一页后他突然又停下了笔，反复推敲后又重头来过。第三次他重新执笔，神情舒展，豁然开朗，最终一蹴而就。

洋洋洒洒六七百字写完，苏轼放下笔，顿感心情舒畅。在文中，苏轼尽情阐述了以仁治国，赏罚分明的思想和理念。他写道："可以赏，可以无赏，赏之过乎仁；可以罚，可以无罚，罚之过乎义。过乎仁，不失为君子；过乎义，则流而入于忍人。故仁可过也，义不可过也。"

意思是，可以赏也可以不赏时，如果赏赐了就过于仁慈；可以罚也可以不罚时，惩罚就超出了义法。过于仁慈，不失为一个君子；超出仁义之外，就变成了残忍。所以，仁慈可以超过，义法是不可超过的。这就是苏轼主张的，用君子长者的宽厚仁慈，对待天下人，使天下归心的治国理念。

苏轼一见到考题，内心涌动着澎湃的思绪。他早已对这个题目有了自己的观点和想法，因此感到兴奋，甚至有些激动。然而，随之而来的是犹豫。省试决定着他的命运和前程，承载着父亲的厚望和全家人的期盼。

他开始思考该如何阐述，以及用什么样的论据来支持自己的观点。因为心中的顾虑，他犹豫不决，反复修改了三次草稿。最终，他决定直抒胸臆，既不隐晦也不浮夸，坦诚直率地陈述自己的观点，这也是父亲苏洵曾教导他的，要文风质朴，内容充实，字里行间流露出真实的情感。

最终完成了最后一次修改，苏轼心情舒畅，仿佛有一股清流在心中尽情流淌。在写作过程中，他似乎忘记了这份卷纸决定着他的命运。

回到住处，苏洵询问两个儿子的考试情况。苏辙沉着冷静地回答道："还算可以。"苏洵将目光转向大儿子苏轼，而苏轼只是微微一笑，没有说什么。

苏轼的表情让苏洵感到有些疑惑。在往常，考问两个儿子，都是苏轼先回答居多。苏洵问苏轼考题是如何论证的。苏轼向父亲大致叙述了一遍。当苏轼提到他文中所写的一个典故，苏洵的眉头微微皱起。

苏轼引用的这个典故大概意思是，尧当政时，皋陶是掌管刑法的官吏。当判处一个罪犯时，皋陶三次说当杀，尧帝却一连三次说，应当宽恕。

看着父亲诧异而严肃的表情，苏轼只好承认，这个典故是他杜撰的。苏洵一听，神情更严肃了。

在宋代，文人写文章，习惯引经据典作为理论依据，支撑文章的论点。

苏轼阐述了自己的观点后，却凭空杜撰了一个并不存在的典故，这让父亲感到非常意外又颇为忧虑。

这次考试的主考官是礼部侍郎兼翰林侍读学士欧阳修。详定官，也就是负责详审举人试卷、评定等第的官员，是国子监直讲梅尧臣（1002－1060）。

当时，北宋文坛依然盛行五代十国时期延续下来的文风。欧阳修作为北宋文学泰斗，一直致力于号召全国学子，共同纠正文坛上的积弊。他主张采用朴实流畅、言之有物的文字，以改正过去内容空洞、辞藻华丽、晦涩奇异的文风。

科举是读书人的唯一出路，考官是决定读书人命运的权威。因此，考官的标准和意向对于这次文风的变革至关重要。欧阳修决定利用这次考试，发起一场诗文革新运动。他和其他考官共同商定，凡是生僻诡异、晦涩无物的文章，一律不予录取。

最先看到苏轼试卷的是本次考试的详定官梅尧臣。他看到试卷，眼前一亮，尤其试卷中的八个字"赏疑从与，罚疑从去"，令他兴奋莫名。想不到，此届考生中竟有如此雄健精辟的奇文，梅尧臣高兴地立刻把试卷拿给主考官欧阳修。

欧阳修连读数遍，爱不释卷。这篇文章的文风就是他最想看到的，也是他一直期待的。文辞简练却喻理深刻，文风敦厚又见解独到，内容流畅又富有思想；此外，文章结构严谨，不但能引经据典，而且论证透彻，把儒家思想的仁爱内涵阐述得有条有理，层次井然。

欧阳修拿着卷纸，非常高兴，他拿起笔，立刻就想给这张试卷评为第一。如此绝妙的文章，第一名当之无愧。突然间，欧阳修执起的笔停在空中数秒，之后，又轻轻放下了。他长叹一声，有些为难。

为难的原因和宋朝考试的制度有关，宋朝的试卷采用的是糊名制。糊名法最初创立于唐朝武则天即位初年。科举考试中，为防止考官徇私作弊，把名字盖起来改卷，称为糊名法。

嘉祐二年的这场考试，所有考生的试卷都由工作人员先登记在册，之后重抄一遍，再拿给考官评阅。这样做的目的是防止考官熟悉学生的笔迹。重抄的卷纸没有名字，考官在评卷期间也不允许走出试院，要从一月底一直禁闭到三月初，评阅完所有试卷才能走出试院。

欧阳修和梅尧臣都对苏轼的这篇文章赞不绝口，欧阳修更是一读再读。这篇佳作，实在堪当第一。但欧阳修却犹豫了，他觉得能写出这样好的文章，一定是他的得意学生曾巩。

曾巩（1019－1083），字子固，建昌军南丰（今江西）人。曾巩自幼天资聪颖，记忆超群，读过的诗书过目不忘，十二岁时，就能出口成章，文辞名动一方。二十岁时，曾巩入太学，成了欧阳修门下弟子。

曾巩擅长策论，文辞从容自如，欧阳修对曾巩的文章十分赏识，认为门下弟子中无人能及。

此次欧阳修主持的会考，曾巩与他的几个弟弟，比如曾布等，也都前来参试。欧阳修料定，眼前这篇气势磅礴的策论一定是曾巩之作。

欧阳修心里是又高兴又矛盾。高兴的是，弟子能写出如此出类拔萃的文章，被评为第一，实至名归。矛盾的是，天下人都知道曾巩是他的学生，身为主考官，如果将自己的门下弟子评为第一，难免有人不服。他倒没什么，内心磊落坦荡，根本不在意别人议论，但这可能会给曾巩带来麻烦。如果有人对曾巩提出质疑，反而会害了他，影响他的仕途前程。

欧阳修纠结了很久，最后，为了避嫌，只好忍痛割爱，让出第一的名次，把这篇文章评为了第二。

接着礼部复试，再考《春秋》对义，对义是指根据经义回答问题，解题作文。苏轼在《春秋》经义策问中得了第一。

一个本应得到第一的策论，因为欧阳修的避嫌，被评为第二；一个是名副其实的第一。可见，苏轼之才学，的的确确是超尘拔俗、卓尔不群。

苏轼兄弟再次顺利通过省试，榜上有名，继续在兴国寺准备金殿御试。

到了三月，礼部将省试考生名单呈递给皇上。三月初八这一天，所有通过省试的考生被引入宫门，前往崇政殿，参加由仁宗皇帝亲自主持的殿试。

考生在殿外御阶前整齐列队，一起向皇上行叩拜之礼，山呼万岁后，依次被引进殿内东西两廊的考场。

进入考场后，众考生按各自姓名找到座位，待所有考生就座后，礼部官员开始宣读考题。

殿试题承唐制，以诗赋论为主。今科考题由仁宗钦定，一诗为《鸾刀诗》，一赋为《民监赋》，一论为《重申巽命论》。

以往的殿试，根据考生答题表现，会有三分之二到一半的人落选。这一年开始，仁宗广招天下学士，所有参加殿试考生，几乎全部录取。待到三月十四日发榜之日，所有进入殿试考生一起登科。这一场科举各科共录取了八百九十九人，其中进士三百八十八人。其中，来自眉山县的考生就有四十五人，考中进士的有十三人，包括苏轼、苏辙兄弟。

宋仁宗嘉祐二年的科举考试，是中国千年科举史上最有名的一次考试。这一年的进士榜人才云集，群星荟萃，不但在政治、文学、军事、经济领域都有独领风骚的人物，很多人还对中华文化有着深远的影响。例如，理学大师程颢，他的哲学理论对后世产生了巨大影响；哲学家张载，其横渠四句"为天地立心，为生民立命，为往圣继绝学，为万世开太平"至今传诵不衰；还有王韶，他一举扭转了西夏对北宋的威胁，成为北宋战略上的重要人物，改变了北宋与西夏之间的战略格局。

就连苏轼、苏辙这样两兄弟同中进士的也非孤例，还有林、王、黄姓兄弟也一起同中进士。更厉害的是南丰曾氏一门，四兄弟曾巩、曾布、曾牟、曾阜一同登科。

嘉祐二年的科举可谓是百花齐放，姹紫嫣红。这三百八十八名进士中，有"唐宋八大家"的苏轼、苏辙，曾巩；有王安石变法的二号人物吕惠卿；有九人前后成为宰相；还有章惇、张璪，对苏轼后来的仕途命运有着关键性的影响。

百花荟萃，自然良莠不齐。同年进士，有人成为唐宋八大家，有人进入了宋史奸臣传，有人名垂千古，有人遗臭万年。

这次考试，建安章衡（子平）得了第一，是为状元，苏轼得了第二，是为榜眼。苏轼本来应该得第一，却因为文章写得太好，欧阳修为了避嫌，故意给了第二。等到放榜之后，欧阳修知道了那篇文章不是自己的学生曾巩，而是苏轼所写，后悔不已。就这样阴差阳错，苏轼与状元擦肩而过。

按照宋朝的传统，考生金榜题名后，他们与考官之间就建立了师生之谊。学生为答谢老师，通常会上书致谢。苏轼也按照这一惯例，分别写信答谢考官。在给欧阳修的《谢欧阳内翰书》一文中，苏轼不仅表达了对老师知遇之恩的感谢，还阐述了他对文风运动的态度和观点。苏轼指出，当前文风萎靡的主要原因在于矫枉过正，刻意模仿韩愈，而未能真正领会韩愈的精髓。相反，这种模仿导致了文章风格的华而不实、晦涩难懂。他主张恢复先秦两汉的简洁质朴、辞约理精的文风，摒弃五代十国时期的怪癖文弊。

苏轼的文章虽然篇幅不长，但简练有力，一语中的，与欧阳修想改革文风的理念不谋而合。欧阳修读后激动不已，连连称赞。他对其他人说，苏轼的文章写得太出色了，读了会让人汗流浃背。欧阳修甚至在与儿子下棋时提及苏轼，说道："三十年后，大概没有人会再提起我欧阳修的名字了。"

苏轼呈上了致欧阳修的《谢欧阳内翰书》之后，前往欧阳修府上拜谢恩师，欧阳修对苏轼说，他的那篇《刑赏忠厚之至论》里的观点，"赏疑从与，罚疑从去"写得十分出色。然而，欧阳修提到了其中一句话，即"皋陶曰杀之三，尧曰宥之三"，却不清楚这句话来源于哪个典故。

苏轼回答，《三国志·孔融传》。欧阳修更加疑惑，《三国志》里明明没有这个典故啊。苏轼看到欧阳修微微皱眉，只好坦言，其实，这是他杜撰的。

欧阳修一愣，顿时一脸严肃。欧阳修在学问上是一个非常认真的人。曾有一次，他给朋友写了一篇文章，写好吩咐手下送去。可就在手下出门后，他突然觉得文章有一处不妥，于是立刻派人去追。然而，送信的人走得太快，信已经送到了朋友手里。朋友同时收到两篇文章后仔细对比，发现只有一字之差。为了保持准确无误，即便只是一个字的差别，也要特意修改一遍。可见，欧阳修对文字的严谨态度。

　　当初读苏轼的考卷《刑赏忠厚之至论》，觉得这篇策论文以忠厚为论点，内容陈述得有理有据，只是文中提到的这个典故，欧阳修却无论如何也想不起出处。他见苏轼文章写得脍炙人口、言之凿凿，当时并未深究。回到家后，欧阳修翻遍家中所有书籍，仍一无所获，心里十分困惑。于是，一直想找个机会问问苏轼。

　　苏轼见欧阳修神情严肃，立刻认真解释道：曹操杀了袁绍，把袁绍的儿媳妇甄宓赐给了儿子曹丕，孔融知道了此事，就写信讽刺曹操说："周武王灭了纣王，把纣王的宠妃妲己赏赐给了周公。"曹操看后问孔融："这则典故出自哪里，我怎么没听说过呢？"孔融答："你能把甄宓赐给曹丕，我猜想，当年周武王肯定也把妲己赐给了周公。"

　　欧阳修仍一头雾水，苏轼坦然一笑，朗声继续说道，"孔融能够猜测，我学孔融，也可以猜测啊。皋陶执法严明，尧深仁厚泽，以他俩的性格，肯定会这么做的。"

　　孔融杜撰典故指责曹操，苏轼仿照孔融杜撰典故，以讽谏为官者要断案慎重，既要赏罚分明，也要宅心仁厚。苏轼的典故虽为杜撰，却针砭时弊，铿锵有力，欧阳修听完恍然大悟，豁然大笑。

　　日后，欧阳修评价苏轼说："此人可谓善读书，善用书，他日文章必独步天下。"欧阳修一代文坛领袖，极具声望，他的一句褒贬足以影响和改变一个学生的命运。

　　欧阳修不遗余力地赞扬苏轼，还把他介绍给了当时的宰相文彦博、富弼和枢密使韩琦等人。有了欧阳修的提携和推荐，这些朝廷重臣都对苏轼另眼相看，并以国士相待。

　　苏家父子很幸运，赶上了一个好时代，还遇到两位贤明无私的执政大臣。若没有张方平和欧阳修的慷慨相助，苏家父子三人步入北宋政坛和文坛，恐怕要晚许多年。人生若能遇到一个伯乐，一个贵人，在关键时刻给予指引和扶持，那么轨迹就会迥然不同。对于苏家父子尤其是苏轼而言，张方平和欧阳修不但有知遇之恩，还与苏轼结下了持续一生的深厚情谊。

　　欧阳修一生提携过无数的风云人物。有高为宰相的王安石、司马光、韩琦,有北宋理学大师程颢、张载,有北宋名臣文彦博、包拯等。唐宋八大家中,北宋占了六位,其中五人是欧阳修举荐,另外一人则是他自己。如此胸襟宽阔,且慧眼识人,实在令人惊叹。千古伯乐,欧阳修当之无愧!

苏轼回忆起少年时,眉山的一位老先生曾给他讲解《庆历圣德诗》,提到了几位大人物,那时,这些人中豪杰曾令少年苏轼无限仰望,羡慕不已。

似水流年,人生短促。一眨眼,十五年过去了,少年苏轼已从一个懵懂少年长成了才学渊博、卓尔不群的翩翩君子。如今,这些人除了范仲淹,已在五年前(1052 年)不幸去世,其余几位苏轼不但亲眼见到,还被他们待为上宾。

后来,苏轼阅读范仲淹的文章,读到那句"先天下之忧而忧,后天下之乐而乐",深深感佩,凄然泪下。未能一睹他早年仰慕的豪杰之一范仲淹,成了苏轼一生中的一大遗憾。

这一年,苏轼二十二岁,苏辙才十九岁,兄弟二人一举皆中,双双脱颖而出。苏洵屡次应试却屡次落选,对苏洵来说,科举就像万座高山,难以逾越,而对于他的两个儿子,却易如反掌。苏洵和朋友聊天时,谈及科举一事,玩笑地说:"莫道登科易,老夫如登天。莫道登科难,小儿如拾芥。"

苏家两兄弟一同登科,父亲苏洵也成了名士,一时间,苏家三父子的文章在京城被争相传阅,三父子的名气也如日中天。

从眉山小城来到京都汴梁,时隔整整一年。一年的时间,三苏从寂寂无闻一跃成为名震四方的人物,从鲜为人知一跃而为天下皆知的名士。

人生变幻莫测,岁月世事无常。命运有时像是故意和人开玩笑,在你觉得最幸福的高光时刻,骤然间,又让你品尝世上最大的痛苦和悲伤。当父子三人在京城风光无限、春风得意之时,老家眉山突然传来不幸的噩耗:苏轼的母亲程夫人,已在四月辞别人世。

苏家父子得知这一悲讯时已是五月底。他们匆匆离开京城,奔向眉山。来时一路欢笑,充满希冀;回程悲不能言,仓皇至极。

父子三人星夜兼程,赶回家乡。踏进家门那一刻,只见院子落败萧瑟,篱墙倒塌，满目苍凉。厅堂内弥漫着一片凝重、肃穆的新丧气氛。

苏轼与苏辙从小在妈妈身边长大，一年前离开眉州进京赶考，是两兄弟第一次离开母亲这么远、这么久。母亲含笑送他们出门时的面容，在兄弟俩的脑海里刻成了永恒。谁能想到，那时一别，竟成永诀。

嘉祐二年（1057）四月初八，在女儿八娘离世五年后，程夫人在眉山纱縠巷的苏家与世长辞，年仅四十八岁。她活着的时候，一心为家，走的时候，悄无声息。

她没有来得及与丈夫和儿子分享他们成功的快乐，她离世前，甚至都不知道，两个儿子已在京城高中进士，苏门三父子已名震京师。

让我们回顾一下程夫人的一生。程夫人，出身望族，名门之后，从小饱读诗书，通情达理。十八岁嫁给苏洵为妻，一生一共生了六个孩子，其中，三个孩子夭折，女儿八娘到了及笄之年，嫁给了兄长的儿子，因不受公婆待见，出嫁短短两年后抑郁而终。

程夫人一生共经历了四次丧子之痛。女儿八娘离世后的这五年，苏程两家断绝往来，程夫人夹在娘家与婆家的矛盾之间，内心无限苦楚，日渐憔悴，却不得不在悲痛与失意中努力撑起一个家，劳心又劳力。常年劳累加上郁结于心，程夫人身体渐渐孱弱。

这是一个任劳任怨、宽容贤惠的女人，程夫人嫁到家境贫寒的苏家，苏洵年轻时耽于游乐，程夫人常年独守空闺。后来，苏洵终于醒悟，准备发奋读书。家庭生计全部落在程夫人一人身上，她竭尽全力，整日操劳，毫无怨言。

这是一个仁慈善良、品行正直的女人，程夫人从小教育两个儿子爱护动物，善待弱小，不贪图意外之财。苏轼成年后为官，处处以百姓利益为重，无论身居高位还是被贬落魄，他始终清廉刚正，从未动过贪财之念，这和母亲程夫人早年教育密不可分。

这是一个有气魄有胆识、深明大义的女人。她用范滂教育儿子，为大义可以舍弃生命，从小培养儿子刚正不阿、安邦济世的志向和情怀。程夫人的一言一行，对苏轼的一生有着深远的影响。若干年后，即使苏轼屡次被贬，骨子里依然豁达乐观，果敢坚强。

这是一个自立自强、行事果决且有经商理财天赋的女人。苏家家境渐至窘迫时，街坊邻里劝她向富裕的娘家伸手求援，她不想别人笑话丈夫，宁愿自食其力。于是，毅然从苏家几代同住的祖屋搬了出来，卖掉陪嫁，在纱毂巷租了房子，自住兼做生意，支撑家里日常用度。族人和乡邻都无法理解她，在当时的社会，这是一种违背传统风俗的行为。为了生计，她不顾别人的议论和看法，勤劳养蚕缲丝，靠贩卖布匹丝线，养活着一家人。

这是一个志杰不群，有着卓然气度的女人。苏洵屡次应试，屡次落第，程夫人对丈夫没有苛责，依旧继续操持家务，教育儿子，培养他们的思想和道德，鼓励他们树立远大的志向和正确的人生观。

这也是一个老天待之不公的薄命女人。丈夫苏洵年轻时常常在外游荡，程夫人常年独自带着两个孩子，辛劳孤苦。女儿八娘离世后，丈夫苏洵因憎恨程家人，对程夫人少言冷语，令她抑郁难解。当苏洵终于走出女儿离世的阴霾，带着两个儿子进京赶考，功成名就时，程夫人却没等沾到丈夫和儿子福气，没过上一天好日子，匆匆撒手人寰。

程夫人一生安贫守志，劝夫以进、教子以学，苏家三父子成名的背后，就是这样一个多年默默付出，不求回报，更不求闻达的女人。

遗憾的是，培养了两个举世闻名的儿子，辅佐了一个自学成才的丈夫，成就了光耀千秋的苏氏三大家的女人，却连一个名字都没能留下。关于她的名字，我们无从考查，历史对于程夫人的记载，始于她十八岁嫁入苏家开始。关于她的出生和童年时代，我们知之甚少。多年后，我们只有通过程夫人的丈夫苏洵，以及苏轼、苏辙两兄弟怀念和追思的文字中，才知道程夫人一生伟大和感人的事迹。

千年以来，她一直被后人称为"程夫人"，以父姓冠名，历史上并不多见。作为一个胸怀博大、培养了苏轼这位千古第一才子的母亲，倘若把她与孟母、岳母并列于历史的长河，她也当之无愧。

中国文学史上的"唐宋八大家"，四川苏门占了三席，三苏父子成为一代文豪，程夫人功不可没！

北宋名臣司马光为程夫人作《苏主簿夫人墓志铭》，给了她八个字的最高评价："勉夫教子，底于光大。"

在今天的眉山市岷江西侧的苏母公园里，建有一座苏母程氏雕像，以传承和弘扬苏母文化。苏母程夫人的传统家风，在千年后的今天依然启迪着一代代世人。

第四章　制科考试

程夫人走了，苏洵连续数日茶饭不思，夜不能寐。家人苦苦劝慰，苏洵勉强吃了一些，却食之无味，寝食难安。

程夫人在世时，苏洵未曾觉得她的重要，两人在一起时，他也未能好好相待。如今，人去屋空，冷冷清清，苏洵突然发现，他的世界少了一半。那个端茶倒水，洗衣做饭，嘘寒问暖，老来相伴的人离开了，漆黑空寂的夜晚，唯有他一人孤灯独守，漫长岁月，只剩他自己孤独终老。

回望过往岁月，他闭门挑灯苦读时，妻子轻轻起床为他夜半添衣；他离家远游时，妻子一声不响，默默为他打点好一路行装；他走遍山水，疲惫归来时，妻子立刻端上热气腾腾的可口饭菜；他落榜失意、灰头土脸时，妻子不但没有丝毫不悦，反而对他更加暖心地安慰和鼓励。

程夫人贵为眉州首富的千金，知书达理，配得上官宦人家、高门子弟，却下嫁给苏洵这个一世落魄、屡试不第的穷酸文人。她为他生儿育女，相夫教子，一生付出，无怨无悔。可惜，苏洵不懂珍惜，八娘的离世，让他把对程家的怨恨全部迁怒到妻子身上，从此，对她冷言冷语，不闻不问。

如今，程夫人突然离去，苏洵猛然惊醒，痛彻心扉。妻子是何等的无辜，他对她责怪的理由又是多么的浅薄。望着妻子的棺椁，苏洵内心充满凄凉和悔恨。

总以为一生很长，有无数的机会可以慢慢弥补，总以为未来很远，还有更多的时光体味幸福美满，殊不知，人生短暂且不可逆转，家人与亲情最不该被漠视，往日的离合悲欢过去了，就再不能追回。

苏洵选了一个风水极佳的坡地，把程夫人安葬了下来。墓地在武阳安镇山下，坡地上有一口井，泉水清澈，长年不竭。传说，在天气晴朗的月夜，会有一个白发老翁，坐在泉水中，待人走近，又会消失不见，因此人们给此处起名老翁泉。

苏洵在井旁建了一座亭子。为了超度夫人的亡灵，他还找人塑造了六尊菩萨像，送到如来堂供养，希望菩萨能保佑程夫人的灵魂，使其往生极乐。

苏洵还作了一篇《祭亡妻文》寄托哀思。在文中他写尽了对妻子深深的亏欠、感激和思念。他发誓，死后无论身在何处，都将回归故里，与妻子长久相伴。后来，苏洵离世，如他所愿，和程夫人一起埋葬在了老翁泉。苏洵的名号"老泉"，就是如此得来。

苏轼和苏辙对母亲的怀念同样至深至远。苏轼在他为官四十年后，仍念念不忘母亲的教育，写下了《记先夫人不残鸟雀》一文，感念母亲的仁爱和慈悲。苏辙也在《坟院记》中回忆母亲，"生而志节不群，好读书，通古今，知其治乱得失之故"。

根据儒家礼制，苏轼和苏辙两兄弟要在家乡为母守孝二十七个月。在封建社会，无论身居何职，哪怕贵为宰相，如遇父母亡故，也要回乡丁忧。中国两千多年的官本位体制和价值观，官员在职能因丁忧中断，为丁忧让位，足以说明在古代，丁忧制度意义的重大。它不仅仅是一种孝道的体现，让子孙铭记父母和祖父母恩德，也给为官者充足的时间料理后事，安顿家里，解决一切后顾之忧，之后再回去接着任职做官。

母亲的离世，让苏轼、苏辙两兄弟伤痛不已，好在，与新婚妻子团聚重逢的欢喜给了兄弟俩最好的慰藉。

苏轼的妻子王弗温婉娴静，蕙质兰心，冰清玉润，不染纤尘。每当苏轼捧卷阅读，她总是悄然在侧，静默不语。王弗的款款深情是消除痛苦最好的一剂良药。

王弗温柔相伴，红袖添香，苏轼文采斐然，才华横溢；王弗明眸皓齿，天生丽质，苏轼风度翩翩，天性不拘。苏轼与王弗的情感，没有烟花璀璨的浪漫，却充满人间烟火的温馨，没有轰轰烈烈的海誓山盟，却不缺少执手相望的缱绻相依。

在长达两年多的丁忧期间，苏轼与王弗或读书品茶，或吟诗赏月，或游春踏青，或秉烛夜谈。有时，苏轼也会陪妻子回娘家省亲。

王弗的娘家在眉州青神县，王家也是一个大家族，堂兄妹就有三十多人。苏轼和妻子的娘家人相处都很愉快，无论叔伯、晚辈还是同代人，都很喜欢苏轼。他们经常一起喝酒游庙，谈古论今。王家人非常欣赏苏轼的才气，尤其几个堂兄妹。

王弗有个堂弟，名叫王箴，十分崇拜苏轼，苏轼也十分喜欢这个少年，两人经常坐在村门口聊到天黑。

王箴有个姐姐，也是王弗的堂妹，名叫王闰之，刚满十岁，还不太懂世事，却对万物充满了好奇。小姑娘觉得这位堂姐夫十分有趣，当苏轼在人群中侃侃而谈时，她总是睁着大眼睛，好奇地远远看着。那时，苏轼当她还是个孩子，并未太注意，谁能料想，多年后，这个女孩竟和他的一生有着不解之缘。

苏轼在眉山丁忧期间，还认识了一个朋友，王巩。王巩（1048—约1117年），字定国，比苏轼小十二岁。王巩出身名门，是宋朝知名宰相王旦的孙子。后来，又成了张方平的女婿。

嘉祐三年（1058），王巩的父亲龙图阁学士王素被派到成都做知州。

自宋太祖一统天下，直到一波波的兵乱和农民反抗彻底被平定，收复蜀地，四川曾经历长达三十六年的战争纷乱。在朝廷看来，蜀地民风轻悍，民心易动，容易生变，需严加监管。如今历经百年，北宋朝廷对蜀人依旧赋税很重，常税之外还另加新税，沉重的经济剥削导致民怨四起。

苏轼高中进士后回到眉山，因丁忧虽未能立刻踏上官场，但身为在籍进士，他开始对政治与民生问题有了一些思考。

国家向百姓收税以养兵蓄锐，以备不时之需。士兵离心，会造成小乱，而农民陷入极端贫困，民怨太深就会揭竿而起，造成大乱，比如北宋初年的王小波起义。那段历史，距离苏轼的出生不过三四十年，作为蜀人，苏轼虽未亲历，却对此感触颇深。

因此，苏轼写了一封信，关于蜀地盐、茶、酒、绢等赋税太重的问题，向王素陈述民生疾苦。这是苏轼中进士后，在考场之外，平生第一次根据社会现实问题，向朝廷官吏表达自己的政治见解。苏轼还没开始做官，就开始为民请命。可想而知，苏轼为官后的行事和作风。

王素读了苏轼的文字，非常欣赏苏轼的才学。立刻让儿子王巩以后跟着苏轼学习，从此，王巩成了苏轼一辈子的莫逆之交。

苏轼和苏辙两兄弟在丁忧期间，也游览了很多家乡的美景，去得最多的地方就是佛寺。这段赋闲在家的日子，令二十二三岁的苏轼对家乡有了更深的了解和认识。这期间，他写下了很多作品记录家乡的美丽，比如《咏怪石》等。

两个儿子丁忧期间，父亲苏洵终于等到了朝廷的旨意，让他到京城参加策论考试，之后再决定给他的具体职务。

苏洵一生苦读，一直希望能在仕途上有所建树，千辛万苦好不容易盼来了朝廷的答复，却仍需通过考试。苏洵几次应举，几次落榜，对考试既深恶痛绝又心生恐惧。两个儿子在科场上势如破竹，轻松高中进士，苏洵觉得，如果他再次考试不过关，在儿子们面前都抬不起头来。

经过一番痛苦地纠结，最后，苏洵以身体欠安为由拒绝了朝廷的考试。私下里却对朋友梅尧臣说，回顾少年参加科举考试，天不亮就起来，带着干粮排在东华门外，受着宫廷侍卫的看管和约束，想起来就很寒心。

自从两三年前，张方平第一次向朝廷举荐苏洵，到今天终有答复，整整过去了七百多天，苏洵对朝廷办事效率的拖沓和懈怠，非常不满。

嘉祐四年（1059）年六月，苏洵再次收到朝廷旨意，依然让他参加考试。他再次辞谢拒考。之后，苏洵给欧阳修写了封信，信中委婉地表达了自己的态度，如果朝廷安排适宜，他愿意为国效力，做些能做的事。但他不愿在五十岁这样的年龄，像个小学生一样，被考来考去。

儿子们的丁忧快结束了，程夫人已逝，苏洵不愿意一个人留在眉山，他决定和儿子们一起去京城，开始一份新生活。

嘉祐四年（1059）十月的一天，秋高气爽，艳阳高照，苏家父子三人在程夫人灵前祭别，之后，再次离开四川眉山，奔赴京城。

不同的是，这次，他们不只是父子三人，而是携家带眷，举家迁往东京。为了照顾随行妇孺，这次不能骑马坐车，他们改走水路。

十月的四川，风景如画，巴山蜀水，五彩斑斓。苏轼一家从嘉州（四川省乐山市）登船，沿着嘉陵江一路慢慢行进，经过四川境内的六个州县，在忠州（今重庆忠县）驶入长江。

长江三峡烟波浩渺，重岩叠嶂，飞泉瀑布，波澜壮阔。行到瞿塘，水流渐至湍急，水中巨石林立，两岸悬崖峭壁，处处充满了刺激。

风景总是与风险并存，景色越美，危险越大。长江三峡千岩竞秀，万壑争流，风景瑰丽举世闻名；三峡之险，瞿塘最甚，隐天蔽日，横绝天下。

终于过了三峡，行至荆州，水流渐缓，船速飞进。两岸山岭草木青翠，云蒸霞蔚，苏轼被巍峨壮观的美景震撼，兴致盎然，诗兴大发，题诗一首《江上看山》："船上看山如走马，倏忽过去数百群……"

这是苏轼两兄弟第二次离家奔赴京城。时隔三年，兄弟二人的性情沉稳了许多，心情也和上次完全不同。上一次，父子三人离开眉山，家中还有亲人，如今，举家迁往京城，告别故土，下次回乡不知何时。上次，赴京赶考，兄弟二人虽信心满满，但能否高中，尚未可知。如今兄弟俩都已是新科进士，且声名远扬，大好仕途就在眼前。

兄弟二人苦读多年，从小就立志，长大后要有一番作为。如今，科举高中，想到很快就可以学以致用，济世安邦，造福百姓，兄弟二人一路上都很兴奋。沿途美景美不胜收，但再美的风景也难抵京都的繁华和璀璨。因为京城可以一展拳脚，实现苏家兄弟多年的抱负和梦想。

不知不觉，已行船两月有余，天气渐冷，雪花飞落。一路上，王弗为苏轼研墨添香，烧水煮茶。白天，苏家三父子在船舱内围炉而坐，饮酒赏雪、诗词相和，指点江山、谈天说地；夜晚，王弗陪苏轼巴山夜话、共梦飞花，柔情似水，温情脉脉。

世上最美的风景，莫过于和所爱之人一起勇闯天涯；最愉悦的旅程，无非有亲人相陪，佳人相伴。

回想三峡的险峻幽邃，依然令人触目惊心。惊魂初定，回味巫山之美，也令人久久难忘。苏轼写下了很多美丽的诗篇，其中一首《入峡》，记下了三峡景致及居峡百姓的简陋生活。诗中最后一句："试看飞鸟乐，高遁此心甘。"描绘出寄情山水、隐身世外的快乐逍遥。

苏轼渴慕怡然自得的洒脱，却一往无前奔赴仕途。因为他有梦想，有抱负，他的铮铮傲骨，注定了他将一心为民，意志坚定，也注定了他不屈不挠，一生坎坷。

直到年关将近，苏氏一家在江陵登船上岸，在驿馆暂作休息，待到春节之后再继续陆路前行。

至此，水路行船已六十日，途经十一个州郡三十六县。一路上，苏家父子欢声笑语，赏景作诗，长江的壮阔、山川的秀美，一路所见的风俗民情及笑谈之间的咏叹，全部被记录在文字中，一共做了一百多首诗文。其中，苏轼作诗四十二首，苏辙诗文二十三篇，苏洵文章诗赋共七十二篇。他们将这些诗文整理汇编成《南行前集》。

事实上，《南行前集》远不只这么多篇，因为没有书籍版本留传下来，存世的诗文只有一百多篇，还有近三分之一的诗文已经失传。

在江陵客栈，苏轼为《南行集》作序。在序文中他写道，文章创作，应像山川会有云雾缭绕，草木会开花结果一样，蓬勃积蓄，自然流露。

相同的风景，相同的旅程，在苏家两兄弟的文章里呈现出不同的风貌和华彩。写下《南行集》时，苏轼正逢二十三四岁，青春年少，朝气蓬勃，他的诗文也如他一般气势蓬勃，豪放不拘。那种洒脱的风格和空灵的意境，已初显大家风范。苏辙的文风却和哥哥截然不同，苏辙的文字工整内敛，修辞严谨。

都说文如其人，诗言其志。苏轼性情奔放，率性豁达，动若脱兔；苏辙含蓄沉稳，寡言少语，静若处子。

苏辙因有哥哥的光环掩映，似乎有些暗淡无光，其实，苏辙也一样才华横溢。虽然在诗词创作和书法上比苏轼略逊一筹，但在散文、政论和史论方面颇有造诣，即使和哥哥相比也毫不逊色。苏辙的文字谦逊平和，淡然宁静，看似波澜不惊却刚劲有力，涵容万千。

苏轼评论苏辙的文章："其为人深不愿人知之，其文如其为人，故汪洋淡泊，有一唱三叹之声，而其秀杰之气，终不可没。"

嘉祐五年（1060）正月初五，苏家一行人从荆州启程，继续从陆路奔赴东京。一路上，他们又边行路边作诗，记录沿途景色和心情。这期间，苏轼作诗三十八首。

后人把苏轼兄弟俩从江陵到京城途中，所做共四十五首诗文整理合编为《南行后集》，与之前的《南行前集》合称《南行集》。《南行集》共收录一百七十三篇诗文，加上《南行前集叙》《南行后集引》共一百七十五篇。

印刷术的发明和使用，使北宋的文化和艺术空前地繁荣起来。苏轼的文采适逢其时。此时，毕昇发明的活字印刷术已在北宋广泛流行，后来随着苏轼的名气渐盛，他的诗文很快在北宋风行。《南行集》就是苏轼兄弟成名后，首次流传于世的作品。

人生一世，有人追求功名利禄，有人渴慕荣华富贵，有人唯愿岁月静好，有人但求健康平安。权势富贵如过眼烟云，稍纵即逝，而那些韵味无穷的锦绣文章，即使笔墨古朴陈旧，仍能传世千年，历久弥新。苏轼父子留下的这些诗篇没有被时光湮没，直到今日，仍被广为传颂，读起来韵味无穷，赏心悦目。

嘉祐五年（1060）二月，苏氏一家终于抵达汴京。北宋的京城市列珠玑，户盈罗绮，雕轮宝马如云。花街柳陌，酒肆茶坊，一派盛世繁华。苏轼一家在西岗租了一个宅院，住了下来。

阳春三月，万物复苏。苏家兄弟接到任命，苏轼被任命为河南府福昌县主簿，苏辙被任命为河南府渑池县主簿。主簿是辅佐知县，负责起草文件，管理档案之类办理文书的九品官，相当于现代的秘书职位。这种知县小吏，很难有所作为，以后也很难出头，没法施展满身的理想和抱负。

苏轼和苏辙的文章名动京城，兄弟俩对仕途充满了无限憧憬，对未来也充满了美好的向往。正准备一展才华，建功立业，实现致君尧舜的远大抱负和梦想，却只得到主簿一职，兄弟俩不免有些失望和失落。

理想很丰满，现实却很骨感。也许多数人面对现实，会突然清醒，觉得理想不过是镜花水月，浮华虚幻。但苏轼和苏辙并没有向现实低头，更不打算妥协，两兄弟毅然决定，辞不赴任。

在北宋，辞官不受是一种很常见的行为。无论是位低如县吏，还是位高如宰辅，都可以拒绝。因此，苏轼和苏辙的行为并没有引起什么风波和非议。苏轼、苏辙两兄弟辞官，还有一个重要的原因，因为他们正好赶上了一次千载难逢的机会，制科考试。

宋朝的科举制和唐朝一样分为常科、武举、制科三种。制科不同于进士和明经类的常科考试，它是由皇帝下诏安排，为选拔和发现非常人才而特别设立的考试。若想在政治上有所建树，制科考试至关重要。

制科考试分为三个程序：进卷，阁试，御试。

"进卷"需要考生呈交五十篇策论，之后由翰林学士评判。"进卷"的淘汰率一般为百分之五十，"进卷"合格者方可进入"阁试"。

"阁试"需要一日内完成六篇试论，每篇五百字以上，阁试六论的出题范围非常广泛，题目一般为经史类，以九经、兼经、正史为主，还涉及武经七书（北宋朝廷颁发的兵法丛书），几乎无所不包，无所不问。应试者所做六论，不但需要指出论题的出处，还需要全部引用论题的上下文。这就要应试者不仅熟读史书，知识广泛，能活学活用，文理俱佳，而且要具备独立见解，能提出实用性对策，才能有机会取胜。"阁试"主要是为了考查考生是否知识渊博，具备真才实学。因此，"阁试"是制科三项中最难的一关。阁试合格后方可进入最后一关，御试。

宋代制科考试，非常严密，每届能够进入御试，参加对策者不超过五人，最终能被录取的人数少之又少。两宋三百多年，一共开制科二十二次，几乎十五年才举行一次，通过制举登科的一共仅有四十一人，平均每届登科不足两人。其中大部分还是有官之人，布衣平民只有七人。

因为考试难度极大，加上承自天子御试的荣宠，因此荣耀倍增。普通进士出身，已经受人敬重，如果是制科出身，则更加显赫尊崇、无限荣光。不但会受人敬仰，被以国士相待，且前途远大，功名不可估量。这样的荣耀自然让有识之士和贤能之才跃跃欲试，应试者不乏各榜进士、当朝官员及平民布衣。这次制科考试，就有三十三人参加。

如此高级的考试，自然要求也特别严格，并不是任何人随便就可应试。首先，参加制科考试需经朝廷大臣的举荐。苏轼得到恩师欧阳修的赏识，欧阳修以礼部侍郎兼翰林侍读学士身份举荐了苏轼，苏辙却一直没找到推荐人。

之前，苏辙到吏部报道时，知制诰杨畋（1007—1062）见过苏辙，给他留下了深刻的印象。杨畋早已听闻苏轼、苏辙两兄弟的才华。苏辙想参加制科考试，听说还未被举荐，杨畋主动提出愿意为苏辙推荐。如此，兄弟俩都有了推荐人，接下来，就要全力以赴，应对考试了。

苏轼兄弟俩在进士考试中初露锋芒，这一次，两兄弟更是精神振奋，斗志昂扬，欲再显身手。

考试前，韩琦曾对应试的人说，有苏轼、苏辙在，你们竟然也敢参加。此话一出，很多人打了退堂鼓。

宋代取消了宵禁制度，瓦舍勾栏热闹非凡，汴京的夜市尤其天下闻名。身居闹市，苏轼两兄弟却无暇逛街偷懒，必须抓紧时间复习。制科考试难度极大，为了在政治上有所建树，再难，苏轼两兄弟也决定全力一搏。为了做好充分的准备，以应对考试，苏轼和苏辙从西岗搬到了汴河南岸的怀远驿居住。怀远驿清幽安静，兄弟俩暂时与世隔绝，心无旁骛，专心备考，不问世事。

这一段时间，他们需要把重要的典籍全部背熟，并写出笔记。要读的书很多，学习任务繁重，他们没时间关注身外之事，对饮食也不讲究，有时三餐只有白米饭、白萝卜和一小碟白盐。尽管生活非常清苦，俩人也不在意。

兄弟俩白天一起读书备考，切磋文章，探讨时政；晚上对床而眠，谈天说地，风雨相伴，并不觉得艰辛穷苦，反而甘之如饴，十分快乐，仿佛回到了少年时，在眉州相伴读书、无忧无虑的快乐时光，又仿佛回到四年前，在寺庙备考进士的情景。

一天晚上，两兄弟正在灯下苦读，突然夜风骤起，雨打窗棂。苏轼正读到唐朝韦应物的诗"宁知风雨夜，复此对床眠"，听到窗外风雨呼啸，不禁触景生情，无限感慨。

兄弟俩心里都清楚，考试结束后，两人将各自为官，以后宦海生涯、漂泊不定，很难再有这般抵足而眠的珍贵时光。想到未来仕宦四方的身不由己，想到很难再像少年时，一起读书，朝夕相伴、形影不离，两人突然都有些伤感。

风雨与共、同窗共读二十载，怀远驿学习的日子，成了他们朝夕相处的最后时光。兄弟俩非常珍惜，于是订下盟约，有朝一日功成名就时，若辞官归隐，一定同回故里，再度对床而眠，畅叙手足情谊，共享闲居之乐。

苏轼和苏辙紧张备考期间，父亲苏洵依旧没闲着，他也在殷切期盼自己的官职。

嘉祐五年（1060）年八月，苏洵终于收到指派，被朝廷任命为试校书郎。试校书郎的官位是九品官，虽然是一个清职，但是从这个职位可以登入馆阁。馆阁是分掌图书经籍和编修国史的地方，在馆阁做得好，还可以迁入起居院。

起居院，主要负责记录皇帝的日常言行，离皇帝只有一步之遥。如果再幸运些，还有可能入禁中，给皇帝或太子讲授儒家经典或治国之道。

在宋代，试校书郎这样的清职需要考试方能胜任。而这次苏洵却没有参加考试，以布衣之身直接被录用，已经是特别的待遇了。这应该也是欧阳修极力斡旋之下才得以促成。苏洵却依旧没有接受，或许他觉得待遇太低，或许试校书郎是九品官，还没有儿子的官位高，老苏觉得有些没面子。

后来苏洵给丞相韩琦写信，解释了不愿赴任的原因，委婉表达还是希望有一个适合自己的工作。在欧阳修和韩琦的共同商议下，终于，嘉祐六年

（1061）八月，苏洵再被任命为霸州文安县主簿。

一个月后，欧阳修出任副宰相，兼任修纂礼书。欧阳修上任后，任命姚辟与苏洵修纂宋开国以来的礼书，苏洵觉得这个工作适合他的政治理想之一，终于，欣然接受。

时光荏苒，苏洵的求官之路一波三折，经过了几年时间，终于在京城谋得一份满意的官职。这时，苏轼和苏辙也已在怀远驿复习了一年，并顺利通过了阁试的六论，即将临近御试这一天。

一年寒窗苦读，只盼金榜题名。谁知，月有阴晴圆缺，人有旦夕祸福。眼看临近御试，苏辙却不早不晚，突然在这时候病倒了。苏轼为苏辙悲叹不已，苏辙自己更是十分懊恼。父亲苏洵及一家人都为苏辙感到遗憾，哀叹苏辙时运不济，命途多舛。

宰相韩琦非常欣赏苏轼兄弟的才华。他听说了这件事，立即禀告皇上说，苏家两兄弟才华过人，此次应试，苏家两兄弟声望最高，现在苏辙偶然生病不能考试，这两个兄弟中错失一人都将不孚众望，也是朝廷的损失，因此，希望能将考试延期。

仁宗皇帝不想错过杰出的人才，同意了韩琦的建议。苏辙生病期间，韩琦几次派人探问，待苏辙完全康复，才准备举行考试。如此，原定是八月中旬的考试，延到了九月份才进行，考试日期照之前整整延期了二十天。苏辙的命真是太好了，不但遇到了惜才若渴的开明宰相，也赶上了千载难逢的盛世仁君。

不过，制科考试因苏辙生病而延期的说法，是苏轼的学生李廌日后在《师友谈记》中所写。而史书记载的考试时间并未推迟，依然是嘉祐六年（1061）八月二十五日。

年代久远，我们已无从考证历史上某些事件细节的真伪，虽然我们无法回到历史的现场，了解整个事件的过程，好在我们都知道这次考试的结果，这一点毋庸置疑。

嘉祐六年（1061）御试这一天，宋仁宗在崇政殿亲自主持策试。

比较而言，御试要比阁试六论简单一些，因为策论只有一篇，但内容要求也很严格，文采只是其次，更重要的是看重政治观点。

这次考试的科目是"贤良方正直言极谏"。"贤良方正科"是沿用汉文帝时推选官吏的一种制度，意思是指德才兼备的人品。"直言极谏"是指臣下对君主要以正直的言论谏诤。

策论的字数要求在三千字以上，并且必须当日内完成。御试的题目一般由两制拟呈皇帝御选，或命宰相代拟。此次御试的策题，由翰林学士、知制诰胡宿代拟，策题就长达五百余字。

苏轼才如泉涌，笔翰如流，恣意纵横，一泻千里，洋洋洒洒共写了五千五百字的一篇长文。他的立论卓绝斐然，观点独到，意境深远，不入俗流。苏轼的文字旷达豪迈，气势恢宏，读起来让人觉得如沐春风，意气风发，如披月光，澄明透彻。整篇文章给人的感觉如临长江大河，曲折流转，浩然奔流。

大家都在等着看苏家两个天才兄弟的考试结果。这次考试因为苏辙而延期，按理说，苏辙的文章应更是妙笔生花，不负众望，没曾想，苏辙的《御试制科策》却令人出乎意料，难以置信。

苏辙的策论写得十分犀利，他针砭时弊，直言不讳，矛头却直指宋仁宗。文章指出，后宫佳丽数以千计，皇上只顾歌舞饮酒，为政苟且；朝廷赋税沉重，致使百姓穷困潦倒，皇上难辞其咎。

苏辙的这篇策论在朝廷掀起了轩然大波。覆考官之一胡宿认为，陛下恭俭，苏辙却年少轻狂，出言不逊，诬陷皇帝盛德，应该黜落；司马光却据理力争，认为苏辙的对策，辞理俱佳，出类拔萃，且苏辙敢于直言，独有爱君忧国之心，应得第三等；范镇主张降等录取；也有的覆考官推卸不言。几位考官意见不一，争执不下，最后闹到了仁宗皇帝那里。

司马光给皇帝上了一道奏疏，写道：朝廷设置六科考试，是为了选取高远之士，如果苏辙的文章因为直言而被黜落，恐怕天下人会认为，朝廷设立的直言极谏科，只不过是个虚设，以后四方之士都会以言为讳，这样有损圣主宽明之德。如果收苏辙入等，天下人会认为陛下以直言收之，反而会成为一件美谈。

仁宗读了苏辙的对策文章后，觉得言论切直，不能弃废。皇帝心想："求直言而以直弃之，天下其谓我何！"

尽管挨了骂，仁宗却没有降罪，而是将苏辙降了一等收录。不愧是一代宽仁的君王，仁宗对苏辙的大度包容在历史上留下了一段佳话。

宋代制科考试的成绩分五等，第五等相当于登科。第一、二等形同虚设，从来没人得过，一般都是以第四等中选。入第三等，相当于贡举进士第一等。

考试结果出来后，苏轼得了第三等，这是自宋开国以来，北宋制科考试的最高等级。如此殊荣，之前仅有吴育（1004—1058）一人得过，其余都是四等或四等以下。苏轼不愧为一代文豪，天之骄子。

仁宗嘉祐六年（1061）的制科考试，一共三人被录取。苏轼入制科三等，苏辙以及常州（今浙江）王介入制科四等。

那一天，殿试结束后，仁宗来到后宫，掩饰不住内心的喜悦，高兴地告诉皇后曹氏，他为子孙谋得了两位太平宰相。仁宗指的是苏轼兄弟，他的话应验了一半。后来，两兄弟中的确有一人当上了宰相。因缘际会，性情使然，当上宰相的不是苏轼，而是弟弟苏辙。

苏轼、苏辙两兄弟再次脱颖而出，同时入等，非常难得。作为推荐老师之一的欧阳修，高兴地称赞："苏氏昆仲，连名并中，自前未有，盛事！盛事！"

苏轼两兄弟第一次进京应举时，在京城并没什么名气，不像同时上榜的曾巩，早已师出有名。一些落选的考生有些惊怒不甘，甚至走上街头，聚众抗议。欧阳修却对苏轼兄弟极力盛赞，那时，有些人心里暗暗不服。这一次，苏轼兄弟二人通过制科考试再次出人头地，以真才实学再次证明了自己的才华和欧阳修的眼光，众人不得不服。

两个儿子同时通过制科考试，双喜临门，父亲苏洵也成了免考而得官职的传奇文人，可谓锦上添花。一时之间，三苏父子再度引起轰动，举世哗然，声名更加远播。

苏氏文章，被奉为天下第一，流传四方。当朝权贵、诗人墨客，纷纷求见，争相往来。有人把苏氏文章当作师法，有人拜倒在苏门下以求学问，有人想一睹奇人风采，有人为传抄苏氏新作。一时间，人们纷至沓来，苏家门庭若市，京城百姓争相传颂苏家盛事，京城学子更是把三苏文章当成了考试的典范。

经此制科，苏轼兄弟的未来与仕途再次充满了希望和美好。人生最得意之事，莫过于金榜题名。苏轼春风得意，开心之余开始为苏家的生活谋划。他在京城购置了一处宅院，苏家搬迁到新宅，总算在京城真正安顿了下来。

宅院虽不大，但十分幽静，内有小花园和菜园，还有一个葡萄架。前庭种花，后院种树，草木茂盛，花团锦簇。

苏洵找人在院子里开凿出一块池子，做成一个假山喷泉的景观，给院子增添了一份动感和雅致。苏辙后来还为园中的草木一一命名题诗，平添不少雅趣。如此书香雅院，花红柳翠，流水悠悠，满园飘香，确实符合苏家的诗人气息，苏家给新宅起了一个简单明快的名字，"南院"。

通过制策考试后，苏轼被任命为大理评事签书凤翔府（今陕西凤翔）判官，苏辙为试秘书省校书郎、商州（今陕西商县）军事推官。根据宋朝官制，前面的称谓是官名，表示官位高低及俸禄多少，后面是具体职位和差遣，也就是实际要做的事。大理评事是掌管刑狱的京官，属正八品。签书判官的职责是辅佐州官，掌管文书。之前苏轼被授予的是河南福昌县主簿，苏辙被任命为河南府渑池县主簿，都属于正九品下或从九品上，这次苏轼被授予大理评事，苏辙被任命为商州推官，都是正八品，等于升了两级。

苏辙虽然也被封了官，但有些朝中大臣依然反对他的任命。其中，最主要的反对者是王安石。他担任负责起草诰命的知制诰一职，因怀疑苏辙攀附宰相，专挑皇帝的毛病，而拒绝为苏辙写任命书。

此时，苏洵已授官文安县主簿，奉命编撰礼书，需要留在京中。苏辙为了在京城照顾父亲，也为了表示对反对者的不满，拒绝赴任，奏请辞官留京侍奉。

苏辙的推荐恩师杨畋担心，以后再有人对苏辙不满，令他受到攻击，于是上书仁宗说，陛下能够赦免苏辙的狂直，依然收录他，此等盛德之事，应该载入史册。仁宗听了非常高兴，听从了杨畋的建议，将苏辙的策文收入了史馆。从此，苏辙文章引起的风波彻底平息了。

杨畋，为官清廉，文武全才。侬智高叛乱时，杨畋曾被朝廷任命统军平叛。由于平蛮失败，被贬官降职。嘉祐三年（1058 年），杨畋重被朝廷启用，任三司户部副使。之后开始不断升迁，直到嘉祐六年初改任知谏院。为报答仁宗皇帝的知遇之恩，作为谏官的杨畋屡屡进言，恪尽职守，不畏权贵。

嘉祐七年（1062），在为苏辙举荐之后没多久，杨畋因病离世，享年五十六岁。杨畋离世之时，家中仍一贫如洗，他的家人连一件寿衣都买不起，杨畋下葬前依然穿着平常的衣裳。后来，朝廷得知此事，仁宗感念杨畋的功绩，特赐杨家黄金二百两，另赐御飞白书扇，安置在杨畋的灵柩旁。杨畋一生清寒，死后终于得以荣光安葬。

嘉祐七年五月，苏辙撰写哀辞一篇《杨乐道龙图哀辞并叙》，感谢杨畋的提携之恩。杨畋，作为北宋多如牛毛的官员之一，本应是寂寂无闻的一生，随着岁月的流转，黯然消逝在历史的尘埃里，只因举荐了"唐宋八大家"之一的苏辙，为自己赢得了一个青史留名的机会。

苏家两兄弟从第一次进京赶考到考中制科，时间已经过了整整五年。五年后，从眉山小城走出的风华少年苏轼，终于踏上功名之路。尽管人世变换，波澜起伏，总算尘埃落定，得偿所愿，苏轼的人生追求再次充满了期望。

第三卷　人生到处知何似

第五章　上任凤翔

宋仁宗嘉祐六年（1061），十一月的一天清晨，苏轼带着妻子王弗，和不满三岁的儿子苏迈，启程前往他官场生涯的第一个任地 —— 凤翔。这一年，苏轼二十五岁，逾弱冠，正华年，青春四射，激情无限。苏轼踏上旅途，开启了他一生跌宕起伏的仕宦生涯。

与苏轼一同前往凤翔的还有一人，苏轼的朋友马梦得。马梦得，字正卿，与苏轼同年同月出生，比苏轼小八天。马梦得原本在太学里任"太学正"一职。"太学正"隶属于国子监，是北宋太学学官和职事名。在仁宗时期，学生也有机会担任太学正，负责太学的一些事务。

马梦得和苏轼一样，性格直爽，待人真诚，是个非常值得信赖的人。然而，梦得不擅交际，学生和同事都不怎么喜欢他。苏轼却十分欣赏马梦得，认为他清贫而不失气节。

苏轼即将离开京城前往凤翔赴任，因此前去向马梦得告别。当他抵达马梦得的住所时，恰逢马梦得外出。苏轼在他的书房等得无聊，闲着无事，随手在他书房墙壁上题了一首杜甫的诗《秋雨叹》。

岂料，苏轼不经意间题的一首诗，竟改变了马梦得的一生。马梦得回来后看到这首诗，尤其那句"堂上书生空白头，临风三嗅馨香泣"，心里受到了很大冲击，想到自己在太学不受欢迎，他不想徒然满头白发，蹉跎一生，索性辞了官，决意从此追随才高八斗的苏轼。于是，马梦得跟随苏轼一起离开了京城，前往凤翔，给他做幕僚。

马梦得骑马跟在后面，前面还有两匹马，马上分别坐着苏轼和苏辙。苏辙一路相送，为了能多陪兄长一程，他从东京汴梁一直送到一百四十里外的郑州，仍依依不舍，不忍离去。

苏轼和苏辙从小一块长大，朝夕相伴二十余年，从未分开过。这是两兄弟生命中第一次面临分别，对此都感到十分不适应。尽管他们早已做好了心理准备，相互安慰对方，分开是为了成就更好的人生，而真的到了这一天，即将山水相隔、天各一方，仍然无法抑制心中的感伤和不舍。

苏轼看着面容清瘦、脸色苍白的弟弟，心里涌起无限的怜惜和不忍。一路上，苏轼催促弟弟数十遍，策马返程，不要再送了，可苏辙却仍固执地一路跟随。叮咛和嘱咐弟弟的话已经说了一遍又一遍，送君千里，终有一别，车马终于停在了郑州西门郊外。

兄弟俩相互对望，哥哥的神情充满了关切和怜爱，弟弟的面容充满了不舍和感伤。两兄弟凝望对方良久，陷入长长的沉默，直到两人都觉喉咙发紧，再也说不出话来。

良久，苏轼抬起手挥了挥，示意弟弟回返。苏辙看见哥哥润湿的眼眶，双眸也泛起了薄雾。苏辙嘴角抽动了一下，想说什么，却再也吐不出一个字。提醒哥哥的话也已说了数十遍，即使再重复千遍，依然牵挂，依然担忧，依然留恋。苏辙最后深深地看了一眼哥哥，然后毅然调转马头，扬鞭离去。转身的刹那，苏辙的眼泪终于夺眶而出，寒风吹来，脸颊上滑落两道冰凉。

苏轼呆呆地伫立原地，看着弟弟单薄的背影，渐行渐远，直到苏辙的身影快看不见，苏轼骑马快步行到一个高岗上，站在高处寻找、眺望。朔风猎猎，断枝残叶一片萧瑟，满目凄凉。远处，苏辙的乌帽在起伏的坡陇上忽隐忽现。苏轼呆望良久，直到乌帽也彻底消失在视线里，苏轼怅然若失。

骑在马上，苏轼给苏辙写下了分离后的第一首诗，诗中道尽了内心的凄恻，其中两句让人感慨万分：

> 寒灯相对记畴昔，夜雨何时听萧瑟？
> 君知此意不可忘，慎勿苦爱高官职！

多情自古伤离别，无论是爱人分离，还是亲人远去，都是一样的目断魂销，一样的情凄意切。苏轼与苏辙手足情深，兄弟俩第一次分离，竟是这般难以自持。

苏轼沉浸在难以割舍的亲情中，心有惆怅，继续前行，到了渑池。

五年前，父亲苏洵带着他和苏辙进京赶考，曾经路过这里，在一个寺庙借宿过，寺庙的主持奉闲老和尚对他们照顾有加。那时，兄弟俩还曾在寺庙的墙壁题诗留念。谁料，此次造访，老和尚已经去世，肉身化成舍利，安葬在一座新建的塔下。兄弟俩当年在寺庙墙壁上的题诗也因墙壁颓坏，无迹可寻。

短短五年，恍如隔世。寺庙依然还是那个寺庙，转眼却已沧海桑田，物是人非。苏轼望着院中的新塔，忧思感怀，触景生情，不禁也想到了自己。这五年中，他先是和弟弟进京赶考，之后回乡为母丁忧，再进京复习参加制科考试，之后终于踏上仕途。几年时间，他辗转千里，跋山涉水，行经几十县，沿途遇到各种景致，也经历了无数的人事变迁。只觉人生变化莫测，如天上飞鸿，飘忽不定，只是偶尔在泥地里留下爪印，很快就无影无踪。

正在感慨忧伤之际，有人送来弟弟的书信问候。打开一看，苏辙写给他一首诗《怀渑池寄子瞻兄》：

相携话别郑原上，共道长途怕雪泥。
归骑还寻大梁陌，行人已度古崤西。
曾为县吏民知否？旧宿僧房壁共题。
遥想独游佳味少，无方骓马但鸣嘶。

苏辙送哥哥到郑州后，刚刚分开，就对兄长无限牵挂和思念。算着时间和路线，知道哥哥一定会经过渑池，不由地想起和哥哥一起在渑池借宿僧舍，壁上题诗的时光。于是，作诗一首，托人骑马送到渑池。巧的是，苏轼收信之时，刚刚抵达寺庙，也正在缅怀五年前和苏辙一起在寺庙借宿的点滴。

兄弟俩心有戚戚，苏轼看着弟弟亲切又熟悉的字体，不禁又悲又喜，百感交集。悲的是宇宙生生灭灭，人生无常，命途多舛，难以掌控；喜的是尽管初入仕途，人生迷惘，却有共享回忆的人，让人生充满温馨与美好。苏轼感怀之下，当即和诗一首《和子由渑池怀旧》，让人带给苏辙。

人生到处知何似？应似飞鸿踏雪泥。

泥上偶然留指爪，鸿飞那复计东西？

老僧已死成新塔，坏壁无由见旧题。

往日崎岖还记否？路长人困蹇驴嘶。

苏轼和苏辙以前住在一起时，两兄弟经常和诗对词。为了增加对诗的难度和乐趣，他们经常做些限定，比如作诗咏雪，规定不许用"白、盐、雪"字，等等。很多时候，他们和诗都使用相同的韵脚，非常默契。

苏轼回复苏辙的这首诗，使用苏辙诗作的韵脚，在文字有所限定的情况下，依然能挥洒自如，写出寓意深远的意境，既描绘出对往事的追思，又道尽人生的无常，让羁旅天涯的游人读来尤为感慨。这首诗是苏轼早期诗作中比较有名的一首，短短几句诗文，足以彰显出大家风范。

前路漫漫亦灿灿，往事堪堪亦澜澜。尽管旅程崎岖，路途遥远，世事无常，也要整理好心情，继续前行。苏轼一家人离开渑池，一路上，王弗见苏轼心有忧思，善解人意的她静静地陪在丈夫身边，对丈夫悉心照料。雪花飞落，王弗就陪着苏轼踏雪寻梅；晴空朗日，则与他共赏一路美景；人困马倦，就在驿站为他温酒煮茶；苏轼诗兴大发，王弗就铺纸递笔研墨。有妻儿围绕左右，苏轼的心情好了很多，一家人继续赶路，奔向凤翔。

凤翔（今陕西凤翔县）距离东京汴梁一千一百七十里，地处大宋与西夏的交界之处，是一个边防重镇。仁宗康定元年（1040）到庆历二年（1042），西夏连年入侵陕甘，一路烧杀掳掠，终于挑起宋夏战争。战争爆发后，宋朝在三川口之战、好水川之战、定川寨之战中连连失败，损伤惨重。由于宋夏停止互市，西夏物资日渐匮乏，连年征战让西夏的损耗也非常严重，加上西夏与契丹之间又出现裂痕，因此，西夏同意议和。庆历四年（1044）宋夏签订和议：停止战争，重开沿边贸易，宋每年付给西夏岁币，绢十五万匹，银七万两，茶三万斤，史称庆历和议。至此，北宋换来了十七年的和平。

战争的破坏、杀戮和掠夺，致使陕甘地区生灵涂炭，百姓苦不堪言。尽管战争已结束近二十年，关中地区仍没恢复元气，到处呈现一片萧条残破的景象。苏轼一路行来，只见村落破败，百姓穷困，荒地数里，行人寥寥。目之所及，一片荒凉。苏轼的心情陷入了沉重。他暗下决心，上任后，一定尽己所能，为百姓多做实事，以减轻百姓的负担。

嘉祐六年十二月十四日，历时近一个月的长途跋涉，苏轼终于抵达凤翔。凤翔的太守名叫宋选，字子才，郑州荥阳人。宋选是一个为人庄重、性情敦厚的长者。初次为官，就遇到一个彬彬有礼、待人温和的地方官员，苏轼自感颇为幸运。

拜见过太守，苏轼和家人一起来到住处。官舍的院子里空落落的，只有两棵老树，一榆一槐，外加一棵没长大的枣树，别无他物。紧邻是知府的院落，院中苍松翠柏高耸入云，粗壮的梧桐巍峨挺拔，宛如塔楼一般盘踞于庭院。由于树木繁多、集聚成林，遮云蔽日，连城北的终南山都被这些高大的树木遮住了。相形之下，苏轼的院子有些简陋和寒酸。

苏轼初到凤翔，正赶上新年假期，他便利用这段时间把住处好好打理了一番。在院子里修葺菜园，在堂屋的北面加筑凉亭，在南面围出一块方地，凿池蓄水，打算开春种莲养鱼、莳花植柳。在苏轼的一顿修整后，原本清寥荒凉的院落显得漂亮多了，尽管仍是寒冬腊月、岁暮天寒，看起来也多了一些生机。

王弗见苏轼一路车马劳顿，还没来得及好好休息，就开始亲力亲为打理庭院、精心布置，她有些心疼丈夫。她本想劝慰苏轼，不过三年而已，何必煞费苦心。但她深懂丈夫的心，尽管任期只有三年，宦海沉浮，飘忽不定，可人生仓促，每一天都应怡然自得，乐在其中。王弗没说什么，笑着递上茶水，温情地给丈夫擦了擦汗。

这是苏轼第一次和妻子王弗单独搬出来住，这个家也是完全属于他们自己的第一个独立的小家，待春暖花开，迈儿可以在院中玩耍，他也可以在闲暇休息时，坐在自家庭院，或临池饮酒，或观花赏月，或读书品茗，或吟诗作赋。"宁可食无肉，不可居无竹"，只有清幽雅致的环境，才能滋养才子的性灵，也更适宜诗人的居住。

苏轼天性乐观，随时都喜欢做梦，他的梦里有锦绣河山也有小桥流水，有庙堂之忧也有江湖之乐；有丰功伟业也有百姓民生，有诗词歌赋，也有人间烟火。

　　院落修整好后，苏轼开始寻幽访古，遍览名胜，观山看水，四处行走。他先参拜了孔庙，在孔庙见到了闻名已久的石鼓。接着游览了天柱寺，在天柱寺参观了杨慧之雕塑的维摩像。

　　游山玩水、逍遥快乐了一番，苏轼又忽然陷入惆怅。凤翔及附近的岐山虽然遍地名胜古迹，但童山濯濯，衰草寒烟，不像家乡山清水秀，景色宜人。在这四野荒凉之处游荡，他想起家乡浮岚暖翠的山林和碧波浩渺的蜀江，他有些想念故乡了。

　　后来，在一次外出游玩时，苏轼发现一个小湖，湖面浮光跃金，四周林木清幽，景色可人，有如世外桃源。小湖虽小，也有名字，叫作东湖。置身东湖，仿佛让他有种回到家乡的错觉。于是，每逢节假日休息，或因官场失意寥落，苏轼经常一个人去东湖消磨时光，吟诗作赋，排遣忧虑，亦解乡思。

　　苏轼趁着兴致，寻山问水，写诗赏画，在凤翔期间，苏轼游览了很多地方，写下很多诗篇，这些诗篇合称《凤翔八观》。

　　世间的山水大体相同，只因人的情感不一，赋予了不同的笔墨，也有了不同的意义。凤翔的山水有了苏轼的垂青，便多了份幽美和秀丽；凤翔的名胜，留下了苏轼的足迹，便增添了色彩和名气。

　　嘉祐七年（1062）正月，新年假期结束后，苏轼开始投入工作。作为签书判官，他的工作主要是辅佐州官，核判五曹文书。此外，凤翔府还有一项职责，是负责输运皇家用木和集运粮米。凤翔府负责的皇家用木，需要把终南山的木材编成木筏，通过渭水放入黄河，运到朝廷，供给皇家建造使用。这项工作以"衙前役"的名义由百姓义务完成。如果运送途中木材损坏或丢失，百姓就要以自身家财来赔偿。

　　凤翔原本民康物阜，土地丰足。持续几年的宋夏之战，使得大片土地荒瘠，百姓生活已困苦不堪，承担此役的人家，如果遇上赔偿，生活就会雪上加霜。苏轼知道了此事，替百姓感到十分难过。他多番打听，广泛征集意见，终于找到一个可以改进的办法。

以往负责放筏运木的差役，都是按照朝廷指派的时间操作，官吏不做调查，不了解渭水及黄河的涨势，随意发号指令，有时逆水行筏，就会造成灾难，而负责这项险差的人就会倾家荡产。如果能让百姓自行判断和决定运送的时间，在黄河未涨之前放入木筏，那么灾难就会减少很多。于是，苏轼禀明上司，请求修订衙规及上报朝廷。此后，木材运送的损失率降低了很多，这项"衙前役"让百姓的困苦也减轻了一些。

苏轼初到凤翔，就为民做了一件有意义的事，感觉十分开心。他自己也倍受鼓舞，准备接下来好好大干一场，立志改变凤翔民生凋敝的状况。

年轻的苏轼信心满满，雄心勃勃，然而，他尚未意识到北宋此时许多弊端已积重难返。朝廷因冗官冗兵消耗巨大，渐渐形成积贫局面。尽管，北宋边境平安无事，君臣和乐，百姓安宁，表面看起来仍是一派太平盛世景象。

嘉祐七年（1062）暮春三月，苏轼已在凤翔任职了数月。这一年，凤翔遭遇大旱，连续近半年，滴雨未降，地里的庄稼枯黄一片。每年三月，是小麦生长的最关键时间，如果继续干旱下去，凤翔所属十县将全部面临旱灾。在那个时代，百姓靠天吃饭，遇到自然灾害，人们束手无策，只能祈求神明。

依照旧例，知府作为一州之长，级别最高，威望最大，应该替民求雨。宋选作为父母官，看着老百姓忧心忡忡，愁苦不堪，别无他法，也只能顺从民愿。

宋选知道苏轼文采斐然，于是让苏轼写一篇青词。青词，又名青辞，起源于唐朝，是给上天写的奏章祝文，所祈内容要用红笔写在青藤纸上，因此称为青词。既是礼赞天地，歌功颂德，祈晴祷雨之事，青词一定要形式工整，文字华丽，以示庄重神圣，竭尽忠诚。有的人写不好这类文章，有的人嫌麻烦不想费神，苏轼文章诗词都是国手，一篇青词，对他来说，手到擒来，于是欣然接下了这个差事。

苏轼拿起纸笔，认真思索后，写下了《凤翔醮土火星青词》。若是换作其他人，或许应付一下，随便写写，交差了事，写出的青词可能自己都不信。毕竟关于神明之说，有人崇信，有人质疑，有人敬畏，有人漠视。苏轼这篇青词，却写得非常认真，言辞诚恳，语气庄重。苏轼心系苍生，发心为民，他宁愿相信神灵存在，也希望有神灵在天，俯瞰芸芸众生，保佑着黎民百姓。他相信，神灵若真的存在，一定都是正义良善的。为民祈雨是造福百姓的好事，应该得到上天的眷顾，因此，他十分认真地对待这件事。

青词写好后，苏轼拿给宋选过目，宋选非常满意。作为州府的最高行政长官，宋选每日政务繁忙，就把祈雨之事全权交给了苏轼负责。

这一年苏轼二十七岁，初出茅庐，还没什么从政经验，更不懂为官之道。他天性乐观，为人热诚，宋选交代的事，他想都没想，就高兴地答应了。

在那时，百姓信仰神明，如果求雨不成，人们可能会认为是为官者操守不佳，威望不够。就像国家偶遇天灾，皇帝的品德就会令人怀疑一样。苏轼哪里会想这么多，他只是觉得求雨一事充满神奇，他也很想知道祈雨会不会灵验。此外，对于祈雨的仪式苏轼也完全清楚，在父亲苏洵的教导下，他从小熟读古籍，对各种祭奠活动的程序完全了解。因此，答应得非常爽快。

这是苏轼生平第一次求雨。他极尽诚恳，一番斋戒沐浴之后，率众在斋宫设祭坛，祭拜土星火星，伏祈上天恩泽，祈求天神降雨。仪式完成后，苏轼和城中百姓一起仰望天空，盼了许久，头顶依旧艳阳高照，碧空万里，不但滴雨未降，连一片云都没有。百姓不免有些失望，众人一起看着苏判官，唉声叹气，眼神里似乎透出些许怀疑之情，苏轼这时才觉得有点失了颜面。但他是个执着的人，不想就这样放弃，于是他多方打听，得知太白山的湫池祈雨十分灵验，于是，他决定亲自到太白山祈雨。

太白山，是秦岭主峰的最高峰，山高势险，巍峨雄奇，景色秀丽。太白山湖泊水质清澈，纯净明洁，一尘不染。自唐贞观年间，适逢大旱，京兆尹韩皋取湖水祈雨，得以灵应，从此，太白山的湖泊似乎被赋予了诸多灵性，登山取水也成了向神灵祈求恩泽的习俗。

据说，太白山清秋镇的湫池水最有润泽之气，可助降雨。太白山的清秋镇距离凤翔一百多里，路途颇远，苏轼带着随从赶了一天的路，才到达太白庙。苏轼在太白庙上清宫燃香祈祷，之后，让人在庙前的湫池中取了龙水，装入瓶里，带回凤翔。

一周后，果然下了一阵小雨，但雨量不大，对于久旱的庄稼只是杯水车薪。于是，苏轼再次陪同宋选一起到真兴寺祈雨。

真兴寺阁在凤翔城中，是宋代初期河阳三城节度使王彦超所建。寺阁高峻巍峨，高十余丈，是凤翔城内最高的建筑。以往每逢大旱大涝，凤翔官员就会带着百姓到真兴寺焚香祈愿。

这次，太守宋选亲率官员祈雨，仪式更加庄重繁复。首先，府衙官员在真兴寺阁设坛祭祷，苏轼把从太白山请来的龙湫水供奉在祭台上，接下来，宋选亲自宣读苏轼做的《太白词》祈雨文。最后，凤翔百姓在宋选带领下，一起对天跪拜，求雨仪式完成。

这一天，阳光明媚，碧空如洗。一行人走在郊外回程途中，突然凉风袭来，不一会儿，阳光渐渐隐去，由东南方飘来一片乌云，状如车盖。云层积聚不散，越积越厚，有如千军万马奔腾而来，很快飘至头顶，霎时间，白昼如夜。不一会儿，倾盆大雨从天而降。

久旱逢雨，如遇甘露，众人高兴地齐声欢呼。一场大雨，连下了三日，禾苗恢复了生机，大地一片绿意，凤翔十县旱情彻底解除。

天降甘霖，百姓欢呼雀跃，苏轼更是喜不自胜，回到家，便眉飞色舞地向妻子王弗描述那片乌云。为了纪念祈雨一事，他高兴地将官舍新建的亭子命名为"喜雨亭"，并写了一篇名传千古的散文《喜雨亭记》。

一场雨连下三日，是谁的力量？太守、天子、造物主、虚渺太空都不能居此功劳。看来，苏轼虽然祈雨得雨，心里却不尽相信天神所起的作用。他清楚官府出面为民求雨，更主要是为了稳定人心。大雨已下，皆大欢喜，苏轼不但工作完成，还能与民同乐，写出来的文字，都洋溢着欢快轻松的气氛。

苏轼初入仕途，遇到一个为政勤勉的太守。宋选做事务实，无论大事小事都会尽心尽力去做，给苏轼树立了良好的榜样。

当年，苏轼进京赶考，曾路过凤翔，本想与弟弟在官府驿站投宿，没曾想，凤翔驿站破旧不堪，无法住人。自从宋选来到凤翔后，在他主导下，驿站已整修一新。

苏轼从这件小事上颇受启发，觉得天下的事情没有大小之分，作为地方长官，无论大事小事，都应该踏踏实实去做，只有勤奋务实，才能造福一方百姓。后来苏轼到地方担任长官，也和宋选一样栉风沐雨，兢兢业业，孜孜不倦，一心为民。

苏轼初入仕途，在凤翔为官的第一年一帆风顺。太守宋选虽职权有限，不能助他在官场上大展拳脚，但待人亲切和蔼；府衙官员中虽无莫逆之交，却也都相处和睦融洽；判官一职虽枯燥乏味也算轻松顺心。尽管有时会思念弟弟，但兄弟俩每月书信往来，也能互通情意；生活中偶尔感怀忧伤，还有妻子王弗时刻相伴，嘘寒问暖。因此，苏轼还是快乐而幸福的。然而，仕途不会总是如此顺遂，生活也不会永远美好如初，很快，不如意之事接踵而来。

嘉祐八年（1063 年）正月，知府宋选调离凤翔，原京东转运使陈希亮来到凤翔接替宋选。

陈希亮（1010 － 1065），字公弼，眉州青神人。没错，这个新知府也是眉州人。不但是苏轼的同乡，苏陈两家还是世交，从祖上就有交往。陈希亮比苏轼的父亲苏洵小一岁，但辈分却比苏洵长一辈，因此，苏轼和苏辙在陈希亮面前是孙子辈。

按理说，如此辈分，加上两家的交情，作为祖父辈的陈希亮应该对苏轼照顾有加、温和相待才是。事实上，苏轼也是这么认为的。

自从进京赶考开始，苏轼一路遇到张方平、欧阳修、梅尧臣等前辈，都对他十分欣赏，全力提携，因此，他对这位同乡新上司更是充满了期待。

可惜，事与愿违。陈希亮是个极其严厉刻板的人。他身材矮小，面容冷峻，目光犀利，对人不假辞色，对苏轼也很冷淡，官府的大小官吏都很怕他。

陈希亮不苟言笑的性情和他的家庭出身有关。陈希亮自幼丧父，家中有一哥哥，从小依靠哥哥生活。俗话说，长兄如父，可陈希亮的这位哥哥却不是一个厚道的兄长，他不但不疼爱弟弟，还侵吞了全部家财，包括房产、田园，只给了陈希亮一张三十万钱的借据。陈希亮一气之下，召集了乡亲族里，当众撕掉了乡邻的借条，之后离家出走。

那一年，陈希亮十六岁。一个十六岁的少年，独自在外漂泊，会是何等的艰难。陈希亮是个有骨气也有傲气的人，他硬是靠自己闯出了一条出路。出走后，他在外求学，发奋苦读，之后参加了科举。天圣八年（1030 年），二十岁的陈希亮在离家四年后，考中进士，从此踏上仕途。

初入官场，陈希亮被委任大理评事一职。他文武兼济，忠于职守，办事认真，刚正不阿，既能上马治军，也能下马治民。在他从政期间，严惩了不少贪官污吏，打击了无数盗贼地痞，维护了一方水土安宁，造福了一方百姓民生，深得人民称赞，留下了清官良吏之名。但陈希亮脾气倔强，性情执拗，不善曲意逢迎，朝中更无人提携，因此，为官三十余年，都是在地方任职，做过知县、判官、转运使，就再没升上去。

陈希亮来到凤翔做知府，对属下要求非常严厉，大家对这位新上司都十分敬畏。在陈太守面前，大小官吏都战战兢兢，有陈太守在场，气氛也会变得严肃而沉闷，无人敢在他面前说笑。

苏轼作为凤翔府判官，职掌政务文案，与知府关联密切，他经手的一切事物文件，都需呈给陈希亮签署。每次苏轼递上的文书，总会被陈希亮删删勾勾，涂改得面目全非，甚至有时要求他重写。

苏轼，仁宗嘉祐二年的榜上进士，嘉祐六年的制科三等，文章早已名动京师，在凤翔也为官整整一年，大小公文早已写过无数，前任太守宋选不但从未驳回过他的文书，甚至还夸他文采好，特意让他写青词、奏疏等重要文书。苏轼最自信、也最引以为傲的就是他的文章，可这位陈太守却对苏轼的文字大为不满，总是不断地在鸡蛋里挑骨头，即使一份最简单的文书，也会被陈希亮删去近一半。

苏轼很生气，也觉得很委屈，却只能一忍再忍。工作上的失落，加上心情的寂寥，令苏轼总是想起家乡的美好，同时，也更加思念弟弟苏辙。

当初苏辙被任命为商州推官，商州与凤翔毗邻，假如苏辙能够赴任，兄弟俩或许还有机会相聚一叙。如今苏辙远在京城，苏轼只能把对弟弟的思念写进一首首诗中。"花开酒美盍言归，来看南山冷翠微。忆弟泪如云不散，望乡心与雁南飞。"

嘉祐八年（1063）四月三十日，千古第一仁君，宋仁宗皇帝突然驾崩，享年五十四岁。皇太子赵曙即位，是为英宗。

为了给仁宗建筑皇陵，需要大批竹木，这些竹木朝廷指定由凤翔供应。作为凤翔府的签判，这项差事就落到了苏轼的头上。

不幸的是，这一年正逢大旱，渭河水已经干涸见底，无法行船。而修筑皇陵的工期却不能耽误，木材必须在规定的时间内运到。时间紧迫，府县只好动用大批民夫。

给朝廷办事，无人敢有怨言，苏轼也不敢抗旨不遵。烈日当空下，民夫们用肩膀扛着巨大的树木，汗流浃背，步伐沉重，那种艰辛难以形容。

苏轼看着民夫们受苦受累，难受得吃不下饭。面对这种场面，他心里更加怨恨陈太守，把这件苦差事委派给了他，他只盼着这件工作快点结束，民众可以休息，他也可以轻松一下，去南涧的书堂读读书，听听春天里的鸟鸣。

"千夫扛一木，十步八九休"的运木苦役历时五个月后，终于结束了。苏轼终于熬过了这一段心情压抑的日子，却又不得不再次面对陈希亮的脸色，不得不继续接受他在文书上的删删改改。

这一年，苏轼二十七岁，正是风华正茂、青春气盛的时候。当陈希亮再一次把他的文章涂抹删改，让他重写的时候，苏轼终于忍不住了，理直气壮地质问了一句："大人哪里看不懂？"这句话表面问得恭敬，实则暗含嘲讽，嘲笑陈希亮文采不高。

一句话果然惹恼了老太守，陈希亮对苏轼怒斥了一顿说，公文只要文辞通顺，把政务说明白就好，多余的废话不用写，更不需要旁征博引，引经据典。

苏轼写文章最喜欢引用典籍，想当年，连他杜撰的典故都被欧阳修力赞，他也一直为自己熟读史书，文思泉涌，提笔就来的本领自鸣得意。没曾想，在陈希亮面前，让他最引以为傲的文采，竟受到了最沉重的打击。

苏轼拿着陈希亮驳回的公文，气呼呼刚欲走出府衙，迎头碰上一个小吏，小吏恭敬地和他打了声招呼："苏贤良。"

　　自从苏轼上任为官，他的制科三等早已传遍凤翔，加上之前为民祷告，要风得风，要雨得雨，百姓更是把他捧得神乎其神，说他是天上的文曲星，能呼风唤雨。自此，凤翔百姓都称他苏贤良，官府中也有人这么称呼他。

　　谁料，小吏的这一声称呼，被陈希亮听到了。陈希亮正被苏轼的一句诘问惹得不快，在府衙，手下人都对他恭恭敬敬，令行禁止，还从未有过任何人敢挑衅他的权威。据说，陈希亮命令士兵战列，即使遇到敌人的弓箭射过来，士兵也会一动不动。对这样一位说一不二的人物，苏轼却敢提出质疑，还当面和他争辩，陈希亮十分震怒。

　　正在气头上，陈希亮听到手下尊称苏轼"苏贤良"，立刻大怒："府判官，什么贤良不贤良！"说完，立刻叫人给那小吏打了几板子。

　　小吏莫名其妙地挨了顿打，不明就里。苏轼心里清楚，却无法解释，是又气又难堪。从此，和陈希亮的矛盾越来越深。

　　苏轼天性刚直，不善隐忍，加上年轻气盛，有些桀骜不驯，当心中充满郁闷和不满时，就开始用行动表示对陈希亮的抗议。

　　沉重乏味的府判工作令苏轼倦怠，不近情理的上司令苏轼灰心泄气。此时，大宋国势衰弱，百姓不堪重负，苏轼想到自己，学富五车，竟不能学以致用；一身抱负，却在现实中无处施展；作为一方官员，却不能造福百姓，眼看大好的年华就这样一天天平庸地消耗掉，他心神俱疲，厌倦不堪。带着对没有希望、没有亮色的宦官生涯的失望，带着对上司陈希亮的不满，苏轼拒绝参加官府举办的府宴，中元节也不参加知府的例会，一个人跑出去游山玩水去了。

　　凤翔是一座历史文化名城，古称"雍州"，是周、秦的发祥地之一，也是嬴秦创霸雄出的地区。凤翔文物很多，苏轼从小对文物古迹就有着浓厚的兴趣，这让仕途失意的他有了流连忘返的好去处。

　　半年前，苏轼在一次游览中还有一个不小的收获。那次游览，他竟意外地遇到了吴道子的真迹。

　　吴道子（685—758），唐代著名画家。擅长佛教、道教人物画，尤其精于壁画创作，在长安和洛阳的寺观中共绘制三百多幅壁画。其中，最有名的是在长安景云寺绘制的《地狱变相》。

唐玄宗开元年间，吴道子被召入宫中，开始为宫廷作画。唐玄宗建筑了一座藏经龛，有四道门，每门两扇共八扇，八扇门板的两面有吴道子画的十六尊神佛像。

广明之乱时，藏经龛遭到焚烧抢掠，一个和尚在兵荒马乱中抢下四扇门板，一路向西奔向岐山。路途中，由于体力不支，和尚想了个办法，在门板上钻了个小孔，系上绳子背在身上，一路辗转逃亡，最后来到了凤翔。和尚死后，这四扇门板在凤翔的乌牙僧舍存放了一百八十多年。

这四扇门板是金丝楠木制成，虽然看起来有些老旧，边缘略有磨损，但木质依然坚实硬挺，细致的纹理依稀可见。

门板的阳面是端庄慈祥的菩萨像，阴面是挺拔雄健的天王像。线条简练流畅又遒劲有力，人物衣褶略施淡彩，显得灵动飘逸，充满了立体感。整个画像看起来形象逼真，精神饱满，气势飞扬，果然是吴道子的真迹。

这四扇门板被人以十万钱买下，苏轼和那位买画之人一番商量后，把这四扇门转让给了他。父亲苏洵收藏了百十件藏品，最喜欢的是吴道子的画。苏轼离京在外，不能陪在父亲身边侍奉尽孝，因此想送父亲一件珍品以表孝心。

这一次，负气出游的苏轼游览了凤翔的普门寺，接着又寻访了城北的开元寺。开元寺有很多佛教题材的古画，苏轼已来看过多次，工作闲暇时，他常常一个人来到这里，一看就是一整天。

在开元寺，也有吴道子和唐代诗人王维的画作。苏轼喜欢吴道子雄伟奔放、气吞山河的笔墨，更喜欢王维以诗心画竹，空灵飘逸，富有神韵的意境。

王维曾在山林长期生活过，因此，对自然之美有更细致入微的体验和感受。王维的山水田园诗具有陶渊明般的清新幽雅，王维的山水画更是别具神韵，意境悠远深长，画风清新自然，犹如身临仙境。

同王维一样，苏轼爱诗、爱山水、也爱画。画和诗文一样，只有赋予了情感，作品才有灵魂。一幅精妙佳作，能让知音穿越朝代，无需言语，便可在诗书画卷里相谈甚欢；无需缛礼，可与千古名士相知相逢，情意相通。

对于苏轼，王维的诗画便是如此。他的诗中有画，画中有诗，那悠然意远的画境，总能让苏轼浮想联翩，忘记人间凡俗琐事，忘记自己身在何处。直到夕阳西下，暮鼓响起，落日的余晖映在他的脸上，他才恍然惊觉，该回家了。

中元节苏轼没去府里参加府宴，被陈希亮上奏弹劾，以致罚铜八斤。罚铜的意思就是罚俸，八斤铜相当于一千六百文左右。苏轼花了十万钱买画后，手里有些拮据，已经节衣缩食的日子还得一省再省。苏轼心高气傲，甘愿认罚，也不向陈希亮低头。罚点俸禄他倒不在乎，但颜面受损，心里却有些不是滋味，苏轼心想，如果有机会，一定好好整治一下这位不通人情的知府。

机会很快就来了。陈希亮在官府后院建了一座楼台，取名"凌虚台"，以作闲暇时赏景休息使用。楼台建好后，陈希亮让苏轼写一篇文章，以刻在石碑上，留作纪念。

苏轼怎可放过这么好的时机，他略加思索，写出一篇《凌虚台记》。在文章里，他借着事物兴亡盛衰的道理，对陈太守好一顿讥讽：事物的兴亡成败，无法预料，以前长满荒草，狐狸出没的野地，如今成了凌虚台。高台之东、南、北面，分别是秦穆公、汉武帝、隋朝的宫殿遗址。曾经，它们繁华鼎盛、宏伟华丽，坚不可摧，何止百倍于区区一座高台。百年之后，却灰飞烟灭。

在这篇碑记中，苏轼引古以证今，笔下畅谈，洋溢着自信与得意。尤其文章的最后两句，为图宣泄的痛快，他写得十分犀利、狂放，简直是目无尊长：一座高台不可能长久存在，何况人世的得失往来。若有人想以一座高台来炫耀于世，以图青史留名、自我满足，那就错了。世界上的确有可以依仗和炫耀的东西，和高台的存亡却无丝毫关系。

文章写好后，苏轼带着幸灾乐祸的报复心理，拿给陈太守。心想，这一次，老太守绝不只是删删改改，他会气得立即撕掉，让他重写。苏轼也做好了重写的打算，不管怎样，文章写完，苏轼感到痛快不少，心中出了不少恶气。一想到陈太守会气得暴跳如雷，苏轼像个恶作剧的孩子，心里偷偷直乐，他甚至有点等不及看到陈希亮气急败坏的样子。

令苏轼失望又意外的是，苏轼的这篇文章，陈太守居然一字未改，让人刻在了石碑上。他更没有想到的是，千年后，这篇《凌虚台记》被当作学习古文的范本，被后人认真研读。

后来，陈希亮和别人谈起苏轼，笑着说了一番话，在宋人邵伯温的《邵氏闻见后录》中，记录了陈希亮看完这篇文章之后的感慨：

> "吾视苏明允，犹子也；轼，犹孙子也。平日故不以辞色假之者，以其年少暴得大名，惧夫满而不胜也，乃不吾乐耶！"

原来，老太守是故意给苏轼一些挫折，怕他年少轻狂，骄傲自满，过度膨胀，将来会吃大亏。他不像欧阳修那样对苏轼鼓励提拔，而是在他志得意满之时，适时地泼上一盆冷水，让他保持清醒，处处留心，时时提防。老太守看起来严苛的不近人情，没想到，却是为苏轼考虑长远的一番苦心。

后来，苏轼听说了陈太守的这番话，顿觉羞愧难当，后悔莫及。十八年后，苏轼在为陈希亮撰写的《陈公弼传》中，反思了自己年轻时的冲动，在文中也表达了深深的悔意和歉意。"方是时，年少气盛，愚不更事，屡与公争议，至形于言色，已而悔之。"这篇传记是苏轼一生所作的传记中，关于同时代人物最长的一篇，可见，苏轼对陈希亮的感激与敬意。

苏轼初入仕途，遇到了两个性格和行事截然不同的上司，一个从正面给予他鼓励，激励他勤勤恳恳，脚踏实地；一个从反面对他不停地敲打，让他时刻保持警醒，不骄不躁。这种双重经历使得苏轼的性格逐渐成熟，让他能够从容地面对未来复杂多变的人生，保持豁达乐观的态度，为自己未来的发展奠定了坚实的基础。

假如，苏轼能够听取陈太守的建议，敛翼待时，尤其在文章上谨慎下笔，韬光养晦，他后面的人生不知要少走多少弯路，少招多少祸害。

苏轼在凤翔写的两篇文章，《喜雨亭记》和《凌虚台记》，一篇洋溢着欢快，一篇暗含着讥讽，文字里流淌着的欢欣与揶揄，无不透着苏轼的可爱。喜则笑，怒则讽，他就是这样直来直去，坦荡率真的孩子性情。

苏轼与陈希亮在凤翔时水火不容，却和陈希亮眼中最不争气的儿子陈季常，成了莫逆之交。

陈季常，又名陈慥，是陈希亮第四子。陈希亮共有四个儿子，前三个儿子都出仕为官，很有出息，唯独这个小儿子是个另类，一生不曾出仕，整日舞刀弄剑，饮酒设猎。

一次，陈季常从洛阳回到家乡眉州，带着两个艳丽歌妓，让她们穿上戎装，脚踏红靴，骑着高头骏马，在家乡小城青神县招摇过市，引来一片哗然。

苏轼与陈季常在郊外初识。一天，苏轼一个人在岐山游玩，遇到几个人正在草深林密处打猎。

只见，一只飞鸟从林间腾空飞起，陈季常飞身上马，策马扬鞭，弯弓搭箭，一箭命中。苏轼被这番风姿打动，忍不住拍手喝彩。

陈季常下马走近，两人相互施礼问候，苏轼立刻就喜欢上这位游侠般的人物，陈季常则对苏轼的文采十分佩服，尤其喜欢听苏轼谈古论今，讲述帝王英雄的成败是非。

陈季常性格豪爽，乐于助人，挥金如土；苏轼待人真诚，性情直率，乐观热情。两人一见如故，相谈甚欢。后来苏轼陷入厄运，身处逆境，陈季常仍然与他保持密切联系，给予他一如既往的温暖和支持，成为他最亲密的朋友之一。

在凤翔期间，苏轼还结识了另外两位朋友，他们都是苏轼的同年进士。其中一位是章惇（1035—1105），字子厚，建州浦城人（福建）。

仁宗嘉祐二年（1057），苏轼、苏辙考取进士后，因为母亲去世丁忧守制，没有立刻做官。章惇在同一年考中进士后，也没有立刻做官任职。

章惇没有就职的理由却十分特别。前文中讲过，宋仁宗嘉祐二年的科举考试，是中国千年科举史上最有名的一次考试，那一年苏轼本来应该得第一，却因为文章写得太好，欧阳修为了避嫌，故意给了第二。而这原本应该属于苏轼的状元，归于章惇的侄子章衡。

章衡虽然是侄子，年龄却比章惇大十岁，只是辈分小而已。那一年，章衡三十二岁，章惇二十二岁。在二十二岁的年龄得中进士，应该是一件值得自豪和满足的事情。历史上，很多著名人物中进士的年龄都比章惇大，比如欧阳修二十三岁，范仲淹二十七岁。

何况叔侄二人同登科，这又是一件光耀喜庆的事情，章惇却很不高兴。侄子得了状元，章惇排名在侄子之后，觉得很没面子，最后竟拒不受敕，不就而去。

两年后，嘉祐四年（1059 年），章惇再次参加科举考试，考中第一甲第五名，开封府试第一名，之后被任命为商洛县令，章惇这才满意接受。

仅此一件事，足以看出一个人的性格。亲侄子比自己考得好，都不能容忍，真是一个心胸狭窄之人。再次科考，果然考中甲等，这是一个有恒心、有毅力，也有才气之人，绝不是一个泛泛之辈。章惇的胸怀气度和能力才学在他日后的从政生涯中，被演绎得更加淋漓尽致。

章惇任职的商洛属于商州，和苏轼任职的凤翔相隔很近，两人因此结识交好，之后经常一起外出游玩。

有一次，苏轼与章惇同游到黑水谷的仙游潭，眼前突然出现一根独木桥，桥下是万丈深潭，深不见底，桥上山石险峻，壁立千仞。章惇提议走过去，在壁上题字留念。苏轼听了吓得心惊肉跳，连连后退。章惇却笑着镇定自若地走过去，用黑漆在峭壁上写下"苏轼章惇来"几个大字，写完又轻松自如地走了回来。

章惇从独木桥上一来一回，从容自若，面不改色，却把苏轼吓出一身冷汗，他对章惇说，"子厚日后能杀人"。

章惇不明何故，本以为自己的勇敢能得到友人的佩服和赞赏，结果却相反，竟得到这般评价。章惇疑惑地问苏轼何出此言。苏轼回答说："你连自己的生命都不爱惜，还能珍惜别人的生命吗？"

所谓见微知著，洞察微观，正是如此。苏轼眼光敏锐，他预见到章惇日后为人处世定会心狠手辣。

苏轼的话果然一语成谶。只是，那时的他无论如何也不会预料到，在凤翔相熟的好友，会成为他仕途中的一个重要变数，以至于他后半生的种种灾难，颠沛流离，都和章惇密切相关。

苏轼在凤翔结识的另一位朋友是张璪。张璪，字邃明，滁州全椒（今安徽全椒）人。也是嘉祐进士，和苏轼、章惇都是同年。苏轼在凤翔任判官，张璪在凤翔府任法曹。

苏轼初到凤翔的第一天，张璪就十分热情地迎接苏轼，待他殷勤周到，后来还经常去苏轼家里做客。虽说以前并无交往，但同年一场，颇有他乡遇故知的感觉，因此，苏轼对张璪也倍感亲切和信赖。两人在凤翔共事两年，接触频繁，闲暇时也曾一起到真兴阁寺等处游玩。

嘉祐八年，张璪被调回京城。临行前，苏轼特作《稼说》一文相赠。在苏轼后来跌入人生低谷时，这位曾经的好友在他坎坷的生命旅程中也留下了一笔印记，和章惇一样，令人遗憾。岁月变迁，时局变幻，人生起伏，世态炎凉，身处逆境时，最能看清旧日的情谊。

苏轼的妻子王弗是个谨慎聪敏的人，他知道丈夫豪爽直率，待人真诚毫无心机，对丈夫总有些不放心。

每当有客人来到家里，王弗总会悄悄站在屏风后面，听他们谈话。当客人走后，王弗就会提醒丈夫，有的人要谨慎交往，不可推心置腹。

王弗对张璪的印象就不太好。她多次告诫丈夫，张璪并非坦诚的人，敦促他要时刻提防。

王弗不仅对苏轼交往的朋友格外留心，在待人处事上，她也经常以程夫人和苏洵的话来提醒苏轼。在凤翔的这一段时间，虽然工作上时常感到郁闷，但在生活中，有体贴温情的王弗相伴左右，平淡的生活也充满着温馨快乐。可惜，即使这种简单的快乐也不能持续久长，生活总有令人忧烦之事。

治平元年（1064）八月，西夏趁着宋仁宗驾崩，新君初立，北宋政局不稳之时，乘机大举进犯。凤翔作为边境的粮草供应中心，任务艰巨而繁重。苏轼职责所在，又开始忙得鸡飞狗跳。

此时，北宋宰相韩琦为解决陕西戍兵太多、军粮不足的问题，下了一道指令，在陕西民户里征用民丁，组成义勇军。为了防止义勇军逃跑，凡被征用的义勇，在脸色都刺上字，以做记号。被征用的义勇没有粮饷，又不能擅自离开，被抽中的百姓哭声连天。

诏命一下，这件苦差偏又落到了苏轼头上。他被指派在各县巡回检查，亲自督办这项他既反对又痛恨的任务。苏轼眼见百姓的疾苦，却束手无策，内心万分煎熬。

幸好，不久之后，苏轼在凤翔工作三年期满。宋英宗治平二年（1065 年），他被升为殿中丞差判登闻院，并被调回开封。

苏轼带着一家人离开了凤翔。从长安行到华阴时，正逢寒冬腊月，地冷天寒，北风呼啸难行，全家只好在华阴的驿站里度过新年。

离开了凤翔，苏轼的心情五味杂陈。回顾在凤翔的这三年，有郁闷有喜悦，有期许有失落，有勤勉亦有倦怠。

工作方面，虽然没有什么显著的政绩，但在地方工作期间，苏轼亲眼所见百姓的遭遇，深刻领悟到民间疾苦。

根据凤翔的实际情况，苏轼认真思考了朝廷政策的利弊得失，找出问题的症结，提出了自己的建议。他把这些建议写在了两篇讨论民生的文章里，《上韩魏公论场务书》和《思治论》。

《上韩魏公论场务书》请求朝廷改善凤翔百姓衙前役的困境，行宽大长久、利国利民之政策；《思治论》指出朝廷无财、无兵、无吏的症结所在。他建议国家政策要"发之以勇，守之以专，达之以强"，如此才能达到效果。

苏轼将这两篇文章呈送给当朝宰相韩琦，韩琦却置之不理。韩琦没有重视是有原因的。二十多年前，韩琦曾担任陕西安抚使，和范仲淹一同率军同守边防，抵御西夏。对于陕西地区的情况，包括衙前役对民众的危害，韩琦了如指掌。西夏请求和解后，韩琦与范仲淹、富弼等领导了"庆历新政"，最后却以失败告终。二十多年过去了，衙前役依然存在。作为首相，韩琦深知，改革成法事关国计民生，难之又难。虽然苏轼的想法很好，但由于他从政时间较短，可能把事情想得过于理想和简单。因此，韩琦并没把这位新进书生的建议放在眼里。

苏轼想为百姓多做善事，以改变民生状况，却人微言轻，单凭个人力量无法改变社会现状。理想和抱负受到现实的桎梏，这让苏轼的心情郁闷多于快乐。

当然，这三年并非毫无收获。他懂得了官场的礼仪和规矩，明白了一些人际交往的道理和真相。相比初入仕途，刚来凤翔之时，苏轼已明显成熟许多。言行举止，比以往少了一分生涩，多了一分沉稳；少了一分冲动，多了一份思考；少了一丝鲁莽，多了一分谨慎。这份功劳，一半归结于官场的磨炼，一半归功于妻子王弗的耳提面命，时时提醒。

是的，凤翔这三年，多亏有温柔娴静的妻子王弗日日相伴，苏轼和妻子的感情，也在相互扶持和彼此陪伴中愈加甜蜜浓厚。

第六章　妻亡父丧

宋英宗治平二年（1065）正月，苏轼返回到东京，被授予差判登闻鼓院一职。

登闻鼓院隶属谏院，负责官民奏疏、检举、冤案等。无论是官是民，无论事关朝政得失，还是私人冤屈，如有不平之事，都可击鼓上诉。

在清朝，根据大清律例，若越级上诉，需先坐笞五十。相较之下，北宋设有登闻鼓院，这一制度比明清更为开明。只是，差判登闻鼓院是一个无关紧要的职位，与朝廷那些重要的政治部门相差甚远，很难有所作为。好在，宋英宗未登基前早已得知苏轼大名，想破格提拔他入翰林院，任知制诰一职。

知制诰一职负责起草诏令和诰命，属于正三品官员。这个职位距离掌握军权的枢密使和宰相仅一步之遥。宋英宗将如此重要的职位赋予苏轼，可见其对苏轼的信任和厚爱。

然而，宋英宗的想法却遭到了当朝宰相韩琦的强烈反对。韩琦认为，苏轼固然有才华，但年轻且资历尚浅，不宜一步登天。应该慢慢培养，待其经历增加后再加以重用，这样才能赢得天下人的信服。

因此，宋英宗退而求其次，决定让苏轼担任起居注一职。起居注负责记录皇帝的一言一行，相当于皇帝的机要秘书，官阶为六品。虽然比翰林学士知制诰低，但相当于皇帝身边的亲信心腹，是许多人梦寐以求的职位。担任起居注不仅能获得皇帝的信任，还可能被皇帝重用，因此许多大臣都希望通过这一职位晋升为宰相。

很显然，起居注一职同样非常重要。韩琦认为，起居注与知制诰的地位相近，仍然不妥。他建议苏轼担任馆阁一职，并强调需要通过考试，方可胜任。韩琦反对苏轼被过早重用，可能考虑到许多因素。当朝众多老臣尚在，苏轼这一年轻晚辈贸然跻身高位，可能不太合适。

或许韩琦对苏轼也存在一些成见，这些成见可能与韩琦的性格有关。韩琦为人端庄寡言，不喜欢轻浮嬉戏。苏轼在进士考试中的那篇文章《刑赏忠厚之至论》曾涉及杜撰典故一事，韩琦可能也有所耳闻。但与欧阳修不同，韩琦或许不认同苏轼的活学活用，而认为他过于自信自负。

第一印象往往会在人们的认知和评判中起到重要作用。韩琦对苏轼的父亲苏洵的第一印象似乎也并不是很好，这表明了第一印象有时会影响到对一个人子女的客观评价。

当苏洵首次带着两个儿子赴京参加考试时，拜见了欧阳修。欧阳修对苏洵大为赞赏，认为他才华横溢，于是将苏洵介绍给了韩琦、富弼等当朝重要人物。

当时军政不修，军力不振，时任枢密使韩琦想对军队略加裁制，又怕军人生变，犹豫不决。

苏洵知道了这件事，就以进呈文字的名义，上书给韩琦，建议韩琦不要纠结于个人的一时称誉，而应尽心为公。苏洵认为难的不是用兵决胜，而是养兵不用，只有严格整治军风，才能达到长治久安。

韩琦和范仲淹都是以文官治军的军事家，声名远震夷狄，素有"韩范"之称。苏洵一介布衣，连个功名都没有，却在韩琦面前高谈阔论，大谈兵事，韩琦当然不大愉快，不过韩琦向来以心胸开阔、为人和气著称，当时并没说什么。

后来，苏洵与儿子第二次进京，儿子们忙着准备制科考试时，苏洵无事可做，又写了封信给韩琦。

这一次写信，是因为欧阳修再次推荐苏洵任职，韩琦却对苏洵说，关于他的事情，几次想和欧阳修商量，但每次见到欧阳修，又总是忘记，实在很奇怪。

苏洵觉得韩琦有意让他担任官职，但却把他忘记了，不由得有些生气。他在信中写道："难道多了一个苏洵就会使天下官职变得冗余吗？"毫无疑问，苏洵给韩琦写的第二封信仍然让韩琦感到不快。直到后来，欧阳修出任参知政事，苏洵才终于得到了编纂礼书的职位。从这两件事可以推测，韩琦对苏洵的印象可能不太好。

关于韩琦阻挠英宗对苏轼重用一事，后世不少史学家持有不同的看法。仁宗曾经说过，苏轼两兄弟有宰相之才，或许，某些人会认为韩琦正是因为这番话，才有意对苏轼施加压制，担心他未来成就过于显著，甚至超越自己。

韩琦对苏轼任职上的阻挠，究竟是否带有私心呢？要想了解一个人内心的真实想法，我们应该从其为人处事和生平事迹方面考量，或许能找到答案。

韩琦（1008—1075），字稚圭，相州安阳（今河南省安阳市）人，宋仁宗天圣五年（1027）进士。为相十载，辅佐三朝，两朝定策元勋，把两位皇上扶上皇位，也操持过两位皇上的葬礼。

仁宗无子，英宗从旁支入继大统，并撤帘亲政，得到韩琦的大力支持，英宗驾崩后，其子神宗的继位也得到了韩琦的保驾护航。

神宗皇位巩固之后，决定施行新法，辞去一些持反对意见的老臣，韩琦功成身退，主动辞位，准备回到老家，为官家乡，判相州。这时，西北边境因守边大将种谔擅自对西夏发起突袭，引发边境冲突，形势危急，朝廷忧心忡忡。该派谁去平息战乱？神宗举目四望，踟蹰不决，最终又选定了韩琦。

韩琦二话不说，临危受命，即刻奔赴前线，力挽狂澜，稳定了局势。战事平息后，韩琦回到家乡，复判相州。

熙宁四年，韩琦被改授为永兴军节度使，韩琦力辞不就，仍在地方担任原来的官职。

纵观韩琦一生的政绩，盘点韩琦的功德，考量他对朝廷的忠心，我们应该能得出结论，这是一个心有庙堂，光明磊落，毫无私心，不恋权力之人。

关于这一点，我们从欧阳修对韩琦的评价，也可得到佐证："纯正而质正，临大事，决大议，垂绅正笏，不动声色，措天下于泰山之安，可谓社稷之臣。"

身为宰相的韩琦，需总揽全局，统领群僚，操持万端，明察秋毫。在用人方面，韩琦并非不能选贤举能，恰恰相反，他更加知人善任。韩琦反对宋英宗对苏轼的越级提拔，应该并无私心，更非妒贤嫉能，只因苏轼未满三十，年轻气盛，缺乏一定历练，不适合骤然升入高位。

多年后，苏轼终于在朝堂官高爵显，而苏轼的人生经历证明，官拜高位，对于苏轼的确不是一件幸事。

身为一个皇帝，宋英宗能如此听信韩琦的建议，除了英宗从旁支入继大统，得到韩琦的大力支持外，当然也和韩琦在朝中的声望和资历有关，更和韩琦高尚无私的品德有关。

只是，韩琦的反对和无心之举，让苏轼的仕途腾达晚了很多年，也令空有宰相之才的苏轼，一生与宰相无缘。

在韩琦的百般阻挠下，对于苏轼的最后任命是：需经常规，通过考试，再授予馆阁的职位。

宋英宗与韩琦的这番讨论传到了苏轼的耳朵里，欧阳修有些担心，有人会利用这一点，搬弄是非，挑拨关系。苏轼却一点没在意，前有凤翔太守陈希亮对苏轼的苦心磨砺，苏轼不但没生气，反而认为韩琦是对他刻意栽培和爱护，于是高兴地听从了朝廷的安排，接受了馆阁一职。

馆职最重文才，因此需经考试才能上任，苏轼不负圣恩，他的两篇考试论文，《孔子从先进论》和《春秋定天下之邪正论》，再次得到最高分"三等"。

真金经得住火炼。苏轼之才，成了北宋朝廷之最，前无古人，后无来者，如此雄才盖世，千古难遇，如此不凡志气，无人不服。

宋英宗治平三年（1066），苏轼得以殿中丞直史馆，掌管校勘典籍，管理图书。直史馆属于从六品，虽然和之前的差判登闻鼓院官阶相同，但这是一个有声望、受器重的职位，倍受文人清流的青睐。

能入直馆，也算是一个高职名流，虽不能执掌朝廷机要大事，却能趁工作之便，得以饱览宫中藏书及传世珍品，或许这也是韩琦爱才之深意，苏轼欣然赴任。

此时，弟弟苏辙也开始筹谋官职，三月，苏辙被任命为大名府推官一职。如此，兄弟俩的工作都有了新的着落。

能与父亲和弟弟团聚，这是令苏轼最开心的事，直史馆工作轻松，除了可以饱览群书，还能多些时间陪伴家人，因此，苏轼也很知足。

回到京城，新职初定，工作清闲，家人团聚一起，苏轼的生活充满着温馨、美好和安宁。可是，这份安宁没持续多久，突然被打破，短暂的温馨戛然而止。

宋英宗治平三年（1065）五月，苏轼的妻子王弗突然离世，年仅二十七岁。

人生有太多的意外，有些相遇云淡风轻，却令人终生难忘，有些别离猝不及防，只令人寸断肝肠。

王弗，自十六岁嫁给苏轼，过门没多久，苏轼便进京赶考，求取功名，王弗忍受新婚分离之苦，在家侍奉公婆，勤俭恭顺。

待苏轼高中进士，程夫人离世，王弗陪苏轼在眉山丁忧三年，之后同苏轼一家一起进京。苏轼通过制科考试，任职凤翔，王弗随夫客居他乡。从眉山到京城，从京城到凤翔，从凤翔再回到京城，山水迢遥，一路辗转，王弗与苏轼相伴相随，相濡以沫，共同生活了十一年。

这十一年中，苏轼在考试中一次次拔得头筹，王弗分享着苏轼的喜悦与得意；苏轼被派任官职，却又经历一次次落差，王弗陪伴丈夫一起度过失落和沮丧。

王弗初嫁苏轼时，每当苏轼读书，王弗总是站在苏轼身后，形影不离。很显然，她喜欢看丈夫沉醉于书本的模样。

认真的男人最有魅力，专注的男人别具风情。王弗悄然而立，默默无语，深情凝望，眉眼含情，这种画面是多么温馨，这份痴情又多么令人感动。

一次，苏轼忘记书中文字，皱眉苦思，抓耳挠腮，王弗见丈夫萌态可爱，莞尔一笑，忍不住轻轻提示了一句。苏轼顿时惊诧，立即考问其他书本上的问题，王弗都能一一作答，苏轼恍然大悟。

王弗冰清玉洁又体贴温情，温婉娴静又大方得体，有妻如此，苏轼已经觉得幸福满足，未曾再敢多想。两人一起生活了很久，苏轼大智若愚，至此方知，原来妻子不仅秀外慧中，且知书识礼，不仅兰心蕙质，且含蓄内敛。

王弗知书而不轻言，深情而不多语，聪敏而又谦逊，贤淑而又低调，怎能不让苏轼又惊又喜、又疼又爱！"敏而静"是苏轼在《亡妻王氏墓志铭》中给爱妻最中肯的评价。

王弗，这位让苏轼思念一生的女子，不仅能红袖添香，读书相伴，也是苏轼起居生活和职场交友的好帮手。王弗心思缜密，遇事不惊，善于察言观色。她深知丈夫秉性善良，热情直率，与人谈笑往来，无拘无束，不存心机也毫无顾忌，时常担心他惹来麻烦，招致祸患。

家中每有客来，王弗经常站在屏风后面，细听明辨，洞悉善恶，之后以女性的敏锐和直觉，在为人处世上时时提醒苏轼。久而久之，苏轼对妻子有了依赖，无论工作遇挫或情绪低落，总愿与王弗倾诉，王弗不仅是苏轼的知心伴侣，也成了苏轼精神上最有力的支撑。

有王弗相伴的十一年，是苏轼一生中最顺遂的时光。即使偶有阴霾，却无大的风雨，即使小有挫折，却一路平稳安宁。假若王弗一直都在，有她的提点，或许苏轼以后的人生会少些风雨，纵是一生坎坷难免，也许会少些波折动荡。

然而，世事难料，命运无情，王弗骤然离世，儿子苏迈还不满七岁，她生命安静无声的结束，却是苏轼余生风雨飘摇的开始。

相爱至深的情侣，遭遇阴阳两隔，是人世间最深、最痛的绝望。苏轼与王弗伉俪情深，爱妻离世，苏轼悲痛莫名。

遥想大婚当日，苏轼揭开新娘头上的红盖头，只见王弗姿容清秀，明眸皓齿，楚楚可人。苏轼轻轻拉起她的手，王弗一脸娇羞，嫣然一笑，风情万种。

婚后两人琴瑟和鸣，举案齐眉，曾经的岁月有多温馨美好，永别之时，就有多悲痛沉重！十年后，那份哀痛仍一分未减，那份凄凉犹如昨日。一首江城子，诉尽梦中痴念，情真意切；刻下无尽相思，凄婉断肠，堪称千古第一悼亡词：

> 十年生死两茫茫，不思量，自难忘。千里孤坟，无处话凄凉。纵使相逢应不识，尘满面，鬓如霜。夜来幽梦忽还乡，小轩窗，正梳妆。相顾无言，惟有泪千行。料得年年肠断处，明月夜，短松冈。

关于苏轼与王弗的爱情，有个美丽的传说。当年，苏洵结识了雅州知州雷简夫，雷简夫十分欣赏苏轼的才华，想把女儿许配给苏轼。

苏洵与雷简夫是好友，他们觉得两家门当户对，都想极力促成这门婚事。苏轼却听闻雷简夫之女相貌不佳，于是，以求道为借口，逃婚到山里，来到青神乡贡进士王方执教的中岩书院读书。

中岩下有一泓池水，水波粼粼，深不见底。王方想为女儿挑选一位乘龙快婿，于是，以为池水取名为由，遍邀远近闻名的青年才俊。

大家取了很多名字，但都觉得差强人意，这时，苏轼突然想入非非，好水怎能无鱼？于是拍掌三声，几只金鱼突然跃出水面，苏轼大喜，脱口而出"唤鱼池"。此时，王方的女儿王弗也让丫鬟送来了名字，纸张打开，赫然写着"唤鱼池"三字。众人惊叹："不谋而合，韵成双璧。"

从此，苏轼与王弗心有灵犀，揭开了两人相恋的序幕，两家也因此结为姻亲。

时光久远，关于这个故事的真假，已无从考证，但我们还是能通过一些史料做出合理的推测。

千年后的我们，知道苏轼一生的事迹及其家人的故事，除了史书记载之外，一部分来自苏轼的诗词作品，还有一部分来自苏轼后来的几位弟子，如黄庭坚等，以及苏辙的文字记载。

苏轼一生写了大量的文字，如果这个故事是真的，以苏轼的才情和浪漫，诗词中应该展露蛛丝马迹。若果真是心有默契，佳偶天成，苏轼也不会和王弗一起生活了那么久，才惊觉王弗通晓诗书。

可见，如同苏轼出生时，眉州彭老山草木皆枯的传说一样，这更像是后世之人赋予佳人才子的一个传奇故事而已。

苏轼与王弗的爱情，没有天缘奇遇，却一样地温馨甜蜜；不曾惊心动魄，却一样地缠绵悱恻；虽非青梅竹马，却一样地情深意长。有一种缘分，虽不能行走一生，却至死难忘；有一种相遇，虽只携手一程，却已铭刻终生。

六月初六，苏轼把爱妻王弗的灵柩暂时安置在京城西郊，待日后运回眉山，安葬在母亲程夫人墓旁。能与家姑葬在一起，这在当时的家族观念中，是最大的敬意和认同，这也是父亲苏洵的嘱咐。

人生的劫难如疾风骤雨，一程未歇，一波又起。十一个月后，苏轼还未从丧妻之痛中恢复过来，不幸再次降临。

治平三年（1066）四月，在带领两个儿子到京城闯荡十年后，苏轼的父亲苏洵也突然离世，享年五十八岁。

苏洵之死，轰动朝野，一时之间，上自天子辅臣，下至闾巷之人，都闻之哀痛，为苏洵作挽词者多达百人。

苏洵临终前，交代了苏轼、苏辙兄弟两件事。一是他撰写的《易传》尚未完稿，希望两个儿子能够续写成书；二是他的兄长苏澹，早年离世，子孙未立，希望苏轼兄弟二人能给予照顾；他的妹妹死后未能回乡安葬，希望苏轼能安葬姑母。苏轼跪在父亲病榻前不住地点头，含泪答应了父亲全部的嘱托。

两年后，苏轼服丧期满，按照父亲遗愿，立刻把姑母安葬在眉山。后来，又奏请朝廷，让自己的官位荫补大伯父苏澹的曾孙苏彭，完成了父亲的遗愿。

苏洵离世时，由欧阳修领衔、苏洵负责编写的礼书已经完成。苏洵在有生之年，也算为朝廷完成了一件大事，朝廷下诏赐银一百两，绢一百匹。

苏洵一生清高孤傲，却毕生未能中举，在他的后半生，苏洵仍孜孜以求，不为钱财，只希望能在仕途上有所建树，以证实自己。可惜，苏洵直到离世，也只官至主簿，位从九品。这应该是苏洵生前在仕途上留下的最大遗憾。

苏轼和苏辙两兄弟一起上奏朝廷，辞谢一切钱财，恳求赏赐父亲一份哀荣。英宗感念苏洵之才，特此下诏追赠苏洵光禄寺丞，并下旨命礼部备下官船，运送苏洵的灵柩回四川眉山安葬。

听闻苏洵病逝，欧阳修、韩琦等几位朝中元老重臣也先后到苏家吊唁，并都赠予了厚礼。苏轼一律辞谢不收，只请求欧阳修为父亲写一篇墓志铭，欧阳修当即答应。

据欧阳修所撰墓志，苏洵的著述有《文集》二十卷、《谥法》三卷，另有一部《易传》尚未完成，及其他著录各卷不等。

纵观苏洵的一生，前半生充满坎坷和不幸，但他不甘落后，中年发愤，积极勇敢地追求梦想，终于大器晚成，成功逆袭，成为名震天下的三苏之一，创造了属于自己的璀璨人生。

苏洵的故事后来被编入了《三字经》："苏老泉，二十七，始发愤，读书籍。彼既老，犹悔迟。尔小生，宜早思。"直到现在，苏洵的故事依然作为励志的典故，教育着一代又一代的莘莘学子。

纵观中国历史上的一门三杰，父子三人组合，除了"三曹"，曹操和他的儿子曹丕、曹植，最著名的应该就是"三苏"了。苏洵和他的两个儿子苏轼、苏辙联手创造了中国文学史上的一段传奇，名扬千年。

治平三年（1066）六月，苏轼、苏辙兄弟，带着父亲苏洵和苏轼妻子王弗的两副灵柩，乘船从汴水进入淮河，溯江而上，依照礼俗护丧还乡。

时隔九年，再次返乡，近乎同样的时节，山青水绿，百花盛放；近乎同样的心情，黯然神伤，触目伤怀。

上次回乡，兄弟俩刚举进士，风华正茂，前程似锦，母亲突然离世，兄弟俩未来得及入仕为官，匆匆回乡为母丁忧；此番回乡，苏轼、苏辙两兄弟刚领新职，虽非机要重职，但兄弟俩心高志远，初衷不改，抱负犹在。尤其苏轼，深得英宗赏识，他敛鳞藏翼，蓄志待时，只等他日平步青云，一朝实现多年的梦想。

人生坎坷多磨难。或许是命运的安排，或许是机缘的巧合，或许是老天的捉弄，或许是今生的宿命，九年后的春夏之交，兄弟俩再次仕途中断，回乡丁忧守丧。

回到眉山后，苏轼、苏辙把父母合葬在武阳县的老翁泉，苏轼夫人王弗也被葬在程夫人墓旁。

在家居丧期间，苏轼心情低落。一天，他整理父亲遗留旧物，无意中看见了为父亲购买的画有吴道子真迹的四面门板。此次回乡，这四道门板也被带回家中。苏轼凝视着门板上的道道暗痕，突然想到门板的来历，脑海中立刻掠过烧杀掠夺、血迹斑斑的画面。

在不到一年的时间里，妻子和父亲相继离世，这几块门板似乎充满着不详，苏轼看着这几扇门板，后背忽然冒出一丝寒意。

这时，族兄惟简僧人从成都来看望他，苏轼便以父亲的名义，把这几块门板施赠给了惟简所在的寺庙。惟简答应苏轼，一定用心守护这四副门板，并专造一佛阁，妥善收藏。造阁需花费一百万钱，苏轼捐赠了一部分。兜兜转转，因缘际会，来自寺庙的宝物在尘世辗转了一遭，最终又回归了佛门。

苏轼在眉山守孝期间，王弗的堂弟王箴时常来拜访苏轼。

王弗在世时，苏轼在为母亲丁忧期间，曾陪伴妻子回青神娘家去玩。青神山林隽秀，溪水潺潺，既有自然风光的秀丽，也有暮鼓晨钟的幽静。苏轼喜欢青神的山水，更喜欢流连青神的佛寺。那时，苏轼常和王弗的叔叔，还有堂兄弟姐妹一起游庙、喝酒、聊天。有时，也会和王箴一起坐在门前吃瓜子。

如今，王箴已经长大，他崇拜苏轼的才华，常常上门请教。一天，王箴除了请教诗文，还向苏轼提起了一门亲事。女方不是别人，正是王箴的亲姐姐，二十七娘。

王弗的娘家是一个大家庭，堂兄弟姐妹人口众多。苏轼对二十七娘的印象有些模糊，只是隐约记得，当年在青神，有一个小姑娘，总是在人群外远远地站着。

苏轼和王弗的娘家人聚在一起，谈天说地，苏轼虽在众人之中，却又总是十分出众。那时，苏轼二十二三，风华正茂，博古通今，满腹才情，每当他谈起诗词歌赋，更是聚拢了所有人的目光。他风度翩翩，神采飞扬，似乎自带光环，无论走在哪里，都会成为人群中的焦点。大家围着这个才华横溢的青年，聚精会神地倾听他侃侃而谈，每每坐到夕阳西下，忘却时光纵往。

人群外不远处，一个小姑娘也被吸引住了。她瞪着一双清澈的大眼睛，好奇地盯着人群中的主角，怯怯地打量着他。没错，这个小姑娘就是二十七娘。当年，她才只有十一岁。

十一岁的二十七娘对人情世故还有些懵懂，她十分安静，不太爱说话，却很喜欢堂姐王弗。堂姐的秀丽端庄让小姑娘十分羡慕，她希望长大后也能像堂姐一样聪明美丽。因为羡慕和喜欢，二十七娘的目光经常落在堂姐身上，她发现堂姐每次望向姐夫，都是一脸陶醉又引以为傲的神情。

堂姐沉浸在幸福和甜蜜里的样子，让二十七娘记忆深刻。渐渐地，二十七娘有些明白，她从好奇到羡慕，从羡慕到渴望，从渴望到憧憬，希望有一天，她也遇到一个才华横溢、深情款款、俊秀挺拔、充满魅力的男人。

转瞬，二十七娘十六岁了。十六岁，女孩儿最美的年华，也是快要出嫁的最佳年龄。家里开始准备给她说亲，这时，突然传来堂姐离世的噩耗，二十七娘惊住了，伤心之余，她的心久久不能平静。堂姐和姐夫曾经在一起时的欢声笑语，那种眉眼含情、相敬如宾的画面，那些温馨和甜蜜的场景重新出现在她的脑海，久久挥之不去。

一年后，苏轼回到眉山守丧，二十七娘的心里便悄然种下了希望。从此，二十七娘更是拒绝了家里为她张罗的所有亲事，每天守在闺房，静静地等待，这一等就是三年。

三年后，二十七娘已经年满二十岁。在那个时代，二十岁已经算大龄。当年，王弗嫁给苏轼时才十六岁。家人为二十七娘的婚事焦急不已，无论家人介绍多少合适的姻缘，即使劝说了无数次，二十七娘始终不肯答应。

直到有一天，她的心事被弟弟王箴看穿。王箴比姐姐小一岁，两个人一向能谈得来，王箴把姐姐的心思说破，父亲王介才明白女儿的心。王箴自告奋勇要为姐姐牵线搭桥，来试探苏轼的态度。

或许，续娶堂妹，这也是妻子王弗的遗愿，王弗临终前向丈夫推荐了自己的堂妹，有此亲缘，她相信儿子能被善待，丈夫也能得到照顾。作为母亲和妻子，唯有把自己最爱的人托付给自己了解和信任的人，她才能走得安心。或许这也是父亲苏洵的心愿，为了儿子能有人陪伴，孙子也能得到稳妥的依托，因此，父亲离世前对这件事也有所嘱咐。或许这也是王弗父亲王方的支持，尽管女儿离世，令老父伤心不已，但苏轼满腹才华，为人良善，他从心里喜欢这位女婿，女儿虽然不在了，王方也不希望看到苏轼和外孙孤苦无依。

在王弗娘家人的极力撮合下，1068 年的十月，苏轼守丧期满，续娶了王介的幼女二十七娘为妻。二十七娘，名王闰之（1048—1093），这个名字应该是苏轼为二十七娘所取。后来，苏轼又为王闰之取字季璋。这一年，王闰之二十岁，苏轼三十二岁。

终于嫁给了苏轼，王闰之如愿以偿。那几年白白耗掉的青春和默默无语的等待，终于得到了回报，那少女时种下的梦想，终于开花结果。迈进苏家那一刻，王闰之觉得她的一生值了。

新婚之夜，苏轼的心中悲喜难言，百转千回。再次揭开红盖头的那一刻，他又想起王弗，她的一颦一笑，亦诗亦韵，一举一动，端庄含情。那种想念难以抑制，才下眉头，又上心头。

王闰之冲着苏轼浅浅一笑，眼波流转，面颊绯红。那一刻，苏轼突然有些恍惚。王闰之的眉眼间，竟有几分王弗的神韵。苏轼心中温情奔涌，顿感欣慰。瞬时，从冷清寥落的现实迈进久违的梦中，唯愿此生长醉不醒。

王闰之虽不如王弗兰心蕙质，秀外慧中，但她性格温顺，良善贤淑，安分而又知足，快乐而又惜福。她替代堂姐王弗，悉心照顾王弗的儿子，视若己出。她继续陪伴苏轼走过风雨岁月，历经起伏荣辱，踏破世间坎坷，尝尽人生冷暖。

十二月，苏轼、苏辙两兄弟打理好行装，把家中祖坟、田宅等委托给亲戚族里，携同家眷再度返京。

临行前，同乡族里前来送行，一父辈乡人在苏家纱縠行的老宅中种了一棵荔树，期待荔树长大时，他们能重回故里。那一刻，苏轼从未想过，此次离乡，竟是与故土眉山的永别。从此，眉州的青山绿水、家乡的美味佳肴只能一遍遍重现在思念与回味中。

离开了家乡眉山，苏轼的一生都在辗转流徙，也一生都在寻找和营建，一个能够永远属于自己的安稳的家。

二十二年之后，当苏轼任职杭州时，想起家乡的荔树和乡人的期待，写下一首诗，充满了天涯羁旅的惆怅：

> 故人送我东来时，手栽荔子待我归。
> 荔子已丹吾发白，犹作江南未归客。

第七章　重返东京

苏轼、苏辙在眉山守丧期间，北宋朝廷发生了天翻地覆的变化。那位非常赏识苏轼、很想重用他的皇帝宋英宗赵曙，于治平四年（1067）一月驾崩。英宗的长子赵顼（1048—1085）继位，是为宋神宗。

苏轼、苏辙于熙宁二年（1069）二月回到了京城。

东京汴梁繁华依旧，车水马龙，人来人往，似乎和从前没什么区别，而此时的北宋朝堂却已是风起云涌，波谲云诡，正经历着一场时代的变革。年方二十的少年天子宋神宗，他的继位，影响和改变了苏轼的一生。

自宋太祖开国以来，宋朝为防止唐末五代"藩镇割据"的局面重演，设置重重机构，逐步加强中央集权，削弱官员权利。很多政府部门一职多官，职权重叠，相互牵制。官僚机构的臃肿造成官职混乱，官场腐败，效率低下。贤能之才力不从心，庸碌之辈尸位素餐。

朝廷内部混乱，边患问题更是雪上加霜。自太宗皇帝之后，北宋朝廷对西夏和契丹的侵扰采取消极防御的态度，虽然军队人数多达一百多万，却只能维护皇权统治而不能戍边御敌。

朝廷为了能彻底掌控军队，防止武将专权，将领更换频繁，致使将不识兵，兵不识将，严重影响了军队的战斗力。

朝廷重文轻武，武将因受文官牵制，消极进取。每次战败后，朝廷大量募兵买马，而军队训练却一直被忽视，扩编后的军人素质和作战能力低下，常常临阵即败，最后只能以岁币向敌国买得安宁。

"澶渊之盟""庆历和议"换来了暂时的和平，却让银绢每年大量流进辽和西夏，致使辽、夏国力日强，而北宋朝廷因冗官冗兵消耗巨大，渐渐形成积贫局面。

朝廷财政拮据，官场腐败混乱，就会盘剥百姓，百姓不堪压榨，就会起兵造反。北宋发生过两次大的农民起义，前有宋太祖时期的王小波、李顺；后有宋徽宗时期的宋江、方腊。

宋仁宗赵祯在位四十年，在他仁政治下，朝廷财政收入比太宗时期虽已增长了五六倍，但依然入不敷出。

庆历三年（1043），宋仁宗任用范仲淹、富弼、韩琦、范仲淹等发起"庆历新政"，以图革除弊政、整顿吏治，缓解朝廷财政危机。然而，在保守派的抵制下，新政仅在一年零四个月后就以失败告终。

宋英宗继位后，继续任用仁宗时期的改革派重臣，韩琦、富弼、欧阳修等人，然而，面对积贫积弱的国势，英宗却并没有做到变法图强，不但没实现中兴，连守成之主也没坐稳，就因病早逝，在位不到四年。

宋神宗赵顼于治平四年（1067）继位，此时的北宋，国力衰弱，百姓贫穷，军队和民心一样萎靡不振，很多士大夫图求安逸，社会上盛行奢靡享乐之风，北宋表面上依旧是太平盛世，歌舞升平，实则暗流涌动，危机重重，神宗接手的就是这样一个朝局。

宋神宗赵顼，北宋第六位皇帝，母亲是宣仁太后高氏。治平三年（1066）十二月，赵顼被立为太子，治平四年正月正式即位。

宋神宗，时年二十，气宇非凡，果决勇敢，正逢青春年少、奋发有为之时。早在藩王宅邸时，赵顼就好学勤思，关心国事。每当想起太宗兵败燕京，被北虏穷追不舍，嫔妃宝物皆被俘获，身中两箭，只身而逃，之后每年承受箭伤复发之痛，最终也因箭伤复发而亡，神宗常常凄然泪下。

面对军政积弊，含着国恨家仇，心怀一腔热血，目睹国力衰弱，神宗立志要励精图治，富国强兵，有所作为。

继位后，神宗立刻召见了文彦博、富弼、司马光等元老重臣，商谈国策，以探求革新之路。

这些老臣知道年轻皇帝心怀大志，勇猛果敢，既欣慰又担忧。他们深知朝廷积重难返，革新变法非常困难，于是都主张循序渐进，以仁德治天下，先富民、后富国，韬光养晦，甚至二十年不言兵事。

宋神宗觉得这些老臣墨守成规，思想守旧，过于老成持重，不但丧失了庆历革新时的锐意进取，甚至希图安逸，无所作为，形成了保守的政治风气，这让神宗大失所望。在无限孤苦焦虑中，宋神宗突然想到一人，王安石。

早在颍王府时，韩维是颍王的太子师，每当给太子讲书，获得赞许时，韩维总是说，这不是我的看法，是我的朋友王安石的观点。

韩维不止一次地在神宗面前赞扬王安石的品德和学问，因此，宋神宗对王安石早就有了深刻的印象。

王安石（1021—1086），字介甫。抚州临川人（今江西省抚州市）人。五代十国时期，王氏家族从内陆地区太原迁居到南部抚州。王安石的父亲王益（993—1039）在二十二岁时考中进士，从此王氏家族成为官宦人家。王益做官后，在多地任职，最高做到江宁府通判，因此，王安石后来一直以江宁府为家。王安石自幼酷爱读书，天资聪颖，过目不忘。年少时，他曾随父亲宦游各方，了解到社会现状，深知民间疾苦。

宋仁宗景祐四年（1037），王安石随父亲入京，与曾巩结为好友。经曾巩推荐，文章得到欧阳修赞赏。王安石的文章立意新颖，雄健简练，议论高深，当时已初具移风易俗的志向。

庆历二年（1042年），王安石参加进士考试，本被考官评为第一，因在应试文章中写了"孺子其朋"，犯了仁宗忌讳，于是被降为第四名，与状元失之交臂。

从二十一岁中进士到四十六岁执掌朝政，这二十五年，王安石青春鼎盛，欣逢太平，正是志存高远、一展宏图、圆梦盛世之际。这期间，朝廷也多次委任王安石以京畿要职，王安石却一律辞谢不受，只接受外郡的小官，一心从政地方。

仁宗朝，四方学者云集京师，无不渴望在京城做官，王安石却淡泊功名，屡次拒绝高职，将无数人梦寐以求的晋升机会弃如敝屣。

王安石学识渊博，思虑长远，见解独到，生活上却十分简朴，不沉溺酒色，这让士大夫们更加敬佩他的品德学问，一时间，王安石名声大振。

这位天资聪颖，才华出众，文章高深新奇又淡泊功名的才子，在生活上却有些古怪之处，令人津津乐道之余，也常引起争论。

一次，王安石的朋友对王安石的妻子说，她丈夫特别喜欢吃兔肉。王安石妻子不信，她知道王安石对饮食没有偏好，从不挑剔。朋友却说，王安石吃光了桌上的一盘兔肉丝。王安石的妻子问，那盘菜放在何处，朋友答，就在王安石面前。王安石的妻子笑了，让他下次把别的菜放在王安石面前再试试。

后来，那位朋友又和王安石一起吃饭，王安石把他面前的一盘菜吃个精光，而桌上那盘离他稍远一点的兔肉丝，却一口未动。

王安石除了对饮食不上心，对自己的形象也粗枝大叶，经常不修边幅。据说，他在扬州任职时，韩琦任太守，是他的顶头上司。王安石每晚通宵看书，直到快天亮时才在椅子上打个盹，早上蓬头垢面就去上班。韩琦以为他熬夜是纵情声色，因此对他印象颇为不佳。

有人认为大凡天才都有些另类和不拘小节，这正是王安石卓尔不群之处；有人认为他刻意伪装，标新立异，是为沽名钓誉；有人欣赏他奇特外表之下无法估量的才气；有人认为他的性情是国家的一大祸患和危机。

苏洵和张方平就对王安石比较反感。张平方曾与王安石一起共事，因志趣不投，意见相左，从此不说一句话。苏洵则在一篇文章《辨奸论》里指桑骂槐，把王安石比作王衍、卢杞之流，对王安石大加声讨。

王衍，西晋衰亡的罪人。此人颇有才华，容貌俊美，却淫邪狡猾，祸国殃民，被列为四大无耻文人之一。卢杞，唐代著名奸相，容貌丑陋，为人阴险，唐朝从鼎盛走向没落，和卢杞脱不了干系。

苏洵指出，现在有人兼具卢杞的丑陋和王衍的辩才，文中暗指王安石，说他"衣臣虏之衣，食犬彘之食，囚首丧面而谈诗书"。穿奴仆穿的衣服，吃猪狗吃的食物，在衣着形象和生活习惯上不近人情的，很少不成为奸邪之徒。假如这样的人受到重用，那么天下将要遭受他的祸害。最后，苏洵在文中写道，宁可预言不准，也不愿获得见微知著的美名。

关于这篇《辩奸论》，后世有过不少争论。这篇文章，是在王安石被神宗重用，开始革新变法后开始流传。有人认为，是他人冒苏洵之名而作，为了贬斥王安石，反对变法。这种说法听起来似乎有些道理。

苏洵一向沉静寡言，虽文字犀利，但言语很少尖酸刻薄，更不失君子风度。无论苏洵多么不喜欢王安石，以他的智慧和素养，应该不会如此赤裸裸地谴责和声讨一个当朝官员，为自己和儿子的未来仕途树立一个强敌。

这一点从苏洵给两个儿子起名字的一篇小文，《名二子说》，可以看出，韬光养晦，不惹事端，藏锋敛锐，善处于祸福之间，以保护好自己，这既是苏洵对儿子的告诫和期望，也是苏洵自己的处事态度。

然而，各种史料证明，这篇文笔犀利尖锐、文风泼辣的文章，的确出自苏洵之手。

当年，苏轼、苏辙参加制科考试，王安石是翰林院知制诰，他虽然认同苏轼的才华，却不喜欢苏轼文中的谋略之策，认为不过是战国时期纵横家之类的学说，算不上正途。王安石说，如果他是考官，就不会录取苏轼。苏辙以试秘书省校书郎被任为商州军事推官，王安石因不喜欢苏辙的对策文章，拒绝撰写诰命。

两个儿子是苏洵一生最大的骄傲，苏洵本来就不喜欢王安石，如今，儿子们受到王安石的毁谤，身为父亲，心中自然更加不悦。

曾经，欧阳修想把王安石介绍给苏洵，苏洵却不想与王安石交往。后来，王安石的母亲去世，苏洵在被邀之列，也没有赴邀参加葬礼。

苏洵对王安石没什么好感，王安石对苏家父子更不以为然。王安石对三苏主动结交当朝大人物的行为非常反感，他认为君子应不屑与权贵们交往。

王安石性情刚直，脾气倔强，对高官显位视若弊履，但在政治上并非没有抱负。恰恰相反，他虽孤傲冷漠，却是个务实的能臣，而且有着远大的理想。他很早就立下矫正世事、改变传统陋习的志向。

王安石在江苏、浙江、安徽、河南等地任职期间，兴办水利，扩办学校，在经济、农桑、水利、教育等方面，都有一定作为，他勤政爱民，政绩斐然。王安石为官地方，除了为了解社会现状，在地方上试行自己的革新政策，更主要像是为了静待时机。

机会终于等来了。嘉祐三年（1058 年）十月，王安石被召回京师述职，他趁着这个机会向仁宗递上了长达万言的《上仁宗皇帝言事书》。在上疏中，王安石根据自己多年为政地方的经历，指出国家日渐贫弱的现状及根源，在财政、教育、官员体制等方面都提出了建议。他主张改革法度，革除国家积弊，改善财政，扭转朝廷积贫积弱的局势。这是王安石第一次系统地提出变法的主张。此时距庆历新政已过去了十五年，王安石认为这是一个变法改革的大好时机。

宋仁宗是一个开明仁善的君王，知人善任，勇于纳谏。王安石胸有谋略，既有实践经验，也有改革气魄，同时也不缺名气，或许认为，他与宋仁宗应该成为千古君臣知遇。遗憾的是，仁宗却对王安石的上书视而不见。

宋仁宗没有重用王安石的原因很多。首先，仁宗对王安石的印象不太好。据说，有一次仁宗宴请大臣，由客人自己从水塘钓鱼来吃，王安石无意中把桌子上的一盘鱼饵全部吃光。仁宗觉得，若有人误吞一粒鱼饵或情有可原，若心不在焉误食整盘鱼饵，则显得虚假，因此，认为王安石是个伪君子。

其次，庆历新政的失败，在仁宗心中记忆尤深，仁宗知道变革不是一件容易的事，需要协调各方面利益，才能改变整个国家的状况。当年，范仲淹、韩琦、富弼等几位学富五车、功勋卓著的能臣一起主持新政尚且失败，前车之鉴，仁宗不会贸然采纳王安石一人的建议。

庆历改革失败后，宋仁宗渐渐趋向保守，他不希望朝廷再有大的动荡，招致不必要的麻烦。当然，还有一个更重要的原因，当时，宋仁宗已年近五十，身体已大不如前，几个儿子又全部夭折，眼下，他最着急的是没有子嗣，他面临的头等大事是皇位继承，根本没心思考虑变法的事情。

最终，王安石这篇满腹经纶、文采飞扬、结构严谨、说理透彻的政治改革论文和他的一番理想、满腔热血一起付之东流。

嘉祐八年（1063）王安石母亲去世，王安石住在江宁府（今南京）为母守丧。三年除丧后，宋英宗多次召王安石赴京任职，王安石再次以各种理由拒绝。

或许，王安石以为仁宗是最好的伯乐，仁宗朝也是实现改革变法最好的时机。然而，他的建议却并未入仁宗的眼。至此，他学会了审时度势，韬光养晦，静静等待。在蛰伏与等待中，王安石渐渐懂得了一个道理，除了有理想，有地方经验，还要积累一定的名望。不过，光有这些还不够，要想革除国家积弊，必须得到一个开明君主的支持，才能施展自己的才华，实现远大的政治抱负。

宋英宗渴望变革，但他的短暂统治因濮议之争引起一片混乱，几乎毫无作为。加上宋英宗身体状况令人担忧，又缺少君王应有的杀伐决断，以致曹太后垂帘听政，不能乾纲独断。这样的君王和朝局断然不是一个变法图强的好时机。因此王安石继续等待，继续辞官，而越辞，他的声望也就越高。

历史上大凡成大事者，除了自身的智慧和学识，格局和气魄，一定都是高瞻远瞩，既有静气耐力又有毅力和恒心之人。

直到治平四年（1067），王安石没有任何官职。这期间，他在当地讲学，他的学生，李定、蔡卞等，后来都成了王安石变法的追随者和支持者。

治平四年（1067年），神宗即位。刚刚登基两个月的神宗，便任命王安石为江宁府知府。当时，很多人认为，王安石会再次拒绝诏令。令人意外的是，王安石收到诏书后，立即赴任。九月，王安石被任命为翰林学士。

熙宁元年（1068年）四月一日，王安石被神宗越级召对。

君臣第一次相见，神宗静静打量着殿前的王安石，只见此人身材中等，脸型方正，皮肤黝黑，面相厚重。

也许是因为面对君王，王安石脸上并看不出传说中的倔强，而是一脸的恭顺和静。尽管如此，眼光锐利的神宗还是一眼看出，这是一个坚毅冷静、沉稳固执的人，这一点倒和他的想象颇为一致。

历代君王，大多懂君臣之道、帝王之术。年轻的神宗也不例外，他不疾不徐，先聊了几句无关紧要的话，之后，话锋一转，语气严肃，直奔主题。

神宗问："当今治国之道，当以何为先？"

这是神宗提出的第一问，如何回答，至关重要。所答既要简明扼要，说到要害，又要听起来令人信服，还要勾起神宗浓厚的兴趣，这样才能给自己留有余地和空间，循序渐进，表达出自己全部的见解和想法。王安石略加思索，之后，稳稳地答道："以择术为始。"

听到这句话，神宗眼里果然闪烁出兴奋的光芒，直了直身子，迫不及待地第二问："唐太宗是这样做的？"

在宋神宗眼中，离北宋最近的大唐盛世，要属唐太宗的"贞观之治"。年轻的神宗虽刚登基，却志向远大，雄心勃勃，一心要创建一个可比肩太宗的辉煌盛世。

神宗的欣喜之情，王安石看在眼里，心里有了底气，于是斩钉截铁地答道："陛下应当效法尧、舜，何必要效法唐太宗呢？尧、舜之道，至简而不烦，至要而不迂，至易而不难。后世学者不能完全了解先贤之道，才以为高不可及。"

王安石提出治国之道，首先要改变风俗，建立法度，确定革新方法，并建议神宗效法尧舜，简明法制，神宗听了先是一惊，略加沉吟，之后微微一笑。

"效法尧舜"，宏大而缥缈，以尧舜为旗帜，可打破祖宗家法，可堵住悠悠众口，可改变常规之道，最终目的，实现变法。一句话，抬出尧舜这面大旗，才能理直气壮地喊出王安石振聋发聩的那句话："祖宗不足法！"

神宗似乎完全明白了王安石内心所想，微微颔首，表示满意，让王安石尽心尽意地辅助他，以共同成就这一目标。

王安石退下后，心里有了十足的底气。神宗身强体健，心思敏捷，敢于进取，他比仁宗果敢坚定，比英宗志向远大，这是一个风行雷厉、大有魄力的君王，这也是王安石一直苦苦等待的君王。王安石心潮澎湃、激动不已。

很快，在君臣又一番对话后，王安石呈上一篇《百年无事札子》，指出朝廷所面临的危机和社会问题，希望神宗能够励精图治，并说出了令神宗热血沸腾的一句话："大有为之时，正在今日。"

神宗与王安石的几次谈话之后，兴奋异常，信心倍增。眼下，朝廷国库空虚，军政衰颓，大宋帝国早已民穷财枯，一场扭转时势的革新变法迫在眉睫。王安石才堪大用，不负圣望，他不凡的见解，恢宏的志气以及他那些革新理想和他所描绘的宏图，正是神宗所亟待的梦想。

王安石也是唯一提出具体可行之策，既有战略也有战术，能够帮神宗彻底解决财政问题的人。王安石和神宗一样胸怀大志，锐意进取，君臣二人，百年难遇，一见如故，一拍即合。至此，历史上著名的变法运动，在势不可挡的历史背景下，拉开了序幕。

一些朝中大臣听说王安石欲倡导革新变法，非常钦佩他的勇气和抱负，也都对王安石寄予了很高的期待。然而，他们很快就发现，王安石虽胸有谋略，却性情执拗，孤高自负，很难与人相处。

王安石刚愎自用、独断专行，凡是和他政见不同的人，都被他诋毁为流俗。满朝文武在他眼中，除了和他志同道合者之外，剩余的人非庸即奸。王安石这种顽固不化、孤傲冷慢的态度，渐渐招来很多人的不满和排斥。

宋神宗坚持认为王安石是个务实而能办大事的能臣。熙宁二年（1069）二月，宋神宗力排众议，任命王安石为参知政事。

在神宗的大力支持下，王安石建立了"制置三司条例司"，作为一个专门主持变法的新机构，并颁布了市易法，三个月后又颁布了青苗法。

很快，变法派陆续制定和颁布了一系列新法。新法出台后，立刻在北宋朝廷引起了巨大纷争，政见最为突出的是翰林侍读学士司马光。

司马光（1019—1086），字君实，陕州夏县涑水乡（今山西省夏县）人。

司马光自幼聪明博学，诚实勇敢。七岁时，就能背诵《左氏春秋》。司马光幼年砸缸救人的故事不仅震动京洛，而且流转千年，成了中华传统经典的育儿故事。

司马光出生时，父亲司马池是光山县令，司马光长大后，父亲每逢与朋友出游或是一路辗转为官，总是把司马光带在身边。因此，司马光少年时随父亲走过很多地方，不但领略了风土人情，丰富了社会见识，还结识了很多当时的名士大臣，得到他们的赏识。

司马光二十岁时，一举高中进士甲科，从此步入仕途。先后做过大理评事、国子直讲，馆阁校勘、通判、开封府推官等。司马光关心国家命运，也关注百姓疾苦，他德性纯正，学术精湛，为人温良谦恭、刚正不阿，在很短的时间内就取得了赫然政绩。

治平四年（1067 年），在参知政事欧阳修推荐下，司马光被神宗任命为翰林学士。翰林学士，也就是皇帝的顾问，这个位置举足轻重。司马光的品德和学问一流，名重士林，因此，他的见解备受重视。

司马光与王安石同样的富有才华，文章锦绣，二人之前关系也很不错，常有诗词歌赋往来。司马光和王安石都认为应该拯救国家财政危机，不同的是，王安石主张废除祖宗之法，制定一整套新法，增加国家赋税，以求富国强兵；司马光则主张维持旧法，改善时弊，节俭用度，以求安定民心。

王安石与司马光各持己见，因两人的政治观点不同，很快形成了矛盾和对立。在一次次针锋相对之下，王安石与司马光渐渐成了变法派与反变法派的领袖和代表。

苏轼、苏辙于熙宁二年（1069）二月回到东京。苏轼还朝后，以殿中丞直史馆的职衔，差判官告院。这是一个比较闲散的职务，负责掌管官吏的勋封、撰制辞章等事务。

苏辙因呈递了一篇关于养兵备边的奏疏，得到神宗赏识，被任命为新设立的制置三司条例司的检详官。

回到东京后，面对朝廷当前的形势，苏轼认真思考变法之策。针对社会时事，他经常发表对新政的不同见解和看法。一些元老重臣，十分欣赏苏轼的才华，对他鞭辟入里的议论大为赞赏。苏轼慷慨激昂，带着书生气和崇高的正义感，他的言辞让一些反对变法的人很容易产生共鸣。因此，许多变法派人士，包括王安石，都认为苏轼煽动和影响了朝廷重臣。

王安石想实现变法，富国强兵，成就大事必须清除一切反对力量。在王安石眼里，苏轼就是一块影响变法的绊脚石。它虽然分量不重，却四处煽风点火，制造舆论，令他头痛不已。

苏轼已经令王安石不高兴，而苏辙更令王安石生气。苏辙虽在制置三司条例司任职，但是苏辙与兄长在政见上却保持一致，一起读书成长的兄弟俩在政治主张上完全相同，苏辙对新法也有很多不赞同之处。

当王安石欲实施青苗法时，苏辙仔细研究了青苗法的细则，认为不妥，于是上书批评新法。身在变法派的核心机构任职，却反对变法，这让王安石更不能容忍。

不但王安石生气，连神宗也有些尴尬。苏辙是被神宗钦点进入制置三司条例司，神宗力挺变法，而苏辙却公然反对新法，这多少有些不顾及皇上的面子。

当年制科考试，苏辙写文章批评仁宗，有大臣建议黜落苏辙，仁宗胸襟宽阔，最终还是起用了苏辙。这一次，苏辙再一次直言进谏，然而这一次，苏辙没那么幸运，他面对的不只是神宗，还有一意孤行的王安石。

王安石建议免去苏辙的职务并加以惩处，尽管神宗对苏辙的才华十分赞赏，但他更加需要王安石进行改革变法。因此，只好同意王安石所请。

神宗找来宰相曾公亮，商议对苏辙的处理。曾公亮建议，给予堂除差遣。

宋朝一般京官的任命都由吏部发出，只有特别卓越的人才，才能由政事堂直接奏注差遣，称为"堂除"。

毕竟，苏辙是神宗提拔重用的人，让苏辙以"堂除"的名义外放，看起来是被皇上重用，而不是贬官，这对皇上和苏辙都保有了一份体面。这样的建议，既为皇上解决了难题，又不得罪王安石，同时，还能让苏辙不至于太过怨恨。即使苏辙这样的小官也不得罪，如此用心又妥善的安排，可见宰相曾公亮这个老好人的智慧。

苏辙被朝廷安置为河南府留守推官。张方平因反对新法，自请离开了朝廷，到陈州做知州。在张方平的举荐下，熙宁三年（1070）二月，苏辙外放出任陈州学官。

这一年，苏辙三十一岁。此次的外放，让苏辙学会了隐忍，从此，在政治上变得比哥哥更加成熟和沉稳。

苏辙离开了京城，苏轼所敬重的几个前辈范镇、韩琦、张方平等，还有一些亲近朋友也因为反对新法，陆陆续续离开了朝廷，苏轼陷入了无限的孤单。

苏辙辞去制置三司条例司的检详官后，三司条例司里剩下的都是王安石的亲信，作为皇帝，神宗自然有些不放心，他认为苏轼和苏辙两兄弟都以直言敢谏著称，苏轼为人方正，且文章风骨也在弟弟苏辙之上，因此，神宗想以兄代弟，任用苏轼来替代苏辙的职位。

神宗召来王安石，把这个想法和王安石说了，王安石一听，立刻反对。当初，苏辙进入三司条例司，王安石还能勉强接受，对于苏轼，他坚决抵制。不但不同意苏轼进入三司条例司，当司马光向神宗举荐苏轼为谏官时，也遭到王安石的强烈反对。

苏轼比王安石小十五岁，这一年，苏轼三十三岁，王安石四十八岁。按从政经验来说，王安石的确比苏轼经验丰富。对于北宋朝廷面临的危机和社会问题，王安石比苏轼有更深的体会和了解。

虽然，苏轼在凤翔任职签判的三年，也曾深入凤翔的每一个村落，深知百姓疾苦，但对于王安石变法积极有利的一面却仍认识不够。

苏轼反对变法，在一定程度上和朝廷一些元老重臣有关，比如欧阳修、张方平等，他们是苏轼的恩师和前辈，对苏轼有提携之功，他们对待新法的态度无疑会对苏轼产生一定的影响。

苏轼其实也主张变革，早在宋仁宗时期，苏轼就曾指出，天下看起来繁荣太平，实则危机四伏。苏轼虽然赞成变革，但反对王安石变法，他认为王安石的变法有很大的弊端，这并不是权利之争，更无关个人恩怨，他只是在如何变法，及变法的具体内容和方式上与王安石发生分歧。

苏轼主张变法应循序渐进、和风细雨，王安石主张疾风骤雨，雷厉风行。苏轼认为变法的关键在于用人，执行者的品德和操守会对革新变法的成果有很大影响。王安石却态度强硬，义无反顾，最终，苏轼也站到了力倡变革的王安石的对立面。

熙宁三年（1070）三月，三年一度的礼部考试到了，苏轼被任命为编排官，吕惠卿是主考官。

吕惠卿（1032—1111），字吉甫，泉州人。与王安石的关系情同师徒，王安石变法的坚决拥护者，也是变法的二号人物。

吕惠卿是嘉祐二年（1057）进士。没错，嘉祐二年的龙虎榜，也是千年科举制最为闪耀的一榜，很多名士大儒都在那一年同中进士，包括苏轼与弟弟苏辙，还有被历史定格住的奸佞之臣，比如章惇、吕惠卿。

如今，章惇、吕惠卿也都进入了三司条例司，王安石任用章惇为三司条例官，吕惠卿为条例司的检详文字。

十多年前，苏轼和弟弟苏辙一起进京赶考。曾经的考生如今成了考官，岁月如流，令人感叹。

这次的考生知道神宗支持变法，为迎合主考官，在考卷里大肆赞美新法。其中，有一个叫叶祖洽的学生试卷，引起苏轼与吕惠卿意见不一。这个学生责备祖宗法度苟且因循，指出皇上应该与忠智之臣一起变革新法。

吕惠卿是变法派的核心人物，看到这篇文章大喜，于是把这篇文章评为第一。苏轼却强烈反对，他认为这名学生诋毁祖宗，奉承皇帝，巴结权贵，这样的品行应该黜落，否则他日若做了官，一定会成为趋炎附势的小人。

对于苏轼来说，科举考试关系到为国选才，是一件十分重要的事情，身为这次考试的编排官，主掌举人试卷字号及合格举人名次的编排，他必须全力以赴，为朝廷尽职尽责，一丝不苟。因此，苏轼坚持将叶祖洽予以黜落。

苏轼和吕惠卿争执不下，吕惠卿作为主考官，最终仍然将叶祖洽列为第一名。苏轼心怀不满，只得寄希望于神宗。结果，神宗也对叶祖洽十分赞赏，在他继位后的第一次殿试中，叶祖洽被钦点为宋神宗熙宁三年（1070）的状元。

冲动率直的苏轼一气之下，写了一篇《拟进士对御试策》。在这篇奏疏中，苏轼直言不讳批评新法，将国家当前的现状比作"盲人骑瞎马，夜半临深池"，随时会有车毁人亡的危险，他劝谏神宗缓缓徐行。

神宗让王安石看了苏轼的这篇文章，王安石不屑一顾，讥讽苏轼学术不正，仕途又不得意，因此言语放浪跌宕。

苏轼反对新法，招致了王安石的不满，也得罪了王安石的得力助手吕惠卿。更令人意外的是，他甚至对皇上钦点的状元提出了反驳。尽管神宗本来对苏轼的才华赞赏有加，但苏轼一再批评新法，让神宗感到左右为难，即使有心想重用他，也无可奈何。

苏轼的奏疏不被采纳，令他有些沮丧。弟弟不在京城，令他更加落寞。因为职务比较清闲，失意的时候，苏轼就让自己沉浸在山水之间。

汴梁的春天，梨树花开，景色宜人，为繁华的东京增添了一抹亮色。春寒已退，酷暑尚未降临，正是踏青的好时节。每到休假，苏轼便喜欢到郊外游山玩水，感受大自然的清新。

人世间的美景需配上一副切合时宜的好心情，才是美上加美。不然，风景再美也是陡增落寞。这一年，苏轼三十三岁了，正是奋发有为、匡时济世的好年华。他却把大好光阴消磨在官告院。

眼下，朝廷正在轰轰烈烈地开展变法，变法派与反变法派唇枪舌剑，争论不休。韩琦、富弼、欧阳修等一些元老重臣有着数十年从政的经验，尤其历经庆历新政的失败，他们清楚地了解新法存在的弊端，认为役法改革脱离现实，极易造成社会不稳。

关于新法的利弊，一些朝廷重臣曾提出过很多中肯的意见和忠告，然而这些建议却被坚定而迫切地实行变法的王安石所忽视。因此，这些重臣们纷纷站到了反对变法的一边。年轻的神宗渴望变法图强，实现中兴，在这个关键的历史时刻，他毫不犹豫地将自己最具权威和神圣的支持投向了王安石。

苏轼也曾希望朝廷能够革除弊政，通过改革，缓和社会危机，使国家变得富庶，改善民生疾苦。

当初，苏轼制科考试的文章中就已经写出革新的政治思想。然而，朝廷当前疾风暴雨般的变法运动，和两派剧烈的政治斗争造成的混乱局面，却让苏轼深感不安。

目前的改革方案，有许多地方需要仔细调整改善，新法在推进过程中出现很多弊端，而苏轼身在官告院，官微职轻，连向皇帝言事的资格都没有，满身才华和抱负无处施展，这让苏轼深感落寞。

熙宁四年（1071），终于又有了一个让苏轼一吐为快的机会。这一年，王安石准备改革科举，兴办学校。神宗对此有些犹豫不决，下令两制两省、御史台、三司及馆阁学士讨论这一方案。

苏轼身为殿中丞直史馆，应召议论，自是分内之事。他便利用这个机会，借题发挥，痛痛快快地写了一篇《议学校贡举状》，苏轼在文章中指出：得人之道，在于知人；知人之法，在于责实。知人方能善用，责实方能知人。

写文章是苏轼的强项。他以精妙的文笔，强悍的逻辑，透彻的论理，把学校和贡举、得人和知人论述得精辟绝伦。苏轼认为兴建学校、改革贡举并不重要，重要的是知人和责实。无论是学校选士还是科举选士，关键是皇帝和高级官员能选贤任能，择优去劣，总揽众才，经略世务，慧眼识人。

神宗早就听闻，仁宗曾夸赞苏轼、苏辙兄弟有宰相之才。之前，看过苏轼的奏疏，那时变法伊始，千头万绪，日理万机的神宗无暇细读，只是匆匆浏览。如今，略有空闲，便认真品味苏轼的文章，果然，豪迈奔放，才思敏捷，立论深刻，见解不俗。这篇文章虽字数不少，却能句句精炼，字字珠玑。整篇文章少一个字，意犹未尽；多一个字，画蛇添足。

尤其，苏轼的字体，用墨丰腴而落笔有力，字字丰润且富有韵律，扁平稳重亦清新豪放，错落有致又不失内敛，神宗看得爱不释手，忍不住立即召见苏轼。

苏轼奉旨匆匆赶来，一路心神不宁。自新法实施以来，不少大臣因反对新政，触犯了天颜，他写的那篇文章也是反对科举改革，若是激怒了神宗，不知会给自己和家人带来多大的灾祸。

苏轼怀着忐忑不安的心情来到神宗面前，没想到，神宗却和颜悦色地询问他有关当今政策法令的得失，鼓励他不要有所顾虑，即使是皇上的错误也可以指出来。

苏轼见神宗如此虚怀若谷，诚挚恳切，不仅不再感到畏惧，反而觉得若不直进忠言，会有负圣恩。

于是，苏轼朗声回答："陛下天纵文武，不用担心不明察、不用担心不勤政、不用担心不决断，只担心治理事务太急，听人话语太广，进用官员太快。"

苏轼的意思是说，一切变法都应顺应时势，不能过急，大宋百年积弊不是几纸公文法律就可以立刻改变，如果变法过快，执行起来会出现问题和阻力，导致失败。如果进用官员太快，就会让一些急功近利之徒有机可乘，引起朝局动荡和紊乱。

神宗听了苏轼的话，脸色大惊。沉吟片刻后，缓缓道："卿说的三句话，朕会认真考虑。凡在馆阁，都应为朕深思治乱的良策，不要有所隐瞒。"

苏轼退下后，感到非常兴奋，想不到神宗如此从谏如流，他兴高采烈地把皇上召见的细节讲给了身边的同事和朋友，苏轼天真地以为，变法一事可能会有所改变。

不料，变法丝毫没有改变，这事却很快传到了王安石耳中，让他颇感不悦。尤其，当他听说神宗欲任命苏轼修起居注时，更加不满。

起居注是皇帝身边的近臣，王安石担心神宗会受苏轼的影响，对变法产生动摇。因此，王安石立刻横加干涉。他对神宗说，苏轼不过是一介书生，虽才华横溢，但只会夸夸其谈，缺乏从政经验和能力，绝不能担此重任。

当初，宋英宗想重用苏轼，遭到了韩琦的反对；这一次，神宗想任用苏轼修起居注，又受到王安石的阻挡。苏轼两兄弟早被仁宗预言，有宰相之才，可惜，苏轼纵然才情斐然，官运却一直不佳。

事实上，王安石对苏轼的担心有些多余。变法图强是神宗坚定不移的信念，他绝不会轻易改变和放弃。不过，王安石的担心也有一定的道理。苏轼年少成名，在京城已颇具名气，且受到两代先王赏识，苏轼虽不能影响变法大局，扭转乾坤，但他的文章总会造成一定的舆论和影响，这让王安石十分不悦。

此外，苏轼的官职是殿中丞直史馆，虽然官位不高，但这个职位是为国家储备贤能之才，日后有机会可以成为朝廷重臣。

变法派认为，虽然苏轼的官职不高，但经常批评新法，对变法产生了影响，甚至对朝廷的决策产生了影响。因此，他们希望苏轼远离朝廷，远离神宗，以免苏轼的言论影响神宗对变法的态度。同时，他们也希望苏轼忙于处理地方事务，以此来分散他对朝政的关注，避免干扰朝政。

在王安石多次主张下，苏轼被调任为开封府推官。令变法派意想不到的是，苏轼决断果敢，做事雷厉风行，在开封府任职不久，名声反而更加响亮。只是，终神宗一朝，苏轼都一直在地方辗转，无止无休，反反复复。

第八章　熙宁变法

熙宁三年（1070）年，王安石任同中书门下平章事，位同宰相。这年，他开始在全国范围内推行新法，发动在政治、经济、军事、社会和文化教育等方面的一系列改革。两三年间，七八个新法相继出台，骤行天下。这些新法按照内容和作用大致可以分为以下几个方面：

在经济方面，有为供应国家需要和限制商人的均输法、市易法和免行法；在农业生产方面，有为调整国家与农民关系的青苗法、募役法、方田均税法和农田水利法；在军事方面设立了保甲法、裁兵法、将兵法、保马法、军器监法。此外，王安石还改革了科举制度，整顿太学，为国家培养需要的人才。

王安石变法以"富国强兵"为目标，以理财、整军为中心，一些新法在实施后，在短时期内收到了一定的效果。

比如，在经济和农业生产方面有了很大发展，抑制了豪强兼并，使国家加强了对直接生产者的统治，增加了政府的财政收入。

在军队方面，节省了一定的军费，解决了一部分冗员问题。

在文化方面，科举制度的改革，对文化思想的解放起了一定的作用，培养了一批学以致用的人才。"熙宁兴学"将北宋的教育事业向前推进了一步，对以后的教育事业也产生了一定的影响。

王安石变法在短时期内，暂时扭转了国家积贫积弱的局面，使北宋国力得到增强。这是王安石变法积极、进步、合理的方面。然而，北宋财政危机严重，阶级矛盾尖锐，王安石虽然思想先进，知识广博，却不能充分了解社会现状，致使改革在实施过程中脱离实际，加上用人不当等种种因素，在变法刚刚开始，就遭受巨大阻力，造成十分混乱的政治局面。

许多新法在实施过程中，并非如人们所想象的那样完美，比如青苗法。青苗法是王安石提出的一项财政改革措施。朝廷在农民青黄不接的时候，向他们提供粮食贷款，农民在秋收时再加付一定利息返还给朝廷。这样一来，既保障了农民的生计，又增加了政府的税收。同时，也减少了农民向高利贷借贷的风险，降低了投机分子对农民的剥削，有助于减少社会贫富差距。这项政策听起来十分理想，一举解决了多个问题。

事实上，早在王安石担任地方官时，他曾在春耕时期试行过这个方法。由于他亲自督办实施，当地农民真正有需要才借款，因此，这个方法在当时的地方实施非常成功。然而，现在王安石坐镇朝廷，相同的青苗贷款在地方官员的实施下却是另一种情况。

根据青苗法，政府借给农民1000个铜板，农民在秋收要还给朝廷1300个铜板，等于半年收30%的利息。虽有明文规定利息不能超过2分，但有些地区一年两收，春贷夏收，夏借秋还，等于半年借贷两次，这样算，利息就不只2分，等于又翻了一番。有时借与还的粮食还不同，比如明明借的是小米，却要求还谷子或粟米，因为谷子或粟米的价格更高些，这就相当于变相又加了利息。

一些地区的官吏为了政绩和税收，不顾农民的意愿强行租借，尽管借贷明显不合理，农民却没有借贷的自由，不敢不借，更不敢不还。很多贫民因还不起青苗钱，被当地政府逮捕、鞭打，以致变卖田产、卖妻鬻女，甚至有人投河自尽。熙宁二年，京东转运使王广渊向本路富户强行贷款，之后竟收取高达百分之五十的利息，引起巨大民愤。

青苗法虽然让国家增加了税收，却令农民的负担沉重不堪。一些农民因无力偿还利息，与当地政府发生矛盾和冲突。因此，青苗法遭到很多人的批评和抵制，不少大臣纷纷上书指责青苗法的弊端。当时，韩琦在大名府担任河北安抚使，亲眼所见青苗法的施行。他曾上疏给神宗，指出青苗贷款发放的实际情况，恳请皇帝废除新法。

除了青苗法，其他各法也都存在各种各样的弊端，比如"市易法"。用官方资本投入商业，权力与资本一起运作，虽然平抑了物价，在一定程度上打击了豪强富贾，但也使小本商贩受到抑制，致使他们生意破产，无以为继，以致怨声四起。此外，还有"免役法"，使得贫民被四处追捕，"保甲法"又使农民不能安于田地，等等。

神宗要实现富国强兵，任用王安石理财。群臣二人都追求立竿见影的高效率。一个法令还未试行成功，另一个法令又已出台，致使从官吏到百姓都茫然失措，惶惑不安。

保守派的一些忠直大臣为了国家社稷，不断上书反对变法，当然，也免不了一些投机小人借机跟着起哄拆台，变法派与反变法派在朝堂上唇枪舌剑、针锋相对，此时的朝廷鱼龙混杂，混乱不堪。

王安石清楚地知道，庆历新政一年就以失败告终，他不想重蹈覆辙，因此态度强硬，独断专行。怎样在最短时间内实现国库充盈、开疆扩土，唯有服从，绝对的服从！如此，才能最有效率执行朝廷的改革政策，增加国家收入。

此外，王安石还用刑赏来推动新政的施行。在绩效第一的政策下，朝廷风气开始败坏。很多官吏颠倒是非，欺上瞒下，为了自己的仕途和利益，不择手段，压迫小民，使得百姓生活更加穷困不堪，甚至家破人亡。以富国强兵、改善积弊为目的的新法，不但没有让百姓过上更好的日子，反而成了剥削压榨百姓的工具。

王安石变法目的虽好，却操之过急、用人不当，以致流弊丛生。王安石本人又刚愎自用，这使他失去了很多曾帮助过他的前辈和朋友，比如欧阳修、司马光、曾巩等。

在宋仁宗景祐四年（1037），王安石第一次随父亲来到京城时，与曾巩结识。当时，王安石十六岁，曾巩十八岁。两个意气风发的少年聚在一起，谈古论今、激扬文字，一见如故。

那时的王安石文笔已见精绝奇伟，风格雄健，修辞凝练，气魄宏大。曾巩被王安石的文章惊艳到了，于是，将他引荐给了自己的老师欧阳修。如同后来对苏轼的赏识和提携一样，欧阳修这个千古伯乐，对王安石大力宣传和赞赏，使王安石开始有了名气。

后来，欧阳修又把吕惠卿介绍给了王安石。吕惠卿，王安石变法的二号人物，也是王安石变法最得力的助手。

王安石能有今日的名气和作为，当初，曾巩的举荐和欧阳修的提携功不可没。然而，王安石执掌朝廷、主持变法后，曾巩却被排挤到越州做了通判。

除了曾巩，还有很多朝廷重臣也都因为反对新法，一一离开了朝廷。韩琦、富弼、张方平等都曾上疏力陈新法的弊端，神宗却一意孤行，专任王安石施行新法。一些老臣面对如此朝局，自知无法扭转局势，只好带着失望纷纷隐退或自请外任。

三朝老臣富弼称病求退后，在临行前，说了一句非常精辟又令人十分无奈的话："政治斗争总是好人输，因为好人争原则，小人争权利，最终各得其所，好人不愿同流合污而离开，坏人没有底线而留下。"

大量官吏的隐退、罢黜或外迁导致变法的核心机构人手不足，于是，王安石开始大量任用新人，吕惠卿、章惇、张璪、曾布等陆续进入条例司。

神宗即位的第三年，万事从简的国殇期终于结束了，神宗为了博取太皇太后和皇太后的开心，准备正月十五上元节在皇宫举办一场热热闹闹的灯会。

上元节燃灯的习俗，起源于道教的祭祀活动，东汉时期，佛教的传入，使上元燃灯的习俗广为流传，后来扩展到民间，发展为上元节灯会。

大唐盛世的上元节灯会最是溢彩流光，繁华璀璨。火树银花，灯市如昼，多少才子佳人在佳节灯会一见倾心；皓月当空，良宵美景，无数金童玉女在这一天相逢相识。

和唐朝相比，北宋的上元灯会也毫不逊色。上至皇室贵族，下至平民布衣，举国同欢，游人如织，气氛喜庆而又热闹。东京的上元灯会尤为华美壮观，连续五夜，四十里灯光不绝。

锦绣交辉、美轮美奂的花灯凝聚着匠人的精心制作，也是以扎灯为业的升斗小民一年中最后的期盼。

这一年，朝廷早早发布旨令，要求开封府购买四千盏浙灯来装饰宫廷的灯会。听说皇宫大量收购浙灯，一些小民小贩不惜借钱购买物料，以便多扎几个花灯，增加一些收入，以养家糊口。

没想到，朝廷收到市场的报价后，认为价格过高，决定降低收购价格。由于价格被压低，为了避免商贩反悔，不愿再将花灯卖给朝廷，而是拿到市面上自行销售，朝廷还特意下令规定，禁止民间买卖花灯。此令一出，引起了商贩和百姓的极度不满。

在开封府担任推官的苏轼，目睹前来府衙哭诉哀求的百姓，心中非常不忍，立刻给神宗上了一封札子《谏买浙灯状》，指责神宗作为百姓父母，以不急用的耳目玩好，夺取百姓温饱之资。此事虽小，却在民间造成恶劣的影响，损害了皇帝在百姓心中的形象和声誉。神宗阅读了苏轼的奏章后，深以为然，立即采纳了苏轼的建议，按照原定价格收购了这批浙灯。

神宗如此从善如流，苏轼既兴奋又感动，一颗赤诚的心又开始澎湃不已。皇上应该还是善于纳谏的，或许只是被一些功利小人暂时蒙蔽了。有君如此，在国家面临转折的关键时期，面对新政给百姓带来的种种灾难，作为一个有正义的臣子，更当尽忠尽责，直抒己见，谏阻新法。何况，还有神宗那句"为朕深思治乱的良策，不要有所隐瞒"，还有幼年时在心中树立的范滂典范，于是，苏轼决定，不计个人安危荣辱，为民请命。

熙宁四年（1071）二月，苏轼，撰写了一篇奏疏：《上神宗皇帝书》。

这篇文章洋洋洒洒八千八百多字，气势宏大，文辞雄放，如他一贯的雄辩文风。这也是苏轼第一次以书面的形式，完整而系统地表达对新法的看法。在这篇文章里，苏轼指出皇帝应维系民心，台谏不可废，一个好的政府需要异议制度的健全等。

苏家父子三人皆善辩论。早年，苏洵以政论文章闻名京城，苏轼和苏辙受父亲熏陶影响，政论文章皆不在父亲之下。苏轼的这篇文章引经据典，以古论今，侃侃而谈，有如当年参加科举考试写的那篇文章一样汪洋恣肆，无疑这又是一篇见解深刻的佳作。在文章里，苏轼把主张结人心、厚风俗、存纪纲的观点阐述得有理有据。

　　然而，这篇文章依然有些书生意气和应试科举的味道。毕竟苏轼年龄太轻、为官不长，政务经验也尚不丰富。相较于司马光、韩琦、欧阳修这样的重臣，他们以坚定而具体的方式提出劝谏，针对变法的细节提出各种建议，但这些劝谏神宗都并未真正听进去。变法刚刚开始，尽管举步维艰，但在财政上还是取得了一些成效，这时的神宗更不甘心停止革新变法。因此，苏轼的这篇奏疏呈上之后，并未得到神宗的重视。

　　苏轼苦等数日，奏疏如泥牛入海，毫无声息，他内心炽热的期待仿佛被一盆冷水浇灭，让他感到无限失落。

　　心情抑郁的时候，苏轼就去找朋友。苏轼在京城的朋友不少，但和他最为志趣相投的只有文同。

　　文同（1018—1079 年），字与可，梓州梓潼郡（今四川绵阳）人。苏轼和文同是表兄弟，苏轼在凤翔任职期间，两人开始交往。那时相处的时间不长，后来，文同也调到了京城任职，且和苏轼同在馆阁工作，这令苏轼非常高兴，每当休假时，苏轼都会和文同聚在一起。

　　文同与苏轼虽趣味相投，两人性情却大不相同。苏轼热情奔放，文同却性格沉静，超然淡泊，又因年龄长苏轼十八岁，已到知天命之年，对官场名利早已看透看淡，年轻时的豪情壮志也早已转化为画意诗情。

　　文同出身书香门第，从小受到良好的教育和熏陶，十几岁时已博览群书，经史子集，无所不通。

　　年轻时，文同和苏轼一样，也曾满腹豪情，有着报效国家、兼济苍生的志向。年过三十始入仕途，文同一生大部分时光辗转于州郡为官，他在地方上施行仁政，所到之处，都能取得一定的政绩。随着年龄增长，官微言轻，身不由己，文同的报国之志渐渐消弭在清风竹影中。

　　这次朝廷掀起轰轰烈烈的变法运动，文同置身事外，既不参与，也不评论。不但自己明哲保身，他还经常规劝苏轼，在其位，谋其政，不要锋芒毕露，要学会低调，警惕小人的恶意报复。为了减少苏轼对政事的关注和评判，文同经常邀约苏轼一块写字作画。

文同的出仕与退隐看起来似乎有些矛盾，苏轼在后来的人生逆境中，也时常涌起忘情山水，归隐林下的想法。这种既有进取之心又有隐士情怀的冲突，也许和宋朝儒释道并行的时代背景有关。

"达则兼济天下，穷则独善其身"，这句话反映了当时许多士大夫的入世与出世思想，也体现了进退之间所呈现的悲哀与无奈、志向与智慧。

然而，苏轼性情使然，纵使有过无数次避世归隐的心情，他的才情、他的文笔却总是让他一次次置身于风雨，自始至终，无法像文同那样沉静安然，因此也总给自己带来一次次祸端。

文同也擅长诗文书画，尤喜画竹。无论身在何处，家中的屋前屋后总会种满了竹子。他经常在竹林徜徉驻足，每天观察竹子的生长和形态，与竹为伴，与竹为友，以竹为食，呼吸吐纳，都是竹的气息。日久天长，竹的姿态早已了然于胸，竹的风韵也渐渐融入身心，物我两忘，人竹无间。

文同称竹为君，与竹朝夕相伴，竹的气节和坚韧潜移默化地影响着文同的精神和气质。文同爱竹如醉如痴，因此他的竹画惊艳于世，同时代擅长画竹的文士很难与之匹敌。

文同画竹，以竹言志，画的是竹也是自己。他为政一生清廉，胸怀正气，两袖清风，如竹一样傲然挺立，高风亮节；他做事恪尽职守，有气有节，如竹一样坚韧不拔，不屈不挠；他为人胸怀坦荡，与世无争，如竹一样虚怀若谷，顶天立地。

文同画竹叶，以浓墨为面、淡墨为背之法，开创了墨竹画法的新局面，形成墨竹一派，他甚至能同时手握两支画笔，以深浅不同的笔墨，同时画两枝姿态迥然的竹子，不愧有墨竹大师之称。

苏轼也喜欢竹，"宁可食无肉，不可居无竹"。常以竹寄情。

苏轼从凤翔开元寺王维的壁画得到启发，又向文同学习画竹的技法。文同告诉苏轼，要把整个竹子的形象记在心里，这样下笔才能从容自信，一气呵成，画的竹子也会栩栩如生。后来，苏轼写了一篇《文与可画篔筜谷偃竹记》，文中写道："故画竹，必先得成竹于胸中。"这就是胸有成竹这个成语的来源。

在文同的指导下，苏轼画竹进步神速，后来也成了"文湖州竹派"的一员。后代有人评论苏轼的画：笔酣墨饱，飞舞跌宕，虽派出湖州，但神韵魄力远远超过文同。

苏轼与文同性情不同，两人的画作也有着不同的境界。文同处事认真严谨，他画竹注重实物写生，因此，他的画作形象逼真；苏轼随性洒脱，他画竹喜欢浓墨泼染，如风如雨，取韵生动。苏轼的独创新法，也令文同惊叹不已。

苏轼坦然承认他的墨竹尽得于文同，而文同则对别人说，"吾墨竹一派在徐州"，苏轼后来任徐州知州，文同的意思是，苏轼已经得到他全部真传。

文同将其得意画作《筼筜谷偃竹》赠与苏轼，苏轼则题诗一首《筼筜谷》回赠文同。宋朝以前的绘画，还不曾流行在画上题诗，文同开创了这一风尚，他经常在画上留下空白，对向他求画的人说，不要让别人题字，一定要等苏子瞻来作。志趣相投又彼此欣赏，艺术上又能相互成就和切磋，苏轼与文同，可谓知音。

文同不仅擅长绘画，也喜欢书法。苏轼曾评价文同的艺术成就："诗一，楚辞二，草书三，画四"；文同也曾说："世无知我者，惟子瞻一见，识吾妙处。"只不过，文同的其他才能被他绘画的光芒所遮掩，以致后世之人只知文同的竹画，很少论及他的书法和诗文。

在绘画方面，文同的造诣强于苏轼，但在书法上，苏轼则胜文同一筹。苏轼的行书、楷书，既能取法于前代名家，比如王羲之、颜真卿等，又能自创新意，摆脱传统束缚，同时融入自己的品格和个性，达到高度的艺术自由，因此，苏轼成了宋代书法四大家之首。

后来，文同出守陵州，临行前，苏轼陪文同一起到净因院与住持道臻禅师道别。应道臻禅师之请，文同为庙宇里的一个新粉刷的墙壁作画，文同画了竹子和枯木，竹子生机勃勃，枝叶清晰，纹路凸起，疑风可动，摇曳多姿。枯木死气沉沉，根茎苍老，叶凋枝残，荒败不堪。竹与木，鲜明对比，栩栩如生，有如天造。

文同让苏轼也画上几笔。苏轼在文同面前，不敢班门弄斧，又难却文同的盛情邀请，于是提起画笔在墙壁的一角，画了一块石头。竹与石，恰如天成，错落有致，相映成趣。苏轼画完，似乎胸中积压许久的巨石也终于放下，心中轻松了许多。

宋神宗元丰二年（1079），文同奉调出任湖州太守，不幸途中病逝于陈州驿站，享年六十一岁。苏轼得知噩耗，捧着文同曾送他的一帧墨竹册页，气噎胸堵，挥泪不止，直至泪雨湿衣，悲痛欲绝。

文同的一生虽然画上了句号，但文同的精神依然被后人弘扬。令人遗憾的是，文同的传世画作很少，只有四件，皆为竹图。最为珍罕、也最被公认为文同真迹的是《墨竹图》，现收藏于台北故宫博物院。

文同的草书落笔如风，可惜，已全部失传，只有他的诗文作品《丹渊集》流传于世，为其曾孙文族编著，其中，诗二十卷，文二十卷，共四十卷。另拾遗二卷，附录一卷，年谱一卷。

有人说，文同在墨竹史上的名气，离不开苏轼的赞颂和推动。苏轼的墨竹画作得益于文同，而文同墨竹对后世的影响，实际上更多源自苏轼的思想和传承。

或许，除了绘画本身的技法，更让世人推崇的，应该是苏轼与文同的那种相似的精神境界，他们的书画与风骨是宋代文人中一股超凡脱俗的清流。

沉浸在翰墨诗书中，纵然能怡情养性，然而，身在仕途却不能永远逃避于现实之外。熙宁四年（1071）三月，朝廷下诏考察各地实行青苗法的情况。青苗法最初只在河北、京东、淮南三路试行，随后逐渐在其他诸路推广开来。然而，青苗法在地方的推行，引起了百姓的愤怒和不满。

时隔一月，苏轼呈递的《上神宗皇帝书》一直没有任何回应，一腔安民济物的热血无用武之地，年轻气盛的他感到失落，但内心仍然充满不甘。特别是当他看到地方骚乱的局面时，无法再忍受，于是又续写了一封《再上皇帝书》。

苏轼在《再上皇帝书》中指出，朝廷试行新法就像医生用百姓生命试毒，苏轼断言，这种政法，小用就会有小的失败，大用则会有大的失败。长此以往，人心尽失，天下就会大乱。而那些献媚逢迎的小人，为讨好皇上，故意说百姓喜欢青苗法。小人难去，就像汉代末年贾充成为晋氏之乱。苏轼的这句话果然一语成谶，后来，朝廷尽在吕惠卿等小人手里把持，连王安石自己也被排挤出朝局。

苏轼的这封奏折慷慨激昂，言辞激烈，可以想象，不仅王安石看了会非常愤怒，神宗应该也不会高兴。因此，这封信呈给神宗后再次毫无回应。

苏轼带着一颗赤诚之心，一次次上疏直谏，回报给他的是一次次失望。渐渐地，苏轼对官场心生倦怠。这时，发生了一件更令他心灰意冷的事，此事跟一个叫谢景温的人有关。

谢景温（1021—1098），字师直，出生于今浙江富阳县。北宋皇祐元年（1049）进士。入仕后，他长期在地方担任职务，但成效甚微。后来，他将自己的妹妹嫁给了王安石的弟弟，有了这层姻亲关系，时任淮南转运使的谢景温很快得到了王安石的提拔，被任命为侍御史知杂事。在御史台，御史中丞相当于台长，侍御史知杂事相当于副长官。

王安石变法遭到巨大的阻力，为了推行新法就得任用一批得力干将。这倒不一定是他任人唯亲或结党营私，只是他任用的一大批人，鱼龙混杂，王安石无暇分辨和认真考察这些人的品行和能力。因此，变法后来失败的很大原因和王安石所用非人有关。

谢景温以御史台的副长官，开始进入朝廷主事。没多久，神宗让近臣举荐谏官，翰林学士范镇举荐了苏轼。

在北宋，御史台和谏院合称台谏，是朝廷的最高监察机构。以前，御史官与谏官的职责是分开的，御史负责弹劾，谏官负责讽谏，到了宋真宗和宋仁宗朝，基本上是台谏合一。

谢景温自然听说了苏轼这个人，知道他才高八斗，文笔了得，不但有一群德高望重的老臣赏识和支持，连神宗也曾另眼相待。而谢景温无论是能力、还是学识都不算出众，只是靠着王安石的举荐才坐到了这个位置。谢景温担心，苏轼若成了台谏官，必然盖过他的锋芒。

此外，谢景温也早听说，苏轼一直反对变法，经常上书给皇上，攻击新政。朝中不少老臣都支持他的看法，苏轼的言论在朝廷造成很大的影响，甚至很多变法派的人认为，苏轼就是反对变法的旗手和智囊。

苏轼反对变法，就等于反对王安石，谢景温出于投桃报李，更出于自己的一点儿私心，于是千方百计阻止苏轼成为谏官。

如何能让苏轼做不成谏官呢？谢景温费尽心机，琢磨了很久，终于想出一计。他瞅准了时机，先发制人，弹劾苏轼在英宗治平三年，在为父亲丁忧扶棺回四川时，借用官船贩运私盐、苏木和瓷器。

这三样在北宋时期都是严令禁贩的物品，私自贩卖都属犯罪。只要把这盆脏水泼到苏轼头上，就会有人怀疑苏轼的人品和操守，如此，苏轼就无法继续在朝廷立足，更无法在台谏与他相争了。

果然，此事一出，朝野震动，神宗立刻下令严查。

没多久，朝廷下诏逮捕了当年帮苏家运送灵柩棺木的船工水手，对他们严加拷问，同时，又下发公文给苏家兄弟当年水陆所经历的各州县，让各州县官员查究"苏轼贩私"的人证物证。一个多月的时间，审问了几十人，这件案子被炒得沸沸扬扬。

谢景温一心想赶走苏轼，他清楚地知道，指责苏轼私贩禁物，没有证据将很难坐实此事。不过，谢景温并不担心，他想，审问的大批人里，只要有一人说出，苏氏兄弟的船上似有可疑之物，苏轼就会百口莫辩。即使不能把他逐出京城，也能令苏轼名声扫地。

谢景温的这一计谋果然狠毒。可惜，谢景温没想到的是，苏轼和苏辙两兄弟竟如此干干净净，清清白白，所有被传讯的人中，竟没有一人说出一句供词，谢景温前后忙了一个多月，片言只语的证词也没找到。

谢景温一无所获，心有不甘，垂头丧气之时，手下的人在调查过程中得知，当时任天章阁待制的李师中曾与苏轼在途中相遇。于是，谢景温立刻找到李师中。

李师中，宋州楚丘县（今山东菏泽市曹县）人，曾与苏轼在史馆共事。

苏轼护送父亲灵柩回蜀，正值李师中出守凤翔，两人在途中邂逅。

谢景温对李师中各种暗示和诱导，并许以种种名利和好处，目的只有一个，只要李师中肯说一句话，指证苏轼，谢景温弹劾苏轼这件事就大功告成了。

没曾想，李师中是个正人君子，这种无中生有、有违人品和操守的事情，他自然不愿做。不但严词拒绝了为谢景温作伪证，事后，还把这件事告诉了苏轼。三司条例司的人手段竟如此卑劣，苏轼怒不可遏。

这时，朝廷的一些元老重臣司马光、范镇等也纷纷站出来为苏轼辩护。在苏洵去世、苏轼在京城为父治丧之际，朝廷及大臣曾赠送帛金慰问，其中单单韩琦和欧阳修所赠之帛金就高达五百两。苏轼当时一文不受，拒绝接受任何赠礼，因此，他怎会去做那种有辱名节、又赚不了几个钱的违法勾当？

苏洵一生倔强好强，临终前特意嘱咐两个儿子，不收帛金。苏轼谨遵父亲遗命，拒绝了所有帛金，苏洵清廉高洁的品质日后为儿子积得了福报。

谢景温指责苏轼私贩禁物一案经过数月的审查，最终以查无实据告终，谢景温的指责纯属子虚乌有，苏轼无罪。

案子结束了，谢景温虽然没能坐实苏轼的罪状，但却达到了他的目的。台谏是最高的监察机构，一个自身节操和声望受过质疑的人是无法做台鉴官的。谢景温的这盆脏水泼向苏轼，无论结果如何，苏轼都很难再在台谏立足。

苏轼平白无故受了一顿不白之冤，自然心情十分沮丧。他知道与当政者意见不一，可能会给自己招来麻烦，却从未想过，政治对手竟如此的没有底线。

事实上，不只苏轼，变法派为打击政敌手段如此卑劣，让反对变法的一些老臣都感到十分心寒。尤其，当王安石又启用了一个新人：李定，朝中老臣更加失望。

李定（1028—1087），字资深，扬州（今属江苏）人。早年，王安石办学时，曾师从王安石。熙宁二年受人举荐，被召来京师。

当时，王安石正在地方施行青苗法，李定从南方来，于是，有人问李定，老百姓对青苗法的反应如何。李定回答，百姓都称颂青苗法。王安石听了非常高兴，于是将李定引见给神宗。

李定久居官场，最擅逢迎之道，在神宗面前能说会道，极力赞扬青苗法，神宗龙心大悦，随手一挥写了一个词头（相当于批条），让李定到御史台工作。

时任宰相曾公亮劝谏神宗，对李定的任命不妥，因为李定的职位低，以前从未有过越级授予御史的先例。于是，神宗在词头上加了两个字，"里行"，改授李定为监察御史里行。里行的意思是官卑而任职，不属于正式官员，有点类似实习生的意思。

李定的任职词头到了中书舍人院。中书舍人知制诰宋敏求将委托诏书退回不发，理由是，李定自秀州判官直接升任御史，资历太浅，不符合提拔规定，因此不予受理。宋敏求退回了神宗的批条，驳回了皇上的面子，并且在第二天主动辞去知制诰一职。

两天后，神宗的批条再次送到舍人院。当天值班的是中书舍人知制诰苏颂。苏颂也把神宗的批条退回。理由是，监察御史官里行虽然官位不高，但权责重大，不是李定这样的小吏可以胜任。

身为帝王，一张批条，竟被执政大臣二次拒绝，皇帝的锐气受到了重挫，年轻的神宗怎会甘心，神宗必须把他的任命执行下去，这样才能保全皇帝的威严。仔细琢磨一番后，神宗在批条上补上一句，说是去年下过诏书，台谏官有缺，由御史中丞举荐，不论官职大小，都可任用。

第二天，这张批条又到了工部。这次当值的是工部郎中，中书舍人李大临。李大临看到神宗的批条，立刻查阅了相关条款，发现皇帝去年下的诏书是另一回事，和任命李定毫无关系，于是再次退回批条，拒绝任命。

一个小小的人事任命，至此遭到三次退回，神宗怒不可遏，立刻召见苏颂问责。苏颂在神宗面前言辞不改，依旧坚持恪守中书舍人职责，遵守朝廷法制，对没有先例的越级提拔，不予违制草诏，并建议对李定另授其他职位。

苏颂依法办事，接连几次抗命，此事轰动朝野。神宗忍无可忍，最终免去了苏颂和李大临的官职。

中书舍人知制诰宋敏求、苏颂、李大临，因为李定的任命超越常规，而四次封还制书，拒绝起诏，三人一起离职，这就是历史上有名的"熙宁三舍人"事件。

在王安石的极力庇护和神宗的一意孤行下，李定，最终还是进入了御史台。李定能让王安石和神宗如此大力拔擢，果然是他才华出众，能力超群吗？

其实不然。王安石执掌朝政，主张变法，遭到朝廷众臣反对，为了变法的顺利推广，王安石急于扶持支持变法的力量。李定是王安石的学生，自然对他事事顺从，又大力拥护变法，因此王安石极力举荐李定。

李定成功进入御史台后，他的品行和为人，很快见出底细。没多久，有御史弹劾李定在任职泾县主簿期间，母亲离世，李定为了守住官职，不为母丁忧服丧。

在古代，不为父母丁忧，是有违人伦、极为不孝的行为。因为李定是王安石任用的，整个御史台为了反对王安石，都开始攻击李定。

就在全台对李定加以讨伐之时，又有一件事，犹如火上浇油，加重了对李定的抨击 —— 朱寿昌弃官寻母。

朱寿昌，字康叔，扬州天长县（今安徽省天长市）人。朱寿昌年幼时，他的生母，作为妾室被朱寿昌的父亲遗弃，从此，母子分离五十年。

这五十年间，朱寿昌在地方辗转为官，一直四处打听生母下落，他烧香拜佛，不吃酒肉，甚至用血书抄写《金刚经》，以示虔诚。

终于有一天，朱寿昌听说母亲流落到陕西一带，他立即辞去官职，千里迢迢去往陕西寻找母亲，最后在同州找到了生母刘氏。

母子相逢，抱头痛哭。时隔五十年，母亲已经七十多岁，且早已改嫁，另育子女。朱寿昌善待他们如自己的亲弟妹般，并全部接回家中供养。

朱寿昌千里寻母之事很快传遍了天下，宋神宗得知此事，也大为感动，下令让朱寿昌官复原职。

很多文人感怀朱寿昌的孝行，纷纷称颂，苏轼也特此写诗称赞。此时，正逢李定被攻击不为母守丧，而苏轼赞颂朱寿昌的诗中，有两句"此事今无古或闻"及"西河郡守谁复讥"，被人理解为讥讽王安石，有意袒护李定这种不孝的小人。李定因此对苏轼心生怨恨，在心中埋下了火种。

后来，李定直接缔造了著名的"乌台诗案"，不仅把苏轼卷入其中，面临灭顶之灾，也把大批反对新法的人裹挟进去，变法派与反变法派至此更加水火不容。

谢景温弹劾苏轼一案，也算是当时朝政中的一件大事。虽然最终判定苏轼无罪，但控告方谢景温也毫发无损，因为身为御史，可以风闻言事。风闻言事作为一种监察方式，早在魏晋南北朝时期就已经确立，御史官员可根据传闻进谏或弹劾官吏，即使没有实证，也可不负责任。

受到诬陷的苏轼经此一事，深感人心险恶，对朝廷的争斗也深深厌恶，他心灰意冷，想远离京城这个是非之地，于是上疏请求出京任职。

神宗虽然知道苏轼是个人才，可是变法是朝廷重中之重，为了顾全大局，神宗只好做出批示，外放苏轼为知州。

王安石却觉得不妥。知州是一州之长，新法在地区的推广需要知州的贯彻执行，苏轼反对新法，如果成为知州，势必会阻挠和怠慢新法的推行。在王安石的极力阻挠下，中书省拟令苏轼做颍州通判。颍州是个偏郡，神宗于是又改批为，杭州通判。

苏轼从初入仕途到凤翔做签判，至今已整整十年。依照苏轼现在的职位，监官告院兼判尚书祠部，根据朝廷的升迁考绩制度，已足够做知州的资格。但是中书省被变法派把持，变法派有意压制苏轼，神宗妥协之下，只好给了他一个美缺，杭州。对于满身才情，又不合时宜的苏轼，神宗还是保留了一丝温情。

苏轼被谢景温弹劾之事结束没多久，司马光请求外放。自从王安石变法以来，朝中元老大臣因为反对新法，一个个离开京城。三朝首相河北安抚使韩琦，因为上疏指责青苗法，辞去河北安抚使一职，留任大名知府；御史中丞吕公著为韩琦抱不平，也被外放到颍州做知州；范镇因为举荐苏轼和台州司户参军孔文仲都未被采纳，请求退休，也离开了。朝堂上只剩下王安石掌控的三司条例司的人执掌朝政。

作为一代帝王，神宗深谙制衡之术。司马光忠直又富有才干，只有他才能制衡王安石。因此，神宗不愿让司马光离去，一再真诚挽留。司马光却对神宗说了这样一番话：王安石主持变法，遭到很多人的反对。如今，凡是反对王安石变法的人，大多遭到诋毁，比如苏轼，只说了一些反对青苗法的言论，就遭到御史台攻击，臣之不才，先见之明不如吕诲；公正耿直不如范纯仁、程颢；直言敢谏不如苏轼、孔文仲；勇敢果断不如范镇，臣还是请求告退以求苟全自保。

司马光去意已决，拒绝担任枢密使，神宗只好从其所请，以端明殿学士出知永兴军，同时迁书局于洛阳，从此，司马光一心在洛阳编修《资治通鉴》，十五年不谈政事。

熙宁四年（1071）七月，欧阳修也辞去一切官职，闲居归隐。

年轻的宋神宗，力排众议，坚决任用王安石变法，凡阻碍新法者，无论皇亲国戚，还是元老重臣，一律坚决罢黜。在神宗的庇护下，新法在全国雷厉风行，势不可挡。

王安石执掌朝局后，开始对抵制新法的声音采取毫不留情的抨击，谏官经常遭到打压。

台谏官的职责是纠察大臣专权妄为，指出朝政缺失，批评纠错机制，报告下民疾苦。仁宗朝时，政治气氛宽松，谏官制度和谏议传统行之有效，士大夫忧国忧民，思想独立，这是宋朝言路开明、文化繁荣的原因之一。尽管朝臣之间也存在意见分歧，但没有出现严重裂痕，君子和而不同，又能求同存异，保持多元并存，共辅朝政。

王安石变法初期，谏官被贬，台谏荐举制度遭到最全面的破坏。朝廷开始一言堂，很多大臣有意见不能说、不敢说，噤若寒蝉。一个广开言路，多种文化并存的时代渐渐消逝，一个危辱的时代悄悄降临。大宋政坛一片萧飒，寒意渐深，危机重重。

　　因与王安石政见不一，被变法派所不容，苏轼离开了繁华旖旎又充满争斗的京城。东京城外，汴河码头，多少人，为了高官厚禄、荣华富贵，从天涯海角云集而来；多少人，因为梦碎东京、失望愤懑，从是非之地抽身而去。

　　年少轻狂又文采卓绝的苏轼，曾怀揣梦想几度赴京，惊起涛浪风云，蜚声于世。然而，纵是文采斐然，却不足以力挽狂澜。如今的京城，已是变法派的天下，大宋王朝，注定要历经百劫千难，风雨飘摇，神州陆沉。

　　自此，苏轼的一生都被党争所笼罩，苏轼的命运，有如孤鸿，飘忽不定，万里流转。

第四卷　马入尘埃鹤入笼

第九章 离京赴杭

熙宁四年（1071），苏轼出任杭州通判，这一年苏轼三十五岁。三十五岁，正是青春鼎盛、圆梦京华的好时光。

自从第一次进京考取功名已经整整过去了十四年。这十四年，苏轼历经三朝皇帝，数次考试，每次考试都已超等拔擢，文章更是名动天下，得到三朝皇帝的赏识。然而，十四年之后，苏轼不但没能实现匡时济世的梦想，连京城都没能站住，只得个地方小小的通判。

这只能说苏轼命途多舛。科举高中，文章名满京城，被仁宗称为有宰相之才，可惜，未等封官，赶上母亲离世，为母丁忧错过三年好时光。制科以超等擢拔后，被派到凤翔任判官，工作期满回京，英宗本想重用苏轼，却被韩琦阻挠。苏轼却并不气馁，通过又一次制科考试，以优异成绩成功晋升为殿中丞直史馆。可惜，上任没多久，父亲也离世了，苏轼再为父丁忧，又耽误三年仕途。丁忧期满，一心想重用苏轼的英宗却已驾崩，神宗继位。神宗虽然也赏识苏轼，有心提拔为修注官，但神宗要立千秋之业，一心变法图强，专宠王安石，反对新法的苏轼纵有旷世之才，却无立锥之地，只能远离庙堂。

熙宁四年（1071）七月，苏轼带着全家一起乘船离开了京城，他的家人包括继室王闰之，亡妻王弗所生的长子，十三岁的苏迈，以及王闰之去年所生的次子苏迨。

从此，苏轼的余生就是一连串的旅途，不断地穿梭在不同的地方。每一次旅行都带来不同的经历、不同的风景，也呈现出不同的心境和情绪。这一次，因为与变法派政见不同离开京城，心中充满了失望和落寞，离开京城的那一刻，苏轼顿觉天宽地阔，心情也随之舒畅了许多。

一家人先抵达了位于京城东南的陈州，弟弟苏辙在陈州任教，苏轼先去看望弟弟，在苏辙家中逗留了两个多月，和苏辙一起度过了中秋。

作为学官，工作比较闲散，但俸禄十分微薄。苏辙生活很贫苦，屋檐低矮，孩子吵闹，苏辙却并不在意。苏辙对结发妻子史氏，一往情深，从一而终，史氏则对苏辙体贴入微，千依百顺。两人长相厮守，恩爱和睦，生了一大群孩子。北宋时期的名人士大夫中，除了司马光、王安石，苏辙也始终未曾纳妾。在倡导和容许纳妾的宋朝社会，这样的情况并不多见。

三十二岁的苏辙似乎对现状很满足，工作轻松，远离纷争，有更多时间陪伴家人。他觉得，每过一天的悠闲时光，仿佛相当于两天。因此，若能活到七十岁，便相当于活了一百四十岁。能有如此安然乐观的心态，可见苏辙更加成熟和通达。

陈州有一个柳湖，是当地的一大名胜。苏轼在陈州小住期间，兄弟俩时常去柳湖划船、漫步，像少年时一样，一起讨论时政和文学。苏辙曾写过一首《柳湖感物》，在诗里贬斥柳花的轻浮，赞美南山老松的坚实。苏轼却不以为然，他在附和弟弟的诗中写道："惟有柳湖万株柳，清荫与子供朝昏。"苏轼认为万物都有自身的优点，就像他的为人一样，苏轼总是看到别人的长处，也总是很容易原谅别人。

兄弟俩对事物不同的看待源自不同的性情。苏辙性情沉静安稳，言语谨慎；苏轼开朗豪放，无拘无束。苏辙担心哥哥的性情，经常劝告哥哥，不要口无遮拦，小心祸从口出。但苏轼总是太相信别人，一遇到谈得来的朋友，就兴奋得不吐不快。苏轼的身体里蕴含着一股朝气蓬勃的能量，骨子里又充满一种浩然之气，这让他总是不停地追求正义和良善，充满了无畏的精神和气概。一旦遇到挫折，他又会流露出诗人的淡淡忧郁。尽管苏轼与苏辙的性情与处事风格完全不同，但两人的政治观点始终保持一致，这让他们永远亲密无间，既是兄弟也是知己。正如苏轼后来在诗中写的那句："嗟余寡兄弟，四海一子由。"

苏轼在弟弟家中，认识了苏辙的一个座上客，张耒，这是一个和未来的苏学传承有关的人。

张耒（1054—1114），字文潜，亳州谯县（今安徽亳州市）人。张耒从小受到正统的封建诗礼的熏陶，年少时就对文辞极有灵感和天赋。张耒潜心研学白居易的诗，他的诗风自然流畅，他的词轻柔婉约。那首有名的《少年游·含羞倚醉不成歌》即为张耒的作品。

苏辙在陈州任学官，非常欣赏张耒的才华，因此经常邀请他来家中做客。苏轼读了张耒的文字，也觉得文采斐然，评价张耒的文章"汪洋冲淡，有一唱三叹之音"。张耒深感知遇之恩，从此向苏轼拜学。后来，张耒在苏轼的推荐下出任馆职，成了苏门四学士之一。

在陈州，还有一位与苏家父子关系非常深厚的人，那就是张方平。苏轼这次来到陈州，自然要前去拜访张方平。

张方平因反对新法，在熙宁三年（1070）年正月离开京城，出判应天府而至陈州。张方平到了陈州，发现监司官已换了一批新人，那些新进后生懂得与时俱进，趋利避害，积极响应朝廷新法，张方平却始终坚持自己的原则，他觉得与这些新人道不同，不相为谋，为保全志向和名节，于是向朝廷请求，以南京留台名义致仕。这一年，张方平六十三岁。

后来的几年时光，苏轼因仕途变化，来来回回一直奔波在路上。每次来往京师途中，总是去张方平家小住一段时间，两人一起喝酒，畅谈人生、政治和理想，情分如叔侄，相知如忘年。

苏轼在弟弟苏辙家中度过了中秋，一家人随后离开了陈州。在接下来的六年里，兄弟俩未能再次聚首共度任何节日。当年苏轼去凤翔就任时，苏辙送哥哥百里之外，这次也不例外，苏辙一直送哥哥到了颍州，两兄弟一起拜访了致仕后在家闲居的老师欧阳修。

苏轼见到恩师欧阳修，悲喜交加。欧阳修的身体状况十分不佳，头发全白，面容消瘦，牙齿也脱落了好几颗，视力和听力也大受影响，行动显得蹒跚不稳，尽显老年之态。

十四年前，苏轼第一次见到欧阳修，那时恩师身体康健，谈笑风生，言语间对他总是极力地赞赏和呵护。短短十余年，欧阳修竟形如枯木，弱不禁风，与以前判若两人。

年仅六十四岁的欧阳修如此早衰，是因心力交瘁所致。欧阳修的一生，实在令人感叹。他少年坎坷，仕途崎岖，晚景悲凉。一生宦海浮沉，三遭贬谪，晚年又遭到巨大的打击。

欧阳修年幼时，父亲去世，因家境贫寒，母亲郑氏常以芦秆当笔，在沙地上教欧阳修读书写字。十七岁开始参加科举，却接连两次都意外落榜。二十二岁时，在胥偃的保举下，参加开封府国子监的解试，终于荣获第一，第二年在礼部省试中再得第一。

也许是出于自身年少贫苦、求学之艰难，欧阳修深知读书考试、谋取功名之路的曲折艰辛。他一生不遗余力提携后进，为众多后辈指点迷津，平生弟子无数。他所推荐过的人才，比如王安石、吕惠卿、司马光等，影响了仁宗朝之后整个北宋的发展和格局。有的门生在他的提携后名动京华，从政一方，为民造福，比如苏轼；有的门生京师为官，身任要职，却反戈相向，致使他憔悴不堪、晚景凄凉，比如蒋之奇。

蒋之奇（1031—1104），字颖叔，北宋常州宜兴（今属江苏）人。治平四年（1067），御史蒋之奇揭发欧阳修"帷薄不修"，意思是有家庭男女乱伦问题。

欧阳修时任参知政事，相当于副宰相，不仅身居高位，还是北宋政坛和文坛的精神领袖，绯闻传出之后，北宋政坛一片哗然。此事一旦坐实，欧阳修就会立刻身败名裂。

若论这事是否属实，以及蒋之奇揭发欧阳修背后的原因，还得从"濮议之争"说起。

宋仁宗没有子嗣，因此过继了堂兄濮王赵允让之子赵曙以继承皇位。仁宗崩，赵曙也就是宋英宗继位，宋英宗想尊称生身父亲濮王为"皇考"，此事遭到群臣反对。以司马光为首的台谏派遵从礼法，认为英宗应该称自己的生父为"皇伯"，而欧阳修和韩琦为主的中书派却从人情角度支持英宗。

"濮议之争"不仅仅是人情与礼制之争，也是皇帝与太后、执政大臣与台谏大臣之争。最终，争论的结果是，言官遭到贬黜。欧阳修作为胜利的一方，让台谏官员怀恨在心，从此，他的个人悲剧也就埋下了。

英宗驾崩，宋神宗继位后没多久，台谏性质变了质，成了宰执的附庸。风闻言事也成了党争的一把利器，经常被用来攻击政敌。欧阳修的妻弟薛宗孺因个人私事没能得到欧阳修的帮助，对欧阳修怀恨在心，于是造谣欧阳修与儿媳有不正当关系。御史蒋之奇知道了此事，蒋之奇作为欧阳修的门生，因为和欧阳修在濮议当中站在同一立场，而遭到群臣攻击。为了与欧阳修划清界限，蒋之奇于是上疏揭发了欧阳修。

欧阳修年轻时喜欢宴饮游乐，他个性随和，不拘小节，交友广泛，一些政治敌手便在他的文字里寻找暖词艳句，以图从私生活上对他进行攻击。

绯闻是最难证实的事情，也是攻击君子最简单、杀伤力又最强的手段。因为绯闻之事最难求证，一旦被泼上污水，名节也就被污损了。

欧阳修，北宋诗文革新运动的倡导者，开创了一代文风，不但是北宋政坛、文坛领袖，也是道德顶峰的人物。欧阳修名重士林，一生最看重的就是名节，却一生遭到两次绯闻攻击。

早在二十年前，欧阳修就曾被流言蜚语中伤，被人攻击他与外甥女有不伦之事，那次也是弄得满朝皆知，欧阳修一度心灰意冷。

二十年后，欧阳修再一次被诬陷乱伦，年迈的他悲愤莫名，撕心裂肺，整个人彻底坍塌了。为了保全名节，欧阳修在治平四年（1067）出知亳州后，提前致仕。

自从嘉祐六年（1061 年）苏轼始任凤翔通判，到今天，踏入仕途已经整整十年。在这十年的政治生涯中，苏轼深切地感受到了无数的冷眼与嘲讽，尤其是谢景温指控苏轼私贩禁物一事，苏轼亲历了被诬陷和攻击的痛苦，因此，他更能理解和同情恩师的苦痛。

此次苏轼两兄弟的到访，让欧阳修难得有了一些笑容。面对两位优秀的弟子，看到他们一如当年那样意气风发，欧阳修十分欣慰，他对两位弟子的喜欢和欣赏也一如当年。想起十多年前苏轼科举文章的精妙，欧阳修突然涌起考问苏轼的兴致，他让苏轼为他所珍藏的一个石屏风作一首诗。

石屏风不过是一个简单的物件，只是石上刻有纹路，看起来有些像松影。

欧阳修是作咏物诗的高手，若想赋予一个简单的物件以生机和灵魂，让高手感到满意，实在有些难度。苏轼又怎能扫了老师的兴致，他充分发挥诗人丰富的想象力，略做沉思，写出一篇精彩绝伦的佳作《欧阳少师令赋所蓄石屏》。

"何人遗公石屏风，上有水墨希微踪。不画长林与巨植，独画峨眉山西雪岭上万岁不老之孤松。"苏轼妙笔生花，不减当年，他的才情让欧阳修不禁喜极而泣。欧阳修早就断定，苏轼定会成为在他之后北宋文坛的新领袖，有如此品德才情的弟子继承他的位置，他既欣慰也心安。

就在苏轼拜访欧阳修的第二年，1072 年，一代宗师欧阳修在颍州（今安徽阜阳）病逝，享年六十六岁。

苏轼悲痛不已，因当时在杭州任职不能亲往吊唁，只能在孤山僧舍，为恩师设位祭奠。苏轼在悼念欧阳修的祭文中写道：身系国家安危的贤人离世，国事危殆。

欧阳修在他生命的最后两年，写下了十首《采桑子》联章词，留给世间。

"群芳过后西湖好，狼藉残红，飞絮濛濛。垂柳阑干尽日风。笙歌散尽游人去，始觉春空。垂下帘栊。双燕归来细雨中。"暮春时节的西湖在欧阳修笔下变得空灵淡远，清幽静谧。欧阳修以退隐之身离开了庙堂之争，离开了世事纷扰，他放怀世外，置身山水之间。

西湖风景美不胜收，残春景色却让人涌起淡淡的惆怅和眷恋，直到离世前，欧阳修依然带着对世间的留恋和遗憾，带着一丝落寞和伤痛。但最终，他还是释然了。其实，无须放下，也无所谓原谅，当他置身烟雨迷蒙的西湖，身心完全融入广阔的自然，感受山水的明丽清新，那些纷争与困扰，那些流言与诽谤，都已变得微不足道了。

欧阳修晚年远遁江湖，给自己又取一号：六一居士。他自解道："家有藏书一万卷，金石遗文一千卷，琴一张，棋一局，酒一壶，一老翁。"晚年的苏轼也有过强烈的退隐愿望，曾写过类似的一句："几时归去，做个闲人，对一张琴，一壶酒，一溪云。"

同样的晚景惆怅，同样的才气不凡，更有同样的堪为人师的道德文章，因此才能薪火相传。欧阳修门下有苏轼，后来，苏轼门下有苏门四学士。欧阳修开创了宋代文化盛世的新局面，苏轼把北宋诗词文化推向了一个新高度。

"论大道似韩愈，论事似陆贽，记事似司马迁，诗赋似李白"。这是苏轼对恩师欧阳修最中肯的评价。一代宗师欧阳修，和他的不朽名篇《醉翁亭记》一起名垂青史，万世流芳。

有重逢，就有离别。重逢有多欣喜，离别就有多不舍。苏轼在颍州依依不舍地告别了弟弟苏辙，一家人终于在十一月底抵达杭州，自从离开京城，时间已整整过去了小半年。

杭州地处富庶的江南，位于京杭大运河的最南端，是整个钱塘江下游地区重要的交通枢纽。早在春秋时期，杭州即为吴越相争之地，秦统一六国后，在当地灵隐山麓设立钱唐县，隋朝改郡为州，始称"杭州"。五代十国时期，吴越国定都杭州，在吴越八十多年开拓建设下，杭州已成富庶繁华之地。

到了宋代，杭州的经济发展更是达到空前繁荣。纺织、印刷、酿酒、造纸业都比较发达，长江三角洲的特殊地理位置，使得农业生产条件得天独厚，林果花卉、茶桑丝绸，种类繁多，闻名全国。杭州素有"鱼米之乡""丝绸之府"的美誉，更有宋仁宗的高度评价，"东南第一州"。北宋时期，杭州的人口已达二十多万户，是江南人口最多的州郡。

在宋人眼中，杭州是东南第一大都会，享有"人间天堂"的美誉。城内勾栏瓦舍、酒肆茶坊，珠玑罗列，店铺云集；商业街上，人流如织，热闹非凡；丝绸织锦、玩具糖果、茶叶食品琳琅满目，尽显宋朝的繁荣和奢华；各种招揽生意的表演和歌舞，展现了艺人的才华和智慧。

杭州还有着丰富的历史古迹、深厚的文化底蕴和美丽的自然风光。杭州地处江海交汇之地，河流湖波众多，乘船就可游遍整个城市。水上之商船，星罗棋布，豪华耀眼；水上之风景，五光十色，旖旎多姿。

对于苏轼来说，杭州是一个陌生的城市，却有着重逢般的熟悉。似乎，这里的每一寸风景都和他的前世有过约定。他第一次游览寿星寺，入门之前就能说出院内亭台假山的布局，从院门到经堂的台阶，他未登之前就能准确说出有九十二级。他自己也觉得神奇，正如他的诗中所写："前生我已到杭州，到处长如到旧游。更欲洞霄为隐吏，一庵闲地且相留。"

苏轼曾向人透露，他相信自己前世是这座寺庙的一位僧人。每次来到这里，都仿佛回到家园般，心境安逸宁静，自由自在。他常常在此逗留良久才离去。当时，寺庙中有一位名叫则廉的小沙弥，常常在一旁服侍。他目睹苏轼在炎热的夏天脱去上衣，在竹荫下纳凉。他注意到苏轼后背有七颗黑痣，排列成北斗星的形状。

杭州府衙坐落于凤凰山之巅，南可远眺钱塘江之波光粼粼，东望波涛汹涌的东海，北临群山环绕的西湖。从凤凰山上的官邸，可俯瞰整个西湖美景。远山层峦叠翠，红色的寺庙点缀其间，宛如一幅天然的山水画。

苏轼抵达杭州的第三天，便前往西湖孤山，拜访了慧勤、惠思两位僧人。慧勤大师擅长写诗，在苏轼临行之前，欧阳修特意向他介绍了慧勤。

两位僧人所住的孤山地处湖水中央，孤山耸立，曲径通幽，楼台与青山相互掩映，若隐似无。湖中水清鱼现，山中林静鸟鸣。惠勤与惠思两位僧人，身着僧衣正在纸窗竹屋内参禅打坐，那种超尘绝俗的静谧与清幽让苏轼顿感身心安宁。

这是苏轼第一次见到西湖。在一个欲雪未雪的天气，西湖如梦如雾，乍阴乍晴。十二月的西湖铅尘不染，浮华尽去，沉静中带着一丝苍凉，美艳中又似乎带着一抹忧伤。像是生命中初恋的一个女子，温柔神秘，清秀安然，散发着脉脉的芳香，让人不知不觉地想靠近。在那一刻，西湖在苏轼的生命中留下了深深的烙印，杭州这个美丽的城市，也和苏轼结下了不解之缘。

西湖早期只是钱塘江的一部分，秦汉时期，由于泥沙淤积而成一片沙洲，后来，在沙洲西侧渐渐形成一个内湖，即是西湖。长庆二年（822年），白居易在杭州担任刺史，为解决农田灌溉问题，在钱塘门外修堤建坝，增加了湖水的容量。白居易留下了泽被后世的水利工程，也留下了很多有关西湖的著名诗词。

五代十国时期，吴越国建都杭州，为确保西湖水体，吴越国王派人进行了疏浚，维护了西湖的存在。

西湖本无固定称谓，最早传说湖中有祥瑞金牛出现，因此被称"金牛湖"。白居易治理湖水时，用石函泄水，因此，又称"石函湖"。到了宋天禧年间，宋真宗听从宰相王钦若的建议，禁止百姓在湖中捕鱼，只为皇家放生祈福之用，故被称为"放生湖"。自从苏轼来到西湖，写下一首流芳百世的诗："水光潋滟晴方好，山色空蒙雨亦奇。欲把西湖比西子，淡妆浓抹总相宜。"从此，西湖就此定名，直到今天，再无更改。

西湖之美，笔难尽述。它时而妖娆，时而淡雅，时而宁静，时而狂野。晴天的西湖，水波荡漾，熠熠生辉；烟雨中的西湖，时隐时现，朦胧迷离。西湖之美，美在如诗如画的湖光山色，春夏秋冬，仪态万千；阴晴雨雪，各有风韵。西湖之美，美在自然与人文的相融相合，文人才子，吟诗作画；天涯歌女，泛舟弄琴。

苏轼来到西湖，他的才思把西湖的美渲染到极致，西湖从此有了灵魂与生命，杭州从此也多了份浪漫与诗情。

"放生鱼鳖逐人来，无主荷花到处开。水枕能令山俯仰，风船解与月徘徊。"游览西湖者众，每个人的情趣和喜好不同，每个人眼里的西湖也不同。苏轼自认为是西湖的第一知己，公务之余，经常游走在湖边，足之所至，皆是风景，目之所及，即成诗词。杭州因他的诗文点缀，多了一分姿容与风雅。苏轼因西湖而才情尽展，写下一篇篇佳作。

西湖不仅有水天一色，落霞芳菲，还有四时风物、人间烟火。西湖上有划着小舟往来的卖花女，有游览美景的诗人词客，有络绎不绝的才子佳人，也有许多身穿僧袍持戒修行的和尚。

杭州城内外和湖山之间有很多寺庙，西湖僧寺之盛，全国第一。唐代杜牧在《江南春》中写过："南朝四百八十寺，多少楼台烟雨中"，南朝指的是南京。江南多寺庙，923 年，钱镠建立吴越国，定都杭州时，杭州也有四百八十寺。吴越国尊崇佛教，杭州的很多著名佛塔如雷峰塔、白塔等，都是在那个时期建立。

苏轼也喜欢佛教，这和他的家庭熏陶有关。苏轼的外祖父程文应年轻时出游，途中遇到寇乱，得到僧人相救，程文应从此开始供奉罗汉。母亲程夫人受其父影响，从小笃信佛教，宅心仁厚，不杀生灵。苏轼的父亲苏洵也曾捐钱捐物给寺庙。在父母及北宋盛行宗教的氛围影响下，苏轼在少年时期就对佛教表现出浓厚的兴趣。

杭州遍布古塔和寺庙，城内外共有三百六十座庙宇。苏轼闲暇时常在这些名山古刹间徜徉，寻僧访道，与高僧智者谈禅论法，结交了许多僧人朋友。在杭州，苏轼开始涉猎佛经，深入探索佛法的奥秘。

佛法博大高深，包含着自然与生命，苏轼喜欢读佛经，在其中寻求人生和宇宙万象的本质。他发现，读佛经还可以自省自觉，让内心变得更温和、更强大。每当他打开佛经或进入寺庙，仿佛进入了一种清凉世界，心灵的纷扰顿时得以舒缓，带来短暂的心灵解脱。

从那时起，苏轼开始频繁地往返于寺庙之间，与那些远离世俗功名的和尚作朋友，并通过与高僧的交流和探讨，反思生命的另一种价值和意义。这对于他后半生从豪放过渡到超然状态有所助益，超越是非荣辱、得失聚散，最终依然保持内心的安宁。

苏轼虽然喜欢佛法，但他却一直活在尘世，在烟火俗世寻找人间的快乐和自由。有时，苏轼拜见完禅理精通的佛教大师，会在寺庙吃一顿斋饭，睡一个午觉，醒来喝上一杯清茶，顿觉无比享受。

"食罢茶瓯未要深，清风一榻抵千金。"西湖盛产茶叶，苏轼的酒量有限，喝茶却每每痛饮。得遇一杯好茶，能让他心情大好，灵感迸发，写出绝美诗篇。

杭州有以诗著名的清顺、可久僧人，有不读佛书却研究《易经》的智周僧人，有善于弹琴的昭素僧人。可久的格律诗登峰造极，让苏轼心情愉悦；昭素的琴声能让天地瞬间为之沉静，心有不平之人也能怨气尽消，心如止水。在众多的僧侣中，与苏轼交情最深的是辩才。

辩才（1011—1091），杭州于潜人（今杭州临安），名元净。相传，辩才出生时，他的左肩膀肌肉隆起，形状如袈裟丝带，八十一天后自动消失。他的伯祖父认为这是大德妙相，称他是宿世沙门。家人认为八十一应该是他的命数，后来辩才的确享年八十一岁而终。

辩才天资聪颖，从小立下宏愿，愿长大后说法度人。十岁时，辩才在西菩山明智寺出家为僧，十八岁时来到杭州下天竺寺，师从慈云法师，学习天台教义，此后成为慈云门下高足。慈云圆寂后，辩才又师从明智韶师，研学《摩诃止观》。在名师指点下，辩才道行日渐高深，声名远播。二十五岁时，宋仁宗特赐紫锦袈裟一件，并赐法号"辩才"。此后，辩才作为第三代宗师，替代已经过世的韶师讲法长达十七年之久。辩才有意复兴天台宗，五十岁时在上天竺寺讲授天台宗，名流雅士纷纷慕名前来，香火盛极一时。

辩才第一次遇见苏轼时，已是六十三岁。相传，苏轼在一个寒冷欲雪的冬天去上天竺拜访辩才。不料，辩才正好外出讲学，苏轼在堂前等了一天，辩才都没回来，苏轼只好在堂壁上留诗一首，之后怏怏而归。诗云："不辞清晓叩松扉，却值支公久不归。山鸟不鸣天欲雪，卷帘惟见白云飞。"

后来，苏轼与辩才成了知交。在上天竺附近，有一条山岭，原名梯子岭，苏轼与辩才相熟后，两人经常到此郊游，从此梯子岭被人称为"苏子岭"。

苏轼的第二个儿子苏迨，出生时就体弱多病，快四岁时，还不会走路。苏轼曾四处求医问诊，都没有效果。后来，辩才法师知道了这件事，在观音菩萨前为苏迨落发，并亲自为他摩顶祝赞，之后没过几天，苏迨就连跑带跳，行如奔鹿。

自从来到杭州，苏轼的足迹遍及杭州的古塔寺庙、石刻碑碣、亭台草木。从净土寺到功臣寺，从祥符寺到宝严院，苏轼一生在寺庙留诗甚多。

寺庙是一个神秘的地方，对苏轼充满着诱惑，寺庙也是离神祇最近的地方，离灵魂最近的地方。每次他来到寺庙，都会被木鱼声声敲醒迷茫的凡心，被庙宇梵音抚平杂乱的思绪。每次从寺庙归去，心里都多了一份醒世的澄明和清亮。

苏轼把寺庙当成了自己的精神家园。功名、财富、地位、荣耀，最终都会转瞬即逝，如浮光掠影成过眼云烟，唯有精神才是净土。

每个人的一生都是一场修行。只是信仰和追求不同，修行的方式也会千姿百态。不是剃度出家，即可洗尽铅华，参禅入定，抬头见佛；不是在佛像前一跪，顶礼膜拜，就可求仁得仁，了无牵挂。身陷市井，没有晨钟暮鼓相伴，一样可以保持内心清澈；置身寺院禅林之外，一样可以修行入禅，自然通透。

杭州是寺庙最多的城市，寺庙香火最盛在西湖，佛却在世界的每一个角落。一花一菩提，一叶一世界。浩瀚无垠的沙漠，一杯水是佛；寒冷漆黑的长夜，一盏灯是佛。孤单寂寞的时光，一本好书是佛；白发苍苍的暮年，健康平安是佛。每个人心里都住着一尊佛，每个人心中也都有一个西湖。

西湖虽美，寺庙虽静，却不能日日沉迷其中，苏轼以判官之职来到杭州，总有公务要忙于处理。庆幸的是，杭州太守沈立，是个勤勉能干又爱民的好官。

沈立（1007—1078）字立之，历阳（今安徽和县）人。苏轼和沈立相处得非常愉快。只是，身为判官，当面对违心又不得不做的工作时，苏轼就感到十分痛苦。

江南地处土壤肥沃、农桑发达的长江三角洲地区，素有"天下粮仓"之称。唐朝后期，杭州已是一个十分兴旺繁华的城市，每年朝廷从杭州所收商税已达五十万缗，占全国财政收入的百分之四。到了宋代，江南更是朝廷经济的命脉，是王安石以富国强兵为宗旨的改革变法的重点区域。

此时王安石新法已在全国推广，当青苗法在当地实施后，一些年轻的山里人，通过贷款得到了青苗钱，有了钱之后，就在城中游荡，一年中的大半时间都待在城里，不再回去耕作，到最后，钱财花光，还不上贷款，反倒学会了城里人的口音，令人哭笑不得。苏轼在一首诗中描写了这种状况："杖藜裹饭去匆匆，过眼青钱转手空。赢得儿童语音好，一年强半在城中。"

贷款的百姓因还不出钱，被官府逮捕入狱。作为通判，审判这些囚犯是苏轼的工作。苏轼因为反对新法而被逐出朝廷，来到杭州，却每天在府衙里，不得不亲自审判这些穷人。看着衙役鞭打这些穷苦的百姓，苏轼十分心痛，冷汗涔涔，却又无能为力，深感羞愧。

熙宁四年的（1071）除夕，苏轼值班到天黑，目睹一个个身戴枷锁过堂的犯人，苏轼惭愧不安，有感而发，写下《题狱壁》一诗："不须论贤愚，均是为食谋。谁能暂纵遣，闵默愧前修。"只有一个有良知和正义感的人才能对此产生如此深刻的感悟和自责。

苏轼刚到杭州上任时，一直忙于烦琐的工作，虽身处美丽的西湖，却无法尽情享受。工作的重压让他感到十分厌烦，精神上倍感孤独与寂寞，有时甚至后悔离开家乡。他渴望着那种与世无争的田园生活，渴望心灵上的安宁、自由和舒适。好在，杭州每年举办两件全城同庆的乐事，令苏轼无比兴奋，在其中找到了乐趣。一是春季花会，一是观潮盛会。

牡丹花会始于唐朝。唐人钟爱牡丹，牡丹的雍容华贵、国色天香与威加海内的唐风华韵相映生辉，相得益彰。"唯有牡丹真国色，花开时节动京城。"洛阳花会，光彩四溢，满街芳香，美不胜收。

北宋承袭了唐朝的风俗，每年春天的花会，万人空巷，看花成了一件不容小觑的事情。杭州安国坊吉祥寺的一位和尚守璘种植了几百种牡丹，每年花开时节，都会举行一场盛会。

熙宁五年（1072），暮春三月，苏轼与沈太守等一众官吏一起前往吉祥寺赏花。成千上万的百姓也赶来看热闹，他们用金色的盘子和彩色的篮子装满鲜花，献给官长。之后，官民同欢，饮酒同乐，无论会不会喝酒的人，都会举杯相庆。花会结束时，几乎所有人头上身上都簪着花，像鲜花一样美丽的笑容洋溢在每个人的脸上，那种场面和气氛，燃亮了街景，温柔了时光，让苏轼念念不忘，多年后，苏轼对花会的胜景依然记忆犹新。

熙宁五年（1072）五月，太守沈立调任审官西院，陈襄自陈州以尚书刑部郎中之职调到杭州做知州。陈襄（1017—1080），字述古，侯官（今福建福州）人。因五次上疏，论及青苗法的弊端，请求罢免王安石、吕惠卿，最终被外放到陈州做知州，不到一年的时间，又改调到杭州。

同为新法的反对者而被外放，有点惺惺相惜的意味，加上陈襄饱读诗书，识人善荐，品德高尚，做官认真务实，苏轼对他十分敬重。

苏轼喜欢花，与太守陈襄一起赏花时，留下了不少诗篇和佳话。有一次苏轼外出回来，赶到吉祥寺看牡丹，花期就要错过了，太守陈襄却迟迟未来看花，于是写了一首诗：

> 今岁东风巧剪裁，含情只待使君来。
> 对花无信花应恨，直恐明年便不开。

苏轼的文字俏皮，比拟新颖，太守陈襄读完被苏轼逗乐了，赶紧邀请府衙官吏第二天一起去吉祥寺赏花饮酒。

苏轼感念太守的通情达理、随性亲民，于是又写了一首：

> 仙衣不用剪刀裁，国色初酣卯酒来。
> 太守问花花有语，为君零落为君开。

很多人看花，只是感知鲜花的美丽和花香，一些文人咏花，一般也多是赞美花的绚丽和娇艳。苏轼写花，却能赋予花以生命和情感。两首诗写的都是牡丹，却被赋予了不同的内涵，一首哀怨，一首多情，文字里透着诗人的可爱。

苏轼性情奔放，喜欢热闹，除了花会，一年一度的钱塘江观潮也是他非常热衷的活动。

每年八月十五到八月十八期间，钱塘江大潮在天体引力和地球自转离心力的作用下，在杭州湾喇叭口的特殊地形处，形成巨大涌潮。潮水来时，声如雷鸣，排山倒海，波澜壮阔，是世界一大自然奇观。

如此声势浩大的场面，杭州百姓自然不会错过。每年八月十五，人们总是呼朋唤友，倾城而出，来到江边等待观潮。

为了让观潮活动更富有娱乐性，数百名年轻体健的弄潮好手齐聚江面，在惊涛骇浪中逆流而上，在直冲云霄的浪花中冲浪搏击，一幅幅惊险壮观的画面，让江边成千上万的观潮者惊叫不绝。

官民纷纷捐献钱物，作为对弄潮儿的奖励。后来，因水势凶险，每年都有人淹死，朝廷下旨取消了观潮活动。钱塘江大潮的雄奇景观另苏轼印象深刻，他曾作诗数首，其中一首写道：

> 吴儿生长狎涛渊，冒利轻生不自怜。
> 东海若知明主意，应教斥卤变桑田。

不幸的是，后来这首诗在"乌台诗案"中被视为讥讽朝廷水利的罪证之一，实在令人无语。

苏轼在杭州期间，写出了无数脍炙人口的诗词，也留下很多浪漫动人的故事。西湖之遇，使苏轼的诗词更加荡气回肠，流转千古。他不穿袈裟，却在寺庙穿梭自如，他不入戒律森严的宗教樊笼，一瞬间又从虚幻缥缈的佛国，来到纵情诗酒的尘世烟火。

杭州人是幸福的，他们有沈立、陈襄这样的好官，能干实事，一心为民；又有苏轼这样的才子，给杭州增添一份诗情与浪漫。

能身着官服，从政一方，也能一身布衣，与民同乐，体验杭州随性、淡泊的慢生活，这是苏轼生命中难得的一段与世无争、安逸恬淡的岁月。

第十章　通判杭州

熙宁四年到熙宁五年，王安石的新法陆续在全国各地推行。除了青苗法、免役法、市易法之外，农田水利法和盐法也在浙西等地开始施行。

早在春秋时期，齐国管仲率先实行"食盐财政"，对食盐实行国家专卖。唐肃宗时期施行榷盐法，盐政从自由买卖发展到国家专卖。到了宋代，盐和茶依然是国家专卖的物资，占政府财政收入的一大部分。

江南是食盐的主要产地，杭州和湖州两个地区因为贩运私盐较多，盐税收益一直不高。

熙宁五年（1072）王安石派人到两浙调查盐业。派来的人叫卢秉，他调派军队，一方面加强缉私，以杜绝私盐，另一方面，对历年亏欠盐税的盐户严加追缴，无法还清债务者，便以刑狱处置。两浙地区，因此而入狱者，一年就有上万人。这些被捕的人中，很多人曾是循规蹈矩、勤劳朴实的农民，因为盐法的苛峻，无以为继，只好铤而走险，贩运私盐。

杭州仁和县有赭山、岩门两个盐场，卢秉下令在仁和县开凿一条河道用来运盐，一千多名被征召的百姓不得不扔下农耕，在官兵监督下开凿河道。

河道长达数里，地下全是沙石，开凿起来异常艰难，又正逢连绵雨季，干活的民役被雨水淋湿，满身泥泞如同猪鸭。

苏轼被派往工地进行督导。自从来到杭州，苏轼有机会奔走于杭州各县，了解到民间的生活状态。一些穷乡僻壤的百姓在政府的横征暴敛下，生活已困苦不堪，经常忍饥挨饿，如今又被征召做这等苦事，一向心怀百姓的苏轼见此情景愤愤不平，而作为外官的他，却无能为力，只能在诗中为百姓大声疾呼，发泄一番："盐事星火急，谁能恤农耕，人如鸭与猪，投泥相溅惊。"

苏轼在杭州任职期间，写了很多有关社会民生的诗篇，描述新政对人民的剥削压迫，以及百姓潦倒的生活状态。比如《吴中田妇叹》描写了水患及虐政，《鸦种麦行》揭发了豪强地主对农民辛勤劳作的掠夺，《画鱼歌》写出了新法之下的社会混乱和人心惶惶等。苏轼性格率直，文字犀利如刀，因此他的诗文总免不了为他埋下祸患。

从盐场回来不久，苏轼又被指派到湖州视察堤岸工程。

江南的太湖流域沃野万里，是"天下谷仓"的主要基地。北宋时期，太湖流域却常因湖水泛滥形成灾害造成歉收。

为挽救财政危机，宋仁宗时期，朝廷就已开始研究江南水利的治理。范仲淹曾经首次提出治水的方法，在他的提倡下，水利问题开始得到世人关注。其中，最有影响力的是郏亶的"治田说"。

郏亶（1038—1103）字正夫，平江府昆山县（今属江苏省太仓市）人，嘉祐二年（1057年）进士，是苏轼的同年。考中进士后，郏亶被授为团练推官，委任到杭州。郏亶却并没就任，而是终日在野外考察农田水利，研究古人治水的经验和教训。经过多年的认真研究，他总结出七条治田方案，撰写了《吴门水利书》，并绘制了大量水利图，为后世治水提供了借鉴。

王安石实施新政，农田水利是新政的一项重要内容。熙宁三年（1070），朝廷下诏征集兴利除弊的良策，郏亶的七条治田方案，得到王安石的赏识。

郏亶指出湖水泛滥的主要原因，是因为豪强地主屯田引起，大批沼泽地被筑堤围屯，以致水道堵塞，湖水无法正常排泄，因此泛滥成灾。郏亶认为治水必须先要治田，如此才能彻底消除水患。

抑制富豪乡绅的土地兼并，正符合王安石的农田水利政策和宗旨，于是王安石立即委派郏亶治理江南水利。

可惜，郏亶着手工作还不到半年，就受到地主豪强的坚决抵制，朝廷保守派不愿得罪官僚地主，变法派内部也出现不同意见，其中影响最大的是王安石的副手吕惠卿，他也对郏亶的方案坚决阻挠。

在各种反对力量的影响下，半年后，郏亶的治水工作以失败告终。无奈之下，王安石只好再次向神宗举荐另一个治水能人，沈括。

沈括（1031 － 1095），字存中，杭州钱塘县（今浙江杭州）人。沈括自幼勤奋好学，少年时随父亲宦游州县，从小就对大自然充满强烈的兴趣，长大后对医学、军事也颇为关注。

皇祐三年（1051 年），沈括父亲去世，二十岁的沈括以父荫入仕，任海州沭阳县主簿，第一次主持治水开田工作，取得了一定的政绩。

沈括每到一处，都虚心向百姓请教，农夫女工无所不问，通过实地勘查和科学实践，推断出冲积平原形成的成因和流水侵蚀作用的原理，比西方提出的类似理论提前了约七百年。

熙宁五年（1072），沈括奉命主持汴河的疏浚工程。汴河是北宋京城重要的水路交通要道，由于之前多年疏浚工作的松懈，致使河床比堤外平地高出丈余。为了治理汴河，沈括亲身参与地形测量，用"分层筑堰测量法"，测出阶梯水面高度差值，以此得出有关汴河河道地形的精准数据。他发明的这种测量方法在现今存世古文献中留下了最早的科学记录。这项工程竣工之后，不但起到了防止水土流失的作用，而且使京、洛和东南运河之间畅通无阻，江淮扁舟往来不绝。

熙宁六年（1073），两浙淮南东路发生旱灾。沈括是江南出生，对江南地理非常熟悉。这一年，沈括被派往两浙地区，查修水利。

针对江南水患和旱灾，沈括制定了一整套详细的治水计划。他的方案得到了朝廷的许可和当地百姓的支持，并取得了明显成效。

沈括在两浙地区查修水利期间，与苏轼除了公务上的接触，也有过几次私下的诗酒往来。沈括得知苏轼在杭州写了不少新诗，离开杭州时，特意向苏轼讨要他的诗词作品。

苏轼对沈括这样一个治水治田的能臣印象不错，尤其，沈括和苏轼还是故旧，两人曾同在馆阁任职，于是，苏轼很爽快地把所有诗作全部抄录一遍送给了沈括。谁能想到，苏轼今日的豪爽竟为自己日后种下弥天大祸。

人在仕途，总会遇到不期的风险，行走江湖，有时也会有意外的收获。

沈括的治水计划包括湖州的改修堤岸工程。湖州知州孙觉（1028—1090），字莘老，高邮人，是苏轼在京城时的老朋友，因与王安石政见不合出任地方。孙觉根据沈括的修水计划，施行改造堤岸工作，把原有的木造堤防，全部改换石块重筑。

苏轼并不精通水利事务，却被派遣到湖州进行实地考察工作。这是苏轼第一次接触江南水利问题，后来当他第二次到杭州任职时，这些治水的经验得到了应用。

湖州有很多特产，橘子、紫笋茶、木瓜、刀鱼等，都非常有名，还未启程，苏轼已垂涎欲滴。

到了湖州，孙觉以丰盛的酒席宴请了苏轼。苏轼看到满桌菜肴，酒兴高涨，建议行一个酒令，席间不谈论政事，违者罚酒一杯。为此，苏轼还写了一首诗："嗟予与子久离群，耳冷心灰百不闻。若对青山谈世事，当须举白便浮君。"不料，就是这么一首不经意的小诗，竟也埋下了祸根。

这次前往湖州，苏轼得知了一位文采极高的文人，后来成了苏门四学士之一，他便是才华横溢的黄庭坚。

黄庭坚（1045—1105），字鲁直，洪州府分宁（今江西九江）人。苏轼得知黄庭坚，还是孙觉的介绍。酒桌上，两人吃得愉悦，谈得开心，酒过三巡，孙觉突然拿出一篇诗文请苏轼评判，苏轼读后惊叹不已，连连赞赏。孙觉这才笑着说，是他的小婿黄庭坚所写。

当时，黄庭坚正在大名府国子监任职，与苏轼无缘相见，却一直仰慕苏轼才情。直到元丰年间，苏轼才与黄庭坚开始文字之交，诗书往来。

在前往杭州任职途中，经过陈州时，苏轼邂逅了张耒。在杭州任职期间，除了黄庭坚，苏轼又结识了一位学子，后来像张耒和黄庭坚一样，他也成了苏门四学士之一。

熙宁六年（1073）年初，苏轼前往杭州所属新城巡视工作。新城县令晁端友有一子名晁补之（1053—1110），字无咎，济州钜野（今山东巨野）人。

晁补之通过父亲，见到了赫赫有名的大文豪苏轼。

一年后，苏轼再次到新城时，晁补之前来拜见，并拿出自己写的文章向苏轼请教。晁补之的钱塘风物描写清秀流畅，苏轼赞不绝口。

得到苏轼的称赞后，晁补之名声大增，开始为世人所知。随后，晁补之正式拜苏轼为师，成了苏门四学士之一。晁补之是入苏门最早、年纪最小的一位，第一次见到苏轼时年仅二十一岁。

苏轼这次去新城，一路上目睹了百姓的生活状态。江南盛产食盐，而七十多岁的田边老翁却三个月都没吃过盐，只能采些野菜充饥。

村里的一些少年，因为贷得青苗钱，便不再安分守己种田，而是游手好闲地花销，等还款时就成了灾难。

新法之下的种种社会时弊，令苏轼倍感忧虑，身为州郡判官，官微言轻，无力救民于水火，令苏轼沮丧又低落。

苏轼完成巡视任务后，乘船返回杭州途中，经过富春山上的严子陵钓台（位于浙江省桐庐县）。

严子陵，浙江余姚人，是东汉初年的一个隐士，少年时曾与刘秀一起游学。刘秀称帝后，曾三次派人寻访严子陵入京为官，严子陵不愿出仕，在美丽的富春江隐居垂钓，耕农终老。严子陵隐居之地，江水泱泱，风景如画，后人称之为严子陵钓台。

苏轼经过严子陵钓台，心情舒畅了许多，在船上写了一阕词，《行香子》：

> 一叶舟轻，双桨鸿惊。水天清影湛波平。
> 鱼翻藻鉴，鹭点烟汀。过沙溪急，霜溪冷，月溪明。
> 重重似画，曲曲如屏。算当年虚老严陵。
> 君臣一梦，今古空名。但远山长，云山乱，晓山青。

词的产生和音乐有关。词最早出现于民间，在隋唐时作为宴乐开始流行。中唐时期，词这种文体被引入文坛，成为文人聚会宴饮、娱乐助兴的一种文艺形式。因此，最初的词风细腻温情，题材也都是风花雪月、男欢女爱、多愁善感之类。

宋代的词，最初是由歌妓所吟唱的歌词，因此，这类小词既受到文人的青睐，也受到文坛的鄙视。

这是苏轼创作的第一首词。苏轼的朋友，刘攽（字贡父），在徐州听到有人唱苏轼的词时，还曾戏笑他，说一定是在寻花问柳时，歌女教他写的。

山清水秀的江南是文人聚集之地，也是孕育宋词的摇篮，杭州的美景则是孕育宋词最好的土壤。苏轼就是在杭州开始作词。苏轼的朋友中，有很多填词的高手，其中，张先最为著名。

张先（990—1078），字子野，乌程（今浙江湖州）人。张先擅长慢词，他的词清新恬淡，凝练婉约，内容多为闲适的生活情韵。

张先是北宋婉约词派的知名词人，与宋代词坛著名词人柳永齐名。柳永和李清照同为宋词婉约派的代表。

张先与苏轼年龄相差近半个世纪，两人却是很好的朋友。张先的词对苏轼有很大影响，苏轼写的这首《行香子》，词牌就是张先所创。

苏轼受到张先工巧的词风启蒙，扩展了词的意境，突破词为"言情"的局限，以诗为词，把山水自然、家国情怀、胸怀气度、知识学问全部融入词中，在词的内容、风格和表现形式上突飞猛进，写下不少名篇佳作，最终，使宋词达到了一个新的高度。

苏轼创新了词风，也提高了词在文人中的地位。在后人眼中，词成了宋代最有特色的文学，可与唐代诗歌比肩，因此有唐诗、宋词之称。

苏轼经常巡视地方，自从开始写词，词也成了他表达民间疾苦的一种方式。

苏轼在杭州任职期间，走过很多地方，除了参与治水，还参与过杭州修井工作。

秦汉时期，杭州还是江水的一部分，汉魏之后，受钱塘江冲击而形成陆地，杭州从此沧海变桑田。因曾经是江海的原因，杭州的水质咸苦。

唐朝李泌在杭州做刺史期间，修造了六口大井，引进西湖淡水，以供全城饮用。白居易在杭州为官期间，进一步治湖浚井，作为可饮用水源。后来，六口井水年久失修，以致淤泥堵塞，终被废弃。

陈襄到杭州任职后，曾向百姓寻问疾苦，得知当地百姓没有饮水可用，他与苏轼便多方打听，得知一位名叫子圭的和尚精通水利，并对杭州六井的水源流向了如指掌。于是，他们邀请子圭等四位和尚共同参与治理修井工作。

子圭和尚带领工匠进行了一番勘查和修复工作，意外地发现了一口古方井。他们迅速完成了对六口井中最大、出水量最多的相国井以及古方井的疏通工作。随后，其余几口井也陆续修好。七井疏通后，清水汩汩而出，源源不断。全城百姓欢呼雀跃，奔走相庆。

在七口井修复的第二年，江浙地区遭遇了严重的旱灾，周围各县纷纷缺水，唯独杭州因有七口淡水井，水源丰足，不但足够城里百姓使用，附近各县也因此受益。杭州百姓对太守和苏判官感激不尽，纷纷赞叹。苏轼为此撰写了《钱塘六井记》，详细描述了六井的历史和整治过程。

水质的好坏直接影响到茶的口感，水质清澈纯净，茶汤则清醇浓郁。宋人饮茶既是日常生活中的一种享受，也是交友聚会中的一种风雅。

自唐代起，农禅并重已是佛教禅宗文化的一部分，杭州的很多寺庙多建在名山胜水、洞天福地之间，寺院辟有自己的茶园，所产佛茶因浸染了寺院的香火禅意，尤为仙品茶茗。寺院的高僧，皆善饮茶，苏轼与寺院和佛茶的缘分贯其一生。

苏轼喜欢饮酒，也喜欢喝茶，他的酒量不高，茶量却丝毫不逊色。以前忙于读书应考，妻子王弗经常为他烹上一杯清茶，以缓解他的疲倦。

如今在杭州，续妻王闰之忙于照顾孩子们，苏轼闲暇时，常亲自生火煎茶。渐渐地，他对煎茶颇有心得，对茶道也越来越精通，连水烧沸的火候和温度都很讲究，他能通过水沸的声音判断出最适合冲茶的水温。

有时，朋友会送他一些新摘的土茶，冲泡起来则比较简单。取一小撮新茶直接放入杯中，冲入沸水，碧绿的茶蕊瞬时在杯中袅袅升腾又徐徐落入杯底，顷刻，满屋生香。轻啜一口，那种清香馥郁令人如沐春风，飘飘欲仙，所有的烦忧和疲劳顿时烟消云散，精神愉悦无比。

苏轼一天之中的很多时刻都在喝茶。有时应酬完官场酒局，会喝上一杯茶醒醒酒，有时午后睡醒会冲上一大杯，以消除乏困。苏轼茶瘾之大，有时一次能连喝七盏。他不介意没有名贵的茶杯，也不在意饮器质地是否考究，只要是一杯尽显自然本色的茗茶，就能让他深深满足。有时他也会手握一杯茶，凝视许久，陷入沉思。

"乳瓯十分满，人世真局促。意爽飘欲仙，头轻快如沐。"每一片茶叶的沉浮，都是一种缘定。人生就像一杯茶，平淡是它的底蕴，苦涩是它的历程，苦到极致，漫过舌尖，最终会有清香回赠。

苏轼虽然喜欢茶，好茶却不可多得。北宋前期，茶的种植还不广泛，直到庆历年间，蔡襄创造了小团茶，从此，茶业得到了不断推广。

元丰元年，神宗下诏制作的皇室御茶"密云龙"色泽亮润，甘醇香郁，品质远超小龙团，苏轼后来因宫廷赏赐，得到此茶，十分珍视，特此写了一阕《行香子》，歌颂此茶。

> 绮席才终，欢意犹浓，酒阑时高兴无穷。共夸君赐，初拆臣封。看分香饼，黄金缕，密云龙。
>
> 斗赢一水，功敌千钟，觉凉生两腋清风。暂留红袖，少却纱笼。放笙歌散，庭馆静，略从容。

自从来到杭州，远离了朝廷纷争，苏轼整个身心都感到一种轻松。尽管有时工作令他烦闷和厌倦，但回到家中沉浸在一杯茶的清香里，看着窗外西湖温柔静谧的夜色，听着湖上小船传来的悠扬琴声，就会感觉无比的舒适自在。那一瞬间，所有的纷争荣辱、功名利禄都不重要了。

后来苏轼离开杭州，在一场暮春烟雨中倍感思乡，写下了千古流芳的佳句："休对故人思故国，且将新火试新茶。诗酒趁年华。"

苏轼在京城时，官位虽然不高，但名气却很大。来到杭州后，苏轼的才气和名声也很快传遍全城，官员之间宴饮经常会邀请他。

宋代文人喜欢宴游聚会，除了吟诗作词，喝酒品茶，还会邀请美女助兴。在宋代，有专门从事侍酒的官伎，她们为宾客倒酒，在席间弹琴唱曲，除了歌舞娱乐，很多人还能读会写。

在宋代的民间，也有一些容貌出众、极富才华的艺人，争相被文人寻访，李师师就是一位令大宋天子宋徽宗痴迷倾倒的民间名伎。

除了官伎和民伎之外，北宋的达官显贵也盛行蓄养家伎，这也是宋朝上流社会的一种风气。每当举行家宴，邀请同僚朋友到府聚会，让家伎在酒宴上演奏词曲、歌舞助兴也是一种时尚。

北宋自开国以来，天下承平，经济繁荣，文人地位尊崇，官员官禄丰厚，有宋一朝，祖宗之法不杀上书言事的文官，因此，宋朝的官员不但物资奢华，精神上也十分富足，生活过得非常惬意。一派繁荣兴盛的盛世景象下，士大夫们极尽奢靡，耽于享乐，很多人甚至以家伎的姿色和数量为排场竞相炫耀。在时代之风的影响下，北宋民间出现了很多以声色为业的侍女。

杭州城内就有一位非常有名的官伎，名叫周韶。她在杭州的文人名士中赫赫有名，经常被达官显贵邀请为座上嘉宾。

周韶才色双绝，不仅容貌出众，能弹琴唱曲、吟诗作词，还极擅茶艺，在斗茶中甚至赢过北宋名臣、书法家蔡襄。

蔡襄（1012－1067），字君谟。宋仁宗庆历年间，蔡襄在福建任转运使时，改进了北苑贡茶的制作工艺，创制了小龙团茶，并著有《茶录》一书，对福建茶业的发展，起到了巨大的推进，以致福建茶叶位列全国之首。

对茶事如此精通，身为茶学家的蔡襄可谓茶界翘楚。周韶斗茶中赢了蔡襄，这让周韶名声大振、身价倍增。

每逢太守陈襄摆酒设宴，周韶常在被邀之列。如果是一般的文人官吏相邀，周韶未必都会到场，但作为一州最大的长官陈襄的邀请，周韶身价再高也不得不去。

周韶虽出自烟花柳巷，却没有半点风尘之气，更不像普通伎女那样艳丽媚俗。她清丽隽秀，气质不凡，心思谨敏，沉静自如。举手投足，透着优雅飘逸，一颦一笑，风姿绰约。

如此赏心悦目的女子，男人见了难免心动，太守陈襄也不例外。几次宴会接触之后，陈襄渐渐对周韶生出一份爱慕。

身为女人，对这种事情总是十分敏感，陈襄有心，周韶却对五十六岁的陈太守无意。

苏轼常在宴会上受邀即兴作诗，周韶曾在几次酒宴上见过他，对他印象十分深刻。周韶早听说苏才子豪放热情、乐于助人，于是，在陈襄外出办事期间，苏轼代太守执掌州府时，周韶来到州府请求脱去官籍，以便从良嫁人。

周韶的请求让苏轼十分为难，他知道周韶是陈襄喜欢的女人，没敢答应。

过了一段时间，北宋著名官员、杰出的天文学家苏颂（1020－1101）来到杭州。陈襄太守设宴接待苏颂，再次召来周韶作陪。周韶此时正服母丧，她无法推托，穿着一身白衣匆匆赴宴。

酒过三巡，周韶见几位大人心情大好，酒兴正浓，聪明的周韶突然跪倒在地，再次向陈襄请求脱籍。陈襄十分尴尬，当着苏颂的面，无法拒绝又不愿答应。

苏颂看了陈襄一眼，心中了然。他沉吟片刻，指着廊下笼内的一只白色鹦鹉对周韶说，如果她能即兴赋诗一首，他就向陈太守替她说情。

周韶听言，立刻叩头致谢，然后起身让人拿来纸笔，略作沉吟，写诗一首：

陇上巢空岁月惊，忍看回首自梳翎。
开笼若放雪衣女，长念观音般若经。

周韶以笼中鹦鹉自比身世的不幸，言辞真诚恳切。陈襄看着周韶一身孝服，楚楚动人、我见犹怜的面庞，一时动了恻隐之心，虽然万般不舍，但当着苏颂的面，只好答应了周韶之请。

周韶脱籍后，绝尘而去，陈襄再也见不到周韶，怅然若失。每当酒宴之时，看到一众胭脂俗粉，心里更加想念周韶。如此清丽美貌的佳人不能纳为己有，陈襄深深叹惋。

北宋官员如林，杭州美女众多。不是所有出身卑贱的女人都如周韶般洁身自好，也不是所有的文人雅士都如陈襄一样怜香惜玉。有人一生诗酒风流，美妾成群，譬如北宋著名词人张先。

张先的一生过得安逸富贵，潇洒风流，年过八旬仍在家中蓄养了一大批歌伎，八十岁时还娶了一个十八岁的妙龄女子为妾。苏轼曾写诗调侃张先："诗人老去莺莺在，公子归来燕燕忙。"

张先致仕后，常往来杭州，与梅尧臣等名士交游宴饮，游湖垂钓，吟诗作词。苏轼也是张先的座上客之一。张先年长苏轼四十七岁，但依然精力充沛，神采奕奕，兴致不减。张先经常邀请苏轼泛舟湖上，饮酒作诗，酬答唱和。

一次家宴，张先又邀请了苏轼。酒席上，大家谈论起他的小妾，张先春风满面，得意地赋诗一首："我年八十卿十八，卿是红颜我白发。与卿颠倒本同庚，只隔中间一花甲。"众人听了哈哈大笑。

苏轼天生就是个爱开玩笑、爱凑热闹的人，忍不住也赋诗一首调侃张先："十八新娘八十郎，苍苍白发对红妆。鸳鸯被里成双夜，一树梨花压海棠。"

苏轼的这首诗寓意独特，艳而不淫，既鲜明生动，又流畅自然，充满了戏谑趣味。众人听了无不拍手叫绝。

杭州好山好水，吸引着无数的文人雅客，也聚集了不少曼妙女子。一次，苏轼与张先等朋友一起游湖。正逢雨后初霁，烟霏云敛，暮色霭霭，青翠的远山披上一片五彩云霞，十分绚丽。众人言笑晏晏，边走边聊，走到孤山竹阁，便在临湖亭闲坐休息。

临湖亭是苏轼在杭州最爱去的地方之一，从亭台可一览水天一色的绝美风光。

湖上水波粼粼，舟楫如织，有人划着小船贩卖瓜子、栗子和精美的糕点，有人出售茶水、鲜花和莲藕。

忽然，一艘装饰漂亮的游船缓缓行来，渐渐靠近亭前。船上是几位靓丽女子，其中一位正在弹筝，看起来虽有三十多岁，却风韵不减，肤白胜雪，尤为貌美。

弹筝的女子手法娴雅，眉眼鬐鬐，仪态万千，不失林下风度。悠扬的筝声在湖面飘荡，如泣如诉，如同湘妃女神在弄琴，声声哀怨，倾诉着无尽的心事和愁绪。

一曲未终，小船已翩翩离去，消失在湖水深处，只剩余音袅袅，徘徊在青山碧水间，经久不绝。

众人凝视着渐渐远去的女子背影，怅然若失，此时一双白鹭破空而来，掠过水面，苏轼如梦初醒，作词一首：

> 凤凰山下雨初晴，水风清，晚霞明。一朵芙蕖，开过尚盈盈。何处飞来双白鹭，如有意，慕娉婷。

> 忽闻江上弄哀筝，苦含情，遣谁听！烟敛云收，依约是湘灵。欲待曲终寻问取，人不见，数峰青。

苏轼等人的这份美丽邂逅，在宋代张邦基的《墨庄漫录》有记载。

苏轼喜欢吟风弄月、纵情诗酒，对女人却只是淡淡欣赏，并不沉迷。他性格洒脱，热爱自然和生命，喜欢与朋友高谈阔论，饮酒喝茶；喜欢在望湖楼上看华灯初上的西湖夜景；也喜欢在月光下独自泛舟，欣赏旖旎夜色，唯独不愿流连声色之场。

苏轼虽参加过无数名妓出席的酒宴，经常受艺妓之邀，在她们的香扇或丝巾上题诗，但从不逾矩。他创作了许多与女性相关的诗词，风格清丽自然，却从不写那种低俗的艳词，他的浪漫和多情，全赋予在诗词里。

作为通判的苏轼并非每天都在游湖宴饮，在杭州任职的三年里，苏轼也常常被外派出差，他几乎走遍了杭州府的各个属县，仁和、新城、富阳、临安、於潜等，很多地方都留下了他的足迹。所到之处，苏轼常常被炊烟袅袅的田园生活气息所吸引，闲适恬静的乡村风光和田间地头的见闻野趣便常被他写进诗词中。

这一年，常润地区发生了饥荒，苏轼又被派往常润一带放粮，由于赈灾公务繁忙琐碎，过年时他也得在外辗转，无法回家，让他深感孤独和想家。

这次苏轼在外奔波最久，长达七个多月。当他到了荆溪时，山光明媚，水色秀丽，已是草长莺飞、姹紫嫣红的春季。身临景色宜人、民风淳朴、物价低廉的小城，苏轼不禁想到，将来退隐林下，荆溪宁静的田园生活会是一个不错的选择。

就在苏轼疲于奔波的时候，北宋朝廷发生了巨大的变化。执政五年多的王安石，突然被罢相。

自从王安石变法以来，朝中老臣一个个离开了京城，王安石在朝廷的地位却一直稳如磐石。这一次，能够撼动王安石根基，压倒骆驼的最后一颗稻草竟是一幅画。

从熙宁二年到熙宁五年，王安石变法运动在全国已经全面展开。一系列的新法在短期内增加了国库收入，宋军在熙州和河州边境地区击败了西夏军队的侵扰，取得了数十年来的第一次巨大胜利。

然而，新法之下，百姓受到变本加厉的剥削和压榨，生活愈加贫苦，一些地区遇到水灾、旱灾和蝗灾，往往民不聊生。

熙宁六年（1073），一向被视为圣山的华山发生土崩，皇帝大惊失色，以为是一种天谴，于是开始粗茶淡饭，反躬自省。

熙宁六年（1073）的夏天到熙宁七年（1074）的春天，河东、河北、陕西一带一直久旱无雨，土地干涸，百姓无以为生，成千上万的难民纷纷流亡到京西。

在百姓眼里，天子脚下最是富庶繁华之地，于是，大批难民扶老携幼，纷纷逃向京城。这些饥民破衣烂袄，面容枯槁，不但没有食物可吃，很多人还生着病带着伤，这其中也有披枷戴锁被押解入京的犯人。

安上门的一个小官郑侠（1041—1119），目睹了这种状况。郑侠，字介夫，福州人，早年家境贫寒，读书却非常刻苦。郑侠的父亲任职江宁酒税监时，他常到父亲任所读书，那时，王安石在江宁任知府，他听说郑侠才华出众，就邀见郑侠并给他鼓励和嘉勉，还特意派自己的学生陪他一起读书。

郑侠考中进士的第三年，王安石受到神宗重用成为宰相，郑侠立刻受到王安石的提拔和重用。郑侠感激王安石的知遇之恩，一心为国尽忠，以报答王安石。

熙宁五年（1072年），王安石想让郑侠到京城任职，以便更好地帮助他施行变法。

郑侠在地方目睹了新法的种种弊端，借故婉拒，但他依然数次向王安石直陈，新法在地方实施时给百姓造成的危害，王安石却对郑侠的劝谏置之不理。

王安石一意孤行，听不进逆耳忠言。郑侠看到水深火热的百姓，心生不忍，却又无可奈何，只能一个人躲进书房，铺开纸张，挑灯夜战，连续几日不眠不休，把民间这种悲惨的景象画了下来，绘制成一幅《流民图》。

熙宁七年（1074年）三月，《流民图》绘制完成。郑侠立刻又写了一份奏疏，请求朝廷罢除新法，之后连同《流民图》一起，准备送给朝廷，希望神宗看到这幅画，能够幡然醒悟。

郑侠把奏疏和画送到阁门，请求呈给朝廷时，官吏因为郑侠官卑职低，拒绝接受。

郑侠陷入了困境。谁能帮他将这幅画送到皇帝手中？谁又敢接过这个烫手山芋，与变法派公然对抗？郑侠忧虑重重，却并没有灰心放弃。苦思良久，他终于想出了一个办法。

郑侠把画带到京师城外的官差站，谎称是有关边境军情的秘密急报，于是，奏疏立刻被快马加鞭送到银台司，直接呈给了神宗。

当神宗打开画卷时，立即惊呆了，整个朝廷也为之震撼。

一般臣子呈给陛下的画卷，都是国家繁荣强盛、山河壮丽的景象，没人会画出天下百姓流离失所、贫病交加的状况。

郑侠呈递的画面上，百姓衣不蔽体，穷苦不堪。有人被迫卖儿卖女，有人身上拴着铁链砍伐树木，有人拆掉房梁以还新政贷款；饥民扶老携幼、四处逃散，老弱病残惶惶不安。没有文字的画卷对视觉的冲击远胜万语千言。

神宗看到画卷，不禁冷汗涔涔。

郑侠随图又附上一张纸条，写道："这幅画只是冰山一角，百不及一，如果陛下听从我的建议，停止新法，十日之内不下雨，就在宣德门外把臣斩首示众，以正欺君之罪。"

郑侠的这幅画，如一缕阳光，照亮了变法的种种黑暗和漏洞，如一缕清风，吹醒了沉浸在梦中的帝王。神宗一声长叹，一夜未眠。

新政的实施在地方引发了许多负面反响，太皇太后早有听闻新政所带来的动荡和民间的疾苦，当神宗把《流民图》带入寝宫，太皇太后观看后深感忧虑，她苦苦劝告神宗停止青苗法等不利于民的政策，并建议暂时将王安石外放。

神宗认真地看了数遍郑侠画的《流民图》，心情沉重。他想到圣山的土崩，以及长达大半年之久的旱灾，尤其是两浙地区和淮南东路作为国家财政中心，遭受的灾情尤为严重。神宗开始怀疑新法是否真的有益于民生，他认为或许是上天的警示，才导致了这场长时间的干旱灾害。

第二天，神宗没有与王安石商议，而是直接发布了一系列命令：开封府发放免行钱；三司使核查市易法；司农发放常平仓粮以救济灾民，停止青苗法和免役法的追索；同时废除了方田法和保甲法等一系列政策，共采取了十八项措施，并写下了《责躬诏》。

神奇的事发生了，三日后果然天降大雨。久旱逢甘霖，官民欢呼相庆，神宗喜极而泣。

王安石无奈上书请求辞去宰相一职。熙宁七年四月，王安石以观文殿大学士出知江宁府，韩绛代王安石为同平章事，吕惠卿为参知政事。五月，翰林学士兼三司使曾布被任命为市易司提举。

郑侠正直清廉，铁骨铮铮，虽自幼贫困，却不贪图富贵，有机会升官却不愿同流合污，虽孤身一人，却敢挺身而出。他满腹才情，热爱读书，能诗能文，却用一幅画救助苍生。

郑侠孤身奋战，力挽狂澜，遗憾的是，郑侠不但无功，反而遭到弹劾，理由是非法利用官差。郑侠遭到御史的审问，关于审问的结果，史书没有记载，我们不得而知。

熙宁八年（1075）一月，郑侠再次向皇帝呈上一幅画作，名为《正直君子与邪曲小人之事业图》。画中描绘了唐代的忠臣与奸臣，附带的奏疏中还提到了一位适合担任宰相的忠臣。

吕惠卿得知此事后，将郑侠贬至遥远的广东。一位正直的御史对郑侠的忠勇十分钦佩，亲自为郑侠送行，并托他保管一份名臣谏疏。然而，吕惠卿通过密探得知此事，截获了谏疏，并根据其中的名单将所有批评朝政的臣子逮捕入狱。

吕惠卿打算处死郑侠，但受到了神宗的制止。神宗感念郑侠的勇气和正直，不愿他受到重罚，最终，郑侠获准回到贬居之地。

吕惠卿是个不折不扣的阴险小人，他深知神宗对王安石的信任，因此不愿看到王安石东山再起，重返朝堂。为了替代王安石的位置，吕惠卿想方设法陷害王安石。曾经和吕惠卿一起共事的老搭档曾布，也被吕惠卿排挤出局，调往地方任职。王安石坚定地信任吕惠卿，推行变法，最终却遭到了吕惠卿的背叛。

苏轼后来撰写了《王莽》诗，其中"汉家殊未识经纶，入手功名事事新"一句，用以讥讽王安石的种种新政改革。在《董卓》诗中，他写道："只言天下无健者，岂信车中有布乎。"在史实中，刺杀董卓的是董卓的义子吕布，苏轼借用吕布之名，暗讽王安石最终遭到吕惠卿和曾布的背叛。

苏轼从常润出差归来，正值太守陈襄即将离任杭州。在他离任之际，陈襄在有美堂设宴，与同僚们告别。

有美堂坐落在凤凰山顶的府衙旁，是府衙官员经常聚集的场所。在有美堂，可尽赏钱塘江的美景，一览无余。

苏轼曾在有美堂写下气势雄奇的《有美堂暴雨》一诗，这一次，苏轼受众人邀请，作了一首《虞美人》词。

苏轼与陈襄共事两年的时光，已经建立了深厚的情谊。分别之际，苏轼顿感莫名的失落和惆怅。在这段时间里，苏轼的很多朋友与同僚纷纷离开杭州，他写了许多新词，赠送即将分别的友人。

转眼间，苏轼在杭州任职已近三载，很快，他也将告别这座城市。这年秋天，京东、河北两路遭受了严重的蝗灾。他前往临安、於潜和新城一带，督导当地的捕蝗工作。这是苏轼在杭州任职期间的最后一次外派。

苏轼来到田间视察蝗虫的状况，只见大片蝗虫遮天蔽日从西北飞来，以风卷残云之势，扫空万顷碧野，蝗虫所至之处，草木顿时一片萧瑟。

连续几日，苏轼在田间来回奔波，探索捕蝗的方法。疲倦不堪之际，他感到被人当作小吏差遣，心生委屈和愤怒，只得给弟弟写诗，倾诉内心的苦闷。

熙宁六年（1073），苏辙在陈州任学官期满。九月，他应齐州太守李师中之邀，前往济南担任齐州掌书记。

李师中，曾在苏轼被诬走私苏木和瓷器的案件中，拒绝做伪证，而被调任登州知州。在登州任职期满后，被派往齐州。

苏轼的杭州任期即将结束，得知苏辙已在山东济州（济南）任职后，他便上书请求朝廷调派他到山东任职，以便与弟弟离得近一些。

熙宁七年（1074）九月，苏轼收到了任职的诏书，以太常博士直史馆权知密州军州事。苏轼得偿所愿，心里充满欣喜与感激。

在杭州的三年，对苏轼来说是一段相对悠闲的时光。尽管担任判官让他时常感到委屈、失望和厌倦，但生活上还算逍遥快乐、安宁自在。

续妻王闰之没什么才情，但她能让苏轼感到家庭的舒适和温馨。苏轼经常在外郊游宴饮，早出晚归，有时被派外出，经年累月不在家，王闰之温顺贤良，从不埋怨。

苏轼思乡时，王闰之会为他准备几道家乡的小菜；苏轼醉酒归来，王闰之会立刻递上一杯热茶，暖心暖胃；苏轼心情低落，王闰之更会适时地温上一壶好酒，让他小酌怡情。最为可喜的是，这三年期间，王闰之又为他生得一子，苏过。

苏过于熙宁五年（1072）在杭州出生，这是苏轼的第三个儿子。

王闰之怀孕生子，又要照顾幼小的苏迨，力不从心，于是买回一个小丫鬟随身侍候。小丫鬟名叫王朝云（1062—1096），字子霞，吴郡钱塘人。

熙宁七年（1074），朝云进入苏家时，年仅十二岁。朝云身世可怜，却乖巧懂事，聪明伶俐，能歌善舞。虽因家境贫困，沦落烟尘，却清丽灵秀，纤尘不染，不但得到王闰之的疼惜怜爱，苏轼也很喜欢她，常教她读书写字。

后来，这个出生在浙江钱塘的女孩朝云，如杭州的西湖一样，在苏轼的生命中留下深深的烙印。

光阴流转，云水千年，西湖如今依然瑰丽多姿，波光潋滟。湖水不言却悄然流淌着苏轼在这里写下的每一首诗篇，和苏轼在西湖的浪漫故事，任后人在现世安稳的岁月，安静地阅读湮没在历史尘埃中的那一段光阴。

苏轼即将离开杭州之际，杨绘（1032—1116），调任至杭州，担任太守一职。杨绘，字元素，四川绵竹人。

杨绘和苏轼同为蜀人，都因反对新法而被排挤出京城，沦落到地方。苏轼与杨绘，初次相见，相谈甚欢。苏轼离开杭州时，正逢杨绘准备到湖州办事，苏轼的朋友张先等人也计划前往湖州，于是大家决定同船而行，一同拜访湖州太守李常。

来到湖州后，苏轼与几位朋友以及太守李常一同欢聚宴饮，心情愉悦。长途跋涉，聚会难得，大家都珍惜这难得的团聚时光，不知何时再能相聚。张先此时已是八十五岁高龄，仍然精神矍铄，兴致勃勃地创作了一首《定风波》词。

"尊前一笑休辞却，天涯同是伤沦落。"百年聚合，终有一别。苏轼在京口与杨绘依依惜别，写下一阕《醉落魄》赠予杨绘。后来，苏轼与杨绘一同被贬，再次于黄州相遇时，两人更有同为天涯沦落人之感而惺惺相惜。

苏轼本打算到密州上任之前，借着调任的机会，从海州绕行到济南看望弟弟苏辙。自从熙宁四年九月，两人在颖州一起拜别欧阳修之后，兄弟俩已三年没有相见。

　　遗憾的是，与朋友相聚的时光过于美好，不知不觉已是深冬严寒。此时，从海州到济南的必经之路青河已然结冰，无法通航。苏轼无法再赶往济南，只得怀着遗憾直接前往密州。

第十一章　密州知州

熙宁七年（1074）十二月，苏轼一家人抵达密州。

密州是现在的山东省诸城市，位于山东半岛的西南。宋太祖建隆元年（960），密州成为防御州，后来，升为安化军节度。

密州是舜文化的起源地，被誉为"舜帝之都"。其文明史可追溯至七千年前。尽管密州的开发极早，但随着江南成为中原的经济中心，密州的经济与文化逐渐衰落，最终沦为贫瘠之地。

北宋时期，开封是最繁华、发达的城市，京城之外，距离开封越远，经济越落后，交通越闭塞，物产越匮乏。密州以大麻和桑树为主要产物，因此被苏轼称为"桑麻之野"。

苏轼刚刚进入密州境内，看到大批农民在田地里劳作。此时已是寒风凛冽的深冬，既非春耕之时，也早已过了秋收季节，这让苏轼感到有些奇怪。当他走近人群附近，才了解到农民们正在地上挖坑，用来埋掉死去的蝗虫。

苏轼一路行走，发现沿途长达两百多里的地方，农民们都在忙着挖坑埋蝗，可见蝗灾的严重程度。

在离开杭州之前，苏轼曾前往临安、新城一带督导捕蝗工作。当时，他亲眼所见大片蝗虫遮天蔽日，以风卷残云之势吞噬着田野，蝗虫所到之处，片叶不留，原野一片荒凉。

密州的蝗灾看起来比杭州所辖各县严重数倍，捕杀的蝗虫就多达三万多斛。蝗灾常常伴随旱灾而来，密州之前曾久旱不雨，本已是穷乡僻壤之地，遇上旱灾、蝗灾，犹如雪上加霜，密州的百姓更加穷困不堪。

苏轼刚一到任，就面对着这种困境，身为一方之守，他感到肩上的责任异常沉重。密州百姓的生计已经十分艰难，而此时朝廷又实施了"手实法"，使情况变得更加严峻。

"手实法"是吕惠卿制定实施的。神宗暂停了青苗法和免役法，朝廷的财政收入大幅减少。王安石离开朝廷后，吕惠卿接替王安石执掌相位，为了向神宗邀功，吕惠卿推行了"手实法"，继续帮助神宗揽财。

"手实法"规定，按照政府指定的物价标准，每个家庭必须向政府填报家产，并按家产总值缴纳五分之一的财产税。为了防止虚报隐瞒，地方政府会派人挨家核查，凡未报之财物，全部没收充公。"手实法"还鼓励民间相互举报，举报之人可得到没收财物的三分之一以作奖励。

"手实法"所得税收比王安石新法收入更为迅速丰厚，政府的财政收入大幅增加，但相应地，这一法规给民间带来的混乱也要比王安石的新法更为严重。

贫富不等，财产不均由来已久，民间也早已习惯。自从推行了"手实法"，中等以上的人家，经常受到仇人的举报和揭发，穷困人家之间也相互攀咬，以致人心惶惶，家家破产，民怨载道。

密州的民风坚韧彪悍，"手实法"一旦在密州施行，百姓互相告密，社会将陷入一片混乱，后果不堪想象。

苏轼深信，唯有宽政利民，方能使社会长治久安，因此，他极力反对"手实法"。上任后，苏轼立即上书时任宰相韩绛，详述"手实法"和方田均税的弊端。同时，他向朝廷呈报了密州的蝗灾情况，请求朝廷施以救济，并豁免密州当年的秋税。

熙宁变法以来，北宋的政治风气已经败坏，朝廷重臣弄权作势，地方官吏仗势欺人。吕惠卿力行"手实法"，苏轼的上奏还未等到朝廷答复，司农寺已经下令，要求各地按时实施"手实法"，否则将以违背诏令论罪。

如果在密州实行"手实法"，百姓的生活将会陷入困境。然而，苏轼若不遵从朝廷的指令，不实行这一政策，作为一州之长，他将面临违反朝令的指责，并承担相应的责任，可能要论罪。

苏轼对司农寺的霸道态度感到愤怒。经过深思熟虑，他终于找到了可以对付司农寺的办法。

司农寺擅自发出罪责，相当于私行颁布法令，这一行为在法律上是不合法的。苏轼将这一情况揭发给朝中的重臣文彦博，指出司农寺为了巩固权威，擅自修改制书，违背律令，加重刑罚。

苏轼怒气冲天，拍案而起，态度坚决。地方上负责推行新法的官员为了避免被上报弹劾，赶紧告饶"公且徐之"。

苏轼上书的目的是阻止"手实法"的实施。他成功延缓了这项有害百姓的政策，保护了密州的安定。后来，"手实法"施行了一年多，由于种种弊端，最终被彻底废除。

身为一州之长，苏轼亲眼所见百姓疾苦，面对天灾和苛政，百姓无以为继，苏轼心情沉重而悲愤，他能做的只是在职权范围内，以法便民。苏轼坚持自己的原则处理州中事务，刚刚将一个扰民的"手实法"拖延过去，朝廷又传来一项不利于民众的政策 —— 盐法。

苏轼在担任杭州通判期间，私盐走私的案件频繁发生，被捕者多达万人之多。他亲自审查了许多违反盐法的普通百姓，亲眼所见食盐专卖制度的危害。

抵达密州后，苏轼注意到京东地区并未实施盐法，监狱里也没有因违反盐法而入狱的犯人，他心中暗自庆幸。然而，没过多久，他却收到了漕运司发来的文书，宣布京东和河北盐法政策即将调整，盐务将重新收归官方专卖。

密州百姓以制盐卖盐为生，尚能勉强度日，一旦食盐专卖，百姓的生活将变得更加艰难。

密州的盐产颇高，如果官方专营盐务，不可能将密州所产的盐全部收购，这样一来，剩余的盐就会变成私盐。到那时，密州可能会像杭州一样，出现大量老百姓变成私盐走私犯的情况。

苏轼深知民穷必反的道理，因此向韩绛上书，强烈反对在京东一带施行榷盐法。他希望在盐法未施行之前，能够救民于水火，给百姓一条生路，以保社会长治久安。

韩绛（1012—1088年），字子华，灵寿（今河北灵寿）人。他是韩维的兄长，在宋神宗还是颍王时，韩维在颍王府担任侍讲，曾积极向宋神宗赵顼推荐王安石。赵顼登基后，王安石开始变法，韩维也被王安石任用，并在朝中担任重要职务。然而，随着王安石变法的深入，朝中元老重臣纷纷离去，包括一向与王安石关系良好的韩维，逐渐对王安石的政见产生了分歧，最终被贬谪到地方。韩维离开后，王安石推了他的兄长韩绛。到了熙宁三年（1070年），韩绛出任参知政事。

韩绛的政治能力无法和王安石相比，性格也较为谦和老实，做事更加小心谨慎。韩绛担任宰相后，严格遵循王安石制定的法规。苏轼写给韩绛的奏疏并未得到他的采纳。

苏轼的老友，三司使章惇也极力主张在京东实行食盐官卖。章惇认为，河北与陕西都是边防城市，陕西已经施行盐法，河北也应该施行，这样才能保持公平。

苏轼再次上书给三朝元老的侍中文彦博，详细阐述了河北与陕西之间的差异，指出河北民风强悍，如果在京东施行榷盐法，必定会造成巨大的社会危害。

自从熙宁三年，苏轼遭到谢景温诬告走私一案之后，心灰意冷离开朝廷，从此很少上书言事。在杭州时，苏轼沉醉于山水之间，很少公开谈论朝政。只在亲眼所见民间疾苦、心情愤慨忍无可忍之时，才偶尔写下几首托物言志的小诗，来宣泄内心的不满。

如今来到密州，面对严峻的地方局势，作为一州之长，让百姓休养生息是他的责任；面对民间的疾苦，为民请命是苏轼的使命。他不能再无动于衷。因此，苏轼刚到任便连连上书给朝中的宰执和重臣，试图力挽狂澜，让密州得到救助。

这些奏章也涉及了一部分新法。苏轼依然坚持反对新法，对盐法、青苗法等对民间造成的危害，苏轼依然严厉批评。但在地方任职多年后，耳濡目染，苏轼根据地方的实际情况和工作经验，对于免役法等有利于民的政策，他也不再全盘否定，而是提出了一些改良的办法，持有保留意见。遗憾的是，他几番努力，却无法改变朝廷的成议。

密州是贫瘠之地，遇到天灾，百姓无以为生，许多人不得已铤而走险，落草为寇。在京东地区，盗贼猖獗，民风彪悍，《水浒传》中晁盖、宋江等统领的大寨梁山泊就位于山东境内，以劫富济贫而闻名。

作为密州知州，苏轼上任后深入研究了密州的盗匪情况，他下令悬赏缉拿盗贼，许多百姓积极协助官府，提供线索，因此取得了显著的成效。

苏轼不仅文采斐然，治理盗匪也有机敏过人之处。有一伙外来的强盗逃到密州境内，转运使派遣了几十人到密州追捕，配合协助追捕是地方政府的责任，苏轼也希望尽快将盗贼捉拿归案，以维护社会安定。然而，这伙盗贼既狡猾又残暴，他们把朝廷禁物栽赃给百姓，制造民间的慌乱，再趁乱抢掠行凶，之后藏匿进山林。

受诬陷的百姓纷纷到府衙来诉苦，苏轼面对他们的上告，不闻不问，还故意把百姓的状纸扔到地上说，决不相信会有这样的事情。苏轼的态度让盗贼放松了警惕，胆子越来越大，他们从分散藏匿之处公然聚集在一起做坏事，这时苏轼立即派人出动，把盗贼全部抓获，并重新传召人证物证，以便将盗贼一一绳之以法。

在前往密州之前，苏轼对密州的贫穷与落后已经有了一定的心理准备。然而，抵达密州后，天灾人祸交织，财匮力绌民不聊生，密州贫穷的程度还是远远超出了他的想象。

苏轼从钱塘来到密州，离开凤凰山上漂亮的住宅，承受着坐车骑马的劳累，来到桑麻丛生的荒野，遮身于密州的粗木房舍，再没有乘船游湖的惬意快乐，再看不到杭州优美的湖光山色，最让人难以忍受的是密州饮食的粗糙和简单。

密州没有家乡四川的精美菜饭和风味小吃，更没有鱼米之乡杭州的饕餮盛宴、玉液琼浆。想起吴郡的鲈鱼，金齑玉脍的美味，苏轼深深怀念"三年饮食穷芳鲜"的江南。

密州和杭州，不但衣食住行有着天壤之别，让人最绝望的是，在密州，苏轼连一个谈得来的朋友都没有，在杭州呼朋唤友、切磋诗词、谈禅论道的悠闲时光一去不复返。

苏轼喜欢美景美食、郊游会友，美食与朋友在他的生活中占据很大的分量。但是，为了和弟弟离得近些，苏轼自请任职山东，承受着密州桑麻之地的穷困。然而，密州与苏辙任职的齐州相隔仍有数百里，兄弟两人各自忙于公务，依然无暇相见。

刚到密州，苏轼就连续处理蝗灾、旱灾、盗匪之事，整整忙碌了两个多月。连续几十天的劳心劳累、废寝忘食、体力透支，除夕之夜，苏轼累得病倒了，躺在家中卧床不起，脑子里却思绪翻腾不停。

第一次出任地方，在凤翔做通判时，苏轼对未来充满了信心。那时陈太守有意磨炼刁难他，苏轼在工作中常常遇挫，他虽郁闷失落，却并未因环境和人事而颓丧。如今，年近四十的苏轼对官场有了更深的了解，对仕途有了更深的体会，而理想与现实的落差让他充满了无奈和悲哀之感。

人在生病时，情绪总是十分低落。苏轼忽感生命的脆弱，感觉自己的一生就像埋藏在灰烬下的烧炭，渐渐消殒。想到密州数万百姓食不果腹，苏轼更感精神孤苦，愤恨无能为力，感慨命运无常。

幸好远在四海的朋友时常给苏轼寄来诗、信，让他感到人间的温情和友谊的美好，他也常常通过跟朋友诗信往来，排解失意和落寞。

正月十五上元节，没有通宵达旦的歌舞酒宴，没有流光溢彩的旖旎夜景，没有鼓乐齐鸣、烟花璀璨，更没有珠围翠绕、锦绣罗衫。密州的上元节，只有一片寂静和萧瑟。

在这寂寞苍凉的贫困之地，幸好，家中还有一盏灯永远亮着，是那样的温馨、祥和。苏轼的夫人王闰之，虽然没有堂姐王弗的聪明智慧、蕙质兰心，却是一个心思简净、良善温顺、知足惜福的好妻子。她把家里打理得井井有条，从不让丈夫为家里琐事操心，她虽然比苏轼小十一岁，却把苏轼照顾得像个孩子般妥善得体，无微不至。苏轼时而热情奔放，时而忧郁感伤，时而诗情大发，时而酩酊大醉，无论苏轼喜怒哀乐，无论他得意还是落魄，朴实无华的王闰之总是笑着为他温酒煮茶，与他风雨与共，起落相伴、不离不弃。

一次，苏轼在外面忙碌一天，回到家里，又累又烦躁。三岁的幼子苏过看到父亲回来，开心地跑过去拽住父亲的衣角。这在平常，苏轼下班回家，都会把儿子抱起来，高兴地陪他玩耍一会儿。这天，苏轼因为工作上的事情心情不好，苏过拽了他几次，他都没理会。

三岁的孩子怎会察看大人脸色，见父亲没反应，依然不停地拉苏轼的衣服。苏轼心里烦躁，忍不住冲孩子吼了一句：这孩子真傻，不懂事。

苏过从没见过父亲这么严厉的样子，委屈地哭了起来。妻子王闰之走过来，抱起苏过，很快把儿子哄好，然后对丈夫说：儿子不懂事，你更不懂事。有什么可忧愁的？不开心也是一天，开心也是一天，为什么不让自己高兴一些呢？何况，闷闷不乐，烦心事也不会自动消散。

说着，王闰之温了一壶酒，端出早已准备好的两盘小菜，让丈夫吃点酒菜，忘掉烦恼。

苏轼一杯酒下肚，一股暖流温暖了全身，不但怒气全消，心里还生出一丝愧意，想到前人刘伶的妻子为了几个酒钱经常和丈夫吵闹不休，自己的夫人真是温柔贤惠多了，对比之下，幸福感油然而生。苏轼很快调整好自己，又回到了乐观开朗的状态。

从四川到京城，从京城到凤翔，从杭州到密州，年近四十的苏轼颠沛了半生，其实早已适应了南北东西的不同生活，变得随性、洒脱、随遇而安。生活上的清贫他并不在意，有时还能苦中作乐，只是不能常常宴请宾客，让一向喜欢呼朋唤友的苏轼深感寂寞。

以往州郡都有公费，北宋称"公使库钱"，地方上交朝廷税务后，剩余税款归地方长官自行支配，可以宴请官吏，招待朝中往来官员等。王安石新法实行后，地方的余利也被朝廷搜刮一空，不但公使钱所剩无几，制造公使酒都有了一定限制。作为一州太守，无力宴请同僚属下，对苏轼来说，真是一种苦闷。

官府都不富裕，百姓的生活更是清贫如洗。密州的百姓常常不得已到田野间挖掘野菜为食。苏轼想起唐代诗人陆龟蒙的《杞菊赋》，描述了他在自家书房前的空地上种植枸杞和菊花的情景。陆龟蒙常常将枸杞和菊花当作食物，即便到了五月，植物的枝叶已经变得老硬，他仍然不停地食用。

苏轼之前不信文人能穷到嚼食草木的地步，如今亲眼见了密州的穷困，觉得陆龟蒙的描述可能是真实的。怀着一种好奇心和对新事物的求知欲，苏轼约了通判刘廷式，一起前往荒废的菜园寻找野生的枸杞和菊花，想品尝一下这种食物。

枸杞是一种生长在路边的多分枝灌木，它的红色果实名为枸杞子，是一种草药，有滋补肝肾、益精明目、润肺止咳之效。苏轼吃了一段时间，发现气色红润，精力旺盛，连两鬓白发也减少了许多，这才相信陆龟蒙所言不虚。

野菊花能清热解毒，护肝明目。苏轼当时正患眼疾，对他来说，野菊也有助益，于是便将枸杞和菊花当成养生药材，每天服用，也常常约了刘廷式，沿着城墙寻找采摘。

苏轼还特意写了一篇《后杞菊赋》，调侃自嘲作为太守，亲自在野外采菊的落魄。人生一世，如屈伸肘，能直能弯。无论山珍海味，还是粗茶淡饭，四海逍遥，还是困守一方，都能怡然自得，云淡风轻，豁达洒脱，且不改天真率直的本性，这就是苏轼。

一次，苏轼又去城外荒野采摘枸杞和野菊，发现田边有一个小包裹，打开一看，令人触目惊心，包裹里竟然是一个小婴儿！婴儿口唇青紫，脸色灰白，早已没了气息。

苏轼通过调查得知，密州这个地区因为严重的饥荒，很多家庭早已经陷入缺衣少粮的境地，一些人甚至无法养活自己的孩子，只好将他们遗弃。城墙根下、路边草丛、荒山野地，被遗弃的孩子随处可见，这在密州已经司空见惯。

苏轼怀着沉痛的心情，"洒涕循城拾弃孩"，之后想方设法筹集了一笔经费，发出告示劝令百姓，不要再遗弃孩子，凡是无力抚养婴儿的家庭，可从官府每月领米六斗作为补助。

领了钱的人家，有了能力抚养孩子，朝夕相处时间久了，对孩子有了浓浓的骨肉之情，即使以后生活再艰难，也不舍得再把孩子丢弃。

苏轼的这一行为，挽救了无数幼儿的生命，也挽救了无数濒临破碎的家庭。苏轼慈悲善良，一心为民，两袖清风，不惧艰辛。因此，无论他走到哪里，无论逆境还是顺境，身居高位还是被贬冷落，总会受到百姓的爱戴。

密州临海，却不像江南湖泊众多，因此常常干旱。苏轼在视察蝗灾的时候，从农民那里得来经验，旱灾往往会引发蝗灾，如果天降大雨，蝗虫就会死亡。

苏轼在密州任职的第二年四月，由于没有下雨，旱灾和蝗灾又相继发生。在那个年代，人们在巨大的天灾面前，毫无办法，只能祈祷神灵。当地百姓认为常山的山神非常灵验，如果求雨定会成功。于是，苏轼沐浴斋戒，亲赴东武县南二十里外的常山去求雨。

早在凤翔府做判官时，苏轼就写过祷雨词，这一次，他又亲自撰写一篇《密州祭常山文》，祈祷山神解救百姓的苦难。

也许是苏轼身为一位父母官，心怀民生的诚意感动了上天，在祈雨归途，风云骤变，不久之后，天空降下了甘霖，密州长期干旱的土地终于得到了滋润。

一场豪雨让大地保持了一个多月的润泽，但到了五月，土地又再次干旱。苏轼只好再次前往常山祈雨，同时许愿重修庙宇以感谢天恩。他还在庙宇西南的流泉旁建造了一座亭子，名曰"雩泉亭"。在密州为官期间，苏轼常饮雩泉之水，并在离开密州时留下了诗篇以作纪念。

十月，常山的庙宇修建完成，苏轼再去祭拜。回程路上，与同事梅户曹等在铁沟放鹰打猎。

那是一个阳光明媚的秋日，碧空如洗，层林尽染，苍鹰翱翔，黄犬飞奔。猎场上，年近四十、两鬓微白的苏轼纵马扬鞭，弯弓射箭，意气风发，兴致高昂。

群马在平原上一起奔腾驰骋，卷起漫天尘土，那种壮阔的情景，仿佛置身于西北边境的战场。

自从离开杭州，苏轼很久没有这么痛快过了。他骑在马上，浑身上下热血沸腾，二十年前那种壮志踌躇的豪壮之气再次喷薄而出。

夕阳西下时，众人满载而归，以猎物下酒，大家喝得酣畅淋漓。苏轼一口饮尽杯中酒，趁着酒兴正酣，一阕气势雄浑的《江城子》一挥而就：

> 老夫聊发少年狂，左牵黄，右擎苍。锦帽貂裘，千骑卷平冈。为报倾城随太守，亲射虎，看孙郎。
>
> 酒酣胸胆尚开张，鬓微霜，又何妨！持节云中，何日遣冯唐？会挽雕弓如满月，西北望，射天狼。

苏轼扔下笔，顿觉痛快淋漓，对自己刚写的词也颇为得意。众人读了苏轼写的词豪兴勃发，一起高举酒杯，抵掌顿足，放声高歌。有人吹笛为歌声伴奏，有人击鼓以伴节拍，那种磅礴的声势蔚为壮观。

以往的宋词多为女子传唱，尽显绮罗香泽之态，苏轼的这阕词，一展男儿威武雄风，一种崭新的词风就此轰轰烈烈地诞生！

一方水土养一方人，如果说，杭州的山光水色、烟柳画桥成就了苏轼温情浪漫的诗词，密州的粗犷彪悍、朴实简陋则孕育了苏轼雄浑豪放的词风。《江城子·密州出猎》铿锵有力、气势恢宏，不但淋漓尽致地描绘了出猎的壮阔场面，也充满了词人雄姿威武、豪气冲云的英雄气概。

词中蕴含着雄健豪放的磊落之气和杀敌卫国的安邦之志，不但提高了词境，又独树一帜，令人耳目一新。

此词一出，立即碾压当时词坛盛行的偎香倚玉、风花雪月的词风。从此，一个革新的词派由此奠定，宋词成了一种可与唐诗比肩的文学体裁，唐宋词史自此迈向了一个新的里程。

苏轼的词不仅能展现壮阔雄放的景致，他的旷达豪放也渐渐溶于词中，苏轼当之无愧成了宋词豪放派的开山鼻祖，密州也因苏轼的这首《江城子》从此为世人所知。直到九百年后的今天，一代代中国人依然孜孜不倦地吟诵引用、感慨抒怀，"老夫聊发少年狂"。

密州的岁月，虽然艰辛苦楚，对苏轼来说却意义重大。密州的艰苦生活，为他日后战胜灭顶之灾，磨炼了意志，密州的广阔荒野成就了苏轼豪放的词风，也加固了苏轼在文坛的千秋盛名。宋朝有了苏东坡，文化更加璀璨多姿，历史有了苏东坡，篇章更加涵容万千。

转眼间，苏轼在密州已经居住了将近一年。自从到达密州，他立即忙于处理各种烦琐的政务，所居住的官舍早已破烂不堪，却一直无暇打理。终于有了些许空闲，苏轼便找人对官舍进行了修缮，同时也整理了那座荒废已久的庭院。

动工时，发现园子北面有一处废弃破败的旧城台。城台很高，却很安稳，站在台上望去，北面是波澜壮阔、烟波浩渺的潍河，东面是千峰万仞、重峦叠嶂的庐山，西面可看到被称之为"齐南天险"的穆棱关，南面依稀可见马耳山和常山。

密州不像杭州，到处都是景致，在密州没什么散心的去处，能有这样一个登高望远之处，已是十分难得。于是，苏轼立刻让人把城台重新修葺加固了一下，以便常常带领属下登台游赏。

熙宁八年（1075）十一月，一座可以登高远眺、纳凉小憩的休闲之地建好了。台上幽深却明亮，冬暖而夏凉，无论阴晴雨雪，清晨日落，苏轼常常登台远望。向西望着穆陵关，苏轼每每会想起姜太公、齐桓公的英雄业绩，向北俯视潍水，又总想到淮阴侯韩信的赫赫战功，忍不住感叹韩信的下场悲凉。

弟弟苏辙帮老兄给新修好的台子起了一个清新脱俗的名字"超然台"。"超然"两字，取借《道德经》中的一句"虽有荣观，燕处超然"。苏辙还写了一篇《超然台赋》，感佩兄长在困境中依然能保持达观自处、超然物外的人生境界。

苏轼的好友文同当时尚在人世，他和张耒应苏轼之邀，各自创作了《超然台赋》，为后世留下了超逸绝尘的佳作。苏轼也少不了写一篇同题文章《超然台记》，详细叙述了自己的心境和生活状态。

充满苦难和人间烟火味的生活，显得既平凡又真实。天地之间，越是清简、淡然，越能达到精神快乐的极致。而生命的意义和最高价值，正体现于精神的独立和自由。

苏轼少年时阅读《庄子》，深受庄子哲学智慧的影响，每当挫折失意，庄子的思想总能帮他走出穷通进退的困惑，从而淡看名利，超越物质，顺其自然，乐安天命。在兄弟分开，朋友离散，壮志难酬，诸多烦闷的穷困之地，也只有超然物外，寻求精神之乐，才能得到解脱。

熙宁七年（1074 年）三月，郑侠呈上一幅《流民图》给神宗，正值天下久旱不雨、华山土崩，令神宗心神不安，深感忧虑。四月，神宗毅然决定停止新法，并批准了王安石的辞职请求。王安石辞去相位后，神宗下诏由韩绛、吕惠卿和曾布三人共同执掌朝政。然而，吕惠卿与曾布不和，两人发生内讧，曾布很快被吕惠卿排挤出局，调任地方。韩绛虽然身为宰相，却老实有余，精干不足，中枢大权实际由吕惠卿一人把持。

吕惠卿最初因为支持王安石的新法而受到重用。然而，王安石罢相后，吕惠卿为独揽大权，不断打击异己，暗自扶持自己的势力。他一面排挤韩绛，一面提防王安石复出。利用郑侠案，他罢免了王安石的弟弟王安国，并与邓绾合谋，将王安石卷入一场涉及亲王的叛变案中，试图永远削弱王安石的政治影响力。

事实上，王安石与叛变毫无关系。韩绛也了解吕惠卿的意图，立即派人送密函给在江宁的王安石。王安石收到密函后大为惊慌，因为被指控谋反的罪名不可小觑。他立即起身，仅用了七天就从江宁赶回京师。

韩绛受到吕惠卿的压制，心存不满。他明白，只有王安石能够对吕惠卿等人进行制约，于是向神宗进言，建议重新启用王安石。

在所有大臣中，神宗最信任两位：一位是远在洛阳专心编纂《资治通鉴》的司马光，另一位则是以操守清廉、无私无欲而闻名的王安石。司马光不问政事，潜心著书，无意回京；而神宗最初同意罢免王安石的主要原因之一，是为了平息当时的民怨。因此，神宗接受了韩绛的建议，在熙宁八年（1075 年）二月，再次任命王安石为同中书门下平章事，重新掌管朝政。

王安石从罢相到复出，仅仅间隔了十个月。在这短暂的时间里，北宋的朝廷再次经历了一次政权更迭。

因此，苏轼撰写了一篇关于国家兴衰的文章《盖公堂记》。盖公是汉代著名人物，主张"治道清净，而民自定"。齐国采纳了他的治国思想，因治理有方，天下称贤。苏轼深感近三年来北宋朝廷不断更替的执政者，都不是治理国家的贤能之人，因此以"三次更换医生反而使得病情更为加重"来讽喻当时的朝政局势。

目睹新法对百姓的剥削，苏轼深感盖公所倡导的"与民休息""为政宽仁"政策的重要。密州是盖公的家乡，为纪念盖公，苏轼在黄堂北面修建了一座聚会之所，名为"盖公堂"。

熙宁九年（1076）八月十五中秋节，苏轼与同僚一起在超然台饮酒聚会。这是到密州以来，苏轼感到最欢乐的一次盛宴，大家举杯畅饮，一醉方休。

皓月当空，清风徐徐，月明如水，皎如仙境。望着一轮孤高旷远的圆月，苏轼想到了自己，外放冷遇的当下，渴望回到汴京，又对朝局的错综复杂深感失望，进退失据，心中顿时涌起一股遗世独立的悲凉。

无论失意与得意，顺境还是逆境，心情起伏、意兴阑珊时总会第一时间想起弟弟苏辙。

七年前，在陈州弟弟家里，苏轼和苏辙曾一起度过一个难忘的中秋，在那之后，兄弟二人再没能相见。

良辰美景，手足分离，人间的美好犹如天上之明月，总是遥不可及。月圆佳节，苏轼对弟弟的思念陡然剧增、痛彻心扉。只能不断自我安慰，只要人生常在，相互挂牵，即使远隔千里，也如咫尺之间。

苏轼一饮而尽，喝得酩酊大醉，心情一半空灵恬静，一半失落怅惘，一半苦闷感伤，一半超然自逸，悲中生乐，遣兴抒怀，挥毫落纸，写下一阕《水调歌头》：

明月几时有，把酒问青天。不知天上宫阙，今夕是何年？我欲乘风归去，惟恐琼楼玉宇，高处不胜寒。起舞弄清影，何似在人间？

转朱阁，低绮户，照无眠。不应有恨，何事长向别时圆？人有悲欢离合，月有阴晴圆缺，此事古难全。但愿人长久，千里共婵娟。

苏轼的这阕词叙述清丽，才藻奇拔。行文如流水，以月起兴，拔地而起，落笔如云烟，空灵浪漫，境界雄阔。文字迂回错落，波澜起伏，情景相融，摇曳生姿，再次展现了苏词豪放雄旷的词风，又不失浪漫与清婉的情韵，不愧为一篇流传千古的绝唱。

曾有宋人说，"东坡中秋咏月词一出，余词尽废"。在东坡之后的千百年，世人所作中秋词果然再无超越。直到今天，当世间之情被寄予深深期许时，唯念"但愿人长久，千里共婵娟"。

苏轼的《江城子·密州出猎》和《水调歌头》已称得上在密州创作的巅峰，此外，悼念亡妻的那阕《江城子·乙卯正月二十日夜记梦》也是苏轼在密州期间所作。这三首词成了千古传颂的"密州三曲"，也把苏轼推向了人生第一个创作高峰。

苏轼在密州期间，他在杭州三年的全部诗作《苏子瞻学士钱塘集》已经刻印发行。这部诗集让他的文字风靡全国，作为诗人，苏轼登上了国内诗坛的顶峰，但也埋下了一颗灾难的种子，影响了他的整个后半生。

和在杭州一样，在密州期间，苏轼也写下很多诗文，这些诗文里有生活的不尽人意，有工作的苦累艰辛，有迎接命运的坦然自若，更有心胸的开阔和超然的志向。这些诗文逐渐展露出苏轼精神上的丰满和安定，性格上的旷达和乐观。

十一月份，苏轼收到诏令，以祠部员外郎直史馆移知河中府。十二月，孔宗翰被派到密州接替苏轼的位置。

孔宗翰尚未到达，却先寄来了一首诗。苏轼在回赠孔宗翰的诗中写道："秋禾不满眼，宿麦种亦稀。永愧此邦人，芒刺在肤肌。平生五千卷，一字不救饥。"

四顾萧条，遍野哀鸿，村落凋敝，荒田万里。纵是才情满身，也难以改变贫困和落后的现实。苏轼怀着对密州百姓的恻隐之心，以及身为百姓父母官，却无法改变局面的愧疚之情，离开了密州。

第十二章　谏用兵书

熙宁八年（1075）二月，王安石再次执掌朝政。

邓绾曾协助吕惠卿，企图通过郑侠案将王安石卷入一场叛变，以阻止他复职。结果，吕惠卿阴谋失败，王安石恢复相位。邓绾选边押宝，结果押错，深感懊悔。王安石回归朝廷，邓绾坐立不安，如芒在背。

为了重新获得王安石的信任，邓绾又背叛了吕惠卿。他秘密与王安石的儿子王雱合谋，揭发吕惠卿在华亭受贿五百万钱的行为，期望赢得王安石的青睐。

在三司条例司协助王安石实施变法期间，吕惠卿常与王安石书信往来。当时，王安石在写给吕惠卿的许多信件上，都特意标注了一句话："不要让皇上知晓此事。"吕惠卿是王安石最信任的助手，也是王安石亲手提拔的亲信之一。王安石从未想过，与吕惠卿之间的通信，会给自己的未来带来麻烦。

吕惠卿因被王安石的儿子控告而气急败坏。于是，在待审期间，他将与王安石互通的私信全部呈交给皇帝，指控王安石对皇帝不忠。

在神宗看来，王安石一向忠诚正直。但当神宗阅读了王安石的亲笔信后，非常愤怒，突然间感到自己被欺骗了。

皇朝时期，每当大灾大难降临，常被看作是上天预警，警示天子德行有失，或是朝政失之偏颇，等等。由于水旱灾祸不断，又逢彗星出现，神宗担忧是天怒所致。加上民间对新法的抱怨不断，神宗对新法的继续施行忧虑重重。此时，王安石的信件被曝光，无疑加重了神宗对王安石的不满，从此，神宗对王安石的态度发生了转变。

王安石事后才得知，他的儿子竟然背着他去攻击吕惠卿，这让他非常生气，忍不住对王雱狠狠一顿痛斥。

王安石共有三个儿子，其中一个夭折，剩下长子王雱和次子王旁。王旁患有心疾，王雱则是唯一健康也是王安石最喜爱的儿子。

王雱自幼聪颖好学，撰写过许多作品，善于辩论和写作，与父亲一样具有卓越的才华和远大的志向，深受王安石的器重。王安石深信"玉不琢不成器"，因此对儿子的教育一直十分严格。王雱也很有才干，积极地协助父亲进行变法革新。

然而，三十二岁的王雱仍然有些轻率冲动，他好心想帮父亲除掉政敌，不料却弄巧成拙，吕惠卿留有后手，竟然对父亲反手一击。

王雱深深懊悔自己的莽撞，让父亲在皇上面前失了宠信，被父亲一顿责骂后，他急火攻心，病倒在床，背部生出一个恶疮，不久便不治身亡。

王安石在皇帝面前失宠，家里又突然发生这样的不幸，老年丧子，白发人送黑发人，令王安石悲痛莫名，万念俱灰。

爱子的离世，属下的背叛，以及神宗态度的突变，把王安石彻底击垮。带着对人生、对政治和理想的绝望，王安石自请罢相。神宗明白王安石心力交瘁，知道挽留无益，同意了王安石辞去相位。

熙宁九年（1076）年十月，王安石外调镇南军节度使，判江宁府，归居金陵（今江苏南京）。

虽然是外放，但却回到了家乡，虽然从此再不复相，却保留了几个最高的头衔，不算贬黜，神宗对王安石也算保留了最后的温情。

几年之后，有人看见王安石在金陵乡下，骑着毛驴自言自语，穿着打扮如他入相之前一样，蓬头垢面，衣衫不整。

王安石又回到了变法之前的那个王安石，不同的是，岁月遮掩了他的一脸倔强，取而代之的是满头白发，满面沧桑。王安石执拗一生，傲睨一世，没想到竟是如此惨淡的收场。

王安石彻底地退出了政治舞台，评价王安石的一生，与他主持的变法密不可分。而他创立的新法是对是错，历史上一直褒贬不一，即使在千年后的今天，人们依旧争论不休。无论是对王安石，还是他的新法，我们都应该客观而全面地评判。

王安石一生清正廉洁，清心寡欲，不沉溺声色。在他担任知制诰期间，他的妻子吴氏曾购买了一个年轻貌美的女子，试图让她成为王安石的妾室。当晚，吴氏精心打扮了这个年轻女子，并将她送进了王安石的房间等候。王安石回家后，发现有一个陌生女子在房间里，便急忙询问她的身份。女子告诉王安石，她的丈夫因欠下官债迫不得已将她卖掉。王安石听后，不仅没收她做妾，还送给她一笔钱，让她拿回家还清官债，和男人好好过日子。在妻妾制度盛行的北宋，终生不曾纳妾的名士不多，王安石是其中的一个。

王安石刚强自信，知识渊博，勇于创新。宋朝财政紧蹙，官员冗多，开销巨大，为挽救北宋积贫积弱的现状，王安石励精图治，矢志不移，施行革新变法，改革社会，发展经济。

王安石新法增加了政府的财政收入，充裕了国库。国力增强后，军队的战斗力也有所提高，扭转了北宋在西北边境长期以来屡战屡败的被动局面，对北宋与西夏的战争格局起到了巨大变化。这是王安石变法积极有利的一面。

王安石的"不加赋而国用足"的理财观念，是现代国家理财原则，以国家资本刺激商品生产总量，税赋不变，使得经济总额增加，从而增加国家收入。从经济学的角度，王安石的这一观念并没有错。王安石的眼界和格局也十分超前，只是，当时科学技术有限，生产与流通受到一定限制，王安石的理财观念并不适合十一世纪的北宋。

评判任何一个法度正确与否都离不开当时的环境和条件。改革与新法应因人制宜，因地制宜，因时制宜。

当时，宋朝财政紧蹙，官员冗多，开销巨大，改革并没有错。作为君王或宰执，富国强兵，开疆扩土，一统天下，这个政治思想也没有错，但改革不能脱离现实。由于王安石在人事任用上存在失误，尽管部分新法在农业生产方面取得了一定成效，但在实施过程中，给民间带来了巨大的困扰，导致一些新法的执行并没有如预期那样造福民生，反而加剧了百姓的贫困。新法的施行不但未给民众带来好处，反而成为对百姓的一种剥削。百姓本已生活艰难，新法让百姓生活更加困苦不堪，最终引起怨声载道。在这种情况下，许多地方的官员因为民众的反抗而采取了强硬手段，导致社会动荡不安，天下大乱，与开疆扩土的大治伟业正好背道而驰。

王安石的改革并没有达到他预想的效果，变法的初衷虽好，结局却以悲剧落幕。这并不仅仅是王安石个人的悲剧，而是整个北宋王朝的悲剧。自从王安石变法后，北宋朝廷开始出现新旧党争，让北宋逐渐走向撕裂。

若想强兵，先要富农，只有国库充足，百姓安乐，顺天应时，众志成城，改革才能一路向前，取得成功。无论新法旧法，只要能利国爱民，就是正确的法制。这也是评判与检验新法正确与否的唯一标准。

秦的大军能越过葱岭，横绝大漠，一统天下，可到了秦二世就灭亡了。历史证明，秦皇汉武固然实现了伟业，而暴君的天下却不可能长治久安。天下百姓都不喜欢嗜杀好战的君王，没人愿意看见烽烟再起，白骨成堆。

任何一个君王想实现伟业，必须先做一个仁厚的君主，使得百姓安乐，生活安稳，万民归心，天下大统也就会顺理成章。

熙宁八年（1075），吕惠卿想压制王安石复出的阴谋失败，于十月被贬至陈州担任知州。随后，章惇、韩绛相继离职，接着，王安石又遭二次罢相，御史中丞邓绾因为左右逢源，摇摆不定，遭到神宗厌恶也被逐出外放，在这场极为混乱的政治斗争中，三司条例司主要干将全部失势。因此，神宗任用吴充和王珪同中书门下平章事，也就是并为宰相。

吴充（1021—1080）字冲卿，建州浦城（今属福建）人，与王安石既是同龄，也是同年进士，更是儿女亲家，因此吴充与王安石关系十分密切。

熙宁二年（1069）王安石任参知政事时，吴充权三司使，任翰林学士，第二年拜右谏议大夫、枢密副使。

虽然与王安石私交深厚，但吴充却并不赞同王安石新法。在王安石变法后，吴充经常向神宗进言，陈述新法的弊端。正因为他一向保持中立客观的态度，于是被神宗启用为相。吴充执政后，立即着手修正新法中的不当之处，还力荐神宗召回司马光、吕公著等旧臣。

熙宁九年（1076），朝廷发生了重大的人事变动，北宋王朝面临着一个转变的关键时期。此时，神宗在位已经九年，王安石二次罢相后，朝廷的政治斗争逐渐从新法之争，沦为新旧两党的私利之争。朝廷内部腐败日益加剧，北宋王朝从此走向了灭亡的道路。

这一年，苏辙刚好在齐州任掌书记一职期满。在政治上，苏辙总是比哥哥更成熟理智，也更懂得抓住机会。王安石变法之初，苏辙因呈递了一篇关于养兵备边的奏疏，得到神宗赏识，被任命为新设立的制置三司条例司的检详官。

如今，王安石退位，政局纷纭，人事剧变。朝廷变局的开始，恰是充满机遇的时刻，一向明哲保身的苏辙突然不再保持静默，立即起身赶往京城，再次向神宗上书，力陈青苗法、保甲法、免役法、市易法的弊端，请求朝廷立刻废止这四项法令，以保天下民心。

和弟弟比起来，苏轼却在政治上不太现实，他除了作诗发言论，没有任何主动的进取行为。兄弟两人的性情不同，命途也就有所不同。

熙宁十年（1077）正月，大雪纷飞，山川皆白，苏轼一家顶着鹅毛大雪前往河中府履新。

快到济南时，苏轼的朋友，齐州知州李常，早早派人出城迎接。苏轼的三个侄子也在雪中迎候伯父一家人。

苏辙于去年年末去了京城后，一直住在郊外范镇的东园。范镇与苏家是同乡世交，范镇留苏辙在京城过年，因此苏辙一直迟迟未归。

苏轼一家在济南弟弟家里小住了一段时间。虽然弟弟不在，但两家人多年未见，终于团聚，日日宴饮，酣畅尽欢。这期间，李常也经常陪苏轼谈诗饮酒，还邀请苏轼同游济南的名胜之地——大明湖，并在湖边设宴盛情款待苏轼。

一次席间，李常拿出黄庭坚的一篇文稿向苏轼请教。黄庭坚是孙觉的女婿，是李常的外甥。苏轼在湖州时，经孙觉介绍，曾读过黄庭坚的诗。黄庭坚此时仍在北京国子监教学，苏轼一直未见到其人。通过李常，苏轼得见黄庭坚的又一篇作品，对文学功底深厚的黄庭坚印象更深了一层。

二月上旬，苏轼一家离开了济南。苏辙出京相迎，兄弟二人在澶濮道上相遇。七年未见，一朝相逢，执手相望，喜极而泣。弟弟打量着哥哥，七年前，老兄满头乌发，如今两鬓斑白。哥哥注视着弟弟，曾经年轻俊朗，如今满目沧桑。岁月在彼此的身上施展了无情的改变，但是，任凭容颜生变，却永远无法改变彼此至亲至爱的手足深情。

一番畅叙后，苏辙陪哥哥一同前往河中，一行人刚走到陈桥驿，突然接到朝廷诏书，苏轼的任职由河中府改为徐州知州。

到了京师的陈桥门，守城官吏阻拦不让苏轼等进城，说是奉上面旨意。宋朝内重外轻，也就是京官权力大，外官权力小，一般州县官员都被看作是粗俗之才，外官没有奉诏，不允许入城。

这些年，苏轼一直在地方任职，虽寄情山水，与民同乐，随缘而安，但离开京城的这几年时光，也一直心系国事，情牵民生。如今再回京城，却被拒于国门之外。春暖花开，东京虽美，朝廷对地方官员的冷落，却令苏轼十分心寒。苏轼等人只好一起回到范镇的东园。

范镇非常喜欢苏轼、苏辙两位后生，对一身才学的苏轼尤为欣赏。范镇任翰林学士时曾举荐苏轼为谏官，当时，谢景温为阻止苏轼进入谏院，诬陷苏轼私运官木。

范镇和司马光一样，也都是极力反对新法的老臣，因五次上疏反对新法，遭到王安石痛斥，之后以户部侍郎官职退休致仕。

年过七旬的范镇虽已致仕，却依然关心国家社稷和朝局的变化。变法派核心人物王安石、吕惠卿等人相继离开朝廷，范镇认为国事应有转机，正逢苏轼、苏辙同时来到京城，范镇大喜过望。

三人一番畅谈之后，范镇第二天就动身前往洛阳，去游说一直闭门编书的司马光出山，以匡救时局，拯救天下苍生。

司马光在尊贤坊国子监旁买了一块二十亩的土地，修建了一个园子，起名为独乐园。独乐园并不大，虽无法与洛阳其他的名园相比，但也有青山环绕，溪水长流。园中有水有鱼，有花有草，有台有竹。司马光分别为之起名为读书堂、钓鱼庵、种竹斋、菜药圃、浇花亭、见山台。

司马光远离朝政，在园中一心编书，闲暇时读书下棋，观花赏竹，饮酒作诗，每天过得逍遥自在。

范镇来到独乐园，二人一番畅饮畅谈。尽管范镇与司马光交情深厚，政治观点又近乎相同，但范镇并没有说动司马光。司马光只是给宰相吴充写了一封信，建议废除青苗、免役、保甲、市易法，停止征战，广开言路，之后依旧闭门不出。

遗憾的是，司马光的建议，吴充却无法采纳。吴充刚做宰相时，曾向神宗建议召回司马光等旧臣，但神宗富国强兵的目标并没有因王安石离去而停止，神宗需要养兵，需要继续以新法增加朝廷收入，所以并不打算召回那些反对新法的旧臣。

苏轼此次回京，距离上次离开京城已整整七年。东京城车马喧嚣，繁华如旧，表面上似乎没有任何改变，但朝廷内部却经历了巨大的人事变迁。

七年前，苏轼遭谢景温诬陷，带着深深的失望离开京城，七年的外放磨砺不仅抹平了苏轼内心的创痛，岁月的沉淀还让他多了一份理性与思考。

如今重回京城，他开始重新审视王安石变法的意义和自己曾经所作的言论。王安石不在了，苏轼突然觉得当今的朝廷正需要一个像王安石一样敢作敢为，有所担当的重臣。

北宋发展到今天，已危机重重，国家处境艰难，的确需要一场变革，拯救国家的危亡。王安石变法，原本适合时势，当时朝廷贤臣也都对变法求新抱有很大期望。只是，王安石用人不当，改革又操之过急，导致变法百弊丛生。尽管苏轼当时力陈新法的弊端，但最初他也是极力主张变法革新。

回顾王安石变法之初，苏轼心中无限感慨，他自我反省当年对新法的指责，言语可能有些过激。假如当年他和王安石都能保持冷静，神宗又能像今日这般善于纳谏，或许局势会有所不同。对此，苏轼深感懊悔，自责当年的意气用事。他在给老友滕达道的信中，也表达了这种懊悔之情。

苏轼和苏辙两兄弟住在东园期间，苏轼处理了家中的两件大事。一是为十八岁的长子苏迈举行了婚事，另一件则是为七岁的二儿子苏迨治病。

苏迨出生时，先天不足，三四岁时还不会走路，辩才法师为他摩顶祝赞之后，虽然能够走路了，但身体瘦弱，体倦乏力，经常生病。

苏辙幼年时和苏迨一样，一到夏天，脾胃不和，食欲缺乏，到了秋天，又肺部不适，手脚冰凉，畏寒怕冷。苏辙在陈州做学官时，道士李若之曾为苏辙传授服气法，苏辙坚持了一年，所有的病痛不药而愈。

此时，李道士正在京城，苏辙建议请李道士为苏迨调理一番。苏轼一直深信修道养气有助于身体康健，气血足则百病不侵。于是，把李道士请了过来，为苏迨"布气"。后来，苏迨果然身体渐渐强壮起来。

东园主人范镇去洛阳会见司马光仍未回来，苏轼住在东园期间，接到王诜的请柬，邀请苏轼于寒食节在北城外四照亭相见。

寒食节在清明节前一二日，是北宋民间的第一大祭日。在此节时，不能开火煮饭，只能吃提前煮熟备好的冷食而称之为"寒食节"。这一天的主要习俗有祭扫、聚会、踏青、蹴鞠等活动。

王诜（1048—1104），字晋卿，太原人。出身贵族，是开国元勋王全斌的后代。

熙宁二年（1069），王诜迎娶了宋英宗之女蜀国大长公主。公主与当朝皇帝宋神宗是一母同胞，同为宣仁高太后所生，王诜因娶了公主，拜左卫将军、驸马都尉，身份显赫、富贵逼人。

王诜是山水画的名家，也善作诗词，喜好结交名人雅士，苏轼、黄庭坚、米芾、秦观等都是他的座上宾。

三月初二这一天，苏轼应约早早来到四照亭。亭前，骏马成行，金镳玉辔，仆人穿梭，往来照应。行账里酒宴丰盛，香气缭绕，弦乐助兴，一派奢华。王诜还带来六七个侍女，陪酒待客。这几个侍女，各个纤细婀娜、妩媚动人、仙姿玉色犹如画中美人一般。

苏轼在杭州见过无数的名妓与美女，这几个侍女的美貌，即使与杭州城的第一名妓周韶相比，也毫不逊色。

席间，苏轼应邀作了《洞仙歌》与《喜长春》各一首。苏轼对那日聚会的场面记忆深刻，两年后，还作诗送给王诜描写那一天的情景："北城寒食烟火微，落花蝴蝶作团飞。"

第二天，王诜拿来唐代著名画家韩幹画的牧马图，请苏轼在画上题跋。韩幹以画马著称，他经常在马厩里观察马的习性动作，用心揣摩，久而久之，他画的马栩栩如生，充满生命的动感。苏轼曾云："韩生画马真是马，苏子作诗如见画。"

王诜爱画如痴，一生收集了大量名人名画。这幅《牧马图》只是他的众多收藏画中之一。"王良挟策飞上天，何必俯首服短辕"。苏轼应王诜之请，在画上题诗《书韩幹牧马图》，苏轼为马悲哀，也为自己不能伸缩自如的命运感到悲哀。后来，这幅图加上了书法大家、北宋皇帝宋徽宗的亲笔题字"韩幹真迹，丁亥御笔"，可谓价值千金。

一个月后，范镇从洛阳回到东园，顺便还带回了司马光写给苏轼的《题超然台诗》。后来，苏轼到了徐州，司马光又寄来了一篇他写的《独乐园记》。苏轼对司马光的退隐独乐，非常理解，但他又希望德才兼备的司马君实能入朝执政，以国事为重，不负天下人的厚望。因此，苏轼后来也写了一首《司马君实独乐园》，赠予司马光。"……先生独何事，四海望陶冶。儿童诵君实，走卒知司马……"

苏轼在京已经逗留了很长时间，需要即刻赶往徐州上任，于是，兄弟俩和范镇告别，前往徐州。

熙宁十年（1077）四月，苏轼和苏辙在去徐州的路上，经过南都，再次去拜见张方平。张方平刚被派任宣徽南院使，兼判应天府。苏辙此时已改官为著作郎，但没有实差，还在待职候补，张方平很高兴地举荐苏辙签书应天府判官。

当年，张方平因反对新法离开朝廷，这些年虽一直身在地方，却始终关注时政，忧国忧民。

熙宁三年（1070），神宗接受建昌军司理王韶的平戎策，先收河湟，再取西夏。熙宁五年（1072），王韶率兵进击吐蕃，初战大胜后，战事一直处于胶着状态再无收获。熙宁九年（1076）十二月，神宗又派内侍押班李宪领兵挂帅前往洮河，处理边事。

如今，宋神宗赵顼年近三十，君临天下已整整十年，再不是初登大宝的青涩少年，朝中臣子都惧怕皇帝的威严，即使有远见卓识的臣子也不敢劝谏。张方平十分痛恨那些阿谀谄媚的朝臣，为了个人名利逢君之恶，不顾国家安危。

从古至今，国家富强，将卒精良，只因君王好动干戈，而使国家陷入危乱甚至灭亡的，数不胜数。李宪在洮州小胜，张方平担忧神宗恃强轻敌，骄矜用兵，以致造成不可挽回的后果。张方平和苏轼、苏辙这三个远离京城的人，心系国运，彻夜长谈。他们一致认为神宗若继续穷兵黩武，国家将陷入危难。

张方平和苏轼商量一番后，由苏轼执笔，张方平出面，借苏轼经天纬地、卓荦超伦之才，力挽金戈铁马、狼烟烽火之笔，给神宗皇帝写了一篇《谏用兵书》，痛陈大动干戈的弊端，力劝神宗偃兵息武，文中写道：

> "兴师十万，日费千金……内则府库空虚，外则百姓穷匮。饥寒逼迫，其后必有盗贼之忧；死伤愁怨，其终必致水旱之报。上则将帅拥众，有跋扈之心；下则士众久役，有溃叛之志。变故百出，皆由用兵。"

秦皇汉武逢战必胜，虽开阔了疆土，却因兵祸不断致使国力衰弱。战争让百姓流离失所，民不聊生，国库耗尽。

苏轼根据自己多年外放从政的经历和对百姓生活的了解，结合当朝局势做了深入思考，把忧国忧民的大义情怀和保疆睦邻的赤诚之心倾注文字之中，忠直谏诤、谆谆告诫。

这篇策论韬略宏伟，气势磅礴，议论雄俊卓绝又风格清新，言辞不疾不徐而精练流畅，以古鉴今有理有据，骈散并行张弛有度，和苏轼当年科举考试的那篇策论相比，其雄辩纵横的高见卓识更胜一筹。

这篇文章无疑是苏轼众多策论中的经典之作。曾有后人评价：盖以东坡之长江大河，而泻张公之湖海停蓄者也。

苏轼这篇胸藏韬略、謇謇匪躬又逆指犯颜的文章呈上之后，很快传遍朝野，文人学子争相传诵。神宗看到也反复品味，耸然动容。苏轼颖悟超群，令神宗赞叹不已，然而，神宗思虑良久，最终还是没有改变他对外征战的信念。

神宗一意孤行、坚持己见是有原因的。想要知道一代帝王的所思所想，了解神宗的态度和选择，就要了解他的成长经历和心理路程，这就要从神宗的父亲说起。

神宗的父亲英宗，原名赵宗实，是宋仁宗堂兄弟的儿子。因仁宗无子，宗实被选为皇储备胎，少年迎进皇宫。

作为皇帝，坐拥四海，尽享天下，唯独想要个儿子，有时却苦求而不得。宋朝十八个皇帝，无子为继的就有六人。

有人求子不得，有人却儿孙满堂。宗实之父，赵允让，就是一个多子多孙的王爷。赵允让是宋太宗的孙子，赵元份的第三个儿子。赵允让共有二十八个儿子。宗实，生于1032年二月十七日，在兄弟中排行第十三，是众兄弟中最普通、最平凡的一个。

传闻，选皇储那天，赵允让令他的儿子们早早地起床，洗漱后，穿戴整齐地站成一排，等候命运的挑选。这些孩子早就被告知，如果能被选中，将来就可能成为大宋的天子，享九五之尊。孩子们知道，这是改变一生命运的时刻，每个人的脸上都流露出无法掩饰的兴奋和紧张。

皇宫里来人到了赵允让家里，仔细看了众多的孩子，却并未相中一人，转身欲离去时，看见院子的角落还有一个孩子正独自玩着，那个孩子正是宗实。

不知为什么，宗实竟被父亲疏忽忘记了。很显然，他应该不是父亲最宠爱的儿子，那些在父亲心中占重要分量的孩子，事先早被叮嘱一遍又一遍，已刚刚接受完命运的筛选。

宗实抬头瞥了一眼面前的几个陌生人，小小年纪并不清楚他们是做什么的，继续低头自顾玩着，没有任何改变。小宗实我行我素、从容无惧的一眼，和那些早早被大人告知，心里已有准备反而紧张慌乱的兄弟们相比，宗实的处变不惊、镇定自若、孤高不群在众多兄弟中脱颖而出。

选官们一眼看中，就是他了！

就是这不动声色、无动于衷的表情，就是这不经意的漠然一瞥，让赵宗实，一夜之间，备受瞩目。不仅令朝廷的臣子们心思攒动，就是自家的兄长也无限嫉恨。

宗实被迎进宫中，作为皇储，靠的是玄之又玄的运气。他是幸运的，却又是不幸的。从普普通通、心如止水到被选入宫，喜从天降，成为储君，他十分幸运。后来，随着仁宗之子赵昕的一声降世啼哭，宗实一瞬间从触手可及的至高荣耀坠入灰飞烟灭的谷底，被遗弃送出宫外，失落至极。

仁宗出生之前，宗实的父亲，也就是神宗的祖父赵允让，也曾被绿车旄节接入宫。在宋真宗长子夭折，宋仁宗出生之前，赵允让被宋真宗选为了继承人。后来，宋仁宗出生以后，赵允让又被送回府邸。可见，仁宗迎送宗实出宫，也是效法先帝。

宗实回到自己家中，恢复了往昔的生活。平静下来没多久，皇宫里突然传来赵昕不幸夭折的惊天消息。仁宗皇子夭折，仁宗再次被群臣力谏立储，宗实也再度被迎进皇宫作为皇储。本已郁郁寡欢的宗实又开始心潮起伏，激动莫名。

几番大起大落，宗实精神备受折磨。直到仁宗驾崩，宗实终于战战兢兢，如履薄冰，似梦非梦地登上宝座，成为大宋第五位皇帝，也就是宋英宗。

假如赵昕能够健康长大，或仁宗能再有一子，假如那日在众多的孩子中，被选中的不是宗实而是另一个，那么历史又将改写。

我们读史，经常会有这样的叹惋，"如果，不然"，等等，可惜，历史从来没有"假如"。历史，之所以比小说更有魅力、更吸引人，就因为它无论是悲是喜，是残缺还是完美，最可贵之处就是真实。因为真实，才更迷人，才有价值，让人开卷有益，以史为鉴，知古思今，回味无穷。

神宗自然知道父亲曾经的经历，知道自己的子承父位，也是凭着玄之又玄的天赐运气。事实上，不只父亲，就连他自己，虽身为嫡长子，却也差点与皇位失之交臂。

父亲宋英宗驾崩前的一个月，宋神宗赵顼才被立为太子，在此之前，他的弟弟赵颢在母亲高滔滔的宠溺和偏爱下，一直对皇位虎视眈眈。神宗的皇位得来也不易，因此，神宗更不甘心做一个守成之主。

他之所以任用王安石实行新法，是想开疆扩土，实现汉唐以来的荣耀，成就一番帝王伟业，以此为父正名，来证实他父亲这一支血脉继承大统，当之无愧。同时也为自己正名，他才是上天之选的有为之主。

想想看，秦以关中之地、一国之力尚能一统九州，而宋无论工业、农业、商业和技术都远超前朝数倍，国家富庶，文化繁荣，百姓安乐，天下归心。有着这样的优势和条件，哪个帝王不想达到秦皇汉武的文韬武略？哪个登上大宝的天子不想比肩尧舜？

神宗的理想很远大，可惜，现实却总是和理想背道而驰。后来，永乐城兵败，宋神宗每每想到苏轼的这篇文章，便痛悔万分，遗憾的是，一切悔之晚矣。

熙宁十年（1077）四月，苏轼终于到了徐州任上。

苏轼下车后就开始忙于公务，苏辙也要很快赶往南京赴任，兄弟两人都非常珍惜在一起的最后几天时光。

一天夜晚，兄弟二人在逍遥堂抵足长谈，突然风雨交加，苏辙不禁想起在怀远驿读书备考的时光。那时，兄弟二人曾相约，功成名就后，一起退隐林下、纵情山水、风雨对床，尽享手足之情。当时，两人还是二十出头的翩翩少年，如今，十几年过去了，兄弟俩都已华发早生，满目沧桑。

"夜雨何时听萧瑟"，想到兄弟俩仍漂泊地方，夙愿难成，苏辙心中陡然有些凄凉，随兴作了两首诗，《逍遥堂会宿二首》。

苏辙沉静稳重，淳朴敦厚，总能顺其自然，安之若素，很少像今天这般低落感伤。苏轼读了弟弟写的诗，心有同感，只能劝慰弟弟，宦海浮沉，分离的时间短暂，以后退隐相聚的日子会很长。

"别期渐近不堪闻，风雨潇潇已断魂。犹胜相逢不相识，形容变尽语音存。"纵使心有戚戚，也只能如此自我安慰。

苏辙临别的前夜，正值中秋。苏轼在彭城摆酒设宴，邀请了许多朋友共度佳节，同时也为弟弟饯行。

徐州城东有一大风景名胜，名为泗水。临城一段河水向下奔流，溅落在岩石上，白浪腾飞，碧玉粉碎，漾起一片轻烟薄雾。离城两里之外却静影沉璧，波澜不兴，水清见底。苏轼、苏辙和几位朋友一起同游泗水，泛舟赏月。

仕宦生涯漂泊难定，面对即将分离之痛，一向平和淡静的苏辙突然又无限伤感："今夜清樽对客，明夜孤帆水驿，依旧照离忧。"

夜幕低垂，宾客散去，兄弟二人对坐无语，仰头望月。

一年前的中秋，苏轼在密州思念弟弟，望着一轮皓月曾写下："明月几时有，把酒问青天。"如今，月圆之夜，中秋佳节，兄弟二人终于团聚，却又陷入深深的离愁别绪中。

在那个车马很慢很慢的年代，一次行程动辄数月，每一次相聚都十分艰难，因此格外令人珍惜，每一次分离也非常痛苦，因为重逢不易。

最后的一晚，难舍难分。天亮了，苏辙就要乘船离去，到南京就任。苏轼万分不舍，却不得不眼睁睁看着弟弟离开。

在一起时，只要看着弟弟，什么都不说，就觉得安心和快慰，苏辙刚一离去，苏轼突然想起有很多话忘了嘱咐，于是，匆忙拿出纸笔，写下一首《初别子由》诗，寄往南都。

苏辙离开了，苏轼的心里空空荡荡。多年来，两兄弟聚少离多，夜雨对床的愿望，对于他们依然缥缈而遥远。

第十三章　徐州知州

徐州古称彭城。相传大禹治水时期，把天下分为九州，徐州是其中之一。徐州在淮河以北，黄河以西，包括今天的江苏北部、山东南部以及安徽的北部。

自从汉代以来，徐州疆土日渐狭窄，但因占据特殊的地理位置，南屏淮泗之水，北临沂蒙山区，把控着冲要之所，自古为兵家必争之地。项羽定都彭城复国灭秦，曹操得彭城后成就霸业；刘备得徐州后实力转强；吕布占徐州后扼咽喉之地。徐州的地理位置实在不容小觑。

徐州盛产黄冈石和铁，因城内富藏大量铁矿，很多百姓以打铁为业，城中大小铁铺有上百家之多。除了制造耕农器械，更主要是为官军铸造刀剑。但徐州没有石炭，一直采用木炭炼铁，因此火力不足。

徐州自古精于冶炼，所铸刀剑闻名全国，或许此地蕴藏煤矿。苏轼到了徐州后，就派人四处勘查，一年后，在徐州西南白土镇北部果然发现了石炭，找到储量颇丰的煤矿。

煤的火力远远胜于木炭，烧煤炼铁，烁玉流金，从此，徐州打造出来的兵器比以往更加锋利坚韧。苏轼开心地在诗中写道："为君铸作百炼刀，要斩长鲸为万段。"

徐州是京东的屏障，自古为兵家征战抢夺之地，民风彪悍，盗贼猖獗。因常年遭受战火硝烟，徐州百姓生活十分困苦。

距离徐州七十里外，有个盘马山，山上产铁，山下有个集镇，本是徐州的冶铁之处，宋代升为利国监。集镇上有三十六个兵器作坊，作坊里有三四千名工人，规模很大。因大小作坊云集，当地十分富庶，豪绅上百，堆金积玉。附近守卫的驻军却不多，力量十分薄弱，一旦遇到大批盗匪，官兵若弃地逃亡，强盗不但会抢走无数财产，还会抢夺大量精良兵器。有了钱和兵器，如果招兵买马，壮大势力，后果则不堪想象。

苏轼多方巡查，了解到京东一代的很多盗匪都曾是大宋的逃兵，如果政府能够多加体恤安抚军士，让他们生活无忧，就不会有大量士兵逃亡，盗贼也能控制肃清。

徐州为南北襟要，地近京畿，关系着京都诸郡的安危，军事地位十分重要。一旦有变，后果无法估量。苏轼思虑数日，为了徐州的长治久安，谋划了几条防御之策。

苏轼把这些想法写进奏疏《徐州上皇帝书》，奏请朝廷，其中包括允许利国监冶铁工人组团自卫，并请求南京新招骑射指挥，充实地方军力等，使徐州成为京师坚固的屏障。

苏轼的这道奏疏言语质朴平淡，和他之前的几次上书相比，文字既不华美，气势也不磅礴，然而这篇文字蕴含的韬略却充满了卓绝的智慧，不但现实可行，且十分必要。

毫无疑问，苏轼经过多年地方政务的历练，眼光敏锐，见识独到，思考问题也十分长远，对徐州这一军事据点的治理有着深刻的见解。如果神宗当时能够采纳他的建议，五十年后金兵南下时，徐州可能会得到更有效的防御，从而扼制金军的入侵。遗憾的是，这篇奏疏并未得到神宗的重视与采纳。

数日过去了，苏轼一直没得到朝廷答复，身为徐州太守的苏轼，认为此事事关重大，必须立刻采取措施。于是，立刻下令三十六个冶场，各选数十人，由官署统一管理，配给刀枪，组成自卫队练习应战，这样盗贼就不敢轻易来犯。为了徐州的安危，苏轼只能擅自做主，即使朝廷怪罪下来，他也甘愿一力承担。作为知州，权力有限，苏轼能做的也只有这些。

苏轼上任后，每天都忙于处理各种公务。在审查刑狱时，他发现监狱里经常有囚犯因病未得到妥善治疗而死亡，这让他感到十分心痛。

于是，苏轼再次上书给主管各州刑狱和治安的司理院和军巡院，请求他们下令各县选派一名医生和差役，前往监狱专门负责囚犯的医疗工作。医疗费用由各县根据囚犯人数设立专项经费，以供医治之需。

苏轼为囚犯上书，他认为，即便是囚禁在狱中的人，也应该获得救助和医治。然而，遗憾的是，他的建议并没有得到政府的重视。

转眼间，苏轼已经在徐州上任两个半月了，对该地区有了初步的了解，对知府衙门众官吏也早已熟悉，一些紧要的公务刚安排完毕，熙宁十年（1077）七月十七这一天，突然传来消息，黄河在澶州的曹村附近决堤。

澶州在河南濮阳西侧，黄河水冲破堤坝，洪水四溢，如千军万马流入山东境内，首先在山东东平县泛滥。当地官民面对突如其来的巨大洪灾，不知如何应对，人心惶惶，有如世界末日降临。

这时有一个僧人名叫应言，想出一条良策：凿开清冷口，把洪水引入已经废弃的旧河道，使洪水由东北流入海中。当地官吏将信将疑，因没有其他办法可行，只好采纳了僧人的建议，果然，洪水退去，东平免去了一场灾难。

徐州地处黄河下游，北邻淮河流域，由于近海多山，境内多是丘陵平原，极易遭受水患。但此次黄河在澶州决口，汴河水却依旧干旱，没人料到黄河水涨会蔓延到徐州境内。

七月二十八日，黄河河道南徙，洪水进入淮泗，流入巨野，八月，梁山泊泛滥。八月二十一日，天降大雨，南清河水突然暴涨溢出，洪水逼近徐州城下。

徐州城山环水绕，洪水泛滥触山而止，无处流泻，只能持续上涨，很快水面高处城内平地一丈九寸。水漫城墙，一片汪洋，城墙即将被冲毁，洪水眼看要泄进城里，徐州危急。

城内的一些富人争先恐后要逃出城避难，惊慌失措、哀求吵闹的人群挤在城门口，一片混乱。如果富人都逃出城，民心就会动摇，徐州城更将不保。

苏轼站在城门口，阻拦这些富人，不让出城。他向百姓保证，只要有他在，绝不会让洪水毁了城墙。苏轼将富人赶回城中后，立刻冒雨跑到当地的武卫营，向禁军首领求助，让他们帮忙抗洪救灾，保卫徐州。

北宋时期，为加强中央集权，皇帝是军队的最高统帅，直接掌握军队的调动和指挥，将领不能专兵，地方官也无权调配。但情势急迫，苏轼别无他法，只能非常规行事，恳请禁军支持。

禁军首领见苏轼浑身湿透，泥水满身，太守亲临一线抢险令其感动不已，立刻率领禁军出营。于是，苏轼带领徐州城的百姓、牢城的兵卒、武卫营的禁军，各持畚箕铲子等工具赤脚上阵，一同抗洪护城。

天禧年间，徐州曾筑有两条防水堤岸，一条沿着城壕直到戏马台山麓，一条从新墙门直通南京门之北。苏轼通过城中年长的百姓得知这条重要的信息后，立刻召集城中有经验的父老商议，并亲自乘船考察，最后决定出一条解决方案：修建一条东南方向的防水堤，以抵抗洪水。

五千多名被紧急征召的民夫和禁军兵卒一起，从戏马台一直到徐州城，连夜修建了一条长达九百八十四丈，高一丈，宽两丈的长堤。

长堤刚修成，洪水已涨到两丈八尺九寸，水从东南方向奔腾而来，幸好有堤坝挡住，不然后果不可想象。

自从修建堤坝，苏轼日夜在城上巡视指挥，组织军民、调派人手，并让官吏们分别在城墙各处守卫。白天，他穿着雨靴与民工一起抗洪，夜晚就宿在城上，经过家门也不进。百姓见太守寸步不离，官军一起守护城墙，又有新建的长堤防护，心情渐渐安定下来。

苏轼又下令把徐州城内几百艘公私船只集中一起，用缆绳连接起来，系在城墙之下，这样就可以增加阻力，大大减轻洪水冲击城墙的力度。能做的都已做了，大雨却依然日夜不停，水势有增无减，没有受损的城墙最后只剩下三板。

苏轼身披蓑衣，竹杖芒鞋，自始至终站在最前线，乐观地鼓舞着民众，一直坚持到最后。他深信，身为一州之长，只要他不倒下，百姓就会充满信心。

洪水呼啸而来，浊浪滔天，苏轼身先士卒，率众死守，与大水连续奋战了七十多天，直到十月初五，水势才渐渐消退。

十月十三日，一场持续了一整天的狂风，改变了黄河水的流向。风停雨住，泛滥的黄河水也从一支流，退回黄河故道，洪水终于彻底退去。

水火无情，洪水猛兽，果不其然。据史料记载，徐州此次洪水是自汉武帝元光年间，一千一百多年以来最大的一次。此次黄河决口，共淹没了 45 个州县，三十万顷良田。

洪水退却，苏轼终于回到家中与妻子团聚，二人相见后仿佛还在梦中，感觉死里逃生一般。苏轼高兴得喜不自胜，摆酒设宴，尽情畅饮，并且作诗笑侃，庆幸没能沦为鱼鳖。

惊魂初定，痛定思痛。通过这次洪水，苏轼认为在城墙之外筑建石堤，加造小城墙才能彻底防御洪水，避免再次发生这样的洪灾，这样，老百姓就不会再受到水患的困扰。

经过认真的考察和预算，苏轼拟定了一项防洪工程，上奏朝廷请求拨款，修建外城墙。

直到第二年正月，苏轼的请求一直未得到朝廷答复。苏轼猜想或许是经费太高，而不能得到批准，于是，缩紧预算后，苏轼再次上书，改请修建木堤。这样，预算工费减少了一半，但仍需要民工六千余人，粮食四千三百多担，钱一万四千多贯方可建成。

尽管木堤并非长治久安之策，但也能保徐州百姓几十年不再遭受水患。苏轼还同时写信给时任国史院编修官的刘攽，托他多方周旋，协力通过这项计划。为了徐州百姓的长治久安，苏轼转托人情，忧民所忧，可谓用心良苦。

京东东路转运司，奏报徐州抗洪得胜，为徐州太守苏轼请功。元丰元年（1078）二月初，神宗皇帝颁发诏书嘉奖苏轼，同时，诏令赏赐钱二千四百一十万，奖励抗洪抢险的四千零二十三名夫役。另外，又发放常平钱六百三十四万，米一千八百余斛，批准征募三千零二十名工役，建筑外小城。

得到了朝廷的嘉奖，还获得了工程批款，这不仅是对苏轼工作的肯定，也是对新工程的认可。有了这笔资金，就可以启动修建工程，徐州百姓将不再受水患的困扰。能为百姓解决问题，多做实事，苏轼心怀喜悦。

在修建这项工程时，苏轼亲自设计了工程图样。他下令扩建子城的东门，增建了一座高楼，并用黄土涂抹于城楼。出于五行之理，土能克水，此举旨在防范水患。苏轼还派人将这次抗洪救灾的经过与皇上颁发的诏书刻于黄楼之上。

在徐州官署中，有一座历史悠久的旧厅堂，传说是项羽占领徐州时所建，人称"霸王厅"。据说自项羽之后，任何人进入霸王厅都会招来横祸，因此后人一直不敢涉足，致使这座厅堂年久废置。然而，苏轼对这些传说并不信以为真。他不喜欢项羽，认为项羽空有虚名，因此下令将霸王厅拆除，将拆卸下来的材料全部用于建造黄楼。

苏轼的祖父苏序年轻时曾带人拆毁了茅将军庙，苏轼无愧是苏序的子孙，他的勇敢无畏，刚正不阿，正如祖父年轻时一模一样。

世人皆知苏轼诗文出众，才华盖世，很难想象，苏轼不只是文笔精粹，从政地方，也能恪尽职守、无私无畏。他不但没有被洪水吓倒，退水之后，也不居功自傲，而是深谋远虑，清醒理智，更加勤勉，想到率先施行水利建设，疏通通道，筑建堤防，防患于未然，彻底为百姓解决后顾之忧。

正如苏轼自己所说，"某岂晓土功水利者乎？职事所迫，不得不尔。惟念此一城生聚，必不忍弃为鱼鳖也"。他并不是水利专家，只因苏轼心系百姓，爱民如子，因此他才无所不能。

徐州这个地方多灾多难，刚经历了一场历史罕见的水灾，第二年春天，又遭遇了严重的旱灾，数月无雨，草木焦枯。苏轼深悯百姓疾苦，接受徐州乡民的恳请，前往城东二十里外的石潭求雨。

天降喜雨，旱情解除后，苏轼再次亲临石潭谢雨，并将沿途丰收景象写入词中："簌簌衣巾落枣花，村南村北响缲车。牛衣古柳卖黄瓜。酒困路长唯欲睡，日高人渴漫思茶。敲门试问野人家。"这阕词格调清新自然，文字简约淳朴，如清风拂面，读来令人耳目一新。

从城市到村庄，从山谷到田间，苏轼无论走到哪里，都得到百姓的拥戴。男女老少围绕着太守，满怀敬仰和爱戴。苏轼很亲切地融入百姓之间，攀谈求茶，与民同乐。

苏轼在徐州写下的几首有关农村生活的诗词，清新明快，淳朴自然，散发着乡野的气息，是苏轼在词作内容和风格上的又一次拓展。

在徐州期间，苏轼忙于政事之余，还结交了许多文士。苏轼的朋友李常在齐州任职期满，趁着迁徙官职的机会，于元丰元年（1078）三月的寒食节到徐州拜访苏轼。当时，苏轼正在城外监督工程，听到李常从济南来到徐州，匆匆忙忙赶回家。李常坐在苏轼家中等了很久，见到苏轼满身灰土，笑着调侃，他更像风尘仆仆、远道而来的客人。

苏轼在济南时，李常陪苏轼饮酒谈诗，盛情款待，如今李常来到徐州，苏轼必定会好好招待这位老友。

李常在徐州逗留了十天，每天苏轼都与他聊到深夜，十分欢畅。李常离去之际，苏轼作诗送别，感慨一生朋友虽多，能聊得来又志同道合者却寥寥无几，聚少离多成为朋友间的常态。

人生中，会有很多相遇。有的擦肩而过，有的来去匆匆，有些人的出现看似云淡风轻，却起着桥梁一样至关重要的作用。李常离开了徐州，在他走后不久，就有两个和他有关的后辈才俊，以诗文投到苏轼门下请教。这两人一个是秦观，另一个是与苏轼一直未曾谋面的黄庭坚。

秦观（1049—1100），字少游，高邮人（今江苏高邮）。秦观少年聪颖，博览群书，纵游各地，志向远大，却一直考场失意。

开科取士时代，科举不仅是寒门学子改变命运的唯一出路，也是检验和衡量才学的试金石。纵使博古通今，才华横溢，著作加身，通不过科举之门，就无法得到崇高的荣誉和地位，更无法得到世人的尊重和认可。

秦观科举落第，决定再去应试。在他再次赴京赶考途中，遇到李常。李常写了封信给苏轼，介绍秦观。

能有幸结实苏轼，秦观喜出望外。"人生异趣各有求，系风捕影只怀忧。

我独不愿万户侯，惟愿一识苏徐州。"秦观特地上门执弟子之礼，向苏轼进呈自己的诗文请教。

苏轼在济南时，已从李常那里看过秦观的文章，那些文字俊逸精妙、珠圆玉润，今日再看其人，谦谦君子、风姿俊秀，待人接物彬彬有礼，苏轼一眼就喜欢上这个小他十三岁的年轻后生。

"将军百战竟不侯，伯郎一斗得凉州。"作为前辈，也是科举的过来人，苏轼十分关心秦观的应考，写诗赠予秦观。考期临近，苏轼不想他被耽误，便约他考试结束后再来徐州。遗憾的是，发榜之日，秦观再次落第，十分沮丧，也不好意思再见苏轼，直接回高邮去了。

苏轼深深感叹，"回看世上无伯乐，却道盐车胜月题。"后来，徐州黄楼建成，秦观写了一篇《黄楼赋》给苏轼，苏轼也赠诗对他回谢和鼓励。

苏门四学子中有两位是李常所推荐，除了秦观，另一位是黄庭坚。这次，李常从徐州回去后，再次鼓励外甥黄庭坚向苏轼寄诗求教。

黄庭坚，时年三十四岁，比苏轼小九岁。黄庭坚从小聪明过人，读书数遍就能背诵下来，五岁读完《五经》，六岁时便能作牧童诗："骑牛远远过前村，吹笛风斜隔岸闻，多少长安名利客，机关用尽不如君。"

黄庭坚是北宋诗人黄庶之子，其父诗学韩愈。黄庭坚十四岁时，黄庶去世，黄庭坚就跟随舅舅李常游学，在李常身边三年，黄庭坚很快遍读李常的藏书，除了百家经典，也对诗文著作产生浓厚兴趣。

在李常引荐下，黄庭坚认识了著名诗人孙觉。孙觉十分欣赏黄庭坚的才华，后来将女儿嫁给了他，做他的继室。苏轼最初就是通过黄庭坚的岳丈孙觉，读到黄庭坚的诗文，后来又在李常那里读到更多黄庭坚的诗文旧稿。

黄庭坚的诗作既风格奇崛，超逸绝尘，又讲究章法，字字凝练，令苏轼印象极为深刻。这次，黄庭坚投寄给苏轼《古风二首》，诗中借物言志，赞扬苏轼有宰辅之才，即使没被重用，依然风骨高洁、凌寒绽放。

黄庭坚的诗以杜甫为宗，法度严谨，重视句法。苏轼也回信和诗两首，并在信函中，大赞黄庭坚的两首诗，托物引类，很有古诗人之风。从这时开始，苏轼和黄庭坚开始了诗词唱和，由于两人一直身处异地，只能书信往来。

此时的苏轼已经名满天下，无论诗词文还是书法、绘画，都是当时翘楚。自从欧阳修去世后，天下文人几乎已经公认，苏轼传承了一代宗师欧阳修的文坛领军地位，因此，文人雅士争相与苏轼交往，年轻一辈都以能投在苏轼门下为荣。

苏轼结识这些人才纯属因缘际会，当初都是应朋友之请，他也只是抱着结交朋友的心态，和这些青年才俊赠诗交往。然而，随着时间的推移，彼此越来越情趣相投，相谈甚欢，直至建立了师生之谊。秦观、黄庭坚以及之前相识的张耒、晁补之，相继投靠苏轼门下，并在他的悉心提携下而知名于世，这四人合称"苏门四学士"。他们文才出众、诗艺精湛，才德兼备，为后世所称颂。

在徐州期间，苏轼也结识了另外几个令他赏识的青年朋友，其中有王迥、王适兄弟。王适是徐州的州学生，敦厚朴实，深沉文静，很像苏辙。后来，苏轼做媒，把苏辙的一个女儿嫁给了王适。王迥、王适两兄弟住在徐州官舍，苏轼对他们照顾有加。

元丰二年（1079）二月，春风拂面，杏花盛开，苏轼的同乡张师厚进京赶考，经过徐州时来拜访苏轼。夜阑人静，明月皎皎，苏轼在杏花下与三个青年后生举杯共饮，月下吟诗，其乐融融。

王迥、王适两兄弟吹箫助兴，苏轼赋诗一首《月夜与客饮酒杏花下》。这首诗前几句清淡雅致，后几句语境突然陡转，洞箫声断，月落杯空，春风卷地，叶落花残。良宵美景转瞬即逝，夜幕沉沉，仿佛乌云滚滚，一场疾风暴雨即将来临。

"明朝卷地春风恶，但见绿叶栖残红。"四个多月后，苏轼突遭横祸，让人不禁感慨这首乘兴写下的诗，最后这两句莫非诗谶？

元丰元年（1078）八月十一日，黄楼落成，宏伟壮观，高十丈。

重阳节这一天，在黄楼举行了盛大的落成典礼，参加庆典的知名人士多达三十多人。一年前的此刻水漫徐州，一年后的这一天，徐州百姓汇聚黄楼前，一起庆祝这难忘的时刻。黄楼的意义既是对抗洪胜利的纪念，也是防水工程建成的标志和防水力量的象征。

苏辙撰写了一篇黄楼赋，苏轼则亲自书写此赋，刻在碑上立于黄楼。关于享有盛誉的黄楼赋碑文，有两个令人津津乐道的故事。有青楼女子因此碑名扬天下，也有当地贪官因此赋一夜暴富。

徐州有一名官妓，名叫马盼盼，善解风情，灵慧俏丽，十分钟慕苏轼的才情，尤其喜欢苏轼的书法，每有机会，便认真观察苏轼挥笔落墨，用心揣摩，久而久之，竟也能得其形似。

苏轼为黄楼赋书写碑文时，马盼盼在一旁研墨濡毫、服侍左右。苏轼写到一半，忽然有事离开一会儿，马盼盼看着纸上墨迹未干、圆润饱满的字体，一时兴起，十分手痒，忍不住拿起笔续写了下去。

过了一会儿，苏轼回来了，看到纸上多了"山川开合"四字，和他的字体看起来很像，虽然没有苏轼运笔的神韵，但和他写的字放在一块，丝毫没有违和感。

苏轼哈哈大笑，不但没生气，反倒拿起笔，为盼盼写的那几个字略加润色修饰，然后继续写了下去。后来流传的黄楼赋碑帖中，"山川开合"四个字，正是马盼盼调皮留下的笔迹。

苏轼的书法位居宋代四大书法家之首，能够混进苏轼墨宝，以假乱真，可见马盼盼天赋超人，她的书法造诣也绝非一般，因此得到苏轼的青睐。

苏东坡对马盼盼的那种怜香惜玉的缱绻之情，似乎和一个唐代的名妓关盼盼有关。关盼盼是唐代一名舞伎，也是工部尚书张愔的爱妾。关盼盼风姿绰约、能歌善舞，白居易曾在张愔家宴上见过关盼盼，称赞关盼盼的娇艳美态无与伦比，可与花中之王牡丹媲美。

后来，张愔离世，关盼盼万念俱灰，独居徐州燕子楼内，为张愔守节，凄清孤苦十多年没再嫁人。

白居易非常感慨，作诗几首，其中一首："黄金不惜买蛾眉，拣得如花三四枝。歌舞教成心力尽，一朝身去不相随。"

在燕子楼中闭门独居的关盼盼读到这首诗后，知道是在讽刺自己，于是答诗一首，"自守空房恨敛眉，形同春后牡丹枝。舍人不会人深意，讶道泉台不去随。"关盼盼留下这首诗，之后绝食而死。

其实，关于"白居易逼死关盼盼"的故事，是唐末后人对故事原型的改编，并非史实。

事实上，白居易知道关盼盼，是通过一个名叫张仲素的人，此人在张愔手下任职多年。张仲素不仅告诉了白居易有关盼盼的故事，还写了三首关于盼盼的诗《燕子楼新咏》，拿给白居易看。白居易读了十分感慨，也和诗三首给张仲素。

白居易的诗并非直接写给关盼盼，却被后世传为白居易写诗逼死关盼盼，使得这个故事听起来更加凄美。

凄婉的故事总是令人黯然叹惋，连苏轼也为此感伤。他十分同情关盼盼，有一次甚至在梦中登临燕子楼。梦醒后，他特意登楼怀古，在关盼盼曾经居住的园中徘徊许久。佳人已逝，楼宇空空，庭院清寂，月影稀疏斜映。苏轼漫步园中，感受着小园夜晚的清幽景致，写下了一阙《永遇乐》，凭吊燕子楼中早已香消玉殒的关盼盼。忆古思今，他猜想，后世之人面对黄楼夜景时，也一定会为他苏子瞻而深深感叹。

苏轼的这番感叹，自然与关盼盼一字之差的马盼盼有关。如苏轼所料，千百年之后，关于黄楼与马盼盼的故事，更让后人津津乐道。

关于黄楼，还有一个有关贪官的故事。后来党祸发生，朝廷下诏，凡是苏轼撰著的碑碣匾额，一律销毁。

一声诏令，苏轼书写的石碑惨遭灭顶之灾，只剩徐州的黄楼赋碑文。徐州百姓感念苏轼恩德，试图守护，当时的徐州太守也不舍得将石碑砸毁，于是命人将这块碑石沉入城濠水底，黄楼也被改名为"观风"。

到了宣和末年，朝廷禁令渐渐松弛，达官显贵和文人墨客争相抢购苏轼的书法文墨和绘画手稿，即使是碑文拓片也价值不菲。

有个名叫苗仲先的徐州太守，听说了苏轼《黄楼赋》碑文的下落，贪财好物的苗仲先内心一动，狂喜不已，立刻派人将石碑从水底打捞出来，连夜拓印了几千份。

之后，苗仲先道貌岸然地对属下说：朝廷对苏轼笔墨文集有禁令，所有苏轼文迹依法都应销毁，为何这块碑文还存在？随后，竟命令手下将《黄楼赋》碑在全城百姓面前砸个粉碎。至此，天下权贵商贾和文人才子都知道了石碑已毁，原版已失，拓本已成炙手可热的孤本。

后来，苗仲先将这些拓本带回京城，发了一笔横财，他的名字也因此为世人所知，在历史上留下了极不光彩的印记。

宋碑已被苗仲先毁掉，现存《黄楼赋》碑为明代摹刻青石碑，碑高两米，碑上文字是后人依据墨拓文稿摹刻。1988年徐州市人民政府重建黄楼，《黄楼赋》碑被再次安置在楼内，成为不可移动文物。

黄楼的落成，给苏轼带来了好运，就在黄楼落成的第二天，苏轼的长孙苏箪出生，四十二岁的苏轼当了祖父。弟弟苏辙家里同时也有喜事，在黄楼落成之日，苏辙的女儿嫁给了文同的次子文逸民。

黄楼给后人留下了有关官妓的故事，既是官妓，纵是再有才情，也是为官员服务，或歌舞助兴，或饮宴佐酒，这是宋代官妓制度的本色。重九那天，苏轼的朋友王巩来到徐州，马盼盼就曾陪酒同游。

王巩父亲王素在成都做知州时，曾托付苏轼教导王巩，因此，苏轼与王巩的关系亦师亦友。

王巩带了自家酿的美酒来到徐州。重阳节那天，苏轼在新落成的黄楼上大摆筵席，招待远道而来的王巩。当天笙歌鼎沸，觥筹交错，热闹非凡。主宾之间谈笑风生，吟诗作赋，意兴盎然。

由于公务在身，苏轼不能每天陪王巩游山玩水，便邀请了颜复和云龙山的道士张天骥，陪王巩四处游逛。他们一起游览了云龙山的黄茅冈，王巩玩得非常开心，在徐州住了十日，作诗近百首。

一天，王巩和颜复带了马盼盼等三位官妓在泗水泛舟游玩。他们去了圣女山、百步洪，游山玩水，饮酒作乐直到傍晚。

苏轼白天处理公务，晚上在黄楼置备好了酒宴等着他们。夜幕低垂，月光照在水面，闪着银色的清辉，苏轼站在黄楼眺望，一叶小舟翩然来归，舟上佳丽与才子相偎浅笑，旁若无人，唯有笛声悠扬，在水中渺渺回荡。苏轼后来把这番场景写入诗中寄给王巩："轻舟弄水买一笑，醉中荡桨肩相摩。"

王巩离开没多久，又有诗僧参寥从杭州来拜访苏轼。参寥，又名道潜（1043—1106），浙江於潜（今杭州临安）浮村人。

参寥可能经秦观介绍而来，与苏轼一见如故，情系终生。两人谈诗论道，登山临水，相聚甚欢。参寥喜欢写诗，和苏轼一起时，参寥经常席间当场赋诗，挥笔而就，令人叹服。

一次，苏轼带着众宾客一起前往虚白堂去看望参寥，几个酌酒的红妆官妓也相随而往，马盼盼也在其中。

苏轼让马盼盼拿着纸笔，向参寥求诗。盼盼袖底生香，凌波微步站到参寥面前，美目流盼，嫣然浅笑。

众人笑着，把目光一起投向参寥，参寥神色自如，微微一笑，挥笔写出一绝：

> 寄语巫山窈窕娘，好将幽梦恼襄王。
> 禅心已作沾泥絮，不逐春风上下狂。

尽管盼盼如巫山神女窈窕美丽，令襄王魂牵梦系，但参寥禅心空寂，就像沾泥柳絮，不会随着春风而起伏波动。参寥才思敏捷，既赞美了盼盼，也保全了出家人的身份。

苏轼读了参寥的诗啧啧称奇，同时又深感遗憾。看到柳絮飘落泥中的情景，苏轼也曾想到可以写在诗里，但还没来得及写，却让参寥捷足先登了。

参寥写过很多诗，他的诗清绝出尘，幽深玄妙，苏轼比较喜欢的一首是参寥写的《临平道中》。

很多人认为诗人能写出好诗，是因为心潮起伏，情感丰富，而僧人心中无欲无求，淡泊空寂，应该没有写诗的激情，因此对参寥孜孜不倦地写诗很不理解。苏轼却认为诗与禅并不冲突，修禅的意境反而能丰富诗的内容。内心空静，才能知晓万物变化，唯有博大的虚空，方能包容万境。

以禅入诗，更能写出美妙的诗。苏轼的这一见解和创意，令人耳目一新，也扩展了诗的领域。

参寥虽然是出家人，但却依然是性情中人。对于看不惯的人事，当面言语苛责，从不留情。天下学士认为参寥喜欢写诗就不正常，又好骂人，就更不应该，苏轼却为参寥辩解，参寥坦率天真，骂人毫无心机，就像虚舟触物，不是真的发怒。

苏轼对参寥的诗评价很高，认为他与前代著名的隐逸诗人林逋不相上下，林逋在西湖孤山隐居，终生不出仕做官也不娶妻，只喜欢种梅养鹤，人称"梅妻鹤子"的就是林逋。

苏轼一生结识了很多僧道人士，感悟到很多深刻的禅理：内心空灵，才能达到逍遥自由的状态，内心平和宁静，面对各种烦恼和困境，才能云淡风轻。正是因为苏轼有如此体悟，因此一生宦海沉浮，命途多舛，在接踵而来的种种坎坷和重压之下，从未悲怨，更不退缩，而是豁达乐观，勇敢面对。

元丰二年（1079）三月，朝廷下了新的调令，苏轼以祠部员外郎、直史馆知湖州军州事。

徐州百姓感激太守曾蓑衣草鞋指挥抗洪，与他们风雨相伴、同生共死，抵御洪水，保住了他们的家园，因此，纷纷前来送行。

在这个自古豪杰纷起、南北要冲之地为官两年，苏轼留下了很多辉煌功绩，如抗洪救灾、发掘煤矿、加建城墙等，也留下很多流传后世的作品。苏轼成了徐州百姓心中的丰碑，直到今天，徐州依然流传着这样一句话："古彭州官何其多，千古怀念唯苏公！"

四十三岁的苏轼外任多年，南北西东，漂泊不定，天涯流落，无止无休，纵使经历了无数次聚散离合，临别之际，仍难免伤心落寞，正可谓人生长恨水长东。

苏轼与徐州依依惜别，心有怅惘。作词一阕，告别徐州：

天涯流落思无穷。

既相逢，却匆匆。

携手佳人，和泪折残红。

为问东风余几许，春纵在，与谁同?

隋堤三月水溶溶。

背归鸿，去吴中。

回首彭城，清泗与淮通。

欲寄相思千点泪，流不到，楚江东。

苏轼离开徐州后，到了南都，去会见弟弟苏辙。苏轼每次见到弟弟，都会感慨岁月匆匆，浮生若梦，也总有一种归隐山林，回到眉山的想法。尤其，到了灵璧镇，应张硕之请，游览了张氏园，作《张氏园亭记》时，更加感慨万端。

张氏园坐落在汴河南畔，园外茂林修竹，园内乔木苍翠。引汴河之水建成池塘，取山中怪石修成假山，各种奇花异草，充满京洛的繁华；蒲苇莲荠，尽显江湖之绚丽；青桐翠柏，蕴含山林之清秀。

张氏历代显赫，花费了五十多年修造了这个功能齐全的园子。园中不但有亭台楼阁、花草树木，还有畜牧、纺织等产业，凡是生活所需，都能自给自足。

张氏为子孙打造的艺园，令其后人可以从容进退，或出仕为官，或退隐园中，随意自由，潇洒自在，让苏轼羡慕不已，甚至也想在泗水之滨买田归老，养生怡性。

苏轼在苏辙家里住了半个月，期间再次拜谒张方平，之后到了扬州。

扬州知州鲜于侁为苏轼在平山堂设置了盛宴。平山堂是欧阳修任知州时所建，苏轼曾三次来到平山堂下。

驱驱行役，荏苒光阴，弹指半生已过，欧阳修离世也已经七年，看着墙上欧阳修留下的气势雄浑的墨迹，仿佛一场梦境。苏轼身临平山堂，缅怀恩师，带着一种天涯倦旅的感叹，写下《西江月》词：

　　三过平山堂下，半生弹指声中。

　　十年不见老仙翁，壁上龙蛇飞动。

　　欲吊文章太守，仍歌杨柳春风。

　　休言万事转头空，未转头时皆梦。

　　四月，苏轼行至高邮，秦关与参寥都在，他们一路乘船同行，游山玩水。

　　行到无锡，几位友人一起同游惠山。惠山泉水闻名天下，苏轼等人在山上取泉水煮茶，山林闲话、吟诗唱赋，啸嗷江湖，十分逍遥。

　　"来往三吴一梦间，故人半作冢累然，何时杖策相随去，任性逍遥不学禅。"五年前，苏轼离开杭州，奔赴密州上任，张先等人曾和苏轼一起同船而行，几个朋友在此一带欢聚宴饮，结伴同游。如今，张先已驾鹤西去，只剩一抔黄土，苏轼前去祭奠，追思怀远，内心一片惘然。

第五卷　一蓑烟雨任平生

第十四章　乌台诗案

自从熙宁九年（1076），神宗任用吴充、王珪为相已三年。

王珪继续秉持王安石遗留下的新政路线，但因个人能力和政治声望不足，工作上力不从心。宰相吴冲则一直力荐神宗召回司马光、吕公著等旧臣。

自从王安石离开相位，王安石扶植的新政派力量逐渐变得薄弱，他们好不容易在朝廷中占据一定的位置，拥有了权势，他们担心，一旦反对新法的司马光回朝，他们的权力和官位都将不保。

为了巩固已得的政权，变法派想尽一切办法，打击保守派的潜在势力，阻止反对新政的旧臣东山再起，重新登入政坛。

司马光远居洛阳，闭门著书，不论国事，李定等人抓不住司马光的错处，这时，他们想到了另一个人，曾经被王安石指责过的新政的智囊人物，苏轼。

苏轼当时已是名高天下的文坛领袖，这些年任职地方，又取得了一定的政绩，尤其在徐州，带领官民抗洪护城得到神宗的嘉奖。苏轼的德政与声望如同他的文学才华不断上升，宰相吴冲又不停地向皇帝力荐召回反新法旧臣，这让依靠新法晋升起来的新贵们非常担心。

苏轼对变法运动一直持有反对意见，对变法运动中的一些新人也无任何好感，因为天性放达，言语直率，表达个人见解从不加掩饰，因此得罪了不少新人。这些朝廷新贵绝不希望反对新法的苏轼获得朝廷重用。

这些年，苏轼写了大量诗文，因为反对新法，在诗文中多次表露对新政的不满。李定等人觉得从苏轼下手，有隙可乘，因为从苏轼的文字中总能找到一些"罪证"。

李定等人这种奇葩的想法并非首创，几年前，就有人控告苏轼诗文讥讪朝政，那次的告密者，是一个历史上赫赫有名的人物，沈括。

沈括前文已经提过，是一个在天文、医药、律历、音乐等方面无不通晓的科学家，也是中国历史上，自汉代张衡之后，第二个正史有传的科学家。

沈括才能卓越，在科学上是一个非常有成就的人，然而，在政治上却一直不得志，直到三十一岁才考中进士，步入官场。

由于少年家庭贫困，入仕之后，沈括极力钻营，为追逐利禄功名，沈括趋炎附势、左右逢源。

王安石刚开始变法时，沈括曾参与过三司条例司的工作。为依附权倾一时的王安石，沈括竭力拥护新法。

后来朝廷派员察访地方，以了解百姓对新法的态度和反应。沈括作为两浙路察访使，被外派地方考察新法的实施情况。为讨好王安石，沈括反馈说，百姓都赞扬青苗等新法，新法绝没有不利于百姓的地方。

王安石却看穿了沈括的人品。那时，保甲法正准备施行，神宗想委派沈括负责，王安石告诉神宗，沈括是个小人，不堪大任，王安石的话果然很快得到验证。

王安石二次罢相时，沈括已升任掌理全国财政的三司使，宰相吴充力主召回反对新法的旧臣，沈括为投吴充所好，指责新法不利于民，并陈列常平役法的种种弊端，私下呈递给吴充。吴充又把沈括的进言秘密呈给了神宗。神宗十分厌恶沈括见风使舵、反复无常的做法，罢免了沈括的翰林学士一职，把沈括贬到了宣州做知州。

熙宁六年（1073），沈括被贬前，曾以两浙路察访之职来到杭州，巡查新法施行的情况。当时苏轼在杭州任通判，沈括与苏轼谈诗论赋，交往亲切。

沈括离开杭州时，向苏轼索要一份苏轼所写的新诗册，以留作纪念。朋友之间赠诗往来本是平常事，心无城府的苏轼把沈括当作朋友，并未多想，因此，毫不犹豫地抄写了一份送给了他。

苏轼做梦也想不到，表面上看起来温文尔雅、博学多识的沈括竟是一个如此醉心仕途的心机之人。

沈括回到京城后，立即将苏轼写的诗词，一一加以批注，指控苏轼讥讪朝政，连同对地方的考察报告一起呈递给了朝廷。沈括这样做主要是为了讨好王安石，因为他知道王安石不喜欢苏轼。

朝廷刚开始施行变法的时候，很多大臣对新法议论纷纷，当时，对于变法的不同意见和声音，神宗还是完全能够接受的。此时，变法已施行了四五年，神宗虽然不希望再听到任何抵制新法的声音，但也不想再掀起任何风波，因此对沈括的举报并未深究。神宗没把此事放在心上，倒是满朝文武尽人皆知。

苏轼后来也听说了这件事，却并不在意。豁达大度的苏轼甚至还曾笑侃，不愁他的作品不能呈递御览。

世人或许很难理解，这位晚年潜心著写《梦溪笔谈》，令这部珍贵的科学著作家喻户晓的大科学家，在私德上却备受诟病。只能说，金无足赤，人无完人。

在宋代，科学家的社会地位并不高，也不太受到尊重。沈括为博取功名，巴结权贵，除了被视为"学问渊博的科学家"这一身份标签外，也给世人留下了另一面孔，这是人性的缺陷，也是历史的遗憾。

时隔五六年之后的元丰二年（1079），李定、舒亶等人发动乌台诗案，诬陷苏轼，他们采用的手段，和沈括当年指控苏轼如出一辙。他们想不到其他办法，只能借用沈括的创意，如法炮制，因此，乌台诗案的始作俑者，实际上是沈括，尽管，乌台诗案发生时，沈括已不在京城，但沈括永远脱不了干系。

元丰二年（1079）四月二十日，苏轼抵达湖州任所。

湖州，以滨太湖而得名。宋代，属两浙路十二州之一，管辖乌程等六县。

在杭州任职期间，苏轼曾被指派到湖州视察堤岸工程。湖州的山水令苏轼沉醉，清香扑鼻的紫笋茶和鲜美的刀鱼更令苏轼念念不忘。这次重返江南，苏轼倍感亲切。

按照惯例，苏轼向皇帝上表，表达谢意。苏轼博学多才，即使是一份普通的表章也常常文采飞扬，笔墨生香，和其他臣子的表章完全不同。因此，苏轼的上表在朝廷官报上发表后，总是很快被群臣传阅。

这一次也不例外，苏轼的云霞满纸很快传遍朝廷。遗憾的是，这一次，他的这篇《湖州谢上表》却成了导火索，点燃了一场塌天大祸。

苏轼曾在《上神宗皇帝书》中写过，王安石"招来新进勇锐之人，以图一切速成之效"。苏轼用"新进"一词，暗指王安石引荐的新人。苏轼在湖州上表里自称愚笨，难以追陪新进人物，因为年龄老了，不会滋生事端，或许适合牧养地方小民。

李定等人一直在等待着一个合适的契机。他们看到苏轼的这份谢表，喜出望外，机会终于来了。一番周密的研究后，李定等人终于找到了几处"罪责"，立刻制定出了一个围剿的计划。

元丰二年（1079）六月二十七日，由监察御史里行何正臣率先发动进攻，摘引苏轼《湖州谢上表中》的"知其愚不适时，难以追陪新进；察其老不生事，或能牧养小民"，上奏苏轼在湖州任谢表中，反对新法，讥讽朝廷，狂妄自大。又说，每当有水旱灾情，或盗贼之患，苏轼就会写出讥讽文字，广泛传播，把责任归咎为新法。

紧接着，同为监察御史里行的舒亶与何正臣相互配合，也进札子指控苏轼进谢上表，有讥讽时事的言论。为了让神宗动怒，舒亶节选苏轼诗词里的文字，断文摘句，指责苏轼的诗句处处针对新法，讥讽新政，甚至是对神宗的诽谤。比如："赢得儿童语音好，一年强半在城中""岂是闻韶忘解味，尔来三月食无盐""东海若知明主意，应教斥卤变桑田""读书万卷不读律，致君尧舜知无术"，等等，分别是对朝廷推行青苗贷款、盐法、水利等新法的讥讽。

舒亶是个不折不扣的卑鄙小人，早年曾得到御史张商英的推荐，而得意于仕途。但他不甘心永远做一个默默无闻的小官，为了能飞黄腾达，舒亶绞尽脑汁。

舒亶觉得跻身于一件扳倒名人的事件，能让他名气大显，身价倍增。于是，竟忘恩负义，因私人小事举发张商英，使张商英遭到贬职。这样一个无耻小人对待恩人尚且如此，打击苏轼就更不会手下留情。

这一次，舒亶再次发挥牵强附会之能事，苏轼的《灵璧张氏园亭记》中有一句："古之君子，不必仕，不必不仕。必仕则忘其身，必不仕则忘其君。"舒亶指责苏轼教化天下之人，无进取之心，无尊君之义，实为不义不忠。

最后一个登场的是御史中丞李定。李定是王安石的学生，也是王安石一手提拔出来的新政支持者。最初，李定被推荐为谏官，遭到中书舍人的抵制，后来，有人检举李定不为生母守丧，司马光曾痛斥李定禽兽不如。李定当年不过是个小人物，以司马光为首的旧党抨击李定，也是为了打击王安石，以反对新法。

苏轼本来与李定并无私人恩怨，李定被指责不服母丧之时，恰逢朝中流传着朱寿昌千里寻母的美谈，苏轼曾写诗一首，歌颂朱寿昌的孝顺之情。当时，很多人认为苏轼这首诗正是暗讽李定的大逆不孝，李定应该也有过同样的猜想。

此次，为了让反对新法的旧党彻底无法翻身，于公于私，李定都想置苏轼于死地，因此，下手十分狠毒。

李定在札子中陈述苏轼的四大罪状：滥得时名、为官傲慢；鼓动流俗、伤教乱俗；怨不得志、讥讪权要；荒谬浅薄、乖悖违戾。

李定呈上的札子，最有杀伤力，因为他说的每一句都是针对神宗，他的这篇奏章，明明白白地告诉神宗，苏轼怨愤和讥讽的不是别人，而是神宗皇上！李定深知，宋有"不杀士大夫"的祖宗家法，想置苏轼于死地比较困难。然而时移世异，已做了十二年皇帝的神宗，愈加刚愎自用、独断专行，他的皇威已经不容置疑和挑战。

李定的指控句句如刀，神宗终于被激怒。虽然神宗很欣赏苏轼的才华，但苏轼触怒天颜，神宗绝不能容忍。之前对于何正臣和舒亶的指控，神宗只是批示交给中书复议，这一次，神宗直接下旨御史台彻查此事。

宋朝台谏的地位超然独立，言官不但可以弹劾执政大臣，还可风闻言事。神宗并未察觉，台谏官是为了党争和利益，而故意谋划这场诗狱案。

御史台接受圣旨后，请求神宗选派负责此案的官员，最后，诏令指定知谏院张璪、御史中丞李定负责此案的审理。

张璪，是苏轼在凤翔工作时的同僚，也是苏轼的进士同年。当年，苏轼在凤翔任职签判，张璪任职法曹，张璪离开凤翔时，苏轼还曾赠予张璪一篇《稼说》，作为勉励。苏轼把张璪当成可以相交的朋友，可惜，张璪是个无利不往的奸佞小人。王弗在世时，曾提醒过丈夫，张璪不是个君子，让丈夫多加留心。

王弗果然慧眼如炬。这几年，张璪在京城上蹿下跳，最初迎合王安石，王安石失势后，他又立刻攀附吕惠卿，之后随着朝局变化，与章惇结党，又陷害蔡确，并与舒亶交往密切，几次兴起狱案。

此时，张璪深得右相王珪器重，已位居知谏院兼侍御史知杂事。这次被派遣审理苏轼的案子，正是向上邀功的好机会，张璪和李定联手，掌握着审案大权，倒霉的苏轼，性命落在这两人手中，岌岌可危。

苏轼少年得意，一场科举和制科考试让他一夜之间，名满天下。当年，苏轼参加制策的专科考试，科号为"直言极谏"，苏轼取得了前无古人的好名次，以后文章中常常谈古说今，评论是非，确实应了"直言极谏"之名。

科考后，苏轼带着满身的豪气和凌云的壮志踏入仕途，他的一腔热忱让他总是忍不住痛快淋漓地评论政事。苏轼写诗，才情所致，性情使然，更是不吐不快。

神宗在第一次召见苏轼上殿时，曾对苏轼说，以后对政事有什么看法，一定要知无不言。之后，每当对朝政有所见解，苏轼都会上疏直谏，尽管神宗并未采纳，但苏轼从未放弃。

苏轼在杭州、密州、徐州等地任职期间，发现新法在地方推行中的许多问题，于是，苏轼就在诗文中表达了对新政的不满，或借物言志，或托物以讽。或许，苏轼知道自己的诗文流传甚广，也曾想过，希望能够传到皇上耳中，以改变神宗的态度。

神宗初登大宝之际，对王安石的新法尚持犹疑的态度，期望听到关于新法的不同声音。此时的神宗已三十一岁，十年间的熙宁变法使国库渐渐充盈，王安石虽已去位，神宗依然坚定地推行新法。然而，十年变法，却依然未能实现天下大治。神宗深知，要富国强兵，需要先修内政，为提高行政效率，神宗发动了"元丰改制"，裁撤冗员及冗散机构，对职官制度进行了一次大调整。

登基已十二年的神宗不再像当初那样博采众长，而是愈加独断专行，对于反对意见的容忍度也不如当年。

尽管如此，神宗仍想做个有为君主，除了变法图新，还想成为名垂千古的明君。御史台弹劾苏轼，神宗为了显示尊重舆论，允许台谏调查取证。

李定向神宗奏请，先罢免苏轼在湖州的知州一职，并派人追捕。获得首肯后，李定等人费尽心思，准备派遣一个既精明能干、又善虚张声势的人，捉拿苏轼归案。挑来选去，最后选中了太常博士皇甫僎，前往湖州。

苏轼的朋友，驸马都尉王诜，最先得知将要逮捕苏轼的消息，他惊愕万分，立刻派人奔赴南都通知苏辙，苏辙听到消息，更是惊恐莫名，赶紧派人赶往湖州，把这件突如其来的横祸告诉哥哥，好让哥哥有个心理准备。

就在苏辙派去的人暗地里和皇甫僎等人赛跑的时候，苏轼却浑然不知，心里还在规划着，怎样为湖州的百姓办一些实事，与州民共度饥馑之年。

此时的苏轼已经四十四岁，历任三州，在地方多年，爱民务实，小有政绩，而且刚刚受到神宗的奖谕，他做梦也不会想到，厄运正一步步向他逼近。

苏轼来到湖州已经两个多月，眨眼，到了七月初七。古人有七夕曝书的习惯，据说，七夕这天曝晒书籍和衣裳，不生蛀虫。

这天，天高云淡，秋阳明媚，苏轼在家曝晒书画时，无意间看到文同送给他的《偃竹图》。苏轼突然想起他去杭州为官时，文同对他的谆谆告诫："北客南来休问事，西湖虽好莫题诗。"

此时，文同已经去世半年。苏轼看着书画，睹物思人，突然泪如雨下。一种不可言说的悲伤，让他冥冥中有种说不清的预感，似乎有什么不好的事情就要发生。

此时，皇甫僎带着他的儿子，和两个御史台的小吏，正一路疾奔冲苏轼而来，苏辙派的人快马加鞭却很难追得上他们。好在，皇甫僎等人行到润州时，他的儿子病了，求医问药耽误了半天时间，苏辙派去的人终于先赶到了。

苏轼得知消息后，非常惶恐，匆忙办理了告假手续，州府政事暂由通判祖无颇代理。

元丰二年（1079）七月二十八日，皇甫僎带人闯进湖州州府，穿着官靴官袍、手拿笏板站在府堂，面容严厉如凶神恶煞一般。

整个府衙不知道发生了什么事，吓得人心惶惶。苏轼一介文弱书生，从未见过这种阵仗，虽然提前得知了消息，知道朝廷派人捉拿他，却不知自己所犯何罪，皇甫僎等人来势汹汹，苏轼吓得心惊胆战，一时间不知如何应对。突如其来的变故之下，惊慌是人的本能反应，纵是苏轼也无法避免。

湖州通判祖无颇这时颇为镇定，他劝苏轼说，事已至此，也没有别的办法，只能出来面对。

苏轼慌了手脚，不知该穿什么衣服，暗自思忖既是被定了罪，就不该再穿着官服出来相见。祖无颇却认为，既然还不知是什么罪名，就应该穿着官服出见。

苏轼觉得祖无颇说得颇有道理，若不是苏辙派人通知他，他是不应该知道自己将被逮捕，于是，苏轼穿了官服走出来，也拿着笏板与皇甫僎对立而站，祖无颇及一众州府官吏站在苏轼的身后。

皇甫僎上下打量苏轼一番，却闭口不言，眼睛死死地瞪着苏轼，他身后的两个随从和皇甫僎一样面目冷峻，表情威严，府衙众人吓得呆若木鸡，空气里一片死寂。

苏轼性子急，终于忍不住先开了口：轼自知惹恼朝廷，今日一定是赐死，我不敢不从，只是请允许我先和家人道个别。

这时，皇甫僎终于不紧不慢地开了口：还不至于。

祖无颇听了，心里稍微松了口气，大着胆子上前一步，向皇甫僎拱手作揖道：太博一定有逮捕状吧？

皇甫僎斜了一眼祖无颇，冷冷地问：你是什么人？

祖无颇回答：代理知州。

皇甫僎命手下从怀里取出文书，交给祖无颇。祖无颇打开文书一看，不过是一道普通的追捕文件，传唤苏轼进京听审而已，皇甫僎却故意把整个府衙的人吓得半死。

皇甫僎催促苏轼上路，两个随从上前去拉苏轼，就像驱赶鸡狗一样，把苏轼五花大绑推出府衙。

苏轼的夫人王闰之听到消息，急忙追赶出来，一大家人哭着跟在后面。他们无法相信，更无法接受，身为知州的一家之主，瞬间沦为阶下囚的变故。

苏轼望着妻子，难过不已，他安慰夫人说，只是文字上的一些问题，不会有多大罪责，不要害怕。

如果罪责不大，堂堂州官，能被绳子绑住？苏轼说这话，自己心里都没有底气。王闰之听了依旧痛哭不止。

看着夫人吓成这样，苏轼不知该说什么，突然想起在洛阳时，听到的一个故事。宋真宗登基后曾遍寻天下名士大儒，有人向真宗推荐隐居的名士杨朴。真宗就派人把他请来相见。

真宗问杨朴，听说你擅长作诗？杨朴不愿做官，想掩饰自己的才学，于是连称不会写。真宗又问杨朴，你出门之时，有没有人赠诗给你？杨朴回答说，只有臣的妻子写了一首：且休落拓贪杯酒，更莫猖狂爱咏诗。今日捉将官里去，这回断送老头皮。意思是说，不要落拓贪杯好酒，更不要狂妄好写诗，这回把你捉去，老命就不保了。真宗听了哈哈大笑，把他放回了山里。

苏轼以前给王闰之讲过这个故事，此刻，苏轼看妻子吓得六神无主、惊慌失措，于是故作轻松幽默地安慰她：你就不能像杨朴妻子那样，作一首诗送我吗？

王闰之听了怆然失笑，见夫人忧惧之色略微缓解，苏轼赶紧在王闰之耳边嘱咐了一句，让她照顾好家里，之后就被皇甫僎等人推搡着出了门。苏轼的长子苏迈紧紧跟在父亲身后。

府衙里的人被皇甫僎等人吓得不敢相送，亲朋好友也吓得畏惧散去，只有王适、王通两兄弟，一直送到城外，并一路对苏轼好言相慰。王适、王通两兄弟在徐州时一直跟随苏轼问学，这次，他们追随苏轼一起来到湖州。

苏轼出城后，王适、王通两兄弟又立刻回到苏家帮忙收拾行装，把苏轼一家二十多口人，送到南都苏辙的家里暂住。

岁寒知松柏，患难见真情。人在落魄时，有人落井下石，有人避而远之，有人牵肠挂肚，有人雪中送炭。人生失意，最大的收获就是能让你分辨出人心。

苏轼在府衙的同僚无数，苏轼落难之时，只有掌书记陈师锡一人赶来饯行，并帮忙安置苏轼的家眷。

陈师锡（1057—1125），字伯脩，建州建阳人（今属福建）。陈师锡少游太学，文声斐然，他的文章曾得到神宗的赞赏。后来，元祐年间，苏轼三次上书推荐陈师锡，似有回报当日落难相助之情，当然，陈师锡的学术文章和道德品行也的确值得推崇。

在羁押苏轼回京的途中，皇甫僎曾以安全理由请求，每晚把犯人送到当地官署的监狱。神宗认为只是追究诗文之事，不至于此，没有批准。

苏轼一路都在思索，不知道会被判以多大的罪责，若严加审理，说不定会连累很多人，那样，家人和朋友都会因他蒙难，倒不如投江而去，一人身死，彻底解脱。于是，他开始寻找机会，到了扬子江边，他趁着看守的吏卒不注意，纵身一跃，准备投入江中，不料，却被吏卒一把拽住，从此把他看管得更严了。

八月初，苏轼被押解到了扬州。苏轼案发时，有人曾劝扬州太守鲜于侁（1018—1087），把与苏轼书信往来的文字全部烧毁，以免留下祸患。鲜于侁是个正人君子，他不愿做这种欺君负友之事，不但没听人劝，还向押解的台吏请求见上苏轼一面，但遭到了台吏的拒绝。

过了扬州，经过平山堂下，正巧从苏轼的朋友杜介的房前走过。隔着院墙，苏轼看到朋友家纸窗竹屋，温馨如故，想到友人每天下棋作画、诗酒从容，而他却身陷囹圄，生死未卜，不禁非常感慨羡慕。

到了宿州时，御史台下令给当地州郡，对苏家进行搜检。此时，苏轼的家小已经在奔赴南都的船上。州郡官吏望风承旨，立刻坐船追赶苏轼一家，把王夫人的船在半路拦截下来，仔细检查。

王夫人一家老小被吓得胆战心惊。官吏离开后，看着满船的杂乱不堪，一向温婉柔顺的王闰之气得骂道：就喜欢写书，书有啥好处，把我们吓成这样。于是，带着下人，把苏轼写的书一把火烧掉。苏轼全部的诗文十之七八全部被毁，沦为灰烬，实在令人痛惜。

元丰二年（1079）八月十八日，苏轼被押进了御史台监狱。自从苏轼抵达湖州任职，到七月二十八日，被御史台吏卒押往京师，在湖州任职只有两个月零八天。

苏轼被关进御史台监狱，一个狭小的单间牢房。牢房里阴暗潮湿，不见天日。苏轼蜷缩在囚房里，惴惴不安地等候审判。

两天后，开始正式问案提审。御史台负责此案的调查审讯，台吏先是故意询问苏轼，有没有誓书铁券，也就是免死金牌，一般对待死囚时才会采用这样的问法。他们明知苏轼是通过科举入仕，并非凭借上代功勋获得官职，还没审讯，就故意先问苏轼有没有丹书铁券，目的就是为了让苏轼在精神上彻底崩溃。此外，他们内心也早已判定苏轼为死罪，只待屈打成招，以达到他们的目的。

紧接着，官吏又讯问了苏轼的家族五代。宋朝惯例，一般罪犯只会问及三代，他们故意恫吓，也是为了让苏轼觉得自己罪行严重，十恶不赦。

除了心理战术，御史台控告苏轼，自然也做足了充分准备。北宋时期，印刷术已被广泛使用，苏轼的很多诗文都已在市面上流行。御史台搜罗到许多市面上通行的苏轼诗文刊本，包括坊间出售的木板印本四册，以及《元丰续添苏子瞻学士钱塘集》全册，还有很多尚未刊印、散落在文士手中的诗文等。

他们拿着这些搜罗到的文字，逐字逐句地拷问苏轼。苏轼最初承认，在《山村五绝》中，确有批评新政。比如，"赢得儿童语音好，一年强半在城中"是讽刺青苗法，"岂是闻韶解忘味，迩来三月食无盐"是批评盐法的流弊等，其余文字，并没有干涉时事。御史台显然并不满意苏轼的回答，于是向所有和苏轼有往来的人调查取证。

御史台问讯严厉，无人敢于隐瞒，很多苏轼与朋友私下往来的诗文，都被一一缴获。比如苏轼寄给黄庭坚的书信和诗文，苏轼写给文同的祭文，以及苏轼寄给王诜的"开运盐河诗"，等等。他们拿到这些"证据"后，从中断章摘句，当作苏轼嘲讽朝政的证据。

苏轼在杭州，八月十五观钱塘潮时，曾写过一首诗，"吴儿生长狎涛渊，冒利轻生不自怜。东海若知明主意，应教斥卤变桑田。"他们拿着这首诗对苏轼严厉逼问，苏轼只好承认盐法不利于民，而御史台却断案为，苏轼有意讥讽神宗皇上热衷于兴修水利，却一直没有什么成效。御史台官吏深知，只有指控苏轼谤讪君上，才能置苏轼于死地。

更可悲的是，让苏轼一人坐罪还不够，他们甚至想把司马光和范镇也牵扯进来。在调查《司马光独乐园》一诗和《送范镇往西京》诗中"小人真暗事，闲退岂公难"一句时，他们故意挑拨，牵强附会，恶意解读为苏轼有意讥刺小才而居大位者，试图激怒神宗与宰相，好让司马光和范镇也卷进是非之中，把反对新法的旧臣一网打尽。

中华文字博大精深，一首诗，一段话，能有百种解读，若想无中生有，可以强词夺理，吹毛求疵，黑白颠倒；为了达到目的，也可断章取义，是非混淆，指鹿为马。

苏轼的文章一向广为世人传诵，他的文字犀利又充满幽默的讥讽，很容易成为引人发笑的谈资而口口相传，同道读之觉得痛快淋漓，亲朋为他胆战心惊，新法派则对苏轼恨之入骨。苏轼这些年辗转地方写了大量诗文，御史台对苏轼所有的诗文逐字逐句地调查，日夜审问，疲劳轰炸，甚至严刑逼供，直到让人几近崩溃，不得不招认才善罢甘休。

这一年，开封府尹苏颂负责陈世儒案，被言官诬陷为宽纵罪犯，也被投进御史台监狱。

苏颂是"熙宁三舍人"之一。当年，因李定资历太浅，对李定的除拜监察御史任命超越常规，苏颂封还制书，拒绝起诏。十年后，李定被任命为御史中丞，苏颂也以欲加之罪，被关进了御史台。

苏颂与苏轼的囚房只有一墙之隔。苏轼的牢房吵闹辱骂，逼供扑打，以及被严厉拷问的声音全部都能听见，苏颂在诗中写道："遥怜北户吴兴守，诟辱通宵不忍闻。"

苏轼身在狱中，偶尔从铁窗看见墙外槐树上的寒鸦，听着他们凄楚的哀鸣，就像他的内心，失望心寒，充满哀愁。"栖鸦寒不去，哀叫饥啄雪。破巢带空枝，疏影挂残月。岂无两翅羽，伴我此愁绝。"

君子思归欤，小人夸得志。名满天下的诗文领袖苏轼沦为阶下囚，受尽折磨。李定作为苏轼案件的主审之一，仿佛觉得自己主宰着苏轼的生杀大权，这让他更加嚣张狂傲，飞扬跋扈。

一次早朝前，殿门外，李定忽然在群臣中感叹，"苏轼真是奇才！"众人听了不知何意，苏轼此时身陷狱中，无人敢搭话，更不敢问询。过了一会儿，李定又独自感慨："二十年前所作的诗文，对答如流，引经据典，竟无一字错漏。真乃奇才。"

经过两个月的严刑审问，审讯终于结束了。御史台最后拟定了一份诉状，奏请皇帝批示。

诉状上首先记述了苏轼的两次前科：一是苏轼任凤翔签判时，中元节没到府衙报到，被罚铜八斤；二是任职杭州通判时，下属盗用公款，苏轼没有报呈，罚铜八斤。苏轼多年为官履历，除了这两次过失记录，再无其他前科。

紧接着，诉状陈列苏轼犯案的目的和动机：因入仕多年，一直没得到晋升重用，而朝中很多年轻人与苏轼政见不同，苏轼因此写诗文讥讽，并传给众人。

诉状上还提及了与苏轼相识的二十四人，其中包括司马光、张方平、范镇、王诜等，诉状指出这些人都是不被朝廷进用，并与朝廷新法意见相左，他们收到苏轼的讥讽文字，却不上缴给官署，因此应该一同问罪。

其中，有关王诜与苏轼的往来，记述得最为详细，包括所有王诜曾送给苏轼的礼品，如茶果酒水、笔墨纸砚、绫罗锦缎、弓箭画幅等，一一详列，数量清晰，还包括苏轼的外甥女出嫁时，苏轼向王诜借的三百贯钱，以及苏轼托王诜给僧人朋友求得的度牒、紫衣等，事无巨细，全部列在诉状之中。

王诜身为帝婿，贵不可攀，却与苏轼交往密切，这让御史台官吏又嫉又恨。此外，北宋对外戚严格控制，朝廷制度规定，驸马不能结交朝臣显贵，不可与朝廷官员私下交往。因此，御史台故意把王诜与苏轼的交往罗列得非常详尽，并且把王诜放在所有与苏轼相关者之首。

诉状中，还列举了苏轼赠予苏辙、孙觉等人的诗，都被诛心曲解、胡乱牵扯，定为"谤讪"或"讥讽"。元丰年间，北宋朝廷的腐败与混乱，由此已历历可见。

苏轼每日在狱中饱受折磨，痛苦不堪，等待着对他的最后判决，因生死未卜，惶惑不安，一日数惊。

儿子苏迈每天给他送饭，苏轼和儿子商定，平常只送蔬菜和肉类，如果有对他不利的消息，就给他送鱼，好让他心里提前有个准备。

一天，苏迈钱粮用尽，需出京筹钱，就委托一位朋友给他父亲送饭，那位朋友不知道父子俩的暗号，偏巧那天给苏轼送了鱼。苏轼看到鱼，大惊失色。

夜幕森森，柏台凄凄，苏轼呆坐狱中，想到即将赴死，伤心不已。让他最难过的莫过于，从年少就立志"致君尧舜"，没想到如今却要背着"无尊君之义，亏大忠之节"的政治标签赴死，这让他欲哭无泪，更让他死不瞑目。

自己死不足惜，让他愧疚不安的是留下一大家人。三个儿子中，只有苏迈已经成年，坚强刚毅，勇敢无畏，这一路的艰难困苦让他更加成熟懂事，对父亲体贴照顾，悉心陪伴，令苏轼十足欣慰。而另两个儿子还小，次子苏迨九岁，幼子苏过才七岁，他们那么纯真可爱，俊朗聪明，以后没了父亲，他们该怎样生活？

最让苏轼愧歉的是陪他宦游各地，天涯沦落，不离不弃，温柔贤惠的妻子，还有弟弟子由。以后他的家小都得靠弟弟来照顾，说不定弟弟这次也会因他而受牵连，贬官降职。本就一贫如洗的子由，如何再承负两大家子的重荷。想到这些，苏轼难过万分。

"口业不停诗有债"，都怪自己读书太多，下笔恣意，口无遮拦。若到了地下，见到妻子王弗，她一定会责备，生前曾多次对他劝诫，他却不放心上，以致招惹祸端。父亲苏洵更会对他非常失望，当初为他取名为"轼"，就是为了提醒他，学会藏锋敛锐，不惹事端，他却辜负了父亲的良苦用心。

还有表兄文同，深知苏轼心直口快，毫无城府，常常为他担心，在苏轼去杭州为官时，文同曾对苏轼谆谆告诫："北客南来休问事，西湖虽好莫题诗。"他却忘记了亲人朋友的叮嘱和劝告。

苏轼越想越哀伤，越想越自责，直到天将破晓，想到马上就要赴死，再没有可能与弟弟风雨对床、抵足而眠，再没有机会与弟弟并肩同游、彻夜畅谈，苏轼凄然泪下，给弟弟写下了两首哀婉沉重的诀别诗，希望能和弟弟世世做兄弟，再结来生未了因。

苏轼以诗获罪，一时沸沸扬扬，传遍朝野。自从欧阳修离世，苏轼已成为全国公认的第一大学者，他开朗风趣，待民亲切，深得士林与百姓的热爱。因为苏轼有名气，受欢迎，威望高，苏轼的被捕引起了全国的关注。

杭州百姓对苏轼这个好官念念不忘，他们听说苏轼入狱，是因为写了替百姓诉苦的诗文，更加难过和不忍，于是焚香念佛，为他祈福转运，希望神灵保佑苏轼平安无事。苏轼听说了这件事，非常感动，希望死后可以葬身西湖山上，与杭州百姓世代守望。

狱卒中有一个叫梁成的年轻人，心地良善。苏轼声名远播，政绩斐然，深受百姓爱戴，梁成早有耳闻，不但没像其他狱卒那样百般刁难，还对苏轼照顾有加，每天夜里都会给苏轼送盆热水洗脚。

苏轼对梁成非常感激，也十分信任，觉得自己必死无疑，于是委托梁成把两首诀别诗转交给苏辙。

苏轼被捕入狱，苏辙寝食难安、焦虑万分，假如朝廷允许，他宁愿用自己的性命换得哥哥平安。苏辙日思夜想，苦思良久，想不出能救哥哥的办法，最后，只好给神宗写了一封言辞恳切的信。

信中指出，哥哥苏轼天性愚直，好谈古论今，依仗陛下圣德广大，天地有包含之恩，不知敬畏。在担任杭州通判和密州知州期间，每遇到所见之事，就有感而发，不多加考虑就写进诗中。

苏辙承认哥哥写诗，且特意指出，苏轼是在任杭州通判和密州知州期间，写了这些诗，言外之意，苏轼写的诗正值王安石执政的熙宁末年和元丰初年，而不是神宗亲自主政之后，因此，苏轼的诗讽谏的只是王安石主持的新法，并不是针对神宗。

此外，苏辙还在信中巧妙地提及，以前，曾有臣僚把苏轼的诗文呈缴给陛下，陛下并未追问。苏轼觉得辜负了皇上的恩泽，自此深深悔过，不敢再有所轻慢。然而，他以前写的旧诗却已广为流传。言外之意是，这些旧诗神宗早就读过，以前不曾问罪，苏轼也非常感激被宽免，自此深深悔咎。既然以前没有降罪，希望这一次，也不要降罪于兄长。最后，苏辙恳请神宗能宽恕苏轼，并请求纳还自己的一切官位，为兄长赎罪。

苏辙的这封信融情于事，可感可知，既不着痕迹地为哥哥辩护，文字又显得极为谦卑哀婉，充满了细腻真挚的情感，让人读了极易动容，不愧为苏辙《栾城集》中的上乘之作。

苏轼入狱，除了弟弟苏辙泣血而书，还有很多人为苏轼求情，仗义相救。范镇和张方平先后上书给神宗，极力营救，不怕牵连。

张方平写的奏疏原本是与写给朝廷的公文一起呈递，但张方平的奏疏言辞激烈，府官不敢接受。张方平无奈，只好让他的儿子张恕亲自到京城，通过登闻鼓院投递。张恕生性懦弱，拿着信件来到鼓院门前，徘徊良久，却最终没敢呈递。

幸亏张恕没能呈递，当时，张方平一心想救苏轼出狱，情急心切，话语冲动，未加深思熟虑，盛赞苏轼乃天下奇才，似乎苏轼的罪过就是名气太高，令人生嫉，与朝廷相争必无好处。如果皇上读了，一定会被激怒，反而会对苏轼不利。后来苏轼出狱，见到了张方平写的这份奏疏副本，惊得直吐舌头。

小人当道，朝中人士有人怕被牵连，避而远之，有人怕引火烧身，噤若寒蝉，也有人敢于仗义执言，不计个人安危。

宰相吴充曾劝慰神宗，如果身为皇帝，不能容忍一个学士的言论而杀了读书人，定会被后世之人诟病为昏君，神宗听了反应很大。

敢于直言的多是反对新法的大臣和苏轼的朋友，但也有一个身份比较特殊的人，王安石的弟弟，在舍人院同修起居注的王安礼。

王安礼为人豪爽，李定担心他在皇上面前乱言，曾提前警告过王安礼，苏轼反对的是你的哥哥。但王安礼置之不理，依旧对神宗率直进谏："如果皇上因诗文治罪苏轼，后世之人会认为陛下容不得有才之士。"远在金陵的王安石也上书给神宗："圣朝不应诛杀名士。"

王安石在朝廷推行新法时，苏轼曾多次上书反对王安石的新政，令王安石非常气恼，因此，把苏轼排挤到大名府做推官。如今，苏轼落难，王安石却能为苏轼上书营救，虽然在政治上与苏轼见解不同，但王安石胸怀坦荡，在私德上的确无可置疑，不愧为一代名臣。

吴充、王安礼和王安石的话，让神宗陷入了沉思。尤其，王安石的话对神宗更有分量。王安石虽已退隐，但王安石功不可没，在神宗心中依然有着举足轻重的地位。

对于苏轼，杀与不杀，神宗心中十分矛盾。北宋不杀士大夫的祖宗家法令神宗心有顾虑，这时，在不杀的一端，又加入了一个重量级的砝码，神宗的祖母，光献太皇太后曹氏。

此时的太皇太后已经病势沉重，听闻苏轼被捕，伤心不已，流着泪对神宗讲起，当年仁宗皇帝曾说过的那句，"为子孙谋得太平宰相二人"，指的正是苏轼、苏辙兄弟。太皇太后还说，苏轼因为写诗入狱，一定是受到小人中伤，她已身体抱恙，不能再有冤假错案，滥杀无辜了。

神宗至纯至孝，为了给太皇太后祈福，神宗决定大赦天下。太皇太后听闻，只说了一句话："不需要赦免天下凶恶，只要放了苏轼一人就够了。"

十月十五日，神宗下诏，所有死罪以下的囚犯，全部释放。苏轼在狱中听闻这个消息，悲喜交集，如若梦中。十月二十日，太皇太后光献曹氏崩逝。

十一月三十日，审讯结束后，御史台上奏审讯结果。神宗派遣发运三司度支副使陈睦到狱中录问。陈睦复审后，没有异议，移交给大理寺初判。大理寺的判词是，苏轼以文字谤讪朝政及中外臣僚，应判两年徒刑，但因朝廷发出赦令，在大赦期间，苏轼的罪行应予以赦免。

李定、舒亶等人得知这个结果，大失所望。眼看功败垂成，他们毫不甘心，在审讯结案后又穷尽心思，找到苏轼在杭州时写的一首诗，其中有："根到九泉无曲处，此心惟有蛰龙知。"他们拿到台狱中问苏轼，蛰龙是不是讥讽？

苏轼很聪明，念出王安石写过的一句诗："天下苍生待霖雨，不知龙向此中蟠。"苏轼说，"我写的龙和此龙相同。"狱吏听了无言以答，不敢再追问。

李定、舒亶仍不肯善罢甘休，再次向皇上进言，反对大理寺的判决。他们强调苏轼犯罪动机的险恶，希望重治苏轼之罪。眼看苏轼要无罪释放，李定、舒亶近乎疯狂，他们唆使了一个重量级人物，这一次，出手的是右相王珪。

王珪，在神宗面前再次提举《咏桧诗》这首诗，说苏轼有不臣之心，以激怒神宗。神宗听了并没放心上，认为诗人之词，不关他事。

章惇也在一旁帮着解释说，自古以来，龙并非只是人君之称，人臣也有以龙相称者，比如荀氏八龙，孔明卧龙等，都可以称龙。既然人臣可称龙，桧树也可比喻成龙，和皇帝并无关系。

退朝后，章惇责问王珪："相公是想灭人家族吗？"

王珪不好意思地说："这是御史舒亶说的。"

章惇气愤地回怼："难道舒亶的口水你也吃吗？"

章惇也是新法支持者，却为苏轼说情，不惜得罪宰相王珪。因为这件事，日后苏轼非常感激章惇。

作为言官的御史，职责是监察百官，谏正皇帝，本应与各种言论站在一起，而元丰年间的御史台，却沦为了执政者扫除异己的工具。御史台被新党掌控，小人掌控和滥用着执政的权利，他们设计的这场文字狱，已到了不堪想象的程度。御史舒亶甚至主张把与苏轼案件有牵连的张方平、司马光、范镇、王诜等人统统杀头。神宗虽然反感舒亶等人的狂言，但耳边风听多了，难免生疑。

对苏轼的最终判决让神宗犹豫不决。神宗从心底非常欣赏苏轼的才华，对他的文章总是爱不释卷，尤其进餐时，每当捧读苏轼的文字，总是读之忘箸。苏轼的才华令神宗实在不忍重判，但苏轼反对新法，常常指责新法弊端，恃才放旷，对新法讥讽批评，又令神宗非常恼怒。赵宋"不以言罪人"的祖宗家法和太皇太后的话语也让神宗举棋不定，他在乎自己的声名，一心想做名垂青史的明君，不想留下诛杀名士的千古骂名。

苏轼的案件已经审理结束，必须有个决断了，神宗思来想去，最后决定用自己的方法考察一下苏轼。

一天晚上，苏轼的牢房突然又进来一个囚犯。这人拿着一个小包裹，枕在头下就睡。苏轼心里有点纳闷，但没有多问，也倒头睡去。

到了四更十分，苏轼正在熟睡中，突然被人摇醒，连声向他贺喜。苏轼不明所以，被弄得晕头转向，甚至有点惊吓，身在囹圄喜从何来呢，那人却并不多言，只说了句，"学士只管安心熟睡就好。"说完，那人拿着小包裹匆匆离开了牢房。

原来，此人是神宗派来的一个小黄门，到狱中去查看苏轼的反应。神宗得知苏轼能够酣然熟睡，毫无焦躁恐惧之情，说明他问心无愧，坦然自若，一定是胸中无事。考察之后，神宗心里有了判断。

苏轼诗狱一案的最后判决是：苏轼被贬为黄州团练副使，本州安置，不得签书公事。

除了苏轼之外，还有三个人因受苏轼的牵连，处罚较重。驸马都尉王诜，因通风报信泄露机密和未及时交出苏轼诗文，被追回一切官衔；签书应天府判官苏辙，因家庭连带关系被贬到筠州管理盐酒税务。

王巩的处分最重，被贬到了广南西路的宾州管理盐酒税务。其实，王巩并无直接牵扯，王巩只是到徐州拜访苏轼时，给苏轼带过一卷张方平的诗稿而已。王巩是张方平的女婿，或许，御史台对王巩的处分，只是为了有意打击张方平这个反对新法的三朝元老。

此外，在所有收受了苏轼的讥讽文字，没有上缴朝廷的二十二人中，张方平、李清臣罚铜三十斤，其余如司马光、范镇、黄庭坚、曾巩、陈襄、李常、孙觉等二十人各罚铜二十斤。

元丰二年（1079）十二月二十九日，苏轼被释放出狱，从八月十八日入狱之日算起，在狱中整整度过了四个月零十二天。

根据宋朝的刑法，大案归属御史台，小案则入大理寺。此次苏轼被捕，是由皇帝御批的大案，因此被关押在御史台。御史台四周遍植柏树，柏树上栖居着数千乌鸦，因此，御史台也被称为"乌台"。

天地渺渺，众生芸芸，烟雨红尘，有爱有恨。苏轼名扬天下，令秦观之辈深深仰慕，也令李定之流无限嫉恨。李定、舒亶、何正臣等人，把苏轼的诗文讽谏，无限上纲，恣意曲解，作为诽谤朝廷的证据，发动了这场震惊朝野的诗文案，在历史上被称为"乌台诗案"。

乌台诗案是宋代第一场文字狱。表面上看，是一场围绕苏轼的诗文引发的争议，实际上也是北宋新旧两党之争。

历时千年，有关这次诗案的原供真迹早已失存。南宋时流传的印本《乌台诗案》也已泯灭于世，幸运的是，与此案相关的苏诗和史实依然流传至今，对后世研究北宋的文学、政治和法律具有深远的意义。

对于苏轼来说，乌台诗案是他人生的一个转折点，也是苏轼的文学作品风格脱胎换骨的一个转折，更是他心态的一个巨大转折。

苏轼被贬为黄州团练副使，是十九品官阶中最低的官职，不能签书公事，也就是有职无权。因此，这个职位也只是一个虚名，并且属于限制居住，不得擅自离开州境。此外，还须奉诏即行，不但不能在京城逗留，还需御史台差人转押到黄州。

尽管官职被贬，且失去很多自由，但能重见天日，对于苏轼来说，已经是天大的恩赐，他不再去想此次遭遇的是非对错，身在仕途，遇到这样的意外，也属平常。能够死里逃生，活着出来，能再见到家人，苏轼已经非常知足。

"平生文字为吾累，此去声名不厌低。塞上纵归他日马，城东不斗少年鸡。"走出御史台那一刻，站在蓝天下，终于可以呼吸到自由的空气，苏轼顿感一身轻松，兴奋的一口气写了两首诗。

生命保住了，接下来该为生计担忧。最让苏轼不安的是，弟弟苏辙因受他牵连，被贬到江西做酒监。

想到自己和弟弟两大家人以后的生活，苏轼顿时又很难过，内心充满深深的自责。低头读了一遍自己刚写的诗，突然意识到又犯了忌讳，立刻扔下笔长叹一声，苦笑道：真是秉性难改，无可救药，不长记性！

因诗招祸，做了一百多天的囚徒，明知为文字所累，却依然诗兴不改，不肯放弃纸笔，依旧倔强地舞文弄墨，抒怀人生，这就是苏轼！

此时，正值元丰三年（1080）元旦，东京汴梁张灯结彩，热闹非凡，家家户户都在欢庆新年。北宋都城，雕梁画栋，火树银花，一片旖旎风光；东京城内，店铺林立、街道纵横，一片山河锦绣；东京码头，舟船云集，水运繁忙，一派盛世繁华。

然而，东京的热闹和新年的喜庆却不属于苏轼。世上有一种落寞，喧嚣过耳，满目繁华，美好的风景却与己无关。

此刻，苏轼在长子苏迈的陪同下，正被官差押送着，离开这座美丽却无所留恋的京城，奔赴黄州。

此去千里，山水迢迢，黄州地僻，祸福难料。苏轼虽重见云天，仍惊魂未定，霜雪岁寒，心存余悸。

去往黄州的中途，经过陈州，苏轼来到文同的家里。苏辙从南都赶了两百多里路，也来到陈州文同的家里与哥哥相见。

时隔未满一年，劫后重逢，恍如隔世。死里逃生，既凄楚苍凉，又无限庆幸。兄弟俩悲喜交集，虽感慨万端，却不得不打起精神，因为时间紧迫，有几件重要的事情需要他们立刻着手处理。

文同是苏轼的好友，也是苏辙的亲家。苏辙的一个女儿嫁给了文同的儿子文务光。此时，正直文同去世将近周年，文家因为穷困，文同的灵柩一直停在陈州，无法运回家乡蜀地。

时间短促，兄弟俩要尽快商议文同的归丧和家计的安排等等。商定好这些事情，苏辙不放心地再三叮嘱哥哥，以后一定要小心口舌之非，下笔慎重，以免再惹祸端。苏轼自责地表示，从此定会安分守己，让弟弟放心。

四十一岁的苏辙面目红润，神采奕奕，行气养生让他的身体非常健康。只是分离在即，让他的脸上充满了对哥哥的担忧之情。苏轼刚经历一劫，却依然乐观地劝慰弟弟，两兄弟虽居大江东西，却是一水相连，既情谊相通，又何足叹息。

在文同家里住了三日，苏轼父子二人与苏辙告别，继续被官差押解奔向黄州。渡过淮河、关山，经麻城，转入岐亭北部时，途中遇到一人骑着一匹白马，从山上奔驰而下。走到近前，苏轼惊喜地发现，此人竟是他的老友陈慥。

苏轼在凤翔任职时，顶头上司是凤翔太守陈希亮，陈慥是陈希亮的小儿子。当时在凤翔，陈希亮对苏轼百般刁难，而陈慥却和苏轼十分投缘。

陈慥当年性情豪迈，潇洒风流，挥金如土，有种侠士之风。几年不见，陈慥似乎脱胎换骨，不再是几年前携妓出游的风流公子。他在洛阳有富丽豪华的宅院，在河北有大片良田沃土，本可以过着王侯般奢华富裕的生活，却舍弃鲜衣美食，跑到岐亭山，在一个简陋的木屋，学佛参禅，过着清寒静淡的隐士生活，自号龙丘居士。

陈慥的改变令人费解，唯一不变的，是陈慥的热情好客，他请苏轼来到家中小住，杀鸭宰鹅，美酒佳肴，盛情款待。

十多年未见，意外相逢，彼此都有他乡遇故知的欣喜。言谈间，陈慥得知苏轼的境遇，仰天哈哈一笑，竟不置一词。苏轼心有默契，对陈慥的改变虽不明就里，也不多问。酒足饭饱的苏轼只是忍不住心生感慨，到了黄州，再没有这样的朋友了。

苏轼父子在陈慥家里住了五天，继续赶往黄州。从岐亭到黄州，还需要两天的时间，中途，苏轼投宿在禅智寺。

这是一座没有和尚的荒庙，佛殿昏暗空寂，时有老鼠出没。夜半，突然下起了雨，雨声萧瑟敲打着竹叶，窸窣作响。苏轼辗转反侧，脑子里浮现少年时的一幕：

一次，苏轼与弟弟外出玩耍，在一家村院的墙壁上见到一首残句："夜凉疑有雨，院静似无僧。"

此时此景与当时那联断句十分相衬，苏轼忽然心有所悟，提笔写下一绝：

佛灯渐暗饥鼠出，山雨忽来修竹鸣。
知是何人旧诗句，已应知我此时情。

天亮之后，苏轼启程继续奔赴黄州。在那里，他的人生翻开了崭新的一页。在那里，苏轼的人生得到了升华，苏轼成了东坡居士，从此，更加乐观洒脱，豁达磊落，无论风雨，诗酒从容。

第十五章　被贬黄州

经过半个月的长途跋涉，苏轼父子于元丰三年（1080）二月初抵达黄州。

黄州位于长江中游的北岸，在长江与巴河交汇的三角处，东临巴水，西南濒临长江，地势由东北向西南倾斜，东北多为低矮丘陵岗地，西南则为平原湖区。

黄州虽无湖州的山清水秀，也不及杭州的旖旎温情，但城外群山却遍布茂密的竹林。

茂林修竹，临江而渔，水深鱼肥，泉香酒洌，吃的应该不愁。这是苏轼一路远眺黄州风景所想。因此，刚到黄州，苏轼便高兴而满足地吟诗道："自笑平生为口忙，老来事业转荒唐。长江绕郭知鱼美，好竹连山觉笋香。"

遗憾的是，作为贬谪之地，黄州的实际情形远没有苏轼想象的美好。这里吃食简单，酒淡无味，景物萧条。

初来乍到，苏轼连个落脚之处都没有，身为犯官，没有官舍可住，苏家父子只能暂居寺院。好在，定惠院庭园青翠、风景清幽，住持和尚也非常和善，允许苏氏父子与和尚一起吃斋居住。

按照朝廷规定，苏轼是被监视居住的贬职官员，到达黄州，应该先向知州报到，知州对罪官的一言一行有监管的责任。

黄州知州名叫徐大受，他与苏轼一见如故，不但没有为难被贬的苏轼，反倒对他礼遇有加。徐大受十分敬重这位名满天下的谪官，经常邀请苏轼参加州府宴饮，共度佳节。

人在落魄低谷时，能得到上司的关照，心里会格外感激。苏轼很幸运，遇到这样一位性情豁达的州长，让他并不觉得有被贬谪的屈辱。

作为贬官，苏轼只拥有一个水部员外郎的虚衔，没有任何实职。苏轼见过徐太守，再小心翼翼地进上谢表，再无其他官事。

初到黄州，苏轼还不太适应人生的骤然坠落。他常常深居简出，白天闷头大睡，到了夜晚，才一个人悄悄走出门，在夜色朦胧中散散步。只有在静谧祥和的月光下，他才略感安宁，慢慢忘却内心的伤痛。

经历了一场生死劫难，苏轼仍心有余悸，对外界产生了一种莫名的恐惧。劫后生活，他变得小心翼翼，不知怎样处世待人，才能不再陷入灾难。

自从来到黄州，苏轼经常居于家中，自斟自饮，沉思默想这次祸患产生的根源，回顾三十年来自己的所作所为，闭门反省。苏轼知道自己才华外露，行事鲁莽，思虑不周。少年时，努力读书，在京城一举成名后，又狂傲自大，参加制科考试，以直言极谏获得超等。从此，谈古说今，评论是非，更加下笔恣意，口无遮拦，以致差点被处死。

一场突如其来的牢狱之灾，又贬谪黄州，让一向心直口快的苏轼变得沉默、安静了许多，他渐渐悟出，沉默和隐忍才能保全自己。

在人生地不熟的黄州，苏轼每天除了睡觉、散步、沐浴、闲逛，便无别的事可做。

黄州有两座风景秀丽的私家园林，一是尚氏园，另一个是柯姓林园。苏轼非常喜欢这两个园林，尤其柯姓林园，枳花盛开，花色雪白，清香淡雅，如诗如画，别有一番景致。苏轼经常流连树下，久久不去，有时，心中会忍不住构想，假如他有能力买下这个庭院，假如弟弟愿意来到黄州，两家人住在一起，在此城终老，也是十分美好。

在定慧院寺庙附近的土山也有各种杂花盛开。一次，苏轼偶然在那里遇见一株海棠，在满坡绿草间兀自绽放，迎风含笑，明艳俏丽。苏轼有些惊讶，停住了脚步。

海棠是西蜀独有的名卉，在偏远的黄州，居然生出一只海棠，有些不可思议。苏轼低头看着海棠，突然涌起对家乡深深的思念。乡愁是一种记忆，与故乡有关的任何人和物，在不经意间，穿越时空，侵入心底，都会幻化成一种遥远而亲切的感觉，让人魂牵梦萦。

"也知造物有深意，故遣佳人在空谷。"苏轼凝视着海棠，仿佛看见自己，沦落天涯，遗世独立。

人生无常，坠茵落溷，不可预料。来到黄州后，尽管表面上生活平静闲适，但苏轼的内心却深藏着创伤和孤独的阴影。这种苦闷无处排解，只能在诗词中，诉尽身如孤鸿的凄凉：

> 缺月挂疏桐，漏断人初静。谁见幽人独往来，缥缈孤鸿影。
> 惊起却回头，有恨无人省。拣尽寒枝不肯栖，寂寞沙洲冷。

苏辙从陈州回去后，结束了南都的工作，携带着哥哥和自己的家眷，从南都乘船来到九江。苏辙把自己的家人临时安置在九江，之后再次乘船，亲自护送哥哥的家眷前往黄州。

"早晚青山映黄发，相看万事一时休。"时隔已近半年，苏轼即将和弟弟相聚，恍如梦中。他托人去磁湖迎候苏辙，并写了一首诗捎给弟弟。

苏轼经常与苏辙书信往来，诗词唱和。身居异乡，形单影只，这也是苏轼最主要的精神寄托。每到一处，苏轼常把当地的风物之美及行踪所至写进诗中，寄给苏辙。兄弟之间能如此相悦相知、相亲相爱，古来少见。

苏轼一生中有很多诗文写给弟弟苏辙，后人能够饱读苏轼脍炙人口的文字，一部分应归功于苏氏兄弟的情深。

因风浪太大，暂时无法行船，苏辙等人只得在磁湖暂住两天，等待风浪过去。收到哥哥的诗文，苏辙见信回复："黄州不到六十里，白浪俄生百万重。自笑一生浑类此，可怜万事不由侬。"

两天后，风平浪静，苏轼一大早坐船到二十里外的市集巴河口去迎接弟弟。家人到了之后，苏轼和家人一起搬进了临皋亭。

临皋亭在回车院中，是官方水路中途休息的驿站。作为被贬谪的罪官，苏轼并无资格使用，只因鄂州太守朱寿昌的帮助，才得以借住。

朱寿昌，就是那位刺血写经，用一生的时光寻找母亲的著名孝子。此时，朱寿昌在江对岸的武昌任鄂州知州，他知道苏轼被贬落魄，生活艰难，经常赠予财物给苏轼，苏轼也常常乘船到武昌，成为朱太守的座上嘉宾。

临皋亭并不宽敞，苏轼一家人口众多，居住的有些拥挤。苏轼住在寺庙时，与僧人一起粗衣布食，倒也简单。现在，家人到了，一大家人的生计也是一份沉重的负担。好在，黄州物价低廉，很适合穷人度日。

虽然居住条件差了一些，但大难之后，家人能够团聚，就是上苍最大的恩赐。能够和家人一起相守，条件再差，也感觉美好；只要一家人平平安安，即使偏远荒僻，也觉得江山如画。

临皋亭外，风景非常优美。亭院临江，江潮涌动，涛声拍岸，延绵不绝。对岸是樊口，山水相连，柳色含烟，风景如画。苏轼闲来经常独自漫步江边，策杖闲吟。

江山风月，本不属于任何人，闲适安然且喜爱自然者，就是辽阔天地的主人。身处贬谪之地，能够拥有这样的闲适岁月，未尝不是一种满足。苏轼望着滚滚江水，想到峨眉雪水融入大江，饮食沐浴如同享用家乡之水，聊以慰藉。

苏辙在黄州陪哥哥小住了十天，之后匆匆赶回九江安置一家老小。弟弟离开后，寂寞又开始如影随形般陪伴着苏轼。

苏轼天性热情豪放，喜欢呼朋引伴，这曾在他的生活中是一件十分重要的事。来到黄州前，最令他难过的就是在黄州没什么朋友。到了黄州，苏轼经常独自一人，布衣草鞋，乘一叶扁舟，纵情于山水之间，混迹于樵夫渔人之中。有时在街头，会被醉汉推搡斥骂，苏轼反倒心中暗喜，渐渐已经没人再认得他，因无须再受声名所累，而自由自在，随心所欲。只是，独处时间久了，他越发陷入孤独。

苏轼一家在盛夏之际来到黄州，千里跋涉，疲惫不堪。苏轼有一个乳母，名叫任采莲，年已七十二岁，在苏家侍奉了三十多年，悉心照顾了苏家三代人。乳母跟随苏轼辗转各地直到黄州，因经不起旅途的奔波劳累，加之水土不服，初到黄州便一病而亡。

苏轼对乳母感情深厚，尽管条件有限，还是不遗余力地为乳母操办了丧事，并亲自撰写了《乳母任氏墓志铭》。

没过多久，又传来两个不幸的消息，弟弟苏辙的一个十二岁的女儿因病夭折，眉山的一个堂兄也因病去世。接二连三的噩耗，让苏轼十分沉痛，百感交集，倍感生命的脆弱。

初到黄州，恶劣的气候，艰苦的环境，加上精神上的打击，常常让苏轼陷入病痛的折磨，加上亲人相继病故等因素，苏轼对道家的养生延年之术产生了浓厚的兴趣。

黄州城南有一座安国寺，苏轼常到寺庙中静坐修禅，以安抚劫后余生的痛苦心灵，寻求内心的平静。在静坐中，他沉浸在"物我两忘，身心皆空"的境界。在黄州期间，苏轼读了很多佛书，佛家思想也让他得到了一定程度的解脱。

在黄州独处了一段时间后，苏轼渐渐结识了一大群新朋友，也重逢了一些故交。他乡遇故知，倍感亲切，在新朋旧友的陪伴下，苏轼渐渐从孤独封闭的世界走了出来。

一家人在临皋安顿下来后，苏轼邀请陈慥来家中做客。但家里房间拥挤，只有一间空房可供客人居住。此时正值炎炎夏日，那个房间恰好向阳，这让苏轼十分犯愁。于是写信和陈慥商量，问他是否愿意到附近僧舍或门前停泊的旧船居住。

陈慥曾是个游侠般的人物，年少时喜欢扶危济困，行侠仗义，在江湖上小有名气。虽然当下已隐居山林，但市井阡陌依然流传着陈慥的名字和故事。

陈慥来到黄州后，黄州的一些豪侠得知消息，争相宴请这位豪士，有的甚至还为他提供舒适的住处，陈慥却一概谢绝，宁愿栖身于苏家的西照房里，整日与苏轼叙旧言欢，谈天说地。

豪侠们都很失望，苏轼却大为得意，在困顿落魄的时候，有这样一个不离不弃的朋友难能可贵。

除了与陈慥往来频繁，苏轼在黄州交往较多的还有徐知州。每年重阳节，徐大受都会在黄州的名胜涵辉楼或栖霞楼摆酒设宴，苏轼每次都会成为座上嘉宾。有时，徐太守会在府邸设宴，苏轼也是徐府的常客。曲水流觞，觥筹交错，歌姬伴酒，轻歌曼舞，苏轼这期间写了很多乐府新词，多为徐州太守家中侍姬所吟唱。

徐太守不会喝酒，他知道苏轼喜欢喝酒，且不喜欢黄州市面所售的酸酒的味道，每当有人送他好酒，总不会忘记苏轼。年末雪天，徐太守携酒来到临皋亭看望苏轼，天寒地冻，苏轼心里却倍觉温暖。有时，徐太守公务繁忙，就会派人来探望苏轼，给苏轼送来酒果等吃食。

在居住的对岸武昌，有两个苏轼的同乡王齐愈、王齐万兄弟。他们也到黄州来探访苏轼，落魄之际，能够在他乡遇到几个蜀地朋友，苏轼又欣喜又感动。

王家在四川是一个有名的富户，王氏兄弟随先辈来到黄州落户安家，把家中的很多藏书也带到了黄州。苏轼有时也会乘船过江去王家拜访两兄弟，有时聊得晚了，或因风浪太大不能赶回去，就会在王家住下来，慷慨的王家兄弟就会杀鸡作食，盛情招待苏轼。

在黄州，苏轼也结识了几个当地的朋友，其中有潘氏三兄弟和古耕道等人。苏轼和潘氏三兄弟中的老二潘丙来往最为频繁，几乎每天都会见面。潘丙没有考中进士，从此不再追求功名利禄，他开了一个酒坊，以卖酒为业。古耕道侠义热情，为人豪爽，颇有侠士之风。

苏轼常常与这些朋友一起喝酒、聊天。他们仰慕苏轼的才华，在苏轼困难的时候，这些市井朋友都会热心相助。有了这些朋友的相伴，偏僻荒远的江边小城黄州，似乎渐渐变得美好，充满着人间的温情。

苏轼的一些老友至亲也常常来信问候，范镇、张方平、李常等人虽受苏轼牵连，在乌台诗案中被罚铜，但依然时刻关心苏轼，李常甚至在调任时，特意绕道前往黄州看望苏轼。

在被苏轼牵连的朋友中，王巩被贬得最远，处罚也最重，他被贬到广南西路的宾州管理盐酒税务。王巩在流放期间，曾身患重病，差点客死他乡，又两次饱尝失子之痛。苏轼对王巩深感歉疚，王巩却并不怪罪苏轼，也不因此和苏轼疏远。患难见真情，宦海沉浮，数年风雨，两人依然保持着密切的联系。

元丰六年，王巩获赦北归，从苦寒之地万里归来，途中特意绕行到黄州，看望苏轼。

王巩带来一位侍妾，名叫柔奴。眉清目秀，蕙质兰心，谈吐不俗。王巩被贬南迁，柔奴万里随行，不畏烟瘴，一直陪伴左右，三年落魄生涯与王巩风雨相伴，不离不弃。

两位老友再次相见，苏轼发现王巩不但没有贬官的落魄沧桑，反倒面如红玉，容光焕发，苏轼感到十分疑惑。王巩与苏轼对饮，杯酒言欢，酒酣意浓时，王巩唤出柔奴，让她为苏轼弹唱一曲，以歌助兴。

柔奴怀抱琵琶，款款向前，琴声优美，悠悠流淌，歌喉婉转，娓娓动人。一曲终了，苏轼若有所思，试探地问柔奴："岭南应是不好吧？"柔奴却坦然一笑："此心安处，便是吾乡。"

伶人一语，不输文人淡泊风骨。一个盈盈柔弱女子，竟能如此豁达通透，脱口而出这般智慧之语，苏轼十分感佩，对柔奴大加赞赏，提笔为她填了一阕《定风波》：

> 常羡人间琢玉郎，天应乞与点酥娘。尽道清歌传皓齿。风起，雪飞炎海变清凉。

> 万里归来颜愈少，微笑。笑时犹带岭梅香。试问岭南应不好，却道：此心安处是吾乡。

作为贬官，苏轼没有俸禄可领，只有一份微薄的实物配给。一大家人的吃穿用度令苏氏夫妇有些发愁。后来，苏轼想到一个节俭用钱的办法。他把每天的日用花销定为一百五十钱。每个月初，拿出四千五百钱，分成三十份，挂在房梁上，每天取下一份，也就是一百五十钱，作为一天的花销。如果这一天稍有剩余，就把余钱放在大竹筒里，用来招待宾客。苏家就用这种方法，维持着生计。

黄州生产柑橘油柿，猪牛和鹿肉都很便宜，鱼和螃蟹更不值钱，几乎像白送一样。能够衣食丰足，令人渐渐无欲无求。有了朋友，时间似乎过得也快多了，眨眼，苏轼在黄州已过了一年。

一年后，家中的现金差不多用完。一大家人需要吃穿用度，生活过得越来越拮据。官员被贬，遥遥无期，这种贫困的日子不知还需要持续多久。

"我生无田食破砚，尔来砚枯磨不出"。一天，苏轼在外游荡时，走在田间地里，突然想到，如果能有一块自由耕种的土地，过上自给自足的生活，生计问题就会迎刃而解。作为贬官，苏轼自己也觉得这个想法有点脱离现实，出乎意料的是，他的梦想竟然很快就实现了。

帮他达成所愿的是一个二十年前的老朋友，马梦得。马梦得就是那位与苏轼同年同月出生，比苏轼小八天的朋友。苏轼曾开玩笑地说过，这年出生的人，都不是富贵之人。而他和梦得相比较，马梦得比他还贫穷。

苏轼与马梦得的交情要从北宋仁宗嘉祐六年（1061）说起。那时，苏轼得到了人生中的第一个官职，大理评事签书凤翔府判官。赴任之前，苏轼去向马梦得告别。无意中，苏轼在马梦得书房墙壁上题了一首杜甫的诗《秋雨叹》，马梦得后来看到这首诗，立刻辞了官，追随苏轼到凤翔，从做幕僚开始，跟从苏轼二十年。

马梦得期盼着苏轼某天成为达官显贵，这样他也可以借光摆脱贫困，能够买块山林颐养天年。

二十年过去了，苏轼不但没步步高升，反倒一贬再贬，越来越穷困落魄。苏轼十分愧疚，觉得非常对不起这位老朋友。

马梦得却是个重情重义之人，他认为苏轼是个贤人，尽管苏轼落难，也不曾改变对苏轼的看法。他没借到苏轼的光，反倒为苏轼做了一件大事。

马梦得到黄州探望苏轼时，为他请领到一块政府废弃的营地，以便苏轼开垦出来，用来耕作谋生。

这块地位于黄冈东城门外的山麓，东侧地势颇高，中间平旷开阔，面积大约有五十多亩。只不过，这块营地因废弃已久，杂草丛生，遍地瓦砾，加之山地的缘故，土地十分贫瘠，需要花很大的工夫才能开垦出来。

落魄之际，能拥有这么一大块土地，苏轼已十分知足，他毫不在意土地的荒芜，还没开垦，就兴致盎然地计划起耕种的产品：粳稻、枣树、栗树、桑树，等等。苏轼设想得十分美好，他还特意留出来一块视野最好的空地，打算以后手头宽裕了，再建几间可住的宅院。

做好了规划后，苏轼立刻让家童烧掉地上的枯草，开垦出一大块可以耕作的农田。如有神助，杂草被烧光后，家童在地里发现了一口暗井。有了水源，灌溉问题迎刃而解，庄稼就可以生机勃勃地生长了，苏轼喜出望外。他买了一头耕牛，添置了农具，挽起衣襟，身体力行，捡拾瓦砾，开始种植黄桑。亲力亲为虽然劳累，却非常愉快。放下笔墨的苏轼，成了黄州的拓荒者，沉浸在做农民的快乐中。

苏轼的朋友，马梦得、潘丙等人也都来帮忙一起开垦荒田。天道酬勤，苏轼的乐观与辛苦劳作得到了上天的眷顾。土地开垦出来没多久，本是久旱成灾的夏天，忽然一夜大雨，让他的土地滋润起来。

第二天，雨停之后，苏轼在地里发现一条细细的泉水，一直流到柯氏园林的坡地，汇成了方圆十亩的池塘。池塘里有很多鱼虾，水流的沟渠两侧长满了野生的水芹，这个发现对苏轼来说又是一个惊喜。四川眉山有一道很有名的菜式，芹芽脍斑鸠，看见水芹菜，苏轼不由自主地想起这道美味佳肴，口水欲流。

荒田开垦出来时，已经到了深秋时节，来不及再种稻子，只能种些麦子。不到一个月的时间，小麦就已长出一片翠绿的麦苗。除了小麦，苏轼还种了三百棵黄桑和一些枣栗树。

苏轼的朋友，任职淮南西路提刑的李常知道苏轼有了农场，送给他一些柑橘树苗，苏轼又向大冶长老要了些桃花茶的种子，农作物的种类越来越丰富，农场也有模有样了。

一天，苏家的耕牛生了病，已奄奄一息，当地的牛医没见过这种症状，束手无策，苏轼的妻子王闰之竟认得耕牛的这种病，是豆斑疮。王闰之用家乡的土办法，煮青蒿粥喂牛，果然耕牛痊愈。苏轼放下笔墨能够做农夫，妻子系上围裙也可做农妇，让苏轼不禁欣喜。

苏轼和妻子都是农户出身，对于田间耕作，多少有些了解。只是，作为南方人，他们不大懂得种麦的技巧，苏轼于是常向当地老农请教。

白居易在忠州做刺史时，曾写过很多关于东坡的诗，《东坡种花》《别种东坡花树两绝》等，在《步东坡》里白居易写道："朝上东坡步，夕上东坡步。东坡何所爱，爱此新成树。"可见，白居易与"东坡"结缘之深。

"出处依稀似乐天，敢将衰朽校前贤"，苏轼非常欣赏白居易，忠州与黄州都是贬谪之地，又恰巧都在城东，苏轼觉得自己与白居易命运十分相似，尤其苏轼的这块地，东侧地势颇高，因此，苏轼就把这块新开辟出来的土地称为"东坡"，又以东坡为题，一口气写了《东坡八首》。从此便以"东坡居士"自称，这就是名动天下的"苏东坡"名字的由来。

天地清明，河山万里，多少人穷尽一生，最后追寻的不正是采菊东篱的闲逸和山水自然的清欢？远离功名利禄，摒弃应酬往来，少了是非纠缠，唯有江风月夜，杯酒茶盏，文采万千。

冬天到了，地里已经不适合耕种，苏轼就在东坡附近，距离州门四百多步的一块高地，建起了房屋。

这块高地曾是一个养鹿场，非常宽阔，视野极佳。苏轼亲自参与房屋建筑工作，每天辛苦劳动，风雨不误。元丰五年二月，五个房间终于建成。竣工之时，大雪纷飞，苏轼在堂屋的四面墙壁，画满了雪景，因此，命名为"雪堂"。

从雪堂放眼望去，远山如黛，清溪袅袅，田园开阔，风景如画。苏轼置身雪堂，起居偃仰，怡然自得，深感知足。

"梦中了了醉中醒，只渊明，是前生"。尝尽世态炎凉，历经宦海沉浮，回归山水田间，躬耕郊野，以寄余年。在世俗沉浮的醉梦中，能够超然世外，苏轼想到了陶渊明，感觉自己与陶渊明成了跨越时空的知音。

有了这几间房，起居生活，悠然多了。有朋自远方来，苏轼就会安排朋友住在这里。苏轼的朋友李元直为苏轼篆写了"雪堂"二字匾额，苏轼自己则在门楣上书写了"东坡雪堂"四个字。

苏轼置身雪堂之中，雪的洁白让他内心宁静，雪的耀眼令他目眩，而雪的凉气又令他感到彻骨冰寒。远离了庙堂，寄身于江海，筑堂养性，本应是一种旷达自由的生活，而现实却总是如影随形，令苏轼充满了矛盾和痛苦。在出世与入世之间徘徊不定，苏轼复杂而又纠结的内心独白在一篇长文《雪堂记》里全部展现。

自从雪堂落成，苏轼白天忙着耕耘农场，晚上就常在雪堂读书写字到深夜，才拄着手杖回到临皋亭。一路上，手杖敲击着地面，发出的铿锵之声，犹如木鱼声声，让苏轼的内心充满宁静：

> 雨洗东坡月色清，市人行尽野人行。
> 莫嫌荦确坡头路，自爱铿然曳杖声。

有了雪堂，就有了呼朋引伴的场所。很多朋友到黄州来看望苏轼，苏轼就在雪堂招待他的客人。有时，雪堂会同时有几位朋友不约而同相继到来，这些宾客里有全知全能的道士，有遗世越俗的和尚，有才华横溢的画家，有风流倜傥的诗人，也有文雅悠闲的琴师。各色人等，从四面八方齐聚雪堂，他们给苏轼的贬居生活带来了很多欢乐。

元丰五年十月，苏轼的进士同年蔡承禧，来到临皋亭看望苏轼。蔡承禧任职淮南转运副使，黄州在他的管辖范围之内。蔡承禧又为苏轼添造三间新屋，这三间新屋建在临皋亭附近的高坡上，面江而居，夏天观江听涛是一个非常理想的避暑之所。

元丰六年五月，新屋建成，名为"南堂"。如此，苏轼在黄州的居住环境大大改善，在南堂写字作画，养炼丹砂，过得十分惬意。

岁月不拘，时节如流，眨眼，又到了中秋。古人和今人一样，传统节日的仪式感不可或缺。仪式感能增加对生活的掌控和幸福感，而节令又总会带给人特别的感受和心情，尤其是对岁月的流逝和生命的感怀。

这一年，苏轼已经四十五岁，头上的白发越来越多，贬谪的岁月望不到尽头，有人被贬终生不得起复。这一年，神宗才三十三岁，神宗力主新法，而苏轼却被贴上旧党标签，因攻击新法陷入困境，看上去很难有出头之日。身在穷途，眼睁睁看着生命就这样一天天浪费掉，苏轼深感悲哀却又无可奈何：

> 世事一场大梦，人生几度秋凉。夜来风叶已鸣廊，看取眉头鬓上。
> 酒贱常愁客少，月明多被云妨。中秋谁与共孤光，把盏凄然北望。

贬谪岁月，没有政务可理，苏轼有大把的时间用来读书、作画。刚到黄州时，为了舒缓劫后余生的痛苦，苏轼读了很多佛经。佛法通达智慧，喻理圆通，给人向善的力量。它让人随着年龄递增，加上世事的磨砺，提高挫折容忍力，并以足够的宽容和余裕面对一切。 通过读佛经，苏轼的内心渐渐安静下来。

在杭州期间，苏轼常常往来名山古刹，拜见禅理精通的佛学大师，听高僧大德讲经说法，布道四方。这次被贬黄州，苏轼在安国寺长老的指点下，又开始学习禅定，静坐默休。

佛法的打坐，能够调整身体的气、脉、心、神。人体本身就像一个生物能量场，通过打坐，能够打开身体气脉，达到身体健康的功效。打坐也能让人心如止水，无论多少烦心事，只要万念凝聚一身，顷刻间，天地只有浩瀚无垠的宇宙和渺若一粒尘埃的自我。

宇宙时空蕴含着无尽的神奇与奥妙，佛陀的智慧慈悲深远，止观知天下，苏轼发现，禅定也是体悟宇宙万象最好的方式之一。

当内心渐渐安宁下来，苏轼开始读史，并写下了很多篇短小精湛的史论。这些史论文笔犀利，见解独到，比如元丰三年九月，苏轼读《战国策》后写下的《商君说》：

> "故帝秦者，商君也；亡秦者，亦商君也。其生有南面之福，既足以报其帝秦之功矣；而死有车裂之祸，盖仅足以偿其亡秦之罚。"

苏轼自幼时读书，就有背书的习惯，他能把整本《汉书》倒背如流。苏轼不只背书，还经常抄写。《汉书》共七十五万字，苏轼曾抄写三遍，所花费的时间和精力可想而知，非毅力强大之人绝不能做到。在黄州期间，苏轼仍经常抄书、背书。这个习惯令苏轼在年近百半之时，依然能流利背诵数百字的文章而无一字差漏。

作为一个读书人，儒家的淑世精神一直是苏轼实现人生价值的最高理想。身陷困境，不能在仕途上有所作为，苏轼便把部分时间和精力投入写作。他开始研究《论语》。苏辙年少时，曾写过一些《论语》的疏解，苏轼在苏辙的文稿基础上，花了不到一年的时间，写成了《论语说》。

这本书，苏辙的作品占了不到三分之一，其余为苏轼所作。遗憾的是，此书已经失传，我们只能从苏辙的《颍滨论语拾遗》中，看到苏轼关于此书的少量见解。

苏轼在黄州期间，续写的第二部书是《易传》九卷。苏轼的父亲苏洵在晚年曾编著一部《易传》，但未及完成就已病重在床。离世前，苏洵留下遗言，希望苏轼兄弟能完成父亲遗著。

这些年，兄弟二人一直在仕途奔波，无暇著书，如今，苏轼在黄州谪居，有大把的时间，于是开始续写父亲的著作。苏辙在早年也做过一些关于此书的摘记资料，苏轼把父亲和弟弟的解说集中一起，重新编写。

这部《易传》内容颇多，苏轼在黄州时并未写完，十八年后，苏轼贬谪海南时，才终于完稿。《四库全书总目》评价此书："推阐理势，言简意明，往往足以达难显之情，而深得曲譬之旨。"

除了读书、写作，苏轼在黄州期间也经常绘画、写字。苏轼和文同都喜欢画竹，不同的是，苏轼更喜欢对着月下竹影画竹，因此苏轼画的竹多为清瘦挺拔之态。苏轼的竹画里还经常掺入怪石、枯木等，在中国画史上，形成了一个全新的画境和门类。因为时间充裕，在黄州期间是苏轼画竹与书法的高产期，苏轼流传于世的书法，多为此时所做。

在黄州，苏轼还结识了另一位书画天才，米芾（1051—1107）。

米芾，字元章，祖居太原，后迁湖北襄阳。米芾的母亲曾侍奉过宋英宗的高皇后，神宗继位后，恩赐米芾为秘书省校书郎，之后，米芾一直在郡县担任县尉之类的辅官。

元丰五年（1082）春夏之际，三十二岁的米芾在长沙任职期满，在马梦得的介绍下，来到黄州拜访苏轼。

这是米芾与苏轼的第一次会面。此时，苏轼已渐渐从乌台诗案的伤痛与阴影中走出，每日沉浸在写字作画中，内心渐趋平和淡静。米芾的到访，让苏轼感到十分快慰。虽然两人年龄相差十五岁，苏轼却与这位风姿英俊、气宇不凡的年轻后生一见如故。

两人在雪堂里谈诗论字，饮酒作画。苏轼还拿出自己珍藏的吴道子所作释迦牟尼佛像，与米芾一起观赏。

这幅画曾几次易主，因年代已久，破碎不堪。到了鲜于子骏手里时，子骏不惜重金，请人重新装裱，妥善收藏。苏轼出任徐州知州时，顺道拜访，见到此画，赏玩许久，赞叹不已。正如宝剑赠英雄，子骏遂将此名贵古画慷慨赠予苏轼。苏轼喜出望外，从此，一直小心珍藏。据说，后来，苏轼将此画捐赠给了成都胜相院。

一次酒后，苏轼拿出一张观音纸，让米芾贴在墙壁上，苏轼则面墙而立，趁着酒兴，豪气干云，执笔一挥而就，在墙上画了两根竹子、一株枯树和一块石头，画完送给了米芾。米芾十分珍爱苏轼的赠画，后来，王诜听说了此画，借去欣赏，却再没归还，米芾悻悻然，无可奈何。

常人画竹，一般从顶端画起，苏轼却从地下根部开始画到竹枝的末梢。米芾觉得奇怪，苏轼却笑着解释："竹子初长时，哪有逐节而生。"

苏轼画竹不拘泥于枝叶的描绘，而注重传神达意，米芾惊讶于苏轼的独到见解。透过竹画中的枯木和怪石，米芾一眼看出，这些奇奇怪怪的石头和虬屈盘绕的枯木，正如苏轼心中那股纵横冲荡的郁结之气。从一张画能读懂一个人的内心，如此相知，无愧为艺术上的知音。

能够被苏轼看重，米芾当然也不是一般之人。米芾自幼苦练书法，十岁时已能写碑刻，还曾临摹过苏轼字帖，为研究书法下过十足的功夫。他精通篆、隶、楷、行、草等书体，其中以行草成就最大。苏轼赞誉米芾的书法，"风樯阵马""超逸入神"。

米芾的书法风格深受唐代书法的影响，苏轼婉转地向米芾建议，应该多学晋代书法，摆脱传统书法的束缚。因为晋代书法用笔简练，崇尚自然，正如魏晋文人那种特立独行、不尊法度、清俊脱俗、纵放旷达的精神和风度。

苏轼的引导，令米芾茅塞顿开，从此以晋代书风为指归，特意收藏了谢安、王羲之、王献之三位晋代名流的书法真迹，潜心专研，并把自己的书房取名为"宝晋斋"。

很快，米芾的书法大为精进，更加雄健清新，跌宕飞扬，一跃成了和苏轼、黄庭坚、蔡襄齐名的宋代书法四大家之一。

题诗作画之外，苏轼也喜欢美酒佳肴，对于饮食，苏轼始终充满兴趣。在黄州期间，闲暇颇多，苏轼经常亲自下厨。黄州的鱼蟹物美价廉，苏轼用自己独特的方法，研究出一道色香味俱佳的鱼羹，并经常以此招待客人。

苏轼煮鱼和我们今天烹饪鱼汤的方法十分相近：鲜活鲫鱼或鲤鱼一条，斩杀后洗净，冷水下锅，加入盐和几段葱白，配上几片白菜心，煮到半熟时，加入少许生姜、萝卜汁和酒，临熟加入切好的橘皮丝出锅。

苏轼做的鱼羹，汤汁奶白，鲜香味美，品尝过苏轼鱼羹的朋友，都视为一道珍馐美馔。

除了鱼羹，苏轼还擅长做菜羹。由于积蓄微薄，必须节俭，苏轼只用几样简单的食材放在一起烹煮，使蔬菜发挥出本身自然的清香，味道甘美，苏轼称之为东坡菜羹，并撰写了《东坡羹颂》，送给那些向他求授做法的朋友。

黄州猪肉的价格较为低廉，有钱人不喜欢吃，穷困的人不会做。苏轼很喜欢猪肉，后来他又发明了一道佳肴：红烧猪肉。苏轼做的这道红烧肉肥而不腻，嫩而不碎，味醇汁浓，色泽剔透，名曰"东坡肉"。东坡肉渐渐被世人所知，成了一道名菜，流传至今。苏轼还写过一篇理趣横生的"猪肉颂"。写的虽然是吃，体现的却是苏轼被贬落魄时，安之若素的生活态度和乐观豁达的人生境界。

一代才子苏东坡，既能写出旷达豪迈，气势恢宏的文字，也能做出流芳千古的东坡肉；既能写出丰腴饱满、遒劲姿媚的书法，也能自酿食材简薄的真一酒；既能入仕主政一方，造福百姓，也能退隐山林，植桑种麦，栽花种茶。

吃是本能，食是情趣，对待饮食的态度，就是对待生活的态度。对饮食充满兴趣，还能拓展生活的宽度。和题诗作画一样，饮食既是一种文化，也是一个时代的风雅。苏东坡，居庙堂之高，是北宋文坛的领军人物，处江湖之远，又摇身一变，成了一位名副其实的美食家。

苏轼虽然喜欢肉食，但自从经历了牢狱之灾，亲身体验了待宰如鸡的惶恐，加上童年受到母亲程夫人的教育和影响，出狱后，苏轼痛下决心，不会为了满足口腹之欲，而滥杀生物。他还特意作戒杀诗，劝他的朋友陈慥不要为了招待他而杀生，宇宙间所有的生命都应该被珍视和善待。陈慥听从了他的劝告，两人在一起把酒言欢，再不杀生。后来，陈慥的乡亲邻里读了苏轼的这首戒杀诗，也被感化，很少再杀生吃肉。

苏轼喜欢喝酒，却不喜欢黄州的酒，他觉得黄州的酒或酸如腌菜汤，或甜腻如蜜汁。于是，苏轼从一个道士那里寻得一个秘方，自己用蜜酿酒。

苏轼也喜欢饮茶，而黄州却不产茶，好在安国寺种有几株茶树，春天时，徐太守总会约苏轼同游寺庙，在亭上饮酒。酒后，采摘几叶新茶，烹上一大壶，二人慢慢对饮。

当滚水注入杯中，苏轼看着茶叶的旋转起落，在茶香中洗涤千头万绪，细品人生沉浮。他拿起杯子，轻啜一口，唇齿生香。顷刻间，似乎已忘记自己身在何处，只觉无比的轻松、自在。

退隐江湖，纵情山水也并非都是逍遥乐事。有时，乡野之地的恶俗会令人痛心疾首，忧心忡忡。

一次，苏轼的一个同乡来到黄州看望苏轼，无意中聊起一件骇人听闻的事。在岳鄂一带，百姓生活穷困，很多平民小户家庭，最多只能抚养得起两三个孩子，每当超过自己的经济能力，再有婴儿出生时，就立刻把新生儿按进水盆中杀掉。由于中国古代重男轻女，很多后出生的女婴都被这种方法溺毙。

苏轼听说了这件惨绝人寰的愚昧风俗，如芒刺背，食不下咽。虽然他只是一个毫无实权的罪官，但他无法坐视不管。

一夜辗转难眠，第二天，苏轼写了一封千字的长信给鄂州太守朱寿昌。朱寿昌极尽孝道，崇尚人伦。因此，苏轼恳请他运用手中的权力，出面整治这种残忍的恶俗。

苏轼在密州时，曾救拾弃儿，以粮米扶助百姓，使穷苦人家不再丢弃孩子。苏轼把自己在荒年援救弃儿的经验分享给朱太守，并建议他以法律约束百姓，禁止杀婴。

后来，苏轼听说黄州也有这种不良风气，于是发动黄州的朋友帮忙，成立了一个"育儿会"，向当地富户募集钱粮，以资助那些贫困家庭，并谆谆劝导他们珍视骨肉亲情。

"育儿会"是一个私人性质的慈善机构，官府并无权责，苏轼便委托安国寺的住持管理募捐所得善款，以示诚信。虽然手头并不宽裕，苏轼也慷慨解囊，出钱十千给育儿会。苏轼心想，如果一年下来，能救活一百个婴儿，也是闲居期间最大的乐事。

为救助婴儿，苏轼慷慨相助，家中的积蓄越来越少。为了省钱，苏轼只好节食减餐，给自己早晚饮食定时定量。生活清苦，苏轼却苦中作乐，笑着自我安慰节食的好处，可以养福、养胃、养财。他还特意写了一篇《节饮食说》，贴在墙壁，以宽解自己。

身处逆境，苏轼没有沉沦，没有绝望，更没有麻木不仁，尽管自顾不暇，也不曾独善其身。正相反，他更加理解乡农之苦，体察民众，对穷困百姓充满了更深的关切和悲悯。正因如此，苏轼在黄州留下的不仅仅是数篇佳作，还有超然于文字之外的人性光芒。

第十六章　东坡居士

苏轼因为写诗招来奇祸，从此不再写诗评论政事，只写一些山水抒情的文字。岂料，只是寄情山水的诗文也能引起风波。

元丰五年（1082）初秋，苏轼与几位朋友在江边饮酒聚会，直到三更左右，才带着醉意，踏着朦胧月色向家走去。

到了家，敲门半天无人回应，夜深人静，家童早已熟睡，鼾声如雷鸣。苏轼只好倚着藜杖坐在江边听涛望月。

夜阑风静，水波不兴，望着宽阔的江水，苏轼陷入沉思，想到自己被限制在黄州这个荒凉的江城，无法离开，希望此生能不再辗转偷生，也不为功名利禄奔忙钻营，而是能自己掌握命运。就像此刻，苏轼闭目想象，驾着一叶小舟，任意漂流，将余生寄予山河湖海，亦不乏惬意自由。

　　夜饮东坡醒复醉，归来仿佛三更。家童鼻息已雷鸣。敲门都不应，倚杖听江声。

　　长恨此身非我有，何时忘却营营。夜阑风静縠纹平。小舟从此逝，江海寄余生。

谁知，这阕词第二天即传遍黄州，与《临江仙》一起传开的是，苏轼夜晚写完这阕词，把官服挂在江边，月夜泛舟，长啸而去。

黄州徐太守听闻此事，大惊失色。如果苏轼逃跑了，他就有失职之责，吓得赶紧跑到临皋亭。到了苏家，只见苏轼正躺在床上呼呼大睡，鼾声如雷，徐太守忍不住大笑起来。

元丰六年（1083）早春，苏轼生了一场病，久咳不愈，以致卧床半年之久。到了初夏，又生了疮疖，因疮疖之毒导致右眼肿痛，差点失明。苏轼不得不待在家中，不能出去见朋友，不能喝酒，甚至有人告诉他，肉也不能吃，苏轼百无聊赖，于是，写了一篇小短文，自娱自乐，聊以解闷：

> 眼睛得病，嘴却不能吃荤，嘴就不干了，于是提出抗议。嘴对眼睛说："我是他的口，你是他的眼睛，凭什么厚彼薄我？你生了病，却不让我吃荤，这不行。"

> 苏轼一筹莫展，没法判决，口继续对眼睛说："不如这样，若他日，我嗓子哑了，你想看什么都行，我绝不阻拦。"

苏轼活泼开朗，即使生了病，依旧豁达乐观，幽默风趣。因为眼疾，苏轼在家待了一两个月没出门，这一段时间，除了家人，没人见过他。虽然他自己心情还不坏，但外界很久没见到他，都以为他得了重病，甚至胡乱猜测，苏轼命不久矣。

这一年的四月三十日，曾巩在江宁病逝。这时，谣言再起，有人说苏轼与曾巩同日驾鹤西去。

这个谣言越传越远，数日间，竟然传到了京城，甚至传到皇宫，连神宗也听说了这件事。当时，神宗正在用膳，听到这个消息，放下筷子，顿感悲伤，连连叹息。

神宗非常欣赏苏轼广博深厚的学识，闲暇时经常读苏轼的文章，有时读得入了迷，连饭都忘了吃。有一天，神宗与文武百官谈论古今人才，神宗问，哪位古人的才华能和苏轼相比。有大臣说是李白。神宗却说不对，李白有苏轼的才华，却没有苏轼学识的广博。在宋神宗眼里，苏轼称得上千古第一才子。本朝能拥有如此有才之人，是多么幸运，可惜，他还没来得及用，苏轼就死了，神宗深深叹惋。

后来，这个谣言又传到了许昌范镇的耳朵里，范镇失声痛哭，立刻命人带着帛金到黄州去苏家吊唁。范镇弟子劝慰范镇，应该先派人去黄州探明消息更为稳妥。

被派的人到了黄州，见到苏轼后，说出了来意，苏轼不禁哈哈大笑，心中十分感动。

有一种感情叫后知后觉，总是在失去后方觉珍贵。神宗后来也得知，苏轼的死讯只不过是一个谣传。苏轼未死，神宗仿佛失而复得，十分欣喜，因此，心里开始有了复用苏轼的想法。

苏轼一向喜欢游山玩水，访古寻幽。黄州附近除了武昌西山的寒溪，就是苏家附近沿江峭立的一道赤色的断崖，最吸引苏轼。这道崖壁距黄州知州官邸约有几百步，岩岩清峙，壁立千仞，乔木苍然，云涛际天。

苏轼到达黄州的第一年，八月的一个夜晚，月朗风清，苏轼带着儿子苏迈，划着小船，第一次夜游赤壁。江水千里，风露浩然，一片绛色的崖壁，就像一道高耸的天然屏峰矗立在江滨，惊涛拍岸，乱石堆雪，江山辽阔，气势恢宏。传说这道断崖正是周瑜大败曹操的战场，赤壁。

遥想三国时代人才辈出，一代枭雄、胆识过人的曹操，神机妙算、足智多谋的诸葛亮，羽扇纶巾、英姿勃发的周瑜，无论是非成败，他们都已实现自我价值，绘就了绚丽的人生图景，燃亮了一个精彩纷呈的时代，丰盈了汉晋交替间的历史。

神游故国，从追念往昔英雄豪杰，回到被限制自由的现实，想到自己怀才不遇、仕途坎坷，壮志未酬，功业无成，对比之下，苏轼情不自禁地发出岁月流逝，光阴虚度，早生华发，人生如梦的叹惋，他将失意的悲哀融汇在苍茫的历史与壮阔的山河，迸发出一阕名垂千古的旷世杰作：

> 大江东去，浪淘尽，千古风流人物。故垒西边，人道是，三国周郎赤壁。乱石穿空，惊涛拍岸，卷起千堆雪。江山如画，一时多少豪杰。
>
> 遥想公瑾当年，小乔初嫁了，雄姿英发。羽扇纶巾，谈笑间，樯橹灰飞烟灭。故国神游，多情应笑我，早生华发。人生如梦，一樽还酹江月。

苏轼的这首《念奴娇．赤壁怀古》雄浑苍凉，气势磅礴，意境辽阔，荡魂摄魄，不愧为《东坡乐府》中最负盛名的千古绝唱。

自从第一次来到赤壁，被这里的风景吸引，每当风和日丽的天气，苏轼经常独自划船来到赤壁一带。那里的沙滩有很多红黄颜色的小石子，色彩艳丽，光滑细腻，温润如玉。苏轼搜集了近三百颗小彩石，放在一个盛有清水的古铜盆中，五彩斑斓，十分好看。后来，苏轼把这些石子赠给了一个叫佛印的和尚。

尽管苏轼十分喜欢黄州的赤壁，却对所游览的赤壁产生了怀疑。当年，曹操在赤壁大败，从华容道逃走，虽然黄州赤壁的对岸就是华容镇，但岳州也有个华容县，因此，苏轼有些疑惑，不知哪一个才是历史上真正的赤壁。

事实上，苏轼所见所写的赤壁，的确不是历史上周瑜大破曹操的那个赤壁。湖北境内一共有三处地方名叫赤壁。苏轼游览的赤壁，是在黄冈县城之外，因绛色的悬崖屹立江滨，截然如壁，因此被称为赤壁，又名"赤鼻矶"；还有一处在武昌县东南七十里处，此赤壁又叫赤矶；而历史上真正的赤壁是在今天的嘉鱼县东北江滨，与乌林正对的地方。

尽管黄州赤壁并非历史上的三国赤壁，但千百年来，黄州赤壁因苏轼而闻名天下，知名度似乎已远胜历史上真正的赤壁。黄州赤壁没有战火硝烟的印记，却饱含着东坡经久不息的文化魅力。黄州使苏轼成了超然达观的东坡，黄州也因苏轼成了真正的名胜之地。

苏轼被贬黄州后，有了充裕的时间，亲近自然。他时而布衣芒屩，耕作于阡陌田垄；时而策杖闲吟，逍遥在林溪山野；时而独自泛舟，沉醉于山水之间；时而感物抒怀，静思在赤壁江边。

"惟江上之清风，与山间之明月，耳得之而为声，目遇之而成色，取之无禁，用之不竭。是造物者之无尽藏也，而吾与子之所共适"。清风含声，明月蕴色，江山无尽，风月长存。人生起起落落，仕途坎坷，几经波折，苏轼把自己放逐于山水，以忘掉世事烦忧，甚至忘掉自我，放飞身心，与自然融为一体。他以回归自然的旷达，排解生命中遇到的重大变故，静静享受远离纷争的安逸和逍遥。

江上清风、山间草木，峰峦丘壑、林间溪水，吸日月之精华，承宇宙之气韵，经历史之洗染，含岁月之真情。山河草木，四时风光，看似没有生命的一山一水，却处处蕴藏着生机。大自然处处充满了神奇，只有内心宁静平和，才能捕捉到天地间的美景。黄州的荒凉没有压倒苏轼，沉浸在山水之间，反而唤醒了苏轼内心深处的性灵，使他的性情更加旷达、恬淡。

苏轼在黄州住了三年，对宇宙和生命有了更深的体悟，经常道出一些富有禅理之言。元丰五年（1082），苏轼在黄州的第三年，苏轼的文学创作达到了他人生的又一个高峰。《定风波·莫听穿林打叶声》《临江仙·夜饮东坡醒复醉》和《念奴娇·赤壁怀古》，这三阕词超脱尘俗，豪迈旷达，流传千古。《赤壁赋》和《后赤壁赋》这两篇散文各有千秋，情韵兼胜，闻名于世。还有《寒食雨》《雪堂记》等也都是惊采绝艳的经典之作。这些诗词的境界已经远超一切功名富贵。

此外，苏轼在黄州的第三年寒食节作了二首五言诗，名为《黄州寒食诗帖》，此帖为苏轼撰诗并书，是苏轼行书的代表作，于书法史上颇负盛名，有"天下第三行书"之称，现藏于台北故宫博物院。

被贬黄州，仕途失意，本是苏轼人生中的至暗时刻，他却在蛰伏和沉淀中创造了奇迹，在苦难与炼狱中完成了自省和超越，从而在思想和艺术上得到升华和飞跃。黄州的三年让苏轼成功蜕变，脱胎换骨，成了一个全新的东坡，他从政治低谷，走向了文坛巅峰。

黄州三年，虽然生活清贫，但苏轼过得闲适恬淡。读书写作、吟诗交友、酿酒烹饪、种地盖房，忙得不亦乐乎，也算惬意充实。

苏轼的妻子王闰之性情温顺、贤惠朴实，不但从不与苏轼吵架争执，还十分善良、宽容大度，不好嫉妒。她勤俭持家，是一位贤妻良母，对待王弗的儿子也能视若己出，在她的操持下，一大家人过得和睦融洽。

苏轼贬居黄州期间，苏家的侍女朝云已经长大。当年，苏轼在杭州任职通判，朝云初到苏家，只有十二岁。苏轼初到黄州这一年，朝云已经十九岁。桃李年华，出落得亭亭玉立，眉清目秀，犹如空谷幽兰，浑身上下散发着清新淡雅的气息。

朝云性格活泼，灵动可爱，能歌善舞，楚楚动人。虽天生丽质，风情万种，却从不矫揉造作。她就像春天初绽的花朵，清丽，灵性，妩媚，迷人。

苏轼喜欢朝云的性格，经常教她读书认字。得到诗书的熏陶浸润，朝云更加温婉秀慧。

朝云仰慕苏轼的才情，苏轼的诗词总能深深感染着她。有时朝云吟唱苏轼写的小词，遇到感伤之句，朝云总会忍不住掉下泪来。苏轼与朝云身上那种相近的艺术气息和浪漫气质，使两人深深相吸，徐徐靠近，慢慢相知，渐渐亲密。

随着两人相处得越来越多，日久生情，朝云从侍女成了苏轼的妾室。有了朝云这一知己红颜的相伴，苏轼的诗文愈见情深。

夏末初秋的一个夜晚，天气依然闷热，苏轼与家人在院中乘凉闲坐，江风徐徐，从朝云的面颊拂过，空气中散发着一种淡淡的清香。苏轼热得一身是汗，朝云却看似清凉如玉，苏轼望着朝云，脑海中突然闪现出童年记忆中的一句词：冰肌玉骨，自清凉无汗。水殿风来暗香满。

苏轼反复琢磨后，断定这优美的一句词应是失传已久的蜀宫词，词牌《洞仙歌》，他突然有了灵感，以这两句起笔，续写了一阕完整的词，《洞仙歌·冰肌玉骨》：

> 冰肌玉骨，自清凉无汗。水殿风来暗香满。绣帘开，一点明月窥人，人未寝，欹枕钗横鬓乱。起来携素手，庭户无声，时见疏星渡河汉。试问夜如何？夜已三更，金波淡，玉绳低转。但屈指西风几时来，又不道流年暗中偷换。

这阕词在后世引来无数争议。争议的主要焦点：此词是否原创来自五代十国时期，后蜀的末代国君孟昶的词作。

以苏轼之大才，改写孟昶的诗，改后的词与原诗对比，不免有些令人疑惑。也许苏轼的这阕词是为他的红颜知己朝云而作，也许是苏轼被贬心中抑郁的抒发。苏轼的词和孟昶的诗，哪一个更为精妙，只能仁者见仁，智者见智了。

其实，诗与词，都是内心情感的抒发，真情实感最是诗词迸发的源泉。理解一个文学作品，要了解作者所处的时代背景。宋代流行婉约的词风，唐则崇尚波澜壮阔的诗篇。苏轼不曾站在孟昶的位置，体验国破人亡的哀痛，孟昶也没有体验过被贬的落魄，更没有失意后的豁达，因此也写不出苏轼《赤壁赋》奇伟磅礴的气势。

何况，苏轼的性情，偶尔童心大发，偶尔漫不经心，偶尔信手拈来，偶尔随意涂鸦，我们不能仅凭一首诗一阕词来评判诗人的文采，正如我们不能从苏轼生命中经历的某一件事，来评判苏轼的整个人生。

元丰六年（1083）九月，朝云为苏轼生下一子，此时的苏轼已经四十八岁。落魄之际，暮年得子，苏轼不胜欣喜，欣喜之余，又有几分担忧。

回望自己的人生，科举高中名动京城，如今却被贬荒僻之地。苏轼这时才深刻理解，当年父亲为他和弟弟起名为"轼"和"辙"的苦心。

苏轼一番思索，也为新生的儿子取了一个寓意深刻的名字："遁"，意为遁世、归隐，这也是苏轼在黄州的心境和状态。

苏遁出生第三天，苏轼写了一首《洗儿》诗：

> 人皆养子望聪明，我被聪明误一生。
> 惟愿孩儿愚且鲁，无灾无难到公卿。

苏轼希望儿子不要像他，聪明反被聪明误，他宁愿小儿愚笨一些，因为庸常与平凡，更能远离是非。一首小诗足见父爱之深，只要孩子一生顺遂，无灾无难，平平安安，才华横溢的苏轼宁愿儿子是个普通人。

苏轼的另外三个孩子，都很聪明好学，苏轼也十分疼爱他们。虽然经常检查儿子们的诗文功课，用心教导，却从不严苛逼迫孩子们读书。只是正确引导，给孩子足够的时间和空间自由成长。

有时，苏轼会靠在椅子上，聆听小儿苏过背诵《唐书》《汉书》，听着儿子清脆稚嫩的读书声，苏轼会不由地想起自己小时候，父亲苏洵也曾倚靠在长椅上，眯着眼睛，聆听他与弟弟苏辙的读书声。父亲一脸陶醉、微笑的表情仿佛又浮现在脑海中。果然，儿子的读书声是世界上最好听的音乐，悦耳、悦心。

有时，苏轼还会在月下与长子苏迈对诗联句。苏迈才思敏捷，对父亲的诗句不但心领神会，还能迅速对出精彩的下句，令苏轼非常高兴，引以为傲。

一生很长，如果没有诗词茶酒，没有知音红颜，生活将平淡如水，毫无韵味。一生很短，如果没有远离名利的闲散光阴，没有怡然于山水自然的心情，那么，万般的繁华终是浮云和虚幻。

苏轼在黄州期间，宋夏之间发生了一场决定宋夏百年国运的战役，此次战役对北宋朝廷影响巨大，甚至可以说，是造成北宋后来灭亡的原因之一。虽然，苏轼远在黄州，此次战役竟和他也有着千丝万缕的联系。

苏轼在徐州做知州时，有一件旧案一直没有审结，政敌利用这件陈年旧账，想继续追查苏轼知徐州时的失职。直到苏轼已被贬黄州，这件有关失察盗贼的案件才得以结案。按照惯例，苏轼需要上表以谢失察之罪。

在《谢失察妖贼放罪表》中，苏轼写道："况兹沟渎之中，重遇雷霆之谴。无官可削，抚已知危。"

神宗看到这几句忍俊不禁，苏轼被贬千里，他的文字依然充满着巨大的魅力，令神宗深深喜爱。想起苏轼，神宗心里多次涌起复用之意。

自从王安石离开朝廷，神宗一直觉得朝廷没有得力大臣可用，思虑良久，终于决定启用司马光和苏轼等人。

元丰四年（1081）十月，神宗与执政重臣在天章阁商议改官定制的大事。商议到著作郎一职，神宗突然说，"此非苏轼莫属。"

除了苏轼，神宗又提议了其他几个重要的职位任命，提及的却都是反对新法的大臣，比如让刘挚做礼部郎中，范纯仁为太常少卿等。神宗还特意庄重地告诫在场臣子，改官定制这件大事，必须暂时保密。神宗决定，等高遵裕率部攻下灵武，捷报传来之时，论功行赏，届时，一起实行改官之事。

高遵裕，是皇太后高滔滔之族叔，边疆军事统帅，之前与刘昌祚合兵，在距离西夏重镇灵州百里附近，打过一次胜仗，之后，传书给神宗，信誓旦旦地说，很快就会拿下灵州。神宗听闻大喜，兴奋地殷殷期盼。

神宗想启用司马光为御史中丞，苏轼为著作郎，这令王珪、蔡确等人深感不安，如果反新法大臣得到重用，他们这些新法支持者的权力就会受到威胁，因此他们想尽一切办法极力阻挠。

元丰五年（1082）四月，北宋朝廷实行新官制，蔡确为尚书右仆射兼中书侍郎，章惇为门下侍郎，王珪为尚书左仆射兼门下侍郎。蔡确、王珪、章惇成为神宗之下最有权力的三人，其中，蔡确权力更大。

为阻止司马光回朝，蔡确想出了一个办法。如果神宗把注意力转移到西边战事，就不会召见司马光，启用司马光、苏轼之事也就会被耽搁下来。因为司马光深思远虑、老成持重，是绝不会赞成发动挑衅边境的征战。于是，蔡确授意庆州知州俞充，向神宗献出"平西夏策"。

蔡确等人为了一己之私，竟能想出如此误国殄民的主意，令天下无数百姓生灵涂炭，被评为宋史第一奸臣一点也不冤枉。当然，最终的决策者是皇帝，经此一战，北宋国力开始渐渐走向衰弱，最应负主要之责的还是神宗。

自从熙宁变法开始，宋神宗在王安石的支持下，在变法的同时，为统一中国，开展了开边活动。熙河开边就是其中重要的一部分，目的是收复河湟，消灭西夏，统一西北。熙河开边经营数年，虽收复了许多州郡，但也消耗了北宋巨大的人力和财力。

元丰四年（1081），西夏发生政变，梁氏姐弟擅权，西夏皇帝秉常被梁太后囚禁。北宋边疆大臣向神宗进言，西夏内部动荡，正是用兵良机，北宋应以宗主国名义，兴师问罪，趁机向西夏出兵。

神宗听了十分兴奋，尤其，神宗有了"平西夏策"，更是信心满满。此时，王安石发起的新法已在北宋推行了十二年，财政收入增加，国库充盈，如能一举平定西夏，也就实现了神宗期待已久的富国强兵的梦想。

为彻底解决西北边患，神宗下诏，派五路宋军对西夏大举进攻。五路宋军的指挥分别是：宦官李宪、王中正，经略安抚副使种谔，皇太后高滔滔之族叔高遵裕，及泾原副都总管刘昌祚。

李宪，五路大军统帅，首先占领了西夏军事重镇西使城，后又在龛谷城大获全胜，立下伐夏头功。遗憾的是，李宪，身为宦官，虽对兵书深感兴趣，头脑聪明，但缺少实际争战的经验，对边疆状况也不熟悉。在攻下兰州、会州，小胜之后，李宪忙于在兰州筹建联军师府，忽略如火如荼的战争局势，对五路大军的协同作战，没有起到一个统帅应尽的责任。

名将种谔骁勇善战，富有谋略，又熟悉边情，他率军突入西夏境内后，很快攻取了米脂、夏州等地，初战告捷。

九月，种谔所部获得米脂大捷后没多久，苏轼正在武昌王齐愈家中，听到胜利的消息传来，大家开心地一起唱乐庆祝，苏轼也乘兴写诗一首："闻说官军取乞阆（即乞银），将军旗鼓捷如神。故知无定河边柳，得共中原雪絮春。"

可惜，后来因天气等原因，种谔所率军队困在冰雪之中，粮道又被夏军截断，一路兵溃。

五路宋军的指挥之一，刘昌祚，率军五万，首先攻到灵州城下，却受到高遵裕节制，要求高、刘两军会师后，再共同攻城。然而，西夏军队已趁机加固城墙，增调援军，宋军攻城愈加艰难，又遇暴雪天气，进退两难。西夏趁机掘开黄河大堤，利用洪水淹没宋军，以致十余万宋兵饥寒交迫，冻溺而死。

神宗苦苦等待的捷报迟迟未到，元丰四年（1081）九月，宋军第一次在灵州兵败。

苏轼远在黄州，因诗狱一案，已无言论政事的自由，但作为一个读书人，依然关注着国家大事和民生疾苦。

元丰五年（1082）夏天，在高遵裕军队里掌管机要文书一职的张舜民，因作诗论述宋兵失利之事，被贬为郴州酒监。张舜民亲眼见证了灵州兵败的经过，他在赴任郴州，路过黄州时，向苏轼讲述了灵州之战，苏轼听闻北宋军民伤亡的惨状，十分沉痛，忍不住写下一首《书张芸叟诗》："青冈峡里韦州路，十去从军九不回。白骨似沙沙似骨，将军休上望乡台。"

北宋虽有五路大军，然而各军独立作战，孤立无援，结果不难想象。

种谔西讨，攻下银、夏、宥三州时，因城池损坏，无法驻守。沈括时任鄜延路经略安抚使，他提出在横山地区修筑新城，作为围阻西夏的屏障。于是，神宗诏派给事中徐禧前往实地考察。

徐禧素有大志，少年时就博览群书，周游各地，以了解古今史实、山河险固、世事变换。徐禧不曾参加科举，熙宁初，王安石推行新法，徐禧被吕惠卿推荐，以《治策》二十四篇呈给王安石，从此跻身朝廷，得到重用。

徐禧在不久之前，曾到蕲水，苏轼见过徐禧。徐禧与苏轼年龄相差一岁，也许是仕途得意，侃侃而谈，徐禧看起来似乎更龙精虎猛、生气勃勃。

谈吐间，徐禧的神情有些无所畏惧、狂傲不羁，甚至有点目中无人。神宗委派徐禧担任如此军国大事，苏轼心里暗暗忧虑。

徐禧以诏使身份到边境考察了一番，大力赞扬沈括的建议，于是神宗批准在永乐筑城，并派徐禧全权负责筑城一事。

可惜，正如苏轼所担忧的，徐禧志大才疏，是个赵括般的人物，他改变了沈括就地建城的意见，不听有经验的边疆老将种谔的反对之言，放弃老城，而选择了没有水源的异地，十四天内，修建了一座城堡，名为永乐城。

令人痛心的是，对于宋军来说，永乐城留下的不是永恒的喜乐，而是惨痛的失败。

永乐是西夏必争之地，九月，永乐城完工不久，夏军三十万大军即兵临城下。

徐禧排挤种谔，将其外迁，永乐城之战中，徐禧独断专行、刚愎自用、狂傲自大，最终导致永乐城被夏军团团围住，并被切断水源。军民饥渴欲死，永乐城失陷。

城破之时，神宗给西夏手诏，如果西夏能保全永乐城所有官兵，北宋愿把之前夺得的地盘全部奉还。

苏轼大受感动，在《书永乐事》里，称赞神宗："圣主可谓重一士而轻千里矣。"可惜，诏书送达西北前线时，徐禧等人已力战而死。北宋全军覆没，军民伤亡二十余万。神宗得到永乐兵败的消息，失声痛哭，悔恨交加。

两次大战，宋军损失惨重，短短数年，五路伐夏折戟沉沙，宋人伤亡共达六十万。神宗变法十几年积累的军备物资，消耗殆尽，北宋元气大伤，神宗从此一蹶不振，郁郁寡欢，两年后，带着锥心之痛，神宗驾崩。

神宗元丰五年（1082），景灵宫进行了扩建，增建了十一座殿宇。同年十一月，奉安神宗神御于景灵宫，在十一殿举行了奉安神位的仪式，天下因此大赦。陈襄的弟弟陈章写信劝说苏轼，希望他能设法活动一下，以争取尽早得到朝廷的重新任用。

苏轼想到当朝执政的三位要臣，虽然章惇是他的朋友，但蔡确、王珪绝不可能让他东山再起。刚从死里逃生，他不想再以身试险，只希望能在黄州做个逍遥自在的农夫。

东坡是官府属地，不属于个人私产，也许某天，就会被官府突然收回。为长远计，为让一大家人生活得更加安稳，苏轼打算再购置一块田地。

元丰五年（1082）年三月的一天，阳光明媚，百草青葱，空气中弥漫着草木的芳香，令人心清气爽。苏轼等一行人走在路上，到黄州东南三十里外的沙湖去看田地。

回程路上，突然乌云密布，下起了大雨。同来的人，狼狈四散，东躲西藏，到处寻找避雨的地方。只有苏轼不疾不徐，安然信步，神情自若。

这是苏轼来到黄州的第三个春天，他已完全从乌台诗案的阴影中走了出来，熬过了初来黄州最艰难的阶段，有了东坡，建了雪堂，生活愈加恬淡、安适。

在黄州期间，苏轼的思想已达到了一个全新的高度和境界。有仁以处人、有序和谐、安身立命的儒家思想；有超然物外、与世独立、率性本真的道家情怀；也有返璞归真、明心见性、心如止水的佛家境界。这三种思想在苏轼心中融会贯通，使得苏轼更加从容、达观，与此同时，苏轼的文字也有了更大的突破和提升。

经历了生死的体验，在黄州的艰辛和磨难都已微不足道，何况一场春雨。对于苏轼来说，山高水险、荆棘载途都已经历，无所畏惧。功名利禄、进退得失有如浮云，皆不足道。雨中轻行，更似闲庭信步。

苏轼吟啸自若，漫步雨中，不久，雨过天晴。苏轼得意一笑，一阕《定风波》信手拈来。文字清新，意境深远，有如神助，汩汩而出：

> 莫听穿林打叶声，何妨吟啸且徐行。
>
> 竹杖芒鞋轻胜马，谁怕，一蓑烟雨任平生。
>
> 料峭春风吹酒醒，微冷，山头斜照却相迎。
>
> 回首向来萧瑟处，归去，也无风雨也无晴。

苏轼的这阕《定风波》之所以如此有名，因为他写的不是春雨，不是天晴，不是描写阴晴雨晦的一阕词，而是充满智慧和哲理的人生。

元丰五年（1082），神宗有意让苏轼主编国史，但遭到王珪的反对。随后，神宗又计划让苏轼恢复官职，任命他为江州知州，然而这一计划又被王珪所阻挠。因此，苏轼的复职一再推迟。眨眼，到了元丰七年（1084），他已经被贬黄州四五年之久。神宗认为，苏轼在黄州反省的时间已经足够长，性情应该有所收敛，不会再与朝廷对立。考虑到苏轼的人才难得，神宗不忍心继续废黜他。这年春天，神宗越过宰执大臣，亲自下"皇帝手札"，特赦苏轼量移汝州。

"皇帝手札"是一种特殊的诏命，可打破常规，不经众臣商议直接颁布。一经发出，各部臣子只能奉行，不能反对。

"量移"是把被贬谪远方的官员，酌情调迁离京城较近之处任职。虽然只是量移，并没有被重新起用，只是保持原来的官职，但毕竟，黄州穷困偏僻，距离京城遥遥千里，而汝州繁华富庶，离京城只有一步之遥，苏轼的人生仕途似乎等来了希望和转机。

元丰七年（1084）四月，苏轼收到诏令："苏轼黜居思咎，阅岁滋深；人才实难，不忍终弃"，特授苏轼检校尚书水部员外郎、汝州团练副使。

神宗亲下手诏量移，对苏轼来说，意义非同寻常，这不但昭示着神宗对苏轼的眷宠，也为苏轼未来在朝廷被重用做了重要的铺垫。

苏轼收到诏令，喜出望外，感激涕零。在《谢量移汝州表》中，极尽感恩之情：

"虽蒙恩贷，有愧平生。只影自怜，命寄江湖之上；惊魂未定，梦游缧绁之中。憔悴非人，章狂失志。妻孥之所窃笑，亲友至于绝交。疾病连年，人皆相传为已死；饥寒并日，臣亦自厌其余生。"

一份普通的例行谢表，因是出自苏轼之笔，神宗再次认真阅读，连称苏轼为奇才。的确，苏轼之笔，变幻无穷，千姿百态，给他招惹杀身之祸的是它，从黑暗的井底把他打捞拯救的也是它。

自从元丰三年（1080）二月来到黄州，到元丰七年（1084）四月，苏轼已经在黄州被贬四年之久。这四年，他本应以戴罪之身，过着被监管羁押的日子，而苏轼却得到黄州太守的眷顾，朋友的厚待，乡亲的亲近和邻里的善意。他钻研佛道，学会自解，变苦为乐，在贬谪之地，照样享受生活，坦然自处，活得洒脱，把日子过成了一首诗，把自己活成了无冕之王。

苏轼在东坡躬耕田陌，植桑种麦，栽花种茶；在赤壁月夜泛舟，策杖行吟，赋诗赏月；在雪堂呼朋唤友，煮茗听涛，饮酒作画……杯盏之中，皆是快乐，目之所及，尽是逍遥。如此自在地生活了四年之久，离开黄州时，苏轼的心里充满了矛盾。

虽然黄州荒僻贫穷，但日久生情，他对黄州已经适应，这里有他亲自开垦出来的农场，有他读书作画的雪堂，有在困境中关照他的朋友，也有人情温暖的乡亲和邻里。汝州离京师虽近，但他的官职依然是州团练副使，不得签书公事，没有平反复官，更没有升官加爵，只不过从一个地方平移到另一个去处。

自从踏入仕途，人生际遇百转千回，苏轼一直不停在辗转迁移。而每一次搬迁，都让他心潮起伏，百味杂陈，思绪万千。

这一年，苏轼已经四十八岁，虽不到花甲之年，却也早已不再年轻。四十八岁，依然飘荡无依，颠沛流离，有家乡无法回归，有兄弟难以团聚。他不能像心中的知己陶渊明那样，悠然吟唱"归去来兮"，只能在又一次的离愁别绪中，抒发人生失意的感慨，倾诉对黄州的依依不舍，之后，整理好心情，再出发，泰然面对未知的前方。

无论岁月几多磨难，苏轼都不会在哀愁之中久久沉沦，而是很快调整好自己，坦然相对，因为，黄州之后，他已是内心强大、旷达超然的苏东坡。

身处逆境之人，对于人情冷暖总是有更深的感知和体会。黄州的朋友和乡邻，纷纷为苏轼设宴送别，苏轼心存感激，写下一阕《满庭芳》，和大家一一告别。

苏轼豁达乐观，不拘小节，无论走到哪里，都不会缺少朋友。在黄州期间，也是如此。他"上可陪玉皇大帝，下可陪卑田院乞儿"，无论是官员还是平民，乐工还是歌女，他都一视同仁，无论谁来求诗，他都平等对待，只要心有灵感，从不吝笔墨。正因如此，苏轼结交到许多年龄不等、身份各异的朋友，当他遇到困难，总有朋友慷慨相助。

苏轼即将离开黄州，当地的官员举行宴会为苏轼饯行。依照惯例，宴会依旧有官伎陪酒侍奉。此次宴会上，苏轼作了一首诗，让一个名不见经传的普通歌姬从此名声大噪，身价倍增。

苏轼才华横溢，名满天下，每次酒宴，都会有官伎向他求诗，他也一向豪气冲天，来者不拒。

这次的酒宴上，有一个歌女名叫李琪，长得俏丽清秀，身材袅袅，不仅有闭月羞花之姿，且舞美绝伦，倾国倾城。

这位女子知书识礼，从小就唱过苏轼写的词，对苏轼仰慕颇深。只是性格腼腆，苏轼在黄州的四年，所有的官伎都向他求过诗，唯有李琪因性格内向，有些羞怯，不曾主动和苏轼说话，更不曾开口求诗。

苏轼即将离开黄州，此去一别，山水迢遥，将再无机会求得苏轼的翰墨，李琪受到其他几位女伴的怂恿和鼓励，众目睽睽之下，终于鼓起勇气，大着胆子，走到苏轼面前，盈盈一拜，取下身上的一条白色丝巾，请求苏轼题诗。

苏轼看了李琪一眼，趁着酒兴，也不推辞，十分爽快地答应下来，让她先去磨墨。李琪磨好墨，递上笔，苏轼接过，提笔在丝巾上大笔一挥，写下一行诗句："东坡五载黄州住"。

众人看了这一句，觉得十分平常，想来苏轼的文字不会如此波澜不兴，于是耐心等待下一句。李琪更是痴痴地望着苏轼，眼神充满了期待。

苏轼蘸了下墨，又加上一句："何事无言赠李琪？"

没想到，第二句语意也十分寡淡，不温不火。和苏轼之前的诗文相比，索然无味，读来甚至令人有些扫兴，众人不免大失所望，李琪更是一脸窘态。

这时，有人向苏轼敬酒，苏轼扔下笔墨，继续与大家推杯换盏，把酒言欢，互道祝福。

觥筹交错，歌舞起落，不知不觉，苏轼已喝得满面红光，似乎完全忘了题诗一事。李琪和另几位姑娘面面相觑，李琪心里虽然焦急，却不好意思催问。直到酒席将散，李琪犹疑了半天，实在忍不住，终于又拿着白丝巾，走上前去，低声细语请求苏轼把诗写完。

苏轼豪爽地哈哈大笑，拿过笔墨，写上了后两句，补全了一首《赠李琪》：

> 东坡五载黄州住，何事无言赠李琪？
> 恰似西川杜工部，海棠虽好不题诗。

四川是海棠之乡，诗圣杜甫在四川居住八年，咏物写花的诗句无数，却从不写海棠，因为杜甫认为海棠是花中极品，高洁典雅，过于美丽，他觉得无法诉尽海棠之美，所以干脆不写。

四川是苏轼的家乡，海棠又是西蜀独有的名卉，苏轼也十分喜爱海棠。苏轼用千娇百媚的海棠比作李琪，解释了在黄州五年没有提过李琪的原因。

不敢赞美的赞美，胜于万语千言，这是对一个人最高的赞誉。后两句一出，举座哗然。读完整首诗，满座宾客恍然大悟，连连称赞。

苏轼的笔就是这样，变幻莫测，寥寥数语，瞬间点石成金，从普通变精彩，从腐朽化神奇。一首为歌女即兴写的小诗顷刻间成了名作，流传百世，歌女李琪也因为这首诗芳名永存。

苏轼写的前两句平淡无奇，似乎也是有意为之。或许，他早就注意到这个与众不同、性格内敛的姑娘。苏轼曾在定惠院寺庙附近的山坡上，偶遇一株海棠，令他流连许久，对家乡思念不已。李琪就像那株在小山坡上邂逅的海棠，明媚俏丽，嫣然绽放，沦落天涯，遗世独立。苏轼故意和这个胆小怕生的姑娘开个玩笑。欲扬先抑，之后，奇峰突起，猛然陡转，诗的后两句点睛之笔，出人意料，惊世骇俗，令人拍案叫绝。

当然，也有另一种可能，苏轼之前对李琪没太注意，并不了解，不知如何下笔，之后，李琪再次求请，苏轼猛然想起差点忘了这件事，为了顾全李琪的名声，也算是对她的安慰，就找了个恰到好处的理由，没有一句直白的夸奖，却很巧妙把地把李琪盛赞了一番，以弥补心中歉意。

无论是哪种可能，并不重要。云水千年，文字流转，那些斑驳的传说，在岁月中各成篇章。由每个读者自己细细品味，一首诗背后的故事，更耐人寻味，韵味悠长。

上一年三月，寒食节过后，苏轼的朋友参寥，从杭州不远千里来到黄州看望苏轼，在雪堂住了整整一年。苏轼收到诏命，于是，参寥和苏轼准备一起离开。

苏轼呈上谢表后，整理好行装，把辛辛苦苦开垦出来的东坡农场和雪堂委托给邻居潘丙看管。

出发的日期已经确定下来，苏轼决定先去筠州探望弟弟苏辙，稍后由儿子苏迈带领全家到湖口与他会合。

苏轼临走前，武昌的两个王姓兄弟齐愈、齐万，岐亭的陈慥都来到苏家，陪伴苏轼一起离开黄州。一行人在夜晚黄州鼓角的空旷苍凉声中，一起渡江过了武昌，坐船到了磁湖。

在磁湖，又有一大群朋友赶来为苏轼送行。潘家祖孙三代，其中有后来成为江西诗派重要人物的潘大临、大观，何氏竹园的主人及王家两兄弟的亲戚等数十人都来相送。一大批朋友专程来到磁湖，与苏轼话别，令苏轼深深感动。

在送别的人群中，与苏轼交情最深的是陈慥。苏轼在黄州是贬谪的罪官，昔日故友，为不受牵连，唯恐避之不及，很多人甚至不再书信往来。陈慥却依旧主动与苏轼交往，不但没有疏远，情谊反而愈加坚固深厚。

陈慥居住的岐亭距离苏轼的居所并不近，为了看望苏轼，每次要走两三百里的路。苏轼在黄州四年，陈慥一共来到黄州七次，每次都会在苏家住上十日左右。苏轼也曾三次去岐亭看望陈慥，四年之间，两人在一起的时间超过百日，平时还经常书信往来，交往的密切程度可见一斑。因为有陈慥的帮助和陪伴，苏轼在黄州的岁月似乎不再那么漫长和艰难。

因为两人是莫逆之交，彼此之间相处得十分轻松，苏轼高兴时总免不了拿好朋友开开玩笑。

曾有一次，苏轼去探望陈慥，两人同处一室，谈天说地，彻夜不眠，似乎总有说不完的话。陈慥的妻子柳氏是个声色俱厉的女人，见丈夫整日与苏轼混在一起，待苏轼比自己还亲，非常恼怒，突然大喝一声，把陈慥吓得拐杖都掉在了地上。

后来苏轼写诗给另一个叫吴德仁的朋友，诗中提到陈慥，说起此事，戏谑道："龙丘居士亦可怜，谈空说有夜不眠。忽闻河东狮子吼，拄杖落手心茫然。"

河东是陈慥夫人的出生地，苏轼随便写的一句玩笑话，让陈慥在历史上留下了惧内的形象。从此，"河东狮吼"，也成了强悍妒妇的代名词。

这次，陈慥伴送苏轼一直到了九江。苏轼将四五年间，来往岐亭所作的以"泣"字为韵的诗，整理为《岐亭五首》，赠给了陈慥，以作留念。这些诗记录了两人在黄州交往的难忘瞬间，留下了美好的回忆。

苏轼在黄州的四年零两个月的时间，远离尘嚣，写下了七百多篇作品，包括诗、词、赋和散文。这些诗词文赋不但对宋代文学的发展有着杰出的贡献，作品表达的思想对后世也有着深远的影响。尤其，《赤壁赋》《后赤壁赋》和《念奴娇·赤壁怀古》这一词二赋文采飞扬，在中华文化史上熠熠生辉。

黄州四年，苏轼的思想和艺术达到了巅峰，他从政治低谷迈向了文学之巅。在此期间，他开创了豪放派词风的先河，为中国文学史掀开了崭新的一页。

元丰七年（1084）年春天，苏轼离开了黄州，从此，苏轼与黄州再无交集，一生再未到过亲手开垦的东坡，也再未见过他的雪堂。

第十七章　宜兴一梦

苏轼到了九江，在老朋友刘恕的弟弟刘格带领下，和参寥一起同游庐山。

庐山位于江西省九江市，东临鄱阳湖，北面长江。庐山峰峦雄伟，群峰之间遍布急流、瀑布、岩洞、怪石，让本以雄、奇、险、秀闻名于世的庐山，更加云雾缭绕，神奇莫测。

苏轼一行人刚走上山南一条僻静之路，还未达山顶，便惊叹于庐山的瑰丽雄奇。杜甫因为海棠花太美，而不写海棠，苏轼和参寥也约定，此次游览庐山，绝不作诗。

虽然苏轼先提出这个主意，但让他不写诗，比不让他喝酒还难受，说完没多久，苏轼就忍不住心中喷薄欲出的辞采，率先破了戒，接二连三地做了《初入庐山三首》。

庐山的五老峰危崖千仞，峰峦奇拔，怪石嶙峋。苏轼游览山林，绝不会错过寺庙，他们首先来到五老峰下的开先寺。

"庐山之美在山南，山南之美在秀峰。"开先寺所在的秀峰是庐山五大丛林之首，南唐中主李璟年幼时曾在此处筑台读书，李璟即位后，下诏在旧时读书之处建立寺庙，并赐名"开先寺"。

开先寺附近有两条瀑布飞流直下，白练垂空；栖贤三峡桥的激流气势磅礴，飞珠溅玉，苏轼视为奇胜之景，遂写下两篇《庐山二胜》。

四月二十四日，苏轼一行人到了石耳峰下的圆通禅院。欧阳修生前曾到过这座禅院，与居讷禅师谈禅论道，留过一句，"五百僧中得一士，始知林下有遗贤"，圆通禅院从此为世人所知。苏轼的父亲苏洵也曾游览过这座寺庙，苏轼到达圆通禅院的第二天，正好是父亲苏洵十八周年忌辰，苏轼特意捐赠彩幡给可仙长老，求其为父亲祈祷冥福。

苏轼与参寥终日在山中流连，连续几天，置身于山林之中。奇峰罗列，山峦起伏，湖水如镜，苍松如虬。苏轼心中的庐山变化莫测，千姿百态。从东林寺游走到西林寺，苏轼突然开悟，一首言词简单、文字朴素的诗句，冲口而出，看似轻描淡写，漫不经心，却一语中的，充满无限智慧：

横看成岭侧成峰，远近高低各不同。

不识庐山真面目，只缘身在此山中。

苏轼的这首《题西林壁》，带给人很多启示。"看山是山，看山不是山，看山仍是山。"随着年龄和阅历的增长，我们对事物的看法会随之不同，在人生的不同阶段也会有不同的世界观和价值观。这一首小诗，千百年后，不但家喻户晓，还被选为语文课文，成了一代代华人对少年时期的共同追忆。

苏轼游览完庐山，回到九江，又折返兴国去看望老友杨绘。之后，一个人去筠州去看望弟弟苏辙。

从兴国到筠州路途遥遥，苏轼带着兴奋与激动的心情，"露宿风餐六百里"，披星戴月赶去与弟弟相聚。苏辙和哥哥同样欣喜，早早地在城外建山寺迎候兄长。和苏辙一起出城迎接的还有苏辙的朋友，云庵和尚。

黄州一别，已是四年。兄弟俩再次相聚，相互凝望，执手相握，又是百感交集，唏嘘无限。

在寺庙里闲谈时，苏轼提到他在八九岁时常常做同样的梦，梦见自己是个和尚，在陕西一带往来。他的母亲程夫人在怀他时，也曾梦见一个身材修长且瞎了一只眼睛的和尚到家中借宿。云庵和尚听完苏轼的讲述后连连称奇，他想起五戒禅师恰巧是陕西人，且瞎了一只眼睛。五戒禅师在晚年时离开五祖寺来到高安云游，按时间来算，正好是五十年前，而苏轼今年四十九岁。于是，大家都认为五戒禅师已投胎转世，而苏轼是他的后身。

苏轼喜欢佛法，与寺庙结缘甚深，一生中有无数的僧人朋友。因此，苏轼对这种说法，自己也深信不疑。在通判杭州时，苏轼第一次游览寿星寺，入门之前就能说出院内亭台假山的布局，从院门到经堂的台阶，他未登之前就能准确说出有九十二级。苏轼还曾在诗中写过："前生我已到杭州，到处长如到旧游。更欲洞霄为隐吏，一庵闲地且相留。"

从那之后，苏轼经常穿和尚穿的僧衣，后来重回朝廷，上朝时需要穿朝服，苏轼还曾把僧衣穿在朝服的里面，令十几岁的新帝哲宗好奇不已。

苏轼来到弟弟苏辙的居所，苏辙住在江边，房子破漏不堪，居住条件还不如苏轼在黄州的临皋亭，生活十分清苦。

苏辙把哥哥安置在新建的东轩，那是苏辙最好的一间屋子，屋前种植了松树和绿竹，苏辙本想在闲暇时享受一下清静，在新屋从事诗茶书画。可惜，这么小小的心愿却始终无法实现。苏辙的工作琐碎又繁重，每天早出晚归，乘船跨江，不停地奔波于盐酒课税，回到家时，早已精疲力尽，只想倒头就睡。

从小寒窗苦读，考取功名，才华满身，志气凌云，不能安邦济民，却每天与一群市井商贩锱铢计较，争斤论两，令人啼笑皆非，这是读书人的悲哀和无奈。看见苏辙的困境，苏轼心里很难过，却也无计可施。

苏轼已经十多年未见过侄儿。如今，苏辙的三个儿子都已长大，长子已经成年，最小的儿子也已十一岁，能诗能文。苏轼很喜欢这几个侄子，苏辙公务繁忙，无瑕陪伴哥哥，苏轼就带几个侄儿去真如寺游玩。

苏轼在苏辙家里住了七天左右，两兄弟再次相互勉励，相互安慰，之后依依惜别。

苏轼返回到九江，等候从黄州来到九江会合的家眷。参寥和尚从庐山分别后，仍在九江等候苏轼，于是，苏轼与参寥一起住在彗日院。

苏轼的长子苏迈已年满二十五岁，颇有父亲风范。苏迈在试策中成绩优秀，恩赐进士第后，被派往德兴县做县尉，苏轼打算先送儿子去赴任。

六月初，父子二人到了湖口，顺道游览了"千古奇音第一山"，石钟山。石钟山位于长江与鄱阳湖的交汇处，是两座由石灰岩构成的山组成。山的底部被含有碳酸气的水常年溶蚀，形成穿形空洞，像倒放的巨钟。当水浪冲击洞穴时，响声如洪钟，因此得名石钟山。

夜晚，苏轼与儿子苏迈乘着一叶小舟来到绝壁下，亲自探究石钟山声音的由来，并写下一篇《石钟山记》。这篇文章如今也被列为高中语文的选择性必修课文，成为所有高中生烂熟于心的经典之作。

苏轼父子从湖口分别，临行前，苏轼拿出一方砚台赠予苏迈，并撰写铭文鼓励儿子，学习圣贤之道，身体力行，立志为民。苏迈谨记老父教诲，拜别父亲后独自前往德兴，苏轼则和一家老小乘船继续南下。

七月初，苏轼一家抵达当涂，受到张方平儿子张恕的热情接待。觥筹交错，杯酒言欢，席间，张恕令家伎侑酒助兴，家伎中有一名叫胜之的女子，原是黄州太守徐大受的爱妾，徐大受故去后，胜之来到了张家。

胜之聪明伶俐，娇小可爱，在黄州时，苏轼曾在徐大受家宴上与胜之多次相见，给苏轼留下很深的印象，苏轼还曾写过很多词赞美胜之。

异地不期而遇，苏轼看到胜之，想起徐太守的深情厚谊，无限怀念，胜之却突然失态而笑，貌似对旧时情意全然忘记。

时过境迁，苏轼顿感物非人非，借着酒意，挥笔写下一阕《西江月》以抒心中寥落：

> 别梦已随流水，泪巾犹浥香泉。相如依旧是臞仙，人在瑶台阆苑。
> 花雾萦风缥缈，歌珠滴水清圆。蛾眉新作十分妍，走马回来便面。

古代文人诗客总是喜欢在酒醉之后，写诗作画，苏轼更是如此，每当杯酒入怀，总有激扬飞跃的情感，喷薄成诗，凝聚成画。这些流淌在苏轼笔端的翰墨，是他的精神和灵性，是他的快乐与忧伤，是他的得意与失意，也是他深深的爱和浅浅的怨。

苏轼在当涂，又拜访了一位诗友，郭祥正（1035—1113）。郭祥正比苏轼大一岁，以诗闻名，一生写诗千余首，他的诗风纵横豪放、汪洋恣肆、大气磅礴，酷似李白。

两位诗人在郭祥正家中饮酒赋诗，相谈甚欢。席间，苏轼突然起身，乘着酒兴挥毫泼墨，在郭祥正家中的一个屏风上画了一幅竹石，笔意酣畅，气韵生动。祥正骤得此画，大喜过望，豪爽地拿出家藏珍宝，两支青铜古剑，回赠苏轼。苏轼也十分高兴，再次写诗相谢。

作为一个文人墨客，苏轼更喜欢文房四宝。在黄州时，因荒远贫苦，苏轼一直得不到好的笔墨。安徽歙县的龙尾砚非常有名，苏轼行至安徽当涂，迫不及待地想在当地寻几方好砚。

之前，苏轼曾写过一篇《凤咮石砚铭》，在文中对凤咮石砚赞叹不已，戏称，凤咮石砚一出，就连闻名海内的歙州龙尾砚也成了牛尾。

那时，苏轼还没有真正见识过歙县的龙尾砚。其实，龙尾砚石质温润，纹理细密，色泽纯正，蕴墨经久，尤其是砚上残留的墨汁尘垢，入水一冲，即莹洁如新。龙尾砚实为歙砚中的上品，一直深受文人墨客喜爱，南唐后主李煜也对此砚情有独钟。

苏轼写的那篇文无意中却得罪了歙人。歙人认为苏轼的品评不公，因此，当苏轼向歙人求购龙尾砚时，歙人因为赌气，竟不肯出售，而且嘲笑苏轼说，"你有凤咮砚，何必再要牛尾呢？"苏轼苦笑不迭，心里连连暗骂自己，口无遮拦。

歙县的奉议郎方彦德家里收藏了一方上等龙尾大砚，苏轼见了大赞。方彦德说，假如苏轼能写一首诗，对龙尾砚重新做个解释，他愿将这块大砚双手奉赠，分文不取。苏轼听了大喜过望，立即挥毫濡墨，写下一篇《龙尾砚歌》，称赞龙尾砚玉德金声，终于，苏轼换得了这一方歙砚。

苏轼的老朋友孙觉得到朝廷赏赐的上等纸墨笔砚，他不善书画，对这些东西也不痴迷，他知道苏轼非常喜爱文房四宝，就把好笔好砚赠予苏轼。苏轼骤然间得到这许多宝贝，像是穷人一夜暴富，欣喜若狂。

正当苏轼沉浸在欢喜之中，不幸的意外却突然降临。

苏轼一家人乘船在江上行进了两个月之久，正赶上炎热的盛夏，船舱闷热，酷暑难耐，全家老小陆续病倒。朝云新生的儿子苏遁还不到十个月，幼小的婴儿病得最重，最终，没能抵住暑气湿热，行到金陵时因病夭折。

四十九岁，痛失幼子，犹如一把刀，割肠剜心，苏轼伤心得老泪纵横。当初为小儿作《洗儿》诗，不奢求孩子聪明博学，只想他无灾无难、平平安安就好，可尽管这么简单而朴实的期望都没如愿，苏轼悲不自胜，一连写下数首哀悼诗，情凄意切，令人不忍卒读。

朝云痛失唯一爱子，更是悲痛欲绝，每天以泪洗面。苏轼忍痛把小儿埋葬在金陵，朝云依依不舍，心如刀绞。

此时此刻，在金陵还有一个失意失落的大人物，王安石。

王安石于熙宁九年（1076），二次罢相后，外调镇南军节度使，判江宁府，从此归隐金陵，时至今日已经八年。

闲居金陵的王安石一直沉浸在失落与悲哀之中。他学识渊博、品格刚正，曾带着匡世济时的理想，耗尽一生心血投入新政，却受到很多朝廷重臣的反对，最终落败在小人手中。最爱的长子王雱骤然离世，更让他陷入深深的伤痛。这八年，王安石倍感孤独凄凉。

王安石在金陵曾有一座很大的府邸，由神宗所赐。王安石罢相后，因心力交瘁，生了一场大病，病愈后身体和精神已大不如从前。他经常骑着一只野驴，带着一两名书童，四处游览，去的最多的就是寺庙，后来，干脆把偌大的府邸舍出做了佛寺，名为"报宁禅寺"。

王安石退隐金陵，苏轼被贬黄州，两人先后远离了朝廷，在政见上的对立与冲突也逐渐消失。鉴于对彼此才学与人品的肯定，之前的隔阂也渐渐烟消云散。

苏轼在黄州时，王安石遇到有从黄州来的人，总会热切地打听苏轼的诗文新作。一次，王安石从朋友处得到一篇苏轼写的千字长文《胜相院经藏记》，正值夜幕降临，王安石迫不及待，等不及家童掌灯，竟然站在屋檐下、月夜微光中，细细品读。读完之后，赞叹不已，欣赏之余，又为苏轼文中"日胜日贫"的"贫"字作了改动，觉得"如人善博，日胜日负"更为稳妥。

后来，苏轼听说了此事，拍手大笑，觉得王安石改得很好，一字之差，意义更为精准，于是欣然采纳。虽两地相隔，两人却似默契的神交起来。

王安石退居金陵，天下皆知。这次苏轼到达金陵，似乎也是刻意经过。苏轼已年近五十，知天命之年，再不是血气方刚的冲动少年，尤其经历了黄州四年的沉淀和反思，应该已学会了敛翼待时，候风而动。此次，苏轼虽以检校尚书水部员外郎之职量移汝州，并没有被朝廷重新起用，为了自己与儿子们的未来和仕途，为了一家老小的生活，苏轼不得不对未来加以认真考虑和谋划。

王安石虽已退位，但在朝廷中依然有着强大的影响力。神宗还很年轻，才三十二三，在他在位期间，王安石或许还有再次复出的可能，即使不再担任宰职，但他在神宗心中的地位也是无可比拟。不管怎样，苏轼觉得都应该去拜会一下这位举足轻重的大人物。

没想到的是，苏轼刚到金陵，幼子却不幸夭折，正沉浸在丧子之痛中，还没来得及去拜访王安石，王安石却自个儿骑着野驴，来到了江边看望苏轼。

苏轼来不及穿衣戴帽，慌忙出船相迎，拱手问候，笑侃道："今日竟敢穿着野服见大丞相。"王安石豪爽地回答："礼岂为我辈设哉！"二人四目相视，哈哈大笑。

英雄一笑泯恩仇。两个闻名北宋政坛文坛的顶级人物，虽然历经针锋相对的政治矛盾，却无一丝私人恩怨，各自襟怀磊落。他们先后闲隐江湖，远离了政治中心，也放下了昔日的争辩。世事变迁，光阴荏苒，多年后，两个闲散的大文豪在金陵相聚，回顾往事，恍如一梦。

苏轼与王安石，年龄相差十五岁。年轻时，参加科举考试，本应都得第一，却阴差阳错，都与状元失之交臂。两人都是绝顶天赋，傲然自信，坦荡无私。

如今，苏轼眼中，王安石不再是那个固执己见的独断专行者，而是一个晚景凄凉，令人同情又值得敬重的前辈。王安石眼中的苏轼，也不再是那个才高气傲，专门与新法作对的旧臣智囊，只是一个怅怅不乐的失意才子。两人第一次感到如此情趣相投，相谈甚欢，甚至成了文学上的知音。

曾经,王安石喜欢为汉字注解。比如,"波"字,王安石解说为"水之皮也"。苏轼那年刚中进士,年轻气盛,桀骜不驯,调皮地嘲讽王安石,"按大人之意,'滑'字是不是'水之骨'呢?"王安石一时语塞,无法作答。

多年后,两人重聚,再次谈论文字,却是另一番风貌。王安石拿出两字,"动"与"静"让苏轼解释,苏轼回答说:"精出于动,守神为静,动静就是精神。"王安石听后点头称赞。

苏轼在密州时曾写过一首关于雪的诗,其中有一句"冻合玉楼寒起粟,光摇银海眩生花",很多人都不知其意和出处,王安石却一语道破:"道家把双肩比为玉楼,把眼目比作银海。"苏轼深深感叹,王安石不愧博学宏才。

连续几天,王安石都和苏轼聚在一起,诗酒唱和,谈经论道,相处甚欢。在金陵太守陈睦和王安石的几个门客陪同下,还一起游览了蒋山诸寺,玩得十分尽兴。

苏轼一家在金陵停留了一个月之久,这期间,苏轼的夫人王闰之也因舟船劳累和暑热病倒,不得不休养一段时间,如今,王闰之的身体渐渐恢复,苏轼不能一直待在金陵,于是与王安石辞别。

王安石心中顿生不舍,建议苏轼在金陵买些田地,以后可以相伴林下。面对王安石的真挚邀约,苏轼心有触动,提笔写道:"骑驴渺渺入荒陂,想见先生未病时。劝我试求三亩宅,从公已觉十年迟。"

"从公已觉十年迟。"从熙宁七年(1074)王安石首次罢相,至元丰七年(1084)与苏轼在金陵相聚,正好十年。这期间,苏轼经历了乌台诗案的劫难,在黄州沉淀了四年之久,深刻的反思之后,冷静客观地重新审视王安石的熙宁变法,王安石励精图治,变法图强,他改革救国的热情和勇往直前的魄力,着实令人敬佩。因此,苏轼以诗作答,表示相从恨晚,这既是对王安石的敬重,也是对曾经出言顶撞的不逊态度最真诚的致歉,更是对身陷台狱时,王安石仗义执言、上书营救的深深感激。

此次与王安石的会晤,令苏轼的政治立场发生了微妙的转变,对他未来的仕途也产生了深重的影响。

苏轼在黄州时没什么积蓄，为了在金陵购买田宅，只能托人卖掉京城的宅邸南园。但在金陵和金陵附近的仪真，都没有寻找到合适的田地，只能作罢。

八月，苏轼离去，王安石倍感失落，他对身边的门客深深感叹：不知几百年后，才能再有苏轼这样的人才。也许，王安石与苏轼并无杖履相从的缘分，金陵一别，不到两年，元祐元年（1086）四月，一代名相王安石，在金陵因病与世长辞。

苏轼离开金陵前往仪真，苏轼的老朋友滕元发，约苏轼在仪真或扬州一聚。滕元发是范仲淹的表弟，文武双全，雄姿威武，能兵善战，性情豪迈。苏轼把家眷安顿在仪真，自己乘船前往金山会见滕元发。

滕元发曾在元丰四年（1081）正月到黄州看望过苏轼。这次，滕元发乘一叶扁舟踏浪相迎，四年未见，二人执手相对，心中慨然。

滕元发曾因卷入妻党的一个逆案而被贬筠州，后来查明是受人诬陷，神宗特此恩诏元发到湖州做知州。滕元发对神宗的念旧之情充满感激，劝说苏轼，上表请求神宗改定谪郡，神宗爱才好士，一定会恩准。

苏轼本以为会在黄州终老，因此在黄州时就开始跨湖看田，做好了退隐江湖的打算。没曾想，神宗一纸诏书，将他移置汝州。途经金陵时，在王安石的劝说下，苏轼开始在金陵和仪真寻找田地，但没遇到合适之处。当滕元发建议他向朝廷请求留住常州，苏轼心有所动，于是开始托人在常州寻找田地。

金山又称浮玉山，峰峦叠翠，古木葱茏，是寻幽览胜之地。金山寺住持名叫佛印，曾是庐山归宗寺的禅师。佛印比苏轼年长几岁，是云门宗的僧人，苏轼与佛印的交往似乎从这个时候开始。苏轼把在赤壁沙滩搜集的三百颗小彩石送给了佛印和尚。得知苏轼打算购置田地，佛印和尚也自愿为他寻找。

这期间，秦观也赶到金山与苏轼会见。苏轼身陷狱案时，秦观忧心如焚，苏轼被贬黄州，秦观书信不断，频频问候。时隔数年，劫后重逢，百感交集。

秦观才华横溢，待人热诚，正直无私，之前曾屡试不第，元丰八年

（1085），三十七岁的秦观终于考中进士。苏轼在金山写信给王安石，推荐秦观，希望能借助王安石的声望，使得秦观增重于世。王安石收到苏轼转寄的秦观诗文，给予了高度的评价。

当年，张方平不遗余力向欧阳修举荐苏轼，三十年后，文坛领袖苏轼极力举荐后辈，在苏王两大文豪的共同赞誉下，秦观在北宋文坛声名鹊起。

苏轼有个同年，名叫蒋之奇，是常州人。嘉祐二年考中进士后，在进士及第宴会上，蒋之奇曾提起他的家乡宜兴之美，两人曾半开玩笑地相约，将来致仕后，一起隐居宜兴。后来苏轼在任职杭州通判期间，被派往常润一带赈灾放粮。他亲身感受到常州的风土秀美，曾写诗赞叹，认为常州是退隐江湖的最理想之地。

蒋之奇现任江淮发运副使，他得知苏轼想在常州求购田地，于是立即派人到他家乡宜兴寻找。苏轼的朋友们听说苏轼准备买地，也都纷纷发出邀请。范镇邀请苏轼住到许昌，王巩邀请他到扬州。

没过多久，蒋之奇在离城五十里左右的深山黄土村，找到一处田地，每年可产稻谷八百石，足够养活苏轼的一大家人，苏轼非常高兴，在九月底亲自到了宜兴看地后，当即买定。

苏轼很喜欢这块田地，打算像耕种东坡一样，精耕细作，以期家园硕果累累、岁物丰成。苏轼对这块田地充满了设想，因为这是完全属于自己的私产，不像黄州的东坡，属于官府用地。苏轼打算，将来再买一处园子，可以种植一些柑橘，并修建一个亭子，他已经想好了园地的名字，取名为楚颂。然而，未曾预料到的是，这块地后来却给他带来了不少麻烦。

十月，苏轼一家抵达扬州，随后，苏轼立刻去拜见吕公著。

吕公著（1018—1089），字晦叔，东莱人。北宋仁宗朝著名宰相吕夷简的第三子，在神宗时期，曾担任过翰林学士、御史中丞。熙宁三年（1070），吕公著因反对新法离开朝廷，现知扬州军州事。

吕公著时年六十六岁，历经多年宦海生涯，政治经验丰富，苏轼向他请教滕元发的建议，请求神宗恩准他改定谪居地，以便能在常州居住。得到吕公著的支持后，苏轼立即上表陈述请求，题为《乞常州居住状》。呈上表章后，他便暂停前往汝州的行程，专心等候朝廷的决定。

十一月，苏轼到了高邮去见秦观，与秦观又相聚了几天。之后渡过淮河，前往泗州。此时已近年末，苏轼便和家人一起停留在泗州，度过新年。

一天晚上，泗州太守刘士彦陪同苏轼一起游览南山，夜色恬静，暖风拂袖，云雾萦绕，景色醉人，苏轼尽兴而归，回到家中，诗兴大发，提笔写下一阕词《行香子》：

北望平川，野水荒湾，共寻春、飞步孱颜。
和风弄袖，香雾萦鬟。正酒酣时，人语笑，白云间。
飞鸿落照，相将归去，淡娟娟、玉宇清闲。
何人无事，宴坐空山。望长桥上，灯火乱，使君还。

苏轼这篇写景的游记，文辞优美，意境高旷，无疑又是一篇豪迈洒脱之作。岂料，和苏轼一起同游南山的刘太守听说了这阕词，却吓得魂飞魄散，第二天匆匆忙忙来找苏轼，请求他赶紧把这首诗收藏起来，千万不能让人看到，苏轼十分纳闷。

泗州位于江苏盱眙县，地处黄河与长江的漕运中心，是扼守淮河进入汴河的南端口岸，也是军事、交通和经济要地，更是兵家必争之地，朝廷有令，天黑之后长桥上禁止行人通过。

苏轼的词最后一句描写的却是：此时还有人在山上闲坐，他们一定会看到，长桥上，灯火辉煌，那是游山从长桥夜归的太守和他的朋友。

刘士彦看到这句，当即吓出一身冷汗。苏学士名满天下，写的新词很快就会传遍京师。当地有法令：夜过长桥者，判处两年徒刑，何况他还是州官，知法犯法，罪责更重。

因此，刘太守赶紧来找苏轼，苏轼听了忍不住笑侃道："轼一开口就是罪过，而且都不在两年以下。"回想起因写诗而引发的乌台诗案，被贬谪长达四年之久，苏轼的自嘲中流露出一丝无奈的苦笑。

元丰八年（1085）新年正月，苏轼收到消息，他上表的《乞常州居住表》，被主管章奏的官署拒绝转呈，理由是用字措辞上有些小毛病。苏轼只好重新改写一份表文，语气更加谦卑、凄婉，内容也更为翔实，写完后派遣专人投递到京城。

正月初四，苏轼离开了泗州，去南都看望张方平。这是张方平退休后，苏轼第三次到南都来拜见。

当年，苏轼和苏辙进京赶考，张方平将苏轼推荐给欧阳修，苏家两兄弟从此名动京城。三十年来，苏轼和苏辙一直不忘张方平的举荐之恩。苏辙自从制科考试后，更是多年一直追随张方平左右，张方平对待苏家兄弟一直亲如子侄。

如今，张方平已年近八十，和欧阳修晚年一样，双目昏暗，视力微弱，接近失明。老年病体缠身的张方平潜心修佛，并委托苏轼翻印《楞伽经》，以布施江淮民众，弘扬佛法。苏轼不辞辛劳，亲自抄写经文，找人雕刻出版后，收藏于金山寺中。

苏轼在南都住了将近两个月，每天陪伴张方平聊天、服药、治疗眼疾，犹如亲子，时刻守在张方平榻前。

元丰八年二月，苏轼终于等到了朝廷的答复，允许他在常州居住，和量移汝州的职位一样，仍是团练副使。

"老去君恩未报，空回首，弹铗悲歌。"十三年前，苏轼与同年蒋之奇曾相约在宜兴养老，十三年后，终于如愿以偿。再不用去人生地疏的汝州，苏轼倍感欣喜。然而，一想到从此田园终老，再不能实现济世经邦、忠君报国的志向，苏轼又陷入几许失落，带着复杂纠结的心情，苏轼挥笔写下又一阕《满庭芳》。

苏轼得偿所愿，弟弟苏辙也收到诏令，被任命为绩溪县知县，这令他满心欣慰。离开了令他早已生厌的酒监工作，前往绩溪县担任一县之长，苏辙深感满足。苏辙依然身在官场，苏轼则希望从此能在常州度过余生，平静安逸，这样他的心就会充满喜悦和宁静。兄弟二人在年前年后，各自携家带口，奔赴异地，安家立业。

苏轼收到朝廷答复的一个月后，元丰八年（1085）三月初五，年轻的神宗因积劳成疾，带着对富国强兵大业未竟的遗恨，突然驾崩，年仅三十八岁。

听闻噩耗，苏轼深感悲痛。尽管他的仕途充满坎坷，但毕竟，神宗对他的重视和赏识从未减少。近几年的反思和磨砺，也让苏轼对神宗锐意改革的雄心和抱负有了更深的理解。

神宗驾崩，留居宜兴，竟成了神宗对苏轼的最后恩赐。想到之前神宗对他的种种袒护和知遇之恩，苏轼充满哀思，接连写了三首《神宗皇帝挽词》，并代张方平作《神宗功德疏》，尽诉悼念之情。

四月，苏轼辞别了张方平，离开南都，来到距离常州不远的扬州。五月初，苏轼来到扬州名刹竹西寺，开心地游玩了一天。此时，神宗驾崩已经两个月之久，年幼的哲宗登基为帝。

这一年，风调雨顺，庄稼丰收，百姓欢呼雀跃，苏轼也深受感染。因获准在常州居住，又已购置了宜兴的田产，以后就可以过着安稳自足的日子，苏轼的心情非常愉悦，忍不住吟诗一首，还把诗写在了僧舍的墙壁上："此身已觉都无事，今岁仍逢大有年。山寺归来闻好语，野花啼鸟亦欣然。"岂料这首诗日后又给苏轼惹来了祸端。

自从元丰七年（1084）四月，苏轼携带一家老小离开黄州，整整在外奔波了一年之久。五月，苏轼回到常州，正值花红柳绿、水美鱼肥的时刻。

"竹外桃花三两枝，春江水暖鸭先知。蒌蒿满地芦芽短，正是河豚欲上时。"扬子江中的河豚正是当令的时节，香嫩肥美，鲜味十足，是万千海味中最难得的珍馐美味。不过，河豚含有剧毒，如果不会烹饪，吃了就会立刻中毒而死。因此，在今天，很多地区仍需考取河豚烹饪证书，才有资格烹饪河豚。

常州当地有一士绅，特意在家中烧制河豚宴请苏轼。苏轼的名气世人皆知，这家女眷非常好奇，很想知道大名鼎鼎的文豪会怎样评价河豚，于是，女人们躲在屏风后面，悄悄地偷看。

苏轼坐下来，看着桌上一盘烧好的河豚，香气四溢，鲜美诱人，早已垂涎三尺，胃口大开，拿起筷子大快朵颐，一点也没客气。

屏风后的女人们等了很久，苏轼却只顾闷头不停地吃着，不赞一词，女人们大失所望。

这时，苏轼又夹了一大块，抬头看了看主人，长叹一声，说了句，"也值得一死了。"女眷们捂嘴偷偷暗笑，主人也哈哈大笑起来。

苏轼费尽周折，终于在宜兴买到田产，承蒙恩赐，留住常州，以后，可以在常州朝耕暮耘，过上丰衣足食的安宁日子，从此不问世事。然而，世事并非如人所愿，人生总是身不由己。苏轼刚到常州，还没等安定下来，田园之梦尚未开启，就成了泡影。命中注定，苏轼的下半生还要不停地辗转迁移，折腾奔波。

六月，苏轼收到朝廷诏令，以朝奉郎之职起用，知登州军州事。

一家人喜极而泣，苏迨、苏过尤其激动，他们反复阅读诏令，几乎不敢相信这一切是真的。苏轼的朋友们得知消息，也纷纷前来庆贺。

苏轼似乎并不像其他人那样兴奋。他已决定放下功名，归隐林下，不曾想，朝廷这时却突然发来了调令，而且是升擢。

苏轼当然也感到高兴，这意味着他六年的贬谪生涯终于结束了。尽管心情愉悦，但苏轼却显得沉静、淡定了许多。

经历了一百多天的台狱羁押，经历了四年黄州的放逐，尤其，经历了儒释道思想的沉淀和深刻的自我反思，苏轼早已不再是恃才放旷的少年，对功名利禄也已看淡。虽然他依旧希望能为朝廷尽忠，为百姓谋福，继续实现济世安民的志向。但他知道，一入宦海，将很难轻易脱身。何况，昔日的青年才俊也已成了垂暮老翁。

苏轼的心情有些复杂，该不该放下田园的清逸，再次踏入仕途，重复昨天的风雨？

"长恨此身非我有，何时忘却营营。"如他所说，这一生，总是这般身不由己，无可奈何。一纸皇命诏下，苏轼不得不放弃渴望许久的荆溪山水，心中涌起阵阵不舍和遗憾。

元丰八年（1085）七月，闲居六年后的苏轼启程前往登州。

即将踏入仕途，必然卷入官场是非，还会面临更多的不由自主。苏轼一路遍览山水，会晤好友，尽情享受着赴任前的逍遥时光。他先抵达润州，接着于八月途经扬州，九月抵达楚州，十月抵达密州。

密州百姓听闻苏轼经过，奔走相告，扶老携幼，早早地到城外相迎。十年前，苏轼在密州任知州时，曾拯救了无数的弃儿。如今，那些被他救助的孩子已长成翩翩少年。他们和父老乡亲一起，对恩人一拜再拜，孩子们笑着问苏轼何时回来，百姓的淳朴热情令苏轼感动萦怀。

在现任太守霍翔的陪同下，苏轼重游超然台。岁月匆匆，转眼间已是十年。他触摸着当年亲手刻下的石碑，心中不由得涌上一股怀旧之情。

苏轼一路游览名胜，探朋访友，十月十五日，终于抵达登州，到任后立即调查了解登州政务，投入工作。上任才五天，元丰八年（1085）十月二十日，苏轼突然又收到朝廷新的任命：回京任礼部郎中。

刚到登州，又被调离。六年闲居无人问，一朝启用，连续辗转，马不停蹄。趁着回京前的几天闲暇，苏轼畅游登州山水，有幸看到了登州海上独特的景致"海市蜃楼"，并作《海市》以记此奇景。

尽管在登州只停留了短短的十余天，苏轼却已发现登州军政和财税方面的弊政，写下《登州召还议水军状》和《乞罢登莱榷盐》奏报给朝廷，建议对登州的边防和登、莱两州的民生进行改革。

在苏轼的心中，儒家的淑世精神深入骨髓，对国计民生充满了关切。再度返回政坛，立刻投身到政务中。

十一月二日，苏轼离开登州，经过莱州、南都等地，于元丰八年十二月抵达京城。

第六卷　苦雨终风也解晴

第十八章　元祐更化

宋神宗赵顼（1048—1085）在位十八年。神宗晏驾后，神宗之子赵煦继位，是为哲宗。哲宗年仅十岁，尚不能亲政，哲宗的祖母，太皇太后高氏垂帘摄政，是为宣仁太后。

北宋时期，因为各种原因，一共有六位皇后临朝听政。自从真宗朝后，这是六十年间的第三次母后临朝。第一次是在仁宗朝，年仅十三岁的仁宗继位，宋真宗的章献明肃皇后刘娥，成为宋朝第一位摄政的皇太后，直到景祐元年仁宗亲政。

第二次，是在英宗朝。宋仁宗没有子嗣，过继了濮安懿王赵允让的第十三子赵曙为皇位继承人，也就是英宗。英宗继位后，体弱多病，由仁宗的皇后慈圣光献曹氏暂时摄政，后归政于英宗。

第三次，就是现在这位宣仁太后。哲宗年幼，由英宗的宣仁圣烈高皇后，也就是宣仁太后暂代摄政。

历史上母后摄政，经常会出现外戚干政、政失厥道、朝局混乱的弊端。而宋朝的这三位母后摄政，却并非如此。

第一任摄政母后刘娥，垂帘临朝十一年，政绩显著，被后世人称为"有吕武之才，没有吕武之恶"。

第二位是宋仁宗的曹皇后，在仁宗驾崩、养子赵宗实继位后突发疾病，朝局混乱、风雨飘摇之时，暂代摄政。她稳定朝局，辅佐新君，直到英宗身体恢复后，撤帘还政，也是北宋一代贤后。

宋神宗继位后，曹皇后成了太皇太后。苏轼身陷乌台诗案时，李定等人想杀掉苏轼，已处于病危状态的太皇太后在病榻上，曾为苏轼求情，并向神宗讲述，仁宗曾如何赞誉苏轼有太平宰相之才。苏轼性命能得以保全，曹太后功不可没。

第三任摄政母后，就是这位宣仁太后高滔滔，她知人善任，勤政务实，在历史上有"女中尧舜"之称。

高太后出身名门，其曾祖和祖父都是宋朝名将，母亲是北宋开国元勋曹彬的孙女。多年来，宣仁太后始终站在反对新法的立场，只因宋朝祖宗家法，无法出面阻止。

北宋到了哲宗时期，国力已大不如前。两次宋夏大战，把十几年积累的军备物资消耗殆尽，北宋元气大伤，国库再度空虚，民生愈加穷困。

宣仁太后历经英宗、神宗两朝，却非常渴慕仁宗嘉祐时期盛世繁荣、天下太平、百姓安乐的社会状态。因此，哲宗的年号定为"元祐"，让北宋帝国重回嘉祐时代的繁荣与安定，这是宣仁太后的政治向往。

宣仁太后亲眼所见神宗采用王安石新法，行新政、敛财赋、发动宋夏战争，结局是北宋损失惨重，神宗从此一蹶不振，郁郁而亡。因此，宣仁太后临朝执政后，立即召回熙宁和元丰时代的反新法旧臣，准备废除新法。

首先被召回的是吕公著。吕公著，北宋名相吕夷简之子，因反对新法，离开朝廷，目前以资政殿大学士在扬州做知州。

吕公著入京后，被授予尚书左丞，不久，旧法领袖司马光也被重新起用，授为门下侍郎。

自从熙宁三年（1070），司马光因反对王安石新法，退居洛阳，专心编著《资治通鉴》，在元丰七年（1084），刚刚完成著作。

司马光名满天下，刚回到京城，百姓就自发聚集街头，齐声高喊："公无归洛，留相天子，活百姓。"甚至有人直接称呼"司马相公"，在百姓的心里，似乎司马光才应该成为大宋的宰相。

自古以来，市井之上，百姓拦截宰相的仪仗，抗议喊冤的有之，顶礼膜拜的有之，却从未有过百姓自发地聚集、呼喊请求留下做相的。自古封臣拜相，都是帝王下发诏书，哪有民间喊出来的宰相？司马光冷汗涔涔，十分不安。

开封人是见过世面的。开封的百姓虽头脑灵活，但也恭顺温良。百姓无意捧杀司马光，能够出现这种场面，足见司马光在百姓心中的威望。

苏轼曾在《咏独乐园》中写道："先生独何事，四海望陶冶。儿童诵君实，走卒知司马。"开封街头出现这种场面，可见苏轼所言不虚。

司马光被召回后，全国上下都在关注他的举措，宣任太后对他更是深信不疑。司马光一入中枢，立刻着手做了三件事：一，广开言路；二，召回反新法旧臣；三，废除新法。

此时，北宋朝廷上，蔡确与韩缜是宰相，章惇是知枢密院事，张璪为中书侍郎，他们都是支持新法的变法派。新旧两派在朝廷上暂时势均力敌。

所有的政治改革，首先都是人事的调整和革新。司马光在朝中身居高位，数月间，大批反对新法的旧臣陆续被重新起用。

苏轼一直反对新法，元丰年间，当其他反对新法的大臣早已纷纷隐退各地，明哲保身，闭口不言时，苏轼仍在诗文中不停地抨击新法，并因此入狱被贬。

吕公著和司马光入朝后，毫无疑问，都举荐启用苏轼。宣仁太后追念神宗皇帝的遗意，先已令苏轼恢复官职为朝奉郎，随后调派苏轼到登州做知州。苏轼刚到登州任只有五天，又立刻被召回京城，十二月就任礼部郎中。不到半个月，朝廷又下诏令，迁为起居舍人。

起居舍人又称右使，是皇帝的近臣，记录皇帝所发的命令，记载皇帝的言行。元丰改制后，中书省的起居舍人和门下省的起居郎一起负责修起居注，合成左右史。

礼部郎中和起居舍人虽然官职都是从六品，但起居舍人这个位置离皇权更近，可以参与朝廷所有事务，是个令人十分羡慕的机要职位。

年已五十的苏轼刚刚结束贬谪生涯，早已不再像刚入仕途时那般年轻气盛，他不愿骤然跻身于如此重要的职位，两次上书请辞，都没得到批准，只好赴任。元祐元年二月，苏轼身着绯色官服，佩银鱼袋，入侍延和殿。

宋朝有独特的官服制度。官员品级不同，官服颜色也不同。元丰改制之前，宋代官服分四种颜色：紫、绯（深红色）、绿和青四种颜色。

神宗元丰年间，青色官服被摒弃，官服制度改为：四品以上官员穿紫袍，七品以上官员穿绯袍，七品以下官员穿绿袍。

鱼袋也是彰显官员身份等级的一种装饰，宋朝鱼袋有两种：金鱼袋和银鱼袋。穿紫袍佩金鱼袋，穿绯袍佩银鱼袋。

自从仁宗嘉祐六年（1061），苏轼考中制科被授大理评事一职起，已经穿了二十多年的绿色官服。如今，一身鲜艳的绯色官袍，焕然一新出现在家人面前，全家上下都开心地围着他，每个人的脸上都充满了喜悦。

令家人没有想到的是，日后，苏轼的荣宠仍在不断地降临。苏轼任起居舍人不到三个月的时间，又收到朝廷特诏：令苏轼免试任中书舍人。

为了削弱相权，加强君权，北宋中枢机构实行"二府三司制"。中书省和枢密院两个机构，分别掌管文武政务，号称二府。军政归枢密院主管，财政归计省三司使，除此之外的一切政务，由中书省主管，宰相只保留行政权。如此，政务、财政、军政权责分开，而大权则牢牢掌控在皇帝一人之手。

中书省设于禁中，中书舍人一职位居四品，属于宰相的属官，例兼"知制诰"。按照宋朝制度，"知制诰"必须经过考试才能得以任命。北宋历史上，免试被任命为知制诰的只有三人：陈尧佐、杨亿和欧阳修，苏轼是开国百余年来，被免试任命这个职位的第四人。

中书舍人的职责非常重要，可以正式参与国家大事的讨论、百官的选派及任免等，具有除军政、财政之外的全国政务审核的权力，地位十分显赫。因此，宋有谚语："不到中书不是官。"

苏轼在回到京城才三四个月的时间内，连连升迁，且不试而用，鉴于树高招风的担忧，心有不安，他再三恳辞，不被批准，只好拜表就任，脱下绯袍，穿紫带金。

早在苏轼奉旨起复时，到了歙州绩溪县做知县的苏辙，已经以校书郎之职被召入京。苏辙在十九岁时登进士第，二十三岁通过制科考试，这二十多年来，一直停滞在九品小官的位置上，奔走了半生，直到两鬓斑白，终于得到校书郎一职，苏辙非常高兴。没多久，苏辙又被封为司谏。

自从踏入仕途，因反对新法，苏辙和哥哥一样一直任职地方，后来受兄长乌台诗案牵连，又被贬做酒监。苏辙在地方忍气吞声、委曲求全多年，如今终于回到京城，又跻身谏垣，终于扬眉吐气，多年的隐忍愤懑也终于得到了宣泄的机会。

苏辙上任后，立刻开始弹劾蔡确、韩缜二相，紧接着再上奏折，慷慨激昂地弹劾吕惠卿，并揭发了吕惠卿举发王安石私信的丑事，对其施以猛烈的抨击。

吕惠卿被降为建宁军节度副使，建州安置。据说，按照当时的轮班次序，应该由刘攽撰写责词。

刘攽是苏轼的好友，和苏轼一样口无遮拦，特别喜欢开玩笑和戏谑人。两人同朝为官，又都是才高八斗、思维敏捷、性格开朗之人，因此，刘攽和苏轼碰到一起，经常针锋相对，相互戏谑，留下许多有趣的故事。

有一次，刘攽在家中请客，苏轼因为有事需要先走一步。刘攽有点扫兴，又无法阻拦，于是向苏轼挑战。刘攽说："幸早里，且从容。"意思是，时间还早着呢，别急着走。刘攽的这句挽留之词听似简单，实则一语双关。前三字是杏、枣、梨三种水果的谐音，"从容"则是草药"苁蓉"的谐音。很明显，刘攽是在用对联考问苏轼。如果苏轼答不出，怎好意思立即离开呢？

岂料，苏轼竟然不假思索，冲口而出，"奈这事，须当归。"苏轼的回答"奈、蔗、柿"也是三种水果和一种草药"当归"，不但对仗工整，天衣无缝，而且巧妙地辞谢了刘攽的挽留。

饱读诗书的两大才子，开的玩笑也这么富有文化内涵。苏轼和刘攽关系不错，苏轼一有新作，就拿给刘攽看，而刘攽也喜欢与苏轼互动交流。苏轼因乌台诗案获罪，刘攽也受了牵连，虽没有被治罪，但也被罚了不少银子。刘攽耿耿于怀，于是，遇到苏轼，就玩笑地编排了一个故事，描述一位老父亲谆谆告诫即将远行游学的儿子："千万记住，贼诗不中和"，意思是不能轻易唱和苏轼写的诗，不然会倒霉。

此时的刘攽因为生病，鼻梁塌陷，胡子眉毛都脱落了。刘攽编排苏轼，苏轼怎肯善罢甘休，于是立刻还击，也讲了一个故事给刘攽：有一天，孔子出门，颜渊和子路在外面闲逛，远远地看见孔子迎面走来，他们害怕被老师教训，两人连忙躲到路边的一座塔后面。等孔子走远了，颜渊问这是什么塔，子路回答是"避孔子塔（鼻孔子塌）"。刘攽听了，非常气恼，却又无可奈何。

很明显，苏轼的这个故事也是瞎编的。苏轼本来就爱捉弄人，喜欢调侃好友，闲着没事经常给朋友起个绰号，苏轼正愁没机会戏耍取乐，刘攽主动挑衅，苏轼趁机狠狠地报复了刘攽一回，非常得意。

刘攽和苏轼经常斗诗斗智，两人交情也愈加深厚。此次，吕惠卿被贬，本是刘攽当值，应由他撰写责词。刘攽知道苏轼满腔愤恨，不吐不快，故意以身体不适为由，告假溜走，让这件公事落在了苏轼身上。于是，苏轼以锋利如刀之笔，痛快淋漓地痛斥了吕惠卿的全部罪恶：

> "吕惠卿以斗筲之才，穿窬之智，谄事宰辅，同升庙堂。乐祸贪功，好兵喜杀。以聚敛为仁义，以法律为诗书……苟可蠹国害民，率皆攘臂称首。"

对于小人，苏轼疾恶如仇，从不会掩饰自己的愤恨。这篇出自苏轼手笔，震动天下的贬吕惠卿书，让很多反对吕惠卿之人大为快意，传诵一时。

除了吕惠卿，受命掌管诗狱案的张璪、李定也被一一贬谪。

苏轼的性情就是如此，并非一朝得势，快意恩仇。他个性坚强，思想独立，精神自由，处理事情喜欢遵从自己的意志和理想。比如，苏轼刚升为中书舍人时，对中书省的作风就非常不习惯。

中书省是执政中枢部门，负责草拟、颁发皇帝的诏令，是一个非常重要的决策机构。为了防止公事的泄漏，需要执行一定的保密制度。因此，朝廷在舍人厅的后面建筑了一道篱墙，禁止与其他部门的往来。

苏轼却很不喜欢栽篱插棘，觉得工作部门应该简要清通，修筑篱墙后，一省之内都不能自由来往，他觉得非常不方便。这就是对政务的性质不够了解，也说明了苏轼的政治敏锐性不强。

经历了黄州的思考与体验，苏轼对功名利禄早已心怀淡然，如今虽身居高位，却并不是一个老练圆滑、长袖善舞的政治家。他的性情更适合做一个纯粹的诗人、文人，而不是政客。由于其天性纯真率直，不善掩饰，也不善于伪装，重返朝廷后不久便招来越来越多的怨恨，为自己惹下了无穷的麻烦。

元祐元年（1086），闰二月，司马光升任尚书左仆射，做了宰相。以司马光为首的旧党，展开了全面废除王安石变法的运动，北宋政坛从此进入一个新的阶段，史称"元祐更化"。

自从元丰八年七月开始，保甲法、方田法、市易法等已被陆续废止。元祐元年二月，青苗法也被废除后，司马光准备废除免疫法、恢复之前的差役法时，在朝廷上掀起了一场轩然大波。

关于免疫法是否废除，朝中很多大臣持有不同意见。反对废除免疫法的不仅仅有章惇等新法派人物，旧党中也有人反对废除这项新法。

与司马光关系不错的范纯仁就持反对意见。他劝说司马光，废除新法，不应操之过急，应适可而止。只要废除弊端过重的新法即可，关于是否废除免疫法，应慎重考虑。

司马光不置一言，范纯仁知道司马光固执己见，只好退一步建议，先择一路，做个试验，看看效果如何再做决定。

当年，熙宁初年，王安石推行免疫法时，苏轼和弟弟苏辙都曾是强烈的反对者。那时，苏轼缺乏地方政务经验，加上年轻气盛，书生意气，曾对免疫法毫无顾忌地大发议论。

后来，苏轼到了地方，逐步了解到，之前的差役法的确危害百姓，而王安石新法中的免疫法确实是一个比较进步的良法。苏轼和范纯仁一样，都认为这项已实行了十六年的免疫法，不应该再改掉。

尽管苏轼因为反对新法，身陷囹圄，九死一生，后又被贬数年，颠沛流离，饱受苦难，但他并不因此而对新法持有偏见，全盘否定，而是实事求是，以利国利民为宗旨，客观评判新法利弊。

苏轼敬重司马光的人品和学问，对他的提携之恩也深深感激。因此，苏轼诚恳地向司马光进言：差役法和免役法各有利弊。免役之害，是搜刮民财；差役之害，是胥吏作奸，使百姓不能专心从事农田生产。既然两者都有害处，轻重程度相近，如果更换，百姓未必接受。

苏轼建议，采用先帝本意，按民户大小出钱雇役，使得百姓可以专门从事农业生产。这样做的弊端是这笔钱会被移作他用，只要想办法杜绝这个弊端，就会让免疫法成为更好的役法。苏轼还提出，豁免额外的宽剩役钱，准许百姓用布帛谷米折换役钱交纳，这样百姓就更加方便，钱荒的毛病也会随之解决。

重掌朝政的司马光已经六十六岁，虽身材枯瘦，老态龙钟，却目光犀利，性格固执。和王安石一样，不愿变通，一意孤行。

当初，宋神宗为了制衡朝堂，巩固皇权，有意任用新旧两党的重要大臣，王安石却一定要施行新政才肯当宰相，司马光也一定要废除新政，才肯当枢密副使。两个人都十分执拗，如今，司马光上台执政，对新法的成见依然丝毫没有改变。

重返京城时，百姓对司马光的拥戴和热情，令他更加坚定地相信，二十年来，他所坚持的反对新法的立场没有错误，他认为免役法病民伤国，有害无益，只有彻底废除才有利于民。司马光固执己见，不听苏轼等人的建议，毅然罢废了免役法，并且下了命令，在五天期限内，全面恢复差役法。

范纯仁曾劝说司马光，如果一意孤行，所有的政令都出自一己之手，就会有小人逢迎，范纯仁果然言中。

政令发出后，所有的朝臣都觉得，这么短的时间恢复已经停废了十六年的差役法，既不现实，也行不通。然而，不可能做成的事，却有人做到了，这位能人名叫蔡京。这是历史上一个赫赫有名的人物。只不过，其名并非美誉，而是污名。

蔡京（1047—1126）福建人，出生于兴化军仙游县（今福建省莆田市仙游县）。前宰相蔡确的同族兄弟。蔡京有一个弟弟，蔡卞，比蔡京小一岁。

熙宁三年（1070），蔡氏兄弟从福建乡村来到北宋的都城，入京赶考。这是一个际会风云的一年。这一年，王安石第一次拜相，开始全面改革变法。初到京城的蔡氏兄弟赶上了王安石变法的大时代。

和苏轼兄弟一样，蔡京、蔡卞兄弟也是一同登科，极富才华。金榜题名后，按照宋代"榜下捉婿"的传统，紧接着，蔡氏兄弟迎来了人生的第二大喜事，洞房花烛夜。

蔡京的岳父，是大理寺少卿徐仲谋，这是京城的一个高官，蔡京通过婚姻，为自己联结了一个很高的仕途起点。蔡卞，比兄长更胜一筹。凭借出众的才华和俊逸的仪表，蔡卞成了当朝红得发紫的大人物——王安石的乘龙快婿。蔡卞能被王安石看中，还要归功于他与王安石的师生之缘。

早在嘉祐八年（1063），王安石在江宁为母丁忧期间，兴办学院，收徒讲学。当时，蔡卞的父亲蔡准在江苏一带任职，于是，把十五岁的次子蔡卞送到王安石门下问学。蔡卞天分极高，才思敏捷，深受王安石喜爱。

进士及第后，蔡卞在江苏任江阴主簿，当时，本地富户趁着青黄不接盘剥农民，以很高的利息借谷物给百姓。蔡卞见此情景，年轻敢为，极力推行王安石的青苗法，毅然开仓借粮，以解百姓之急，取得了良好的效果。因为在地方坚定地推行王安石新法，政绩突出，受到王安石的赞赏。

靠着岳父的赏识，加上自己的青春热血和才干，蔡卞很快成了新党的一名得力干将。此时，哥哥蔡京任职地方，也表现得声名鹊起。

蔡氏兄弟一起步入仕途，同苏轼兄弟一样，在政坛上同进同退。不同的是，苏轼兄弟一直站在旧党的一侧，蔡氏兄弟则站在新党的队伍。

在地方辗转多年后，蔡京、蔡卞带着新法干将的标签先后回到京城，又先后任职中书舍人，没多久，蔡京被任命为龙图阁待制、权知开封府。

神宗驾崩后，哲宗登基，太皇太后执掌朝局，拥护旧法。

此时，蔡京的族兄蔡确已经被贬，蔡京心惊胆战，作为新法的一员，他深知自己也会很快被旧法派排挤出京城。在地方苦熬多年，好不容易回到京城，蔡京不愿轻易离开，京城是充满机遇的地方，也是他渴望留下的地方。然而，尽管苦思冥想，他却想不出任何办法。

就在蔡京绞尽脑汁、一筹莫展的时候，主持朝政的司马光突然下令，在五天期限内，恢复差役法。

所有的朝臣都认为根本不可能实现，为此摇头叹息时，开封府知府蔡京却眼睛一亮，似乎看到了留下来的一线希望。

五天时间内，蔡京竟然在他所辖地区全部改换了差役法。办完这件事，蔡京立刻到政事堂向司马光汇报邀功。蔡京的投名状果然奏效，司马光对蔡京大为赞许，他认为，如果人人都能像蔡京依法行事，没什么做不到的。

然而，没有人能够想到，日后政局翻转，新法派再次东山再起，大兴元祐党祸，无情迫害元祐旧臣的，正是蔡京。再后来，哲宗驾崩，为徽宗大肆敛财，大兴土木，主导争战，最后导致北宋亡国的，也是蔡京。

古往今来，有不少伟大的圣贤，他们有着睿智的头脑，渊博的知识，经天纬地的志向，然而却总是难以分辨和排斥身边几个阿谀奉承的小人。王安石如此，司马光亦然，这是圣人的悲哀，是国家的不幸，更是百姓的灾难。

当然，并不是所有的人都和司马光一样欣赏蔡京。事实上，蔡京的做法遭到了很多旧党人士的指责。其中，对蔡京抨击最猛烈的就是苏辙。苏辙一针见血地指出，蔡京在五天内匆匆忙忙地改法，只因怀揣私心，完全不顾百姓之苦，此举存心扰民，危害社会稳定。苏辙建议对蔡京进行严惩。

在苏辙等人的抨击下，蔡京向旧法派投诚失败，最终被一贬再贬。哥哥离开了，弟弟也不能独善其身，作为王安石追随者的蔡卞紧接着也被贬出京城。

司马光拜相时，王安石已病重在床。他听闻了司马光回朝封相，一言不发。后来，又陆续听闻，他耗尽心血创建的新法被朝廷接连废除，似乎也并不太在意。但是，当听说废除免役，恢复差役法时，王安石终于心有所动，惊愕之余，老泪纵横，遗憾地不停喃喃自语。

当初，王安石与神宗对这道法令反复斟酌讨论了两年才开始推行，方方面面都已考虑得十分周全，这条法令被废除，令王安石倍觉痛惜。

元祐元年（1086）四月，王安石怀着深深的遗憾和失望，在金陵病逝，享年六十五岁。作为新法领袖，王安石的离世，以及神宗的驾崩，标志着一个时代的结束。

一代名相王安石以富国强兵为目标，推行新法，从变法的开始，到最后的落幕，前后经历了十五年的时间。

王安石去世的噩耗传到京城时，司马光也在病中。司马光在洛阳期间专心编著《资治通鉴》，经常通宵达旦，呕心沥血，耗尽心神。刚刚完成著作不久，就被太后召回京城。此时的司马光已是六十七岁高龄，本来身体已经衰弱，成为宰相后，因事务繁重，日理万机，身体越来越差。

为报太后的赏识和倚重，为了不负百姓的殷殷期望，司马光拖着病体，依旧夜以继日，起早贪黑。司马光门下的弟子苦苦相劝，让他多注意休息，并且用诸葛亮"食少事繁，其能久乎"的道理来劝慰他，司马光却淡然回复"死生，命也"，将生死彻底置之度外。

王安石离世时，司马光已躺在病床上，无法上朝。他担心朝廷矫正王安石的过失，废除新法，会有一些政治上的投机小人乘机诋毁王安石，因此写信向朝廷请求厚葬王安石这位国家元老。

朝廷追赠王安石为太傅，苏轼奉旨撰敕书，对王安石的评价之高，至善至美：

> "将有非常之大事，必生希世之异人。使其名高一时，学贯千载，智足以达其道，辩足以行其言，瑰玮之文足以藻饰万物，卓绝之行足以风动四方。用能于期岁之间，靡然变天下之俗。"

王安石去世时，正是旧法人士如日中天之时，满朝都是当年被王安石排挤到地方的人物，在司马光和苏轼的影响下，他们并没有乘机对逝去的王安石加以无情鞭挞，而是以宽宏的胸襟和气度，为一代名相王安石送行。

王安石去世的四个多月后，元祐元年（1086）九月初一，重返政坛短短九个月的司马光也与世长辞，享年六十八岁。

真正的士大夫，居庙堂之高而忧其民，处江湖之远而忧其君。在宋朝，称得上真正的士大夫的人不少，司马光算是其中一位。

司马光，二十岁中进士，五十三岁退归洛阳，在他从政的三十三年中，他致力于自己的人生目标，辅助圣君"治国平天下"。王安石执政推行新法，司马光的目标失败了。孟子云："达则兼济天下，穷则独善其身。"熙宁四年（1071），司马光判西京御史台，自此退居洛阳十五年。

司马光，退居故里，退而求其次，继续专注于编书事业。孔孟是圣人，他们不曾主政过，更未身居要职，却影响感化着世人。司马光以孔孟为榜样，鼓舞自己，不消沉、不放弃，在庙堂之外，用以笔代言的方式，启迪影响着当代和未来。

司马光退隐的独乐园，既是他的住所，也是后来《资治通鉴》书局所在地。不料，尽管退居江湖，司马光也受到了一些权臣的诽谤。

从英宗开始，朝廷对司马光编修《资治通鉴》给予了大力的支持。英宗特批，成立专门编书的主导机构 —— 书局，并赋予种种特权和优待。

由此可见，大宋文人之多如星汉璀璨，中华文化在宋代登峰造极，离不开朝廷对文化的重视。

在宋朝，无论是政府官员还是民间百姓，无论是富家子弟，还是寒门士子，各个阶层都普遍崇文兴文。学而优者，还有机会出入庙堂。宋朝刑不上大夫，礼不下庶人，读书与学问受到极大的重视。

宋代帝王各个文采飞扬，宋徽宗更是精通书法、绘画、诗词、歌赋。皇帝文武双全，江湖也是名家辈出。因此，宋朝的天文、历法、艺术、建筑、科技、经济等在世界上遥遥领先。我国的四大发明大多源自宋朝的发明和改造。

凡事都有两面性，有助力也会有阻力。宋英宗大力支持司马光编书，朝廷特意恩赏了一些特权和待遇，没想到却招致一些小人的谗言嫉恨，他们诬蔑司马光贪图皇家赏赐，故意懈怠工程，编书七八年之久还未完成。

司马光的得力助手，也是范镇的侄孙，范祖禹，年轻气盛，容不得屈辱，一气之下，想解散书局，以一己之力自费修书。

那时司马光已是五十五岁的年龄，他早已看透世事沧桑，看淡荣辱，他清楚地知道没有朝廷人力物力的支持，很难完成这项巨大的工程。面对小人的诬蔑攻击，司马光恬然静默，表面泰然自若，却暗暗加快了修书的进度。他通宵达旦，呕心沥血，经常是每晚删修百卷。

终于，元丰七年（1084），此书大功告成，手稿就足足堆满了两大房间。十一月，司马光奏进给神宗皇帝，神宗十分重视，赐书名《资治通鉴》，并亲为写序。

《资治通鉴》是中国最大的一部编年史。共计二百九十四卷，囊括了一千三百六十二年的中华历史。对于当时的宋朝来说，这是一部包含古代和近代历史的巨作。

在一千年之后的今天，我们翻看历史，那些风起云涌、波谲云诡的纷争早已烟消云散，不见踪迹，而《资治通鉴》就像夜空中闪烁的繁星，璀璨明亮，印证着千年的往事，照耀着一个个时代的过往。

《资治通鉴》不仅仅是一部记录中国古文化的史书，也是治国理政的谋略史书，后世的很多杰出政治人物都借鉴过这本书的智慧，把它视为参考治政的一部宝典，如康熙、曾国藩等。

司马光为《资治通鉴》付出了毕生的精力。成书不到两年，司马光便筋骨瘰瘁，心神衰耗，积劳而逝。

离世前，司马光完成了自己毕生的夙愿，也实现了废除王安石新法的政治主张。

司马光声望卓著，品德高尚，学问渊博，是一位正直忠信、胸襟坦荡的贤人君子。然而，与他的道德文章相比，司马光的政治才能却相形见绌。

例如，在军政方面，司马光主张将神宗时期对外扩张时夺取的西夏领土全部归还，以换取边境的安宁，从而减少军费开支。这种想法显得过于天真。归还土地可能只会助长西夏的狼子野心，使其更加嚣张。此外，割地求和可能导致士兵们放松警惕，不再居安思危，加剧军队的不安定，进而可能导致军纪松懈，军政败坏，边境堡垒荒废，等于虚设。

尤其，到了司马光执政的元祐时期，北宋历经多年边境战争，已经耗尽了王安石新法积攒下来的几年家底，国库再度空虚，士气低落，百姓穷困。司马光消极保守的政治举措，并不能力挽狂澜，振兴宋室，匡救天下。

司马光执掌朝政后，所有王安石建立的新法，全部废除，所有熙宁年间执行新法的大臣，也打算彻底清除。程颐、范纯仁曾建议司马光，"消合党类，兼收并用"。可惜，司马光泾渭分明，对新法大臣的成见根深蒂固，没能听取他们的建议，以至于招到后来绍圣年间的报复之祸。

短短不到半年的时间，王安石和司马光相继离世。新旧两党的精神领袖不在了，然而，变法引发的新旧党争和内耗并没有随着两位领袖的离世而停止，反而越演越烈。不仅新旧两党之间争斗不断，旧党内部也开始针锋相对，掀起了一场场错综复杂的内部纷争。

司马光执掌朝政时，引荐各方学士，辅助他治理国家。司马光在世时，朝士仰视他的威望，以他马首是瞻，朝廷没有派系党争。司马光辞世后，朝廷分裂成三个派系：朔党、洛党和蜀党。朔党人数众多，从政经验丰富，又有众多的台谏官纷纷投靠，因此朔党力量最大。

元祐时期的党争与熙宁党争截然不同。在熙宁时期，新旧两党因对新法的政见分歧而相互对抗。而到了元祐时期，各党派并没有明确的政治立场，而是仅仅为了争夺权力和私利而相互攻击。熙宁党争是为了国家的命运和人民的利益而争执，而元祐党争则纯粹是为了个人私利，彼此之间相互排斥。

尽管，苏轼与司马光在免疫法问题上政见不合，但司马光生前并没有贬谪苏轼，正相反，司马光执政期间，苏轼一路升迁，仕途顺遂。但是，司马光一手提拔的几名御史却早已把苏轼视为叛徒和异己。

司马光离世后，在他的葬礼上，苏轼失言，说了一句玩笑话，却意外招致祸患。一场关于吊唁礼节的争辩，直接引发了"洛蜀党争"，让苏轼再次陷入困境，成为众矢之的。

元祐元年（1086）九月初一，也就是司马光去世那天，皇帝带领群臣在南郊举行明堂祀典，典礼结束后，官员们立刻赶往司马相府吊唁。没想到，却被时任崇政殿说书的程颐拦在了外面。

程颐（1033—1107），字正叔，河南府洛阳人，程颐与其兄程颢一起师从北宋理学创始人周敦颐，创立了洛学，世称"二程"。

程颐比苏轼大三岁，宋仁宗嘉祐元年（1056），苏轼与苏辙在父亲带领下来到京城，参加科举考试。而程家两兄弟恰好也在同一年抵达京城，在京师太学读书。

嘉祐四年，程颐廷试落第，不再参加考试，从此专心收徒讲学，传播教育思想。三十年来，门人弟子众多，在学术界极富声誉。

哲宗即位后，程颐在司马光和吕公著的举荐下，任崇政殿说书。司马光本想借助程颐在学术上的声望和才华，辅助年少的新君，但不曾想，程颐却是一个墨守成规、泥古不化到几乎不近人情之人。

在司马光的葬礼上，程颐拦着众官员，不让他们进去吊唁，理由是："《论语》曰，子于是日哭，则不歌。怎能刚刚参加完明堂吉礼，就来吊唁呢？"

大家被拦在门外，都很不高兴，这时，有人说了一句："孔子说，哭则不歌，没有说歌则不哭啊。"程颐被问得一时语塞，面呈尴尬。

苏轼为司马光写了祭文，他不顾程颐反对，坚持和两制官员一同前往祭奠。程颐一看拦不住众人，于是告诉司马光的儿子，不得接受官员悼念，于是，大家更生气了。

苏轼平常就不喜欢这位拘泥刻板的道学先生，他再也忍不住，嘲笑地说了一句：可谓鏖糟陂里叔孙通。在场的官员听了，哄然大笑，程颐气急败坏。

苏轼说的叔孙通，是在秦朝的时候，因为精通儒术被召进朝廷，作待诏博士。秦朝末年，叔孙通依附于项梁。项梁在定陶失败身死后，叔孙通投奔了楚怀王，后又留下来侍奉项羽。待刘邦率领各路诸侯攻入彭城后，叔孙通又投靠了刘邦。汉惠帝刘盈即位后，叔孙通帮助刘盈制定了多种宗庙仪法。后世人评价叔孙通，媚俗取宠，"面谀以得亲贵"。

"鏖糟陂里"是指京城外的一片脏乱沼泽地。苏轼将程颐比作鏖糟陂里叔孙通，以此嘲讽程颐缺乏见识，他所谓的规矩不过是个冒牌叔孙通所制定的礼仪。

苏轼与程颐都是宋代杰出的人才，学识渊博，对宋代及后世的影响巨大。和苏轼、苏辙一样，程颐与其兄程颢也是自幼深受家学熏陶，在政治思想上，二程深受其父程珦的影响，程家兄弟也都反对王安石新法。不同的是，二程兄弟比较拘泥古礼，程颐尤其是个十分古板、不苟言笑的人，甚至有些迂腐。而苏轼豁达豪爽、不拘小节，谈吐幽默。苏轼与程颐性情不同，对君子与礼法的认知也不同，因此产生矛盾。

苏轼的话令程颐非常愤怒，他气得满脸通红，花白的胡须在两颊上跳动。无疑，苏轼的笑谑让程颐的自尊受到了伤害。苏轼得罪了程颐，也就得罪了一批视程颐为圣人的洛学弟子，导致了苏轼和程颐门下弟子之间的争斗。

程颐门下弟子认为，苏轼侮辱了他们的老师，是因为苏轼想负责主办司马光的丧礼，却被程颐主持，因此心生妒忌。没多久，程颐的弟子朱光庭首先攻击苏轼，指责苏轼在策问中提出效法"仁祖之忠厚"和效法"神考之励精"，攻击苏轼对先王不敬。

朱光庭，字公掞，是苏轼的进士同年，为给恩师程颐报仇，不惜对苏轼恶意抨击。朱光庭割裂考题内容，断章取义，弹劾苏轼为臣不忠，指控苏轼有诽谤先帝之罪。太后知道这是谏官的嫉妒，因此下诏：苏轼免罪。

朱光庭指控苏轼，本是洛学弟子为师报仇的一个简单案子，太后已下旨意，事情本应就此平息，结果却演变得异常复杂。蜀人吕陶，为苏轼不平，上疏弹劾朱光庭，揭发朱光庭借机替程颐泄私愤，有朋党之嫌。

吕陶弹劾朱光庭后，很快朝廷上流言四起，谣传朱光庭因为指控不当，将被逐出朝廷。司马光门下的几位官僚，听到这个消息，坐立不安。朱光庭也是反对新法大臣，却因弹劾苏轼将遭到贬黜，他们害怕苏轼在朝中权柄太大，能操控一切，都为自己的命途感到担忧。于是，御史中丞傅尧俞、侍御史王岩叟纷纷上奏，站在朱光庭的一方，指控苏轼有罪。

洛学弟子利用谏权挟私报复已经令人气愤，现在，司马门下也落井下石，这些人还是和苏轼私交不错的朋友，苏轼深感沮丧和失望。官场上的诡谲多变，人心叵测，是性格率真的苏轼远远无法理解的。

世上没有无缘无故的恨，苏轼之所以招到洛派与朔派的围攻，这与太后对他的恩宠和倚重有关。

元祐元年八月，任中书舍人还不到半年的苏轼，再次获得擢升，任翰林学士、知制诰。

翰林学士的地位超越给事中、六尚书，属于正三品，位高权重，不但可以推举官员、差遣他职，还负责撰写册立皇后、太子等重要文书，是皇帝最亲近的顾问。翰林学士离宰相之位只有一步之遥，素有"内相"之称。欧阳修、王安石、司马光都曾担任过这一职位，后又都升任为宰相。

苏轼升任翰林学士后，朝臣们开始议论纷纷。欧阳修去世后，苏轼成为北宋文坛领袖，几乎为天下公认。北宋是文人执政的朝代，苏轼名重士林、盛名鼎鼎又帘眷正浓，以苏轼目前的擢升速度，按照北宋常例，很快就会拜相，这让朝中很多官僚深深羡慕、嫉妒和恐惧。

自从苏轼回京，一年之内，青云直上，连连升迁，从无人问津的贬谪罪官，一下子成为朝廷重臣，苏轼对太后的知遇之恩深深感激，但同时，心中也很不安。一年前，苏轼还在黄州躬身耕种，落魄潦倒，如今骤然位极人臣，官高位显，难免有些不知所措。苏轼担忧高处不胜寒，会招来嫉妒，惹来祸端。因此，欣喜之余又生出很多烦恼，于是，一再辞谢，却始终不被太皇太后批准，苏轼只好接受。

早在治平二年（1065），苏轼正值而立之年时，宋英宗就想破格提拔苏轼入翰林院，任知制诰一职。宰相韩琦虽承认苏轼的才华，却认为他年纪轻资历又太浅，不宜骤然擢升高位，主张先对他磨炼一番，因此提出反对。

二十一年过去了，苏轼已近知天命之年，历尽沧桑，饱经忧患，数载沉浮，颠沛流离。当韶华不再，光阴渐渐老去，苏轼已看淡功名利禄，心生隐退之念，打算仰望林下，躬耕陇陌，然而却意外地被推上了这个位置。命运变幻莫测，令人难以捉摸。

就任之日，皇帝特赐苏轼新官服、金腰带，以及一匹金镀银鞍辔的骏马。诏使亲自前来苏府传达圣旨，并宣召其入学士院。这样的礼遇，对于一位臣子而言，可谓备受尊荣。

荣耀的背后就是纷争，升迁的同时就是新灾难的开始。升为翰林学士没多久，苏轼就遭到洛党与朔党的联合围攻。苏轼猜到了，身居高位会遭人嫉妒，却没想到，那些政客排斥异己、党同伐异的力量竟如此之大。

当苏轼看清了真相，知道所有的争端都源于他的官职，如果没了这份官职，也就没了是非。于是，不再和任何人做任何争辩，连上了四道奏章，坚决请辞。后来，宰相吕公著出面调停，太皇太后下诏对争执双方分别安抚，这场风波，暂时平息。

朱光庭报复苏轼代表洛派，而为苏轼抱不平的吕陶和苏轼都是蜀人，从此，便有了洛党、蜀党之说。苏轼是文坛领袖，官拜三品，自然而然地被视为了蜀党领袖。

因为策问引起一场风波，尽管苏轼觉得冤屈和愤慨，但这次考试的结果却令他十分欣慰。应考进士中有九人被拔擢官职，其中就有他的弟子黄庭坚、张耒、晁补之在内。

黄庭坚原任校书郎，后调任集贤校理、著作佐郎；张耒起初任太学录，范纯仁推荐参试，后调任秘书省正字；晁补之当时担任太学正，由李清臣推荐参试，后调任秘书省正字。在苏门四学士中，唯独秦观没有参加此次考试。根据馆职考试规定，必须先通过进士考试，然后由大臣推荐，才能具备参加馆职考试的资格。由于秦观当时的资历尚不够，因此未能参加此次考试。

元祐二年（1087）七月，苏轼以翰林学士，兼任经筵侍读。经筵是汉唐以来，帝王为讲论经史而特设的御前讲席，宋代起称之为经筵。侍读是陪侍帝王读书论学或为皇子等授书讲学。

自古以来，所有的文人学子无不把任帝王之师，视为最高理想。帝王的个人品德，决定国运的兴衰、百姓的苦乐，因此，帝王的教育至关重要。历史上胸怀理想、志存高远的帝师，都希望把自己的学识、政见和思想灌输给皇帝，日后，皇帝亲政，运用权力，就能实现天下大治、国泰民安的理想社会。

苏轼一直有着致君尧舜、济世救国的理想，任经筵侍读，则是实现这一理想的最佳途径。翰林学士虽然身为皇上近臣，但却不像帝师，更容易当面讲解一些认识，可随时向皇帝进言，发表意见。因此，苏轼欣然接受了侍读的任命。

程颐自元年二月也在崇政殿说书。按宋朝制度，地位高的讲师称为"侍读"或"侍讲"，职位或品级低微的称为"说书"。程颐没做过官，因此他的等级只能是"说书"。

程颐曾说：天下最重要的位置，只有宰相和经筵。"天下治乱靠宰相，君德成就在经筵。"年逾五十的程颐不惜以处士身份出仕，即使等级低微也不在意，他的目的不是为了功名富贵，而是在于成就君德。

可惜，程颐比较僵硬顽固，经常把三代古礼、尧舜孔孟挂在嘴边。哲宗小皇帝对他的说教有些反感。

有一次，程颐讲学，中途休息时，他坐在殿旁的小轩里。当时的哲宗只有十一岁，他顺手从树上折了一条柳枝来玩。虽然这只是一件微不足道的小事，但程颐却板着脸对哲宗进行了一番教育，强调春回大地，万物复苏之际，不能随意折断树枝，以免伤害到大自然的生意。

程颐喋喋不休讲了一堆大道理，小皇帝很不高兴，生气地把柳枝扔到了地上。司马光后来知道了这件事，感慨地说道："人主不愿亲近儒生，就是因为有这样的人。"司马光当初推荐程颐，是想借助程颐的才华和声望，却不想，程颐是如此的迂腐顽固。

程颐不止迂腐，还十分高傲，对很多事都看不惯。一次，程颐遇见秦观，突然问他："天若有情，天也为人烦恼"这句词是你写的吗？

秦观以为得到了理学泰斗的赞赏，忙恭恭敬敬地拱手，客气称谢。不料，程颐却一脸严肃地训斥道："上苍的尊严，怎能随便侮辱。"弄得秦观一脸窘迫。

后来，程颐被逐出了朝廷，离开的原因却不是被小皇帝厌烦，而是因为得罪了满朝官员，更重要的是，还得罪了太后。

一天，皇帝因为疮痛，没有去迩英阁听讲。这一天轮到程颐说书，见皇上没来，得知缘由后，他立刻去见宰相吕公著。吕公著并不知道皇上没去听书，程颐于是说："皇上有疾，宰相却不知道，实在令人寒心。"

吕公著听了顿感惭愧，第二天，便与众臣子入宫请安。太后很纳闷，问臣子们如何知道这件事，大臣说是通过程颐。程颐当时还说了一句："二圣临朝，皇上不在，太皇太后不应该独坐。"这句话也被臣子传给了太后，太后听了非常生气。

惹恼了太后，臣子们自然诚惶诚恐，都认为这个程颐太多事。于是，御史中丞、谏议大夫开始纷纷指责程颐，认为他不适合留在御前讲席。

当洛蜀双方互相攻击时，以刘挚、刘安世等为首的朔党坐山观虎斗，此时，他们眼见程颐失势，也加入了对程颐的攻击。在一群政客的抨击下，程颐终于被罢黜崇政殿说书，出管勾西京国子监。

苏轼与程颐截然不同。当轮到苏轼为哲宗讲学时，他摒弃了程颐那种刻板教条的方式，转而选取一些历史故事作为教材，采用叙述和议论相结合的方式，探讨治乱存亡、成败得失的根源。这些故事内容简洁明了，论证条理清晰易懂，再加上苏轼生动幽默的表达，充满风趣。这种启发式的教学不仅让年幼的哲宗接受，而且深受他的喜爱。

进读分为春秋两期，遇单日，皇帝会到迩英阁，由侍读官轮流进讲。

迩英阁在崇政殿的西南，殿前有两棵参天古槐，枝繁叶茂，荫翳蔽日，被称为"凤凰槐"。苏辙有诗云：回首曈昽朝日上，槐龙对舞覆衣冠。

苏轼在元祐元年春夏之交，侍讲迩英阁，苏辙在元祐元年九月除起居郎，十月也入侍迩英阁，苏家兄弟二人能够相继入侍皇帝讲筵，成为朝中的一大美谈。得此殊荣，兄弟俩都非常高兴，苏轼更是忍不住在诗中描绘出这份春风得意的愉悦之情：

> 曈曈日脚晓犹清，细细槐花暖欲零。
> 坐阅诸公半廊庙，时看黄色起天庭。

飞黄腾达之时，苏轼却保持着一份理智和淡然。他知道自己性不忍事，不适合官场，缺少做宰相的铁腕手段和为人处事的方圆有度、八面玲珑。做宰相不但要稳重持国，更要处事圆润。苏轼觉得苏辙比自己更适合官场，希望弟弟苏辙能够在政治上有所建树，实现苏家的政治抱负。

十一月，苏辙擢升中书舍人，苏轼由衷地欣喜。这些早该得到的荣耀，迟来太久。欣慰之余，苏轼的内心也是一片波澜起伏。

眼前的江山，看似清明端正，却暗藏无数的明争暗斗。纵使高官厚禄，美馔珍馐，却有着无法言说的烦忧。

第十九章　京华风云

北宋皇宫庄严宏伟，戒备森严，雕梁画栋，富丽堂皇。

东京城则是店铺林立、街道纵横，车水马龙，热闹非凡。在这座富丽威严的都城，处处呈现着一派盛世繁华、富足安定的景象。

东京城里的一些高官，为了上朝方便，都住在皇城附近。皇城墙外，空气清新，槐柳成荫，飞花点点落身，衣襟含香。

十几年前，苏轼在京城购买的宅院已经卖掉，这次回京，苏轼在皇城附近新建了一座宅院。

苏轼和弟弟苏辙家住的应该不远，每次退朝，苏轼都会先到弟弟家里逗留一会儿。有时苏辙因公务回去晚些，苏轼就煮好酒等他回来。除夕之夜，若逢苏辙在宫里值夜，不能回家，第二天元旦，苏轼朝贺结束，会立刻到弟弟家里看望侄子们，陪他们玩耍。

自从做官以来，两兄弟已经有二十多年没能住在一起，夜雨对床的约定迟迟没有实现。如今，虽然依旧没有同归林下，但同在京城为官，相聚方便多了。

苏轼的家里有二十多口人，除了长子苏迈在江西德兴县任职，十七岁的苏迨和十五岁的苏过都和苏轼一起住在京城，一大家人其乐融融。

苏轼为苏迨求娶了欧阳修的孙女，也就是欧阳修之子欧阳斐的千金，从此，与师门结成姻亲。

苏过很像父亲，非常喜欢写诗作赋。苏轼闲暇时经常亲自开导他写诗的诀窍。

抵京半年后，苏辙上了一道奏章，祈求让苏轼的儿子苏迈辞去德兴县长的工作，没过多久，苏迈也回到了离京城不远处的酸枣县任职，回家侍亲非常方便。

元丰元年，苏轼有了第一个长孙，苏箪。如今，苏箪已满十岁，一大家人团聚一起，三代同堂，热闹非凡。

作为三品文官的苏轼待遇优厚，还经常收到撰写内外制额外的"润笔费"，生活比在黄州时要富裕得多。手里宽裕了，生活条件改变了，苏轼却并不好奢华，而是经常帮助一些穷困的朋友，在这方面，苏轼丝毫不吝啬。

仕途通达却不飞扬跋扈，生活富足但并不沉迷荣华富贵，繁华过眼不改书生本色，高官厚禄却依然简朴率真，这就是苏轼。他不但一直奉行俭与慈，且生活非常有秩序，并一直注重养生之道。

比如，关于睡眠，苏轼有一套极其有效的方法：躺在床上，让四肢自然安放，达到舒适的状态。如果身上有疲倦或疼痛的地方，可以轻轻按摩一会儿。接着闭上眼睛，保持呼吸均匀，思想放空，内心静定。不出一顿饭的工夫，就会睡意袭来，进入梦乡。苏轼的这套睡眠方法与现代的快速入睡技巧有着惊人的相似之处。

除了睡眠，苏轼还有梳头百遍和饭后散步的养生习惯。

一次，苏轼退朝回到家中，吃完晚饭，在院子里一边按摩着肚子，一边慢慢散步。院子里有几个侍女，苏轼忽然指着自己的大肚皮问她们："你们说，我这肚子里藏的都是什么？"

一个婢女回答："都是锦绣文章。"苏轼不以为然。另一个婢女说："都是真知灼见。"

苏轼又摇摇头。这时，朝云走过来，她看了一眼苏轼，笑着说："是一肚子的不合时宜。"

苏轼听了捧腹大笑："知我者，朝云也。"

苏轼重回朝堂，表面上虽春风得意，却受到洛朔两党的攻击。正是因为他性不忍事，不适合官场，当大多数官员都明哲保身，闭口不言时，他依然敢发表不同意见，上与宰相不合，下与同事意见不一，总有一肚子不合时宜的见解。

苏轼的侍妾朝云善解人意、聪明伶俐。她深知，此时的苏轼经历了重大的人生变故后，仕途上虽飞黄腾达，风光无限，而内心却总隐藏着一丝寥落，因为他始终坚持自我，实事求是。朝云能洞悉苏轼的内心，不愧为苏轼的红颜知己。苏轼的妻子王闰之虽然不像朝云那般心有灵犀，但她非常贤惠能干，恪守妇道，这让苏轼感到非常满足。

在宋代士大夫的生活中，饮宴聚会的风气十分盛行，高等门第都会蓄养家伎，以歌舞助兴来招待宾客。按照当时的风尚，作为三品大员的苏轼，交游遍布朝野，也和达官显贵一样，家里养了几个能歌善舞的侍女。但他并不是为了满足自己享乐，而是为了社交应酬。凡遇到话不投机却又不得不应付的泛泛之交到访，苏轼就会让侍女盛装出场，以轻歌曼舞代替兴致索然的谈话。那些客人还以为得到苏府的热情款待，非常高兴。

其实，真正谈得来的朋友登门时，苏轼从不会让这些声色乱耳，只是一炉香，一壶茶，一樽酒，一幅画，便可终日与友人谈笑不绝，淋漓酣畅。

元祐时期，虽然官场混乱，政治上不尽人意，但苏轼的生活却是十分快乐。很多才华横溢的青年才俊从游苏门之下，他们谈诗论画，品茗煮酒，日子过得充实而热闹。在京城和苏轼最能谈得来的朋友，除了几个书画名家，就是"苏门四学士"：黄庭坚、秦观、晁补之和张耒。

元祐年间，学士院举行馆职试，除了秦观因资历不够，不能参与考试，黄庭坚、晁补之和张耒都通过考试，得到提拔。因为苏轼是主考官，从此，便正式建立了师生关系，正如当年欧阳修是主考官，日后成了苏轼的恩师。

秦观在登进士第后，由苏轼以贤良方正推荐给朝廷，在秘书省任校正书籍的工作。后来，这四人都在馆阁供职，并做到三馆检校以上的职务，赫赫有名的"苏门四学士"至此聚齐。

黄庭坚与苏轼诗文往来多年，之前却从未谋面。直到被朝廷召为秘书省校书郎，入京后，才第一次与苏轼相见。

黄庭坚后来成了江西诗派的开创宗师，当时有文人认为，他的诗文造诣并不逊色于苏轼，将他与苏轼并称"苏黄"，但黄庭坚终生以苏门弟子自居。黄庭坚也擅长书法，从王羲之的书法得到过启发，黄庭坚与苏轼、米芾、蔡襄同被列为宋书法四大家。

秦观情感丰富、辞赋风流，文字婉约清丽，格调优美，有屈原、宋玉之才，他的文章，俊逸精妙。

晁补之是诗文书画的全才，其词清秀晓畅，其文博辩隽伟。张耒也是才高学富，诗词文俱佳，苏轼曾评价他的文章为"汪洋冲淡，一唱三叹"。

苏门四学士之外，再加上陈师道与李廌，也被人称为"苏门六君子"。这几位年轻才俊能文善诗，才华横溢。他们如北斗耀空，让苏门熠熠生辉。

陈师道（1053—1011），字履常，徐州人。十六岁时，曾向曾巩学习，因此常自言他的师承是曾巩。元祐初年，由苏轼和李常、孙觉共同举荐，以布衣之身任徐州教授，后成为太学博士。陈师道作诗千锤百炼，自成一家。他最大的特点是，为人十分耿直，虽一生清贫，做人却一丝不苟。

建中靖国初年，陈师道被任命为秘书省的正字，奉命陪祀郊外，恰逢冰天雪地的严寒时节。陈师道家里十分贫穷，但他固穷守志，尽管无一件保暖的冬衣可抵御严寒，也不肯穿夫人向妹夫赵挺之（苏轼的政敌）借来的裘衣，最终因受寒而不幸身故。

苏门弟子大多贫穷，陈师道还不算最穷的，还有一人，比陈师道更穷。

李廌（1059—1109），字方叔，华州人（今陕西华县）。其父李惇是苏轼的进士同年，但两人并不相熟，李廌六岁时，父亲就已经死了。李廌屡试不第，家境非常贫寒。

苏轼谪居黄州时，李廌到黄州拜见苏轼，呈上自己的文章向苏轼请教。李廌才气横溢，文辞肆意，苏轼夸赞他的笔墨"有飞沙走石之势"。李廌本名为李豸，因为"豸"这个字生僻且寓意不适合当作人名，于是苏轼帮他改为"廌"。从此，李廌以此为名。

元丰八年，苏轼经过南都准备前往常州安家之际，得到朋友送来的十匹绢和一百两丝作为安家费用。就在这时，李廌恰巧又前来拜访苏轼。得知李廌家境贫困，祖母和双亲相继病逝，因为缺少资金无法妥善安葬，苏轼便将朋友送来的所有绢丝都转赠给了李廌。

元祐三年（1088）开科省试，苏轼奉诏权知礼部贡举。秦观、晁补之、张耒等为点检试卷官。这次应考举人，李廌也参加了。苏轼非常希望李廌能够考中，以此改变贫穷的命运。考官推荐的前二十名卷子中，有一篇文章，写得非常出色，苏轼品味很久，之后高兴地对其他考官说："这一定是李廌的文章。"

苏轼性情直率，不像当年恩师欧阳修，把他的试卷误认为弟子曾巩的试卷，为了避嫌，故意给了第二，苏轼不加思索，拿起大笔，把这篇出色的文章，评为第一。

结果拆开封条后，卷子上的名字并非李廌，而是章惇的儿子章持。这次考试，章惇的两个儿子章援、章持也都参加了，双双高中。而李廌则自以为得到了苏轼的推荐，早早地告诉了家人和朋友，自信这次一定能跻身前三，然而结果却再次榜上无名。

李廌落第，苏轼深觉遗憾，心里既难过又自责，立刻写诗寄去安慰李廌。李廌快快不乐回到家中，他家七十多岁的老乳母大哭说："我儿遇到苏内翰知举，还考不上，将来还能有啥指望？"第二天，老乳母竟然上吊自尽了。李廌大受刺激，从此变得放浪形骸起来。

苏轼知道李廌的改变就是因为太穷。元祐时期，苏轼位高权重，俸禄优厚，比他的几个门人经济状况要好很多，因此，苏轼常常接济李廌。

对于这几位晚辈学生，苏轼非常爱重，多年以来，苏轼总是竭尽全力地提携，使他们为世人所知。同时，苏轼又非常尊重每个人不同的风格，不强迫弟子与他相同，鼓励门人弟子自由发挥艺术才能，使得苏门师友，每个人都有独特的成就。因为苏轼豁达和宽宏的气量，造就了北宋中后期文学的新高度，使得东坡时代的诗词涵容万千，多姿多彩。

苏轼自己是个不受任何格律约束的诗人，他的文风最为天马行空，文字极少雕饰斧凿，往往自然流露，又芬芳馥郁，扣人心弦。而黄庭坚和陈师道却靠努力探索，苦学而得。因此，尽管黄庭坚被认为与苏轼齐名，却自叹永远无法超越苏轼的天才和气魄。

苏门师生经常在文学上自由讨论，几位学生在苏轼面前可以无所顾忌地直抒己见，比苏轼只小九岁的黄庭坚，甚至有时拿苏轼的诗文开玩笑，苏轼也从不在意，非常的豁达宽容。

一次，苏轼打趣地说黄庭坚的字体，就像"死蛇挂树"。黄庭坚瘦长的书法，线条流畅，笔画简练，苏轼的比喻十分传神。面对老师的调侃，黄庭坚毫不示弱，立刻反击，说老师的字像"石压蛤蟆"。苏轼的字体用墨丰腴，结字扁平，黄庭坚的比喻，更加生动形象地刻画出苏轼字体内敛紧凑的风格特点。

虽然是相互玩笑的调侃，却给彼此的书法做出了最精准的点评。双方言语机锋的争辩，正是因为文学和书法上的相知，因此，师生二人一顿"互黑"之后，又忍不住愉悦地会心大笑。

苏轼与弟子们坦诚相待，自由平等地讨论艺术，苏轼以自身强大的人格魅力把几位学生凝聚一起，他们以共同的志趣和类似的文人气质相吸引，建立了牢固持久的情谊。即使在元祐之后的惊涛骇浪和宦海浮沉中，几个弟子对恩师从未悖逆，更不曾叛离。

除了几个门人学士，苏轼在京城还有几位书法家、画家朋友经常往来相聚，比如王诜、米芾等人。

元丰二年（1079），苏轼遭遇乌台诗案时，驸马都尉王诜因通风报信，泄露机密，且未及时交出苏轼诗文，被剥夺一切官衔爵位，贬为昭化军节度行军司马。

王诜被贬后，王诜的妻子，蜀国大长公主，一病不起。公主是英宗之女，神宗同父同母之妹。神宗亲临看望，为公主喂饭，并问公主还有什么牵挂之事。公主气息奄奄，只求神宗恢复王诜官职。神宗为安慰公主，答应了她的请求。第二天，公主撒手人寰。神宗望门而哭，辍朝五日，追封妹妹为越国长公主。兄妹情深至此，令人感动。

公主的死，和王诜被贬有关，积忧成疾；更和王诜的性情放纵有关，伤心欲绝。事情还要从十年前，两人初见时说起。

王诜能诗善画，潇洒俊逸，当年，两人在皇宫初次相见，公主一见倾心，深深爱慕。

熙宁二年（1069），神宗赐婚，王诜迎娶公主，拜左卫将军、驸马都尉。婚礼隆重而又热闹。神宗和高太后为公主准备了丰厚的嫁妆，公主出嫁的车驾几乎占满了整条御街。

作为神宗最疼爱的妹妹，高太后的掌上明珠，公主的身份贵不可言，娶了公主，驸马王诜的地位和财富也毋庸多言。

公主带着娇贵的身份嫁到王家，成婚后，公主对王诜的寡母卢氏十分孝顺，不但丝毫没有公主的架子，卢氏生病，公主还亲自端汤喂水。公主的温柔贤惠却并没有换来王诜的爱重和善待，正相反，王诜对公主近乎薄情。

也许是公主一厢情愿的爱，从始至终没有打动过王诜，因为皇帝赐婚，他不得不从。这份身不由己、缺少两情相悦的爱，注定埋下了悲剧的种子。

也许还有另一个原因。王诜也是贵族出身，是开国元勋王全斌的后代，从小养尊处优，无拘无束，生活上，不拘小节，风流成性。和当时所有的士大夫一样，王诜能诗能文，从小就期盼着将来能有一番作为。

根据宋朝的政策，作为驸马，却不得参与朝政。有了驸马加身，可居住豪华宅院，可尽享荣华富贵，却终生不能在官场上有所建树，只能保有虚职。

才高气傲的王诜失去了仕途进取的自由，他把这份失意归咎在了公主身上。公主对她越好，他越反叛放纵，公主对他越是迁就顺从，他越发没有底线。王诜从外面买回八个小妾，竟然纵容小妾们触犯公主，在公主面前肆无忌惮，为非作歹。

公主虽然难过，却从不抱怨，依旧对王诜痴情不悔，百依百顺，对婆母孝顺不减，问寒问暖。因为，除了王诜，公主还有一份慰藉和牵挂，那就是婚后第二年出生的儿子王彦弼。可惜，没过多久，王彦弼不幸夭折，年仅三岁。

　　痛失爱子，公主伤心欲绝，王诜的冷漠令公主的内心愈加孤单、凄冷。她苦苦支撑这个家，一忍就是十年，只为深深刻印在脑海里的那个画面，初见时，王诜的儒雅俊朗，风度翩翩，彬彬有礼。

　　直到元丰二年（1079），乌台诗案爆发，王诜受到牵连，公主痛心不已。情急之下，一卧不起。

　　公主去世后，公主的乳母到神宗面前长跪不起，向神宗告发，公主是因多年积郁成疾，才一命呜呼，突然离世。

　　自从公主出生，乳母就一直陪在身边，多年相处，对公主亲若己出。乳母亲眼所见公主多年的委屈和伤心，倍感心痛，于是向神宗告发了王诜的种种劣行，致使公主含恨而死。神宗听后，天颜盛怒，立刻命人彻查此事。

　　结局是，王诜的八个小妾被一顿杖责，之后统统被许配给兵卒，王诜被逐出京城，贬到均州。

　　直到元祐元年（1086），哲宗即位的第二年，王诜恢复了文州团练使、驸马都尉，回到京城。

　　王诜虽然对公主冷酷无情，对朋友却情谊深重。当年，苏轼遭遇诗案，王诜最先得知消息，不顾一切，立刻把消息通过苏辙传给了苏轼，令苏轼预先有个心理准备。后来，王诜因受苏轼牵连，被贬均州，却从未怨悔，对苏轼依旧情深义厚。

　　有一种情谊，穿过人世繁华，历经风霜雪雨，不必刻意维系，感情却始终一如当年，甚至有增无减。苏轼与王诜，一同经历了数年的贬谪生涯，七年不相往来。宫殿门外，两人再次相逢，彼此用眼睛打量一番对方，用眼神互致问候，相视一笑，仿佛又回到了从前。

　　一壶酒，两盏茶，几番畅谈叙旧，补全七年时光，从此，苏轼又成了王诜府上的座上嘉宾。

　　王诜非常喜欢苏轼的书法，尽管交情深厚，却不好意思任意求取。王诜很聪明，为了得到苏轼的书法，他就赠送苏轼上好的笔墨。一次，王诜赠送苏轼十余种不同的墨丸，共有二十六颗之多。这些古墨非常名贵，里面含有金屑和丹砂，写出的字色泽光亮，特别好看。

苏轼收到这么多上等墨丸，非常高兴。他将这些古墨混合在一起，希望制成一种独特的墨，取名为"雪堂义墨"。

苏轼一边兴奋地调试研墨，一边不停地写字，来试验墨的深浅。苏轼写了几十个字，王诜因计谋得逞，在一边乐不可支。用墨丸换回来了几十个字，王诜毫不客气地把这些字全部拿走。

苏轼在黄州时，曾在一次酒后写下了一篇《黄泥坂词》。然而，随着时间的推移，原稿的下落逐渐变得模糊不清，他再也想不起来它放在了何处。

一天晚上，苏轼和张耒、晁补之聊天时，谈起了这篇词。于是，几个人就在苏轼的书房里到处翻找，最后竟然找到了。

由于当时是酒醉而写，字迹潦草，一半的文字几乎不能辨认。苏轼仔细回想当时的意境，重新补完了全文。

张耒十分机灵，他在一旁把苏轼的文字誊写了一遍，呈给恩师，却趁机索要了老师的原稿。

第二天，王诜听说了这件事，非常嫉妒，立刻写信抗议说，他为了求得苏轼的墨宝没少花钱，前几天还拿出三匹上好的缣帛换了苏轼的两幅字。他认为，苏轼有新作应该优先考虑留给他一些，也让他省点绢帛。

苏轼见信哈哈大笑，于是，使用最名贵的宫廷御纸 —— 澄心堂纸和名墨 —— 李承晏墨，认认真真地抄写了一遍《黄泥坂词》赠给了王诜。

王诜不只喜欢收藏名家书画，自己也喜欢写诗作画，他还是山水画的名家。王诜的传世名作有《渔村小雪图》《烟江叠嶂图》等。《烟江叠嶂图》意境清远疏旷、空灵恬静。画面上，峰峦耸秀、烟波浩渺。远山近水、茂林幽谷掩映于迷蒙云雾之中，整幅画面格调清润秀丽，清雅悠远，深得文人雅士的赞美。

除了王诜，苏轼在京城往来较多的还有米芾。苏轼在黄州时，米芾曾作客雪堂，与苏轼谈书论画。

米芾是个放浪自由的艺术家，他的画舒展自如，意趣天成，自成一家。他的书法造诣颇深，擅长各种书体，尤其擅长临摹古人书法，几乎达到以假乱真的程度。

米芾收藏丰富，家中收藏的晋唐古帖就达千幅之多，米芾把自己的藏书画室命名为"宝晋斋"。苏轼经常和他的好友到米芾的宝晋斋欣赏他的收藏。渐渐地，苏轼发现，米芾的藏品中，竟然有很多是赝品，苏轼觉得非常奇怪。按理说，米芾是一个书画大家，以他的鉴识能力，绝不会真伪难辨。

一次，苏轼带着他的门生章致平来到宝晋斋。米芾亲自开锁取画，却不让客人走近，而是站在一丈开外，拿着画让客人远远地观赏。章致平刚想走近细看，米芾就把画收了起来。

聪明的章致平恍然大悟，发现了天机，原来米芾给他们看的这些画都是赝品。章致平心直口快，揭穿了秘密。米芾大笑，然后，才慢慢拿出了二王、怀素等十几件真品。

米芾嗜爱书画，经常从别人那里借来名作，回家后用心临摹。归还时，拿着真伪两幅作品，一起带到原主面前，让原主自己挑选。很多风流雅客喜欢收藏，却并非书画行家，面对两幅作品常常真伪难辨。米芾就靠着这种办法，巧取豪夺，积攒了大量收藏。

苏轼对米芾的这种行为嗤之以鼻，曾写诗嘲笑他，但对米芾书法技巧的过人造诣和几可乱真的摹写水平，苏轼还是十分叹赏。就因他的这份才气，深为苏轼所喜爱，两人成了交往亲密的画友。

在京城，苏轼与这些书画朋友经常谈诗论赋，或作书画雅集。古代的文人雅士相聚一起，吟诗作画、以文会友、讨论学问的集会，称为"雅集"。历史上，最著名的雅集，有东晋王羲之的"兰亭雅集"，元末顾瑛的"玉山雅集"等。能与这两个雅集相提并论的，就是北宋王诜的"西园雅集"。

元祐二年（1087）五月，在王诜的府邸西园举行了一次盛大的聚会。西园占地宽阔，庭院深深，园内松茂石奇，繁花似锦，小桥流水，桧柳成荫，是个清旷幽雅的私家园林。

参加这次聚会的都是著名的诗人、书法家、画家等当世名流：苏轼、苏辙、黄庭坚、秦观、王诜、李公麟、米芾、蔡肇、李之仪、郑嘉会、张耒、王钦臣、刘泾、晁补之，还有僧人圆通、道士陈碧虚共十六人。

这些名动天下、千古难遇的文人奇才相聚一起，或挥毫泼墨，或抚琴唱和，或谈禅论道，或饮酒品茗。谈笑正酣之际，王诜提议，请画家李公麟把当日聚会的场景画下来，以作日后留念。大家对王诜的提议纷纷赞同。

李公麟（1049—1106），字伯时，舒州（今安徽桐城）人。出身名门，自幼喜爱艺术，能画山水、人物、佛像，无所不能，尤其精于画马。

李公麟曾为王安石画过像，后来被金陵定林庵收藏。很多人见到那幅画像，都会为之一惊，仿佛看到王安石本人端坐庵内，一张严肃冷峻的面孔咄咄逼人。

李公麟也是西园的座上常客，受主人相邀，于是，李公麟挥毫泼墨，乘兴而作，用写实的手法，绘成了一幅栩栩如生的画面，留下了千古一瞬，旷世佳作《西园雅集图》就此诞生。这幅画卷布局均匀，结构有序，用墨淋漓，浓淡相宜。线条处理疏密有致，人景相间，虚实相生。

整幅画面共有二十二人，其中，主客共十六人，外加侍姬、书童六人。画中每个人的穿着打扮、秀发衣纹清晰可辨；花木草石、人物神态，逼真自然。

画面中，最醒目的人物是身穿黄色道袍，头戴黑色高筒帽，在一石案前执笔而书的苏轼。王诜头戴仙桃巾，一身紫裘，坐在苏轼旁边着迷地观看。蔡肇、李之仪也围坐桌边，欣赏苏轼挥毫泼墨。一个童子站在对面俯身为苏轼持着纸张。两个衣着富贵、翠珠罗绮的风韵家姬娉婷而立，温婉侍候。

很显然，聚会的地点西园是王诜的府邸，东道主是身份显贵的驸马王诜，而此次聚会的主角和中心人物却是苏轼。苏轼是当时的文坛盟主，可见，在文人雅士的心中，才华远远重于权势。

一棵千年古松盘曲虬结，凌霄花缠绕树间、红绿掩映。古松下有一块大石案，被硕大的芭蕉围绕。石案上陈设着一副瑶琴和几只茶具，一只古鼎式香炉，升起袅袅青烟，香气氤氲，伴着园中缭绕的琴音，犹若一种仙境。

苏辙身着道帽紫衣，手执书卷坐在树下静静品读；黄庭坚团巾茧衣，手执一把芭蕉扇，坐在苏辙的旁边，凝眸睇视。

李公麟自然没忘把自己记入画面。另一石桌上，画家李公麟正在一幅横卷上认真作画，画的题材是陶渊明的《归去来兮辞》。张耒、晁补之、郑嘉会围在桌边，或坐或立，静静观看。一个童子手执灵寿杖侍立在他们身后。不远处，陈碧虚坐在盘根古桧下，拨弦抚琴，秦观幅巾青衣，坐在一旁静静聆听。

在锦石桥旁，矗立着一座小石山。桥下流水淙淙，一条秀雅竹道曲径通幽；桥上翠叶茂密，几棵修竹错落有致。爱石成癖的画家米芾站立于一块高大山石前，正准备在石壁上挥毫泼墨。王钦臣站在一旁观看，身后，一小童端墨伺候。

圆通大师身穿袈裟盘腿端坐在蒲团上，和刘泾并坐于一大怪石之上，正在讲经说道，谈论从无到有。

画卷的末端，柳枝扶疏、怪石嶙峋，一条清溪在两块巨石间蜿蜒而下，水石相击，仿佛潺潺有声。

画卷至此戛然而止，一汪清泉在一派疏秀旷远、恬淡宁静的画境中，漾着烟波袅袅，随着岁月缓缓流淌。

一场西园雅集，把一个时代的风雅人物囊括凝结在一起，他们在满园春色中，寻得精神上的愉悦和满足，在功名利禄之外，享受着清幽旷远的风雅之乐。时隔千年，我们通过这幅画卷，依然能观赏到当年西园雅集的盛况，看到宋代文人的慕雅之风和生活写照。

王诜府邸有很多的醇酒美女，更加吸引着宾客来此聚会。府内有一宠姬，生得国色天香。苏轼也曾盛赞她的美艳，即兴写过一阕《满庭芳》："腻玉圆搓素颈，藕丝嫩、新织仙裳。双歌罢，虚檐转月，余韵尚悠扬……"

司马光死后，苏轼成了当朝第一文人。作为北宋文坛领袖、政坛上赫赫有名的重臣，苏轼的声望与日俱增、名扬四海。他成了全社会最令人瞩目的人物，他的穿着打扮、饮食起居都会被人津津乐道，甚至争相效仿。

苏轼平常在家时，喜欢戴一种高筒短檐的帽子，结果京城的士大夫人人皆戴"子瞻帽"，竟成了一种时尚，甚至被艺人搬上了舞台。

一次苏轼陪同哲宗皇帝去看戏，台上一个丑角自称最有文采，别人不服，他说："没看见我头上戴着子瞻帽吗？"皇上听了颇觉好笑，回过头看着苏轼，弄得苏轼哭笑不得。

苏轼年轻时考中进士，声名鹊起，京城的文人学子纷纷效仿他的文章，以至于有歌谣传道："苏文熟，吃羊肉；苏文生，吃菜羹。"在北宋时期，羊肉非常贵，很多人买不起。这句话的意思并不是以苏文换羊肉，而是说，学习苏轼的文章，就能顺利通过科举成为官员，从而就有羊肉吃了。

有趣的是，苏轼的朋友中，竟真有人为了满足口腹之欲，用苏轼的字换羊肉吃。此人名叫韩宗儒，名字起得儒雅，却是个不折不扣的"吃货"，最喜欢吃羊肉。

现在，苏轼是当朝最受人崇拜和羡慕的人物，他的书法本就有名，如今更是一字值千金。有一位殿前副都指挥使，名叫姚麟，非常喜欢苏轼的书法。作为武人的姚麟，与苏轼并不熟识，于是他找到韩宗儒，两人达成了交易：韩宗儒若能弄来苏轼的墨宝送给他，姚麟就送给韩宗儒一份羊肉。

于是，韩宗儒开始借故频繁地给苏轼写信，尽管信中内容都是些无关紧要的生活琐事，信的结尾却总是热情地表示希望尽快收到回信。虽然苏轼也觉得有些奇怪，但出于礼貌，还是认真地一一回复。韩宗儒每次拿到回信，立即送给姚麟，从而换来十斤羊肉，回家大快朵颐。

这一事件很快传到了黄庭坚的耳朵里，他开玩笑地对苏轼说，记得当年东晋书法家王羲之为了换得一只白鹅，亲笔书写了《道德经》，人们便称之为"换鹅字"。而现在，老师的书法也可以称为"换羊书"了。

苏轼不解，于是黄庭坚就把"韩宗儒得公一帖，立即找姚麟换十斤羊肉"的事情告诉了苏轼，苏轼听了大笑。

后来，苏轼因公务繁忙，没时间再给韩宗儒回复。韩宗儒好长时间吃不到羊肉，魂牵梦萦，馋得实在忍不住了，竟一天内连续写了数封信给苏轼，并派人前来催促苏轼赶紧回信。苏轼想起黄庭坚的话，笑着诙谐地说，"告诉你家主人，本官今天不杀羊。"

苏轼的确非常忙碌，在京师的三四年时间里，苏轼的文学作品非常少。元祐前期，苏轼写的诗不但少，而且质量也无法和黄州时期的几篇名作相比。

除了闲暇少，还有一个较大的因素就是情感。低落和感伤是孕育诗词最好的土壤。黄州时期，是苏轼情感的低落期，也是他作品的高峰期。在京城的几年时间，苏轼写得最多的就是奏议之类的公文，比如朝廷典制、宫禁仪文、抚绥存问，等等，足有八百多篇文字。

苏轼工作繁重，有的公文需要在顷刻之间写成，且文字精练，用意准确。苏轼下笔如风，笔酣墨饱，若非真才实学，绝不可能达到这样的境界。

元祐三年四月，吕公著因年老体病请求罢相，获准解除政务，被封为司空同平章军国事，司空在古代是掌管土木水利工程的官员，同平章军国事，位同宰相，用以尊崇元老重臣。

吕公著病辞，太皇太后起用没有任何党派的吕大防、大公无私的范纯仁为相，并以胡宗愈为尚书右丞，参与执政。

四月四日，身为加知制诰衔的翰林学士，苏轼受召撰写委任宰执大臣的诏书。在宋代，每当需要下达任免对国家政权具有重大影响的将相重臣时，都要在宫中锁院撰写制书，以防机密外泄。苏轼被锁在宫中，撰写对吕公著任平章事和吕大防、范纯仁任左右仆射的诏书。

写完圣旨后，太皇太后忽然问苏轼：

"前年你任什么官职？"

"汝州团练副使。"苏轼恭敬地回答。

"现在任什么官职？"

"翰林学士。"

"你知道你是怎么坐上这个职位的？"太后再问。

"因为遇到太后。"

"不关老身的事。"太后摇摇头。

"那一定是皇上提拔。"

"也不关皇上的事。"

"难道是大臣推荐？"

"也不关大臣的事。"

苏轼沉默了几秒，突然大惊失色，惶恐地说："臣虽然没有功绩，但绝没有别的请托，以求禄位。"

"早就想让学士知道，这是神宗皇帝的遗愿。神宗皇帝常常在用膳时看奏札，每当看到一半，停下筷子时，内监们就知道一定是苏学士写的。神宗常常边看边称赞：'奇才，奇才。'可惜的是，还没等到启用学士，神宗皇帝就撒手归西了。"

太后讲到这里，喉咙发紧，声音哽咽，说不下去了。苏轼曾一度以为神宗已不再喜欢他，听了太后的讲述，苏轼激动地跪地失声痛哭，像个孩子，哭得又委屈又感动。太皇太后和哲宗皇帝也被感染，情不自禁地流下眼泪，君臣三人同声一哭。

太后命人赐坐赐茶，然后语重心长地嘱咐苏轼，要尽心辅佐哲宗皇帝，为朝廷效力，就是报答先帝的知遇之恩。

苏轼叩拜谢恩，离开时，太皇太后命人撤掉御前的金莲烛火，护送苏轼回翰林院，苏轼受宠若惊，对太皇太后和皇帝再次千恩万谢。

蜡烛在今天非常普通廉价，但在北宋时期，却是一种非常珍贵的物品。金莲花烛，原本是皇帝御前用物，赐烛归院则是一种极高的礼仪，彰显皇帝对臣子的重视，能享受这种待遇的臣子都以此为荣。

早年，宋太宗曾在一天夜里来到学士院，苏易简学士已经睡下，得知皇帝驾到，赶紧起床。屋内没有烛火照明穿戴官服，宋太宗就让身边的宫女用蜡烛为他照明。宫女从窗格子里伸进蜡烛，因此，窗格子留下了一块被蜡烛烧过的痕迹。在那之后，学士院一直没有更换这扇被烧灼过的窗子，因为它代表的是学士院的荣耀。

唐宣宗时期，一次召见令狐绹，召对到深夜，用金莲花烛送令狐绹回学士院值夜。没多久，令狐绹就被擢升为宰相。苏轼承蒙圣恩，被赐烛归院，也可能是一种晋升的信号。得此恩遇，苏轼更把朝廷大事当己任，尽心尽力，以报答太皇太后之恩。

经历了乌台诗案和黄州的贬谪，苏轼已经学会了隐忍克制，一心远离仕途纷争。而太后以国士相待，又让他感激涕零，为报君恩，他无法敛言息声，只能不顾个人安危祸福，对朝廷久积的政弊和隐患直抒己见，从边疆战事到地方官吏的懈怠，从监司腐败到治理河道，知无不言，言无不尽。

做人不能太真，只有懂得权衡，灵活变通，懂得处理复杂关系的人才适合政坛官场。一个率性而为，有着强烈的责任感，过于坚持原则，又不善于妥协的人很容易受到排挤，遭遇祸患也是势所必然。

朝中盘根错节，一件事往往涉及很多朝廷大员。比如治理黄河故道，牵涉到朝中几位元老大臣，苏轼毫不顾忌，言语又直率尖锐，经常招致众怨。在这方面，苏轼远不如弟弟苏辙，同为官场，苏辙处理事情就比较圆融。

自从程颐被罢，洛党树倒猢狲散，司马光门下的朔党只剩下苏轼这一个最大的对手。有着太后的加持和荣宠，朔派尽管指使台谏屡屡攻击苏轼，却一直不能动摇苏轼的地位。朔派只好从苏轼的弟子和门人下手，企图折其羽翼，以达到孤立和攻克苏轼的目的。苏轼引荐的官员，一一遭到弹劾，无人幸免。

乌台诗案中受苏轼牵连最重的王巩，在元祐元年八月曾被苏轼荐举，后来受到台谏诽谤为离间宗室的奸臣，被逐出京城。司马光在世时，擢升王巩为宗正寺丞，台谏不曾论奏，如今，司马光离世，为打击苏轼，就给王巩戴上罪名。王巩只因与苏轼交情颇深，在元祐时期一而再地被调迁，仕途始终不顺。

苏轼所引荐的弟子和门人，如黄庭坚、欧阳棐、秦观、晁补之、张耒等，也都被台谏一一弹劾。这些人才华出众，文采四溢，只因身上被贴上苏门的标签，或职位不保，或被降职，或被贬出京，或多年不得升迁，没有一人能够跻身要职。尽管这些人对恩师的尊敬从未改变，但苏轼比自己遭到贬黜还难过心痛，他对现实政治充满了深深的失望。

苏轼无法忍受这污浊不堪的官场。十月十七日，苏轼以双目不适为由，上章请求外任州郡。他恳请太皇太后体谅他的处境，给他一个没有是非争斗之地。

苏轼上札后，便在家告假长达一个月之久。太皇太后三天两头地派人问疾，赐药赐膳，就是不批他的辞呈。

高官显位竟是这般爱恨交织，难以周全。你一心向往，努力进取时，却求而不得；你甘愿舍弃，抛开名利，却又难以推却。苏轼无奈，只好销假回到翰林院上班。刚回朝不久，太皇太后又赐官烛、法酒。苏轼感激涕零：

> 微霰疏疏点玉堂，词头夜下揽衣忙。
> 分光御烛星辰烂，拜赐宫壶雨露香。
> 醉眼有花书字大，老人无睡漏声长。
> 何时却逐桑榆暖，社酒寒灯乐未央。

苏轼回到翰林院不久，因提及边将隐匿败亡和提刑查报不实等问题，遭受了更为猛烈的攻击。朝廷内对苏轼的弹劾之声如雪片般纷至沓来。

苏轼身居高位，不但受到朔派的排斥，还遭受了被他痛斥过的吕惠卿等人的怨恨。尽管吕惠卿已经失势，但他在朝廷任职多年，党羽遍布内外。此外，还有一些支持新法的官员，如被苏辙弹劾的蔡确和尚书右仆射韩缜，以及被吕陶弹劾的韩维等人，他们都成了苏轼的政治对手。

苏轼实在无法忍受这些无端的攻击，只好又连上三道奏折请求外任，太皇太后无法阻止言官的弹劾，更无法控制朝廷的是非争端，只能无可奈何地批准了苏轼的请求。元祐四年三月，朝廷批准苏轼以龙图阁学士的官衔出任两浙西路兵马钤辖兼杭州知州。

鹬蚌相争，渔翁得利。洛党和蜀党相争的结果，程颐被罢黜崇政殿说书，苏轼外放，洛蜀两党领袖两败俱伤，最终，朔党控制了朝廷。

苏轼离开京城，朝廷给予了如同封疆大臣般的待遇，太皇太后特准苏轼使用之前的官员配置，诏赐衣一对，金腰带一条，金镀银鞍辔一副，马一匹。四月，苏轼出城时，太皇太后又派内侍赐予龙茶。

苏轼把朝廷赐给他的宝马转送给了他最落魄的弟子李廌。考虑到李廌日后穷困潦倒一定会卖马救穷，为他卖马方便，还特意写了一张措辞委婉、又不伤李廌自尊的公据，为李廌省去不必要的麻烦。这张苏轼亲笔写的马券，后来在眉州被刻在石上，拓本流传于世。

从元丰八年（1085）十二月，到元祐四年（1089）四月，在朝廷任职了短短三年零四个月之后，苏轼再次离开了繁华的东京，这座给过他无数的荣光，也让他一次次陷入失望的都城。

三年的时光，荣辱升沉，进退得失，繁华落寞，恍然如梦。汴河水悠悠流淌，姿态依旧，游船如梭，商旅熙攘。茶坊酒肆热闹不减，喧嚣如故。东京汴梁，多少人怀揣着梦想，云集此处；多少人带着遗憾离去，梦碎心伤。

东京的繁华，不为一个人的落寞而衰减；东京的热闹，不因一个人的失意而清冷。北宋的东京，风光旖旎，却也带着些许薄情。

第二十章　杭州知州

身受太后的知遇之恩，却不能尽忠报国，这是苏轼的遗憾。能够回到魂牵梦萦的旧职故地杭州，苏轼又如脱笼之鸟，归海之鱼，倍感自由和欣喜。

苏轼离开京城后，先到南都拜见病中的张方平老人，在张方平家居住了一个月左右。白天，苏轼陪老人聊天，晚上静心为范镇撰写墓志铭。

范镇于元祐三年（1088）年十二月离世，享年八十一岁。和张方平一样，范镇也是最早提携苏轼兄弟的前辈。

熙宁年间，范镇为举荐苏轼和孔文仲作谏官，不被采纳，从此致仕，不问朝政。苏轼身陷诗狱案，被关进御史台时，范镇不顾一切，上书力保，全力营救。范镇生前一直对苏轼关爱有加，范镇离世的讣告传到京城时，苏轼忍不住失声痛哭。

苏轼的诗词文章一生赠人无数，却从不轻易为人写诔墓文字。但有几个人，他却不得不写。一是司马光，曾为苏轼的母亲程氏撰写墓志铭，苏轼需要感恩回报。其次是范镇和张方平，他们不但与苏轼的父亲交情至深，也是对苏轼情谊深厚之人。

苏轼告别张方平后，泛江而下，渡过淮河，来到浙西境内。令他没有想到的是，润州太守黄履竟然出城相迎，且已在江边恭候多时，翘首以待。

元丰年间，黄履是御史中丞，也是审理诗狱案的主管之一。那时，黄履一心想置苏轼于死地。如今，黄履被贬地方，而苏轼不但逃出生天，且出任两浙西路。

浙东、浙西的划分以钱塘江为界，浙西包括润、常、苏、湖、杭、歙六州。黄履任职的润州恰好在苏轼的管辖范围内。昔日，苏轼落在黄履手里，饱受折磨，九死一生，如今，苏轼却成了黄履的顶头上司，怎能不让他心惊胆战，如履薄冰。

看着满面笑容、毕恭毕敬的黄履，苏轼本应该觉得非常痛快，可他只是感到十分厌烦。

世事无独有偶，苏轼到了润州，又遇到一人，当年第一个揭发苏轼诗文有谤讪之意的沈括。沈括此刻正在润州闲置，如今，苏轼管辖润州，沈括立刻前来恭迎。作为一位声名显赫的大科学家，竟然显得如此骑墙和倚势，实在令人感到遗憾。

元祐四年（1089）七月三日，苏轼到达杭州。

苏轼与杭州，有着不解之缘。当年，第一次来到杭州任职通判，苏轼三十六岁，风华正茂，才情横溢，遍游杭州山水，留下浪漫诗文。此番再到杭州，已是五十四岁，一身风尘，两鬓如霜，饱经沧桑，心静如水。

自熙宁七年（1074），苏轼任通判期满离开杭州，到此番重新踏入这个湖光山色的小城，已经整整十五年。

杭州依旧宁静而质朴，尤其，杭州的百姓，情谊深厚。当年苏轼身陷狱中，杭州人民为他设置道场，祈福消灾。从红尘纷扰的京城再次来到这个魂牵梦绕的城市，苏轼有如回到故乡，倍感亲切。

北宋时期，杭州虽美，却只是个宁静小城，不像京城那般富庶繁华。杭州人口稀疏，建筑破败，尤其，杭州的官舍，已有百年的历史，不但颓败破旧，还有随时倒塌的危险。不久前，刚有两个负责征收赋税的乡司被倒塌的院墙砸伤。遇到风雨天气，这些官舍更加岌岌可危。

历任杭州知州留下了不少新建筑，比如孙沔建造了中和堂，梅挚建造了有美堂，蔡襄建造了消暑堂，却没人愿意修缮旧处，因为名声能随着新建筑的问世屹立不衰，而修缮旧处却不能彰显政绩。

苏轼不好虚名，他喜欢脚踏实地一心做实事。到任后，立即派人检查城门、官舍和仓库等处，把所有急需修缮的全部统计出来，之后立刻上奏给朝廷，请求修缮的经费。

从元祐三年冬天开始到这一年春天，苏轼所管辖的浙西六州，大部分地区一直阴雨连绵，田地满是积水，无法播种，直到五六月份，积水终于退去，却又开始干旱，导致市面上米价上涨。

苏轼刚刚到任，就面临着两项迫切需要解决的重大问题。首先，必须设法控制米价，筹措粮源，以防明年春夏之际，遍地灾荒，盗贼四起。其次，要着手疏通运河，保障城中百姓用水，并恢复水运交通。

苏轼派人做了一份调查，统计出第二年所缺粮食的数量，然后上书朝廷，请求减少浙西各州上供钱米，停止收购军粮，待到丰收之年，再逐年偿还政府。

由于迟迟未收到朝廷答复，苏轼又分别写信给太师文彦博和宰相吕大防，请求他们支持。经过多次恳请，朝廷终于允许保留三分之一的上供粮米，以备荒年出售。

第二年正月，浙西一带因青黄不接，缺粮少米，米价果然迅速猛涨。苏轼立刻下令减价出售这批常平米。

常平米是常平仓的粮米，常平仓是古代调节米价的一种方法，官府在丰年买粮，荒年发放，以利百姓。早在西汉宣帝五凤四年（公元前54年），大司农丞耿寿昌提出，"以谷贱时增其贾而籴，以利农，谷贵时减贾而粜，民便之，名曰常平仓。"常平仓既可避免"谷贱伤农"，又能防止"谷贵伤民"。

幸亏苏轼深谋远虑，提前做好了准备，粮价终于被控制了下来。

为了赈灾和修缮官舍，苏轼再向朝廷乞赐度牒。度牒，是国家发给僧尼的身份证明，由朝廷专卖。

在宋代，想做和尚，必须先买度牒，才可以剃度出家。法律规定，和尚道士可以不服兵役、劳役，不用负担各种苛捐杂税，属于寺院的田产也无需赋税。因此，百姓为了不服兵役、不用交税，愿意买度牒，地主为逃避租赋也愿意买度牒。而政府靠出卖度牒，可以取得很大一笔财政收入。

不同时期和不同地区的度牒价格都会不同。宋神宗时期，一道度牒的官价是一百三十千，到了夔州却卖到三百千，广西路的价格更高，达到六百五十千。按照当时的米价，一道度牒差不多等于一百石以上的粮米。

苏轼希望朝廷能够赐予杭州两百道度牒，以便利用这笔款项来调节粮食价格，并修缮官舍。他的设想是，将度牒按市价出售给各州的富户，用所得的资金购买粮食，然后以低价销售给受灾民众，以此彻底解决粮食短缺问题并控制粮价。尽管低价销售粮食会导致政府有一定程度的损失，但还能有余款用于修缮部分官舍。这样一来，政府赐予的度牒就可以实现一举两得的效果。然而，尽管想法不错，但实施起来却并不顺利。

这一年，淮南路也向朝廷上报了灾情，朝廷批准了淮南、两浙的奏请，各赐三百道度牒，由转运使叶温叟负责分配。

叶温叟是苏轼的进士同年，虽然与苏轼有着一定的私交，但两人对朝廷政事却总持不同观点。叶温叟奉旨出巡考察各州灾情，但并没有依据州郡大小、人口和灾情程度来分配度牒。

最后，杭州只分到三十道度牒。而润州没有上报灾情，人口且只是杭州的十分之三，却分到一百道度牒。

苏轼甚感不平，立刻上奏朝廷，指出叶温叟分配度牒不公，并详细描述杭州粮灾的严重性，乞求朝廷给杭州分配一百五十道度牒。

苏轼再三请旨，直到元祐五年（1090）五月，朝廷终于加赐两浙、淮南六百道度牒，其中，杭州和扬州，各得一百道。有了这些度牒，换成粮米资金，就能为杭州百姓解决很多问题了。

苏轼到杭州的第一年夏天，就赶上干旱。由于运河水干涸造成交通瘫痪，货运停摆，物价迅速上涨。运河是杭州最重要的交通命脉，因此，除了调节粮米，治理杭州的两条运河也迫在眉睫。

经过一番勘查研究，苏轼接受富有治水经验的临濮县主簿苏坚的建议，首先募兵浚治茅山、盐桥两段河道，在两河之间建了一座水闸——钤辖司闸，把两道运河的水源隔开。潮涨时，暂时关闭水闸，使龙山潮水从茅河流出天宗门，一两个时辰后，潮平水清，再打开闸门，泥沙就不会通过盐桥河流入市内，运河也就再不会淤塞。从茅山流出的淤泥之水，全部流进乡野，之后再派人治理，并不会妨碍到城中的百姓和商户。

治理运河的工程从元祐四年十月开始，不到半年时间治理结束。整治后的运河河床拓深，水面畅通无阻，客货通行，商旅往来，非常方便。这是杭州三十年来，整治运河最深又最快的一次，深得百姓的称赞。

为了解除干旱，浚河通航之后，苏轼根据苏坚的建议，元祐五年四月又开始修建淡水导流工程。

以往西湖淡水通过清湖河，直接流出城外，没有加以利用，非常可惜。如今，苏轼令人在涌金门内的小河中，修建了一座挡水的堤坝，并开凿四五道沟渠，把湖水引入盐桥河，作为城中居民使用淡水的水源之一，加上盐桥河下流容纳的江潮清水，充裕了百姓的洗濯用水。

在古代，由于医疗和公共卫生设施的缺乏，每逢水旱灾害之后，就会有瘟疫流行。

元祐五年三月，随着天气逐渐转暖，瘟疫开始在杭州蔓延。作为水陆交通的枢纽，杭州汇聚了来自八方的商旅，疾病传播的速度更是异常迅速。因此，受疫病影响而丧生的人数也远远超过了其他地区。

作为一州之长，救助一方百姓是苏轼的责任，何况，杭州百姓对苏轼情谊深重，曾为他祈福，保他平安，他更要保障城中百姓的安康，以回馈他们的深情厚爱。苏轼立即采取雷霆手段，拨出两千贯公款，并自掏腰包捐款黄金五十两，在城中众安桥设立了一所病坊，名叫安乐坊。

苏轼聘请宅心仁厚的僧人负责医治工作，并从地方税收中每年拨出一部分钱粮作为病坊的经费。他承诺对于那些尽心救助百姓、在三年内能治愈上千病人的僧人，将向朝廷呈报，以赐予紫衣作为嘉奖。苏轼创建的这所安乐坊，应该是中国历史上最早的一所向百姓开放的公立医院。

病坊成立后，苏轼又自费购买药材，制作药剂"圣散子"，送给那些贫穷的病人。圣散子的药效非常神奇，对于那些危急病人，连续饮服数剂，立刻就会出汗降温，气血通畅。对于那些普通疾病，空腹喝上一碗，立刻药到病除。对于没有生病的人，无论男女老少，服用一大碗，就能强身健体，增强免疫功能。如此灵丹妙药，成本却非常便宜，并不需要任何昂贵药材，一服药的成本只需一钱。

这个药的秘方，是苏轼在黄州时，从同乡巢谷那里费尽心思得来。巢谷把这个药方视为珍宝，连亲生儿子都不传授。苏轼向巢谷苦苦哀求，巢谷让苏轼指着江水发誓，绝不传给别人，才终于把药方给了苏轼。

苏轼虽然嘴上答应了巢谷，心里却认为巢谷过于狭隘。他反对家传秘方，觉得应该把药方公之于众，让更多的人得到救治。于是苏轼把药方告诉了曾为他治疗过胳膊疼痛的名医庞安时。

庞安时出身世医之家，自幼钻研黄帝、扁鹊等医书，医术十分高超，民间称其为"北宋医王"。庞安时不但医术高超，还善于著写医书。

苏轼把这个药方告诉庞安时，希望通过他能让这个方子广为流传，也希望巢谷的名字能和这个药方一起被世人记住。

这次杭州的疫情非常严重，苏轼自费做成"圣散子"药剂，广为施舍。疫情期间，饥民暴增，苏轼又令人设置粥厂，煮粥施与贫困的百姓。有了药和粥，感染瘟疫而被救活生命的穷苦病人，数不胜数。

苏轼到杭州半年多，调节粮价，浚治运河，设立医院，控制疫情，为百姓做了几件实实在在的好事大事。然而，此时杭州尚有一项与百姓生活息息相关、急待解决的重要事情，那就是百姓的饮水问题。

熙宁年间，苏轼在杭州任职通判时，曾与知州陈襄一起疏浚钱塘六井。如今，时隔十六年，六井年久失修，居民的饮水又成了问题。

当年负责修井的四个和尚除了子珪，另三位早已作古。子珪和尚也已年逾七十，好在，依然精力充沛。

苏轼找到子珪，向他请教井坏的原因。原来，上次修井用毛竹做水管，毛竹很容易腐烂，在子珪的建议下，苏轼令人将毛竹全部改为瓦筒，并盛在石槽中，用砖石加固，使管道坚厚周密，再不易腐坏。

　　六井修复后，百姓的饮水问题得到了彻底解决。为了嘉奖子珪两次为民修井的功绩，经苏轼奏请，朝廷赐予子珪"惠迁"师号。

　　苏轼对子珪心怀感激，而杭州人民更是对苏轼充满感激之情，因为这位在任不到一年的知州已经为城中百姓完成了好几项重要事务。他们深知苏轼是一个关心民生、为民谋福的好官，相信他有能力解决任何为百姓谋福利的问题。因此，杭州一百一十五名父老乡亲来到州府，请求苏知州再为他们办一件大事 —— 治理西湖。

　　近年来，西湖水面上的葑田不断增加，占据了大片的水面。这是由于菱蒲等水生植物积聚一起，年久腐化变成泥土，当湖泊渐渐干涸而成葑田。

　　在唐代及吴越王时代，西湖每年都有疏浚，到了宋朝，西湖被指定为皇家的放生池，湖中尽是水草淤泥，没有进行及时的疏理，久而久之，湖面出现一块块葑田，湖水则越来越少。

　　苏轼在杭州做通判时，湖面上的葑田只有十分之二左右，十五年的时间，湖面上已有接近一半的面积都被葑田所占，西湖的水光潋滟之美荡然无存。按照这种发展趋势，如果再不加以治理，就会如百姓所说，再过二十年，西湖就不复存在了。

　　运河若失去了湖水，只能依赖江水，江水浑浊挟带泥沙，船舶若想保持正常通行，每三年就要疏通一次，不仅劳民伤财，还会成为交通的一大隐患。

　　此外，钱塘六井的水源来自西湖。西湖的水量影响着农田灌溉和居民饮水，关系着万千百姓的饮食来源。因此，治理西湖，并不只是为观赏之美，而是对杭州整个生态系统的保护。

　　经过全面地考察研究，在熟悉水利工程的杭州税监苏坚和钱塘县尉许敦仁的辅助下，苏轼做了预算和一整套治湖规划。

　　元祐五年四月二十八日，疏浚西湖的工程正式开始动工。苏轼派遣士兵和民工铲除葑草，搬走淤泥。这些民工都是需要救济的灾民，苏轼采用以工代赈的方式，这样既救助了灾民，也节省了部分开支。

　　同时，苏轼向朝廷上表，《乞开杭州西湖状》："水浅葑横，如云翳空，倏忽便满，更二十年，无西湖矣"，苏轼对西湖目前的情形深感忧虑，上表强调了西湖的淤废对国计民生的种种不利，阐明治理西湖的重要性，请求朝廷给予部分经费支持。

自从工程动工后，苏轼每天到湖边，亲自领导、督查疏浚西湖，经常忘记回家吃饭。后来，干脆把办公地点搬到湖边。

湖面的葑草共有二十五万丈，如此多的水草和淤泥挖出后应该放在哪里呢？这是一个至关重要的问题。如果堆在西湖周围，既不美观，又妨碍交通，还污染环境。如果运到较远的荒野之地，会消耗更多人力财力。

西湖原本有一道从西到东的长堤，长庆年间，白居易曾治理过西湖，人们一直以为这道长堤是白居易所建。事实上，白居易在杭州做刺史前，西湖的这道长堤就已经存在。白居易的确在杭州修筑了一条名为白堤的堤岸，但这条白堤位于钱塘门外，并非在西湖范围内，而且早已荒废。

苏轼经常绕湖行走，认真地观察思量，他从白堤和东西长堤得到启发。西湖占地广阔，绕湖一周，有三十里。虽然湖上已有从东到西的长堤，但南北往来还是非常不便。于是，苏轼决定，利用铲除的水草淤泥再筑一条贯穿南北的长堤，这样既可变废为宝，又可方便人们通行，这是最省工省时的办法。

有了这个点石成金的良策，仅仅四个月左右，治理西湖的工程就全部结束了。湖面上的葑田几乎全被清除，一条从南屏到曲院，长八百八十丈，宽五丈的南北长堤赫然而立。

这条长堤连接六座单孔石拱桥，后来分别被命名为：映波桥，锁澜桥，望山桥，压堤桥，东浦桥和跨虹桥。六座桥分别和沿岸港埠相通，可以疏通各港的湖水。

疏浚后的西湖终于又恢复了往日的风貌。百姓云集而至，欢呼雀跃，开心地在堤岸上游走，欣赏焕然一新的湖景。

苏轼和百姓同样欣喜，两年后，在扬州追忆当初治理杭州西湖的情景，还在诗中表达他的喜悦，并为他的得意之作充满自豪："六桥横接天汉上，北山始与南屏通。忽惊二十五万丈，老葑席卷苍烟空。"

南北长堤建成后，苏轼接受许敦仁的建议，把路西部分湖面租给种菱的民户。种植菱角，必须把水中杂草全部清除干净才能下种。把湖面出租种菱，这样，既可以防止湖面再生长葑草，还可节省一部分维护费用，又能帮助一些民户解决生计，同时，还能为政府增加收入。苏轼令所收租金交给钱塘尉司管理，作为日后每年疏浚西湖的费用。

为了保持西湖的开阔美观，苏轼还派人在湖中修建了三座小石塔，划定种菱的界限，规定只许在石塔标记的界限内种菱，这三个小石塔就是后来"三潭印月"景观的由来。

长堤两岸种植了很多芙蓉杨柳，春分时节，莺啼燕语，杨柳依依，既为长堤增色，树根又可巩固堤岸。后人又在长堤上修建了九个凉亭，令长堤风景更加秀美，也宜行人歇脚纳凉。

苏轼主持的西湖治理，耗时短，成效佳，以工代赈，不但花费少，还能同时赈助民工，是西湖水利史上最得民心的工程，也是苏轼在杭州期间，留下的最浓墨重彩的一笔。

南北长堤的问世，不仅是苏东坡创造的政绩，更是东坡艺术与智慧的展现，不仅体现了他的勤政爱民之心，也展露了他的旷世奇才。南北长堤的建成，为西湖平添了一道亮丽的风光。

苏轼在密州建造超然台，超然台有名字，不知为什么，苏轼却并没有为这道长堤命名。直到苏轼离开杭州，林希接任后，才把此堤命名为"苏公堤"，后人简称为"苏堤"。

每逢阳春三月，苏堤上杨柳吐翠，桃花灼灼，西湖风光旖旎，如诗如画。苏堤春晓的美妙景色，自南宋以来，一直是"西湖十景"之首，直到千百年后的今天，西湖也依然是杭州最璀璨的明珠。当我们来到西湖，走上苏堤，总会不由自主地想起，千年前，这位既能吟诗作画，又能躬行事功的可爱人物——苏东坡。

苏轼在杭州短短一年半时间，改善了全城的供水系统，建立了医院，治理了西湖，稳定了粮价。在杭州，苏轼不只主持治水救灾这样的大事，作为知州，每天还会面对各种繁杂琐事，比如处理民事纠纷，主持断案等。

对于大奸大恶，苏轼坚决严惩，绝不姑息；对于穷苦百姓的轻微罪责，他又总是充满仁爱之心，在法理范围内，尽量宽厚处理。

一次，苏轼遇到一件债务纠纷。有个人欠绸缎商绫绢钱两万，逾期不还，被债主告到官府。苏轼派人传来被告，一番讯问后，被告坦承，原告所诉完全属实，对欠债主两万未还之事，被告供认不讳。

苏轼听后大为生气，认为被告明知债务到期却故意拖延还款，严重失信于人。而被告则面露落寞之色，无奈地叹息道，并非有意拖欠，而是家中遭逢不幸，父亲刚刚去世，治丧下葬花费巨大。家中本以制扇为生，全家辛勤劳作，制作了一批扇子，本以为可以售出以还债，但入夏以来，阴雨连绵，扇子一直无人问津，因此无法如约还债。

案子问清了，案情极为简单，如何处理，却让苏轼犯难。看着这个卖扇子的老实人，苏轼心中顿时升起无限怜悯。面对天灾人祸，穷苦百姓束手无策，苏轼怎忍心把如此不幸的可怜人再关押治罪呢。

但债主也很不平，欠债还钱，天经地义。债主自称小本生意，也是靠一分一厘赚来的钱养家糊口，两万元收不上来，生意难以周转维持，也就无以为继。

水患灾害无情，每个百姓都不容易。苏轼左右为难，冥思苦想片刻，终于有了主意。苏轼让被告取来几把扇子，表示要帮他卖掉。被告听了不敢置信，但知府大人有命，不敢不从，飞快取回一批扇子回到府衙。

苏轼仔细看了看这些扇子，从中挑选了二十把白色夹绢团扇，然后拿起桌上判案用的笔，在这些扇子上，或画上枯木竹石，或用行草题上几句诗词，不一会儿工夫，二十把图扇全被题上了东坡字画。苏轼放下笔，让堂下的被告把这些扇子拿去，赶紧卖了钱还债。

走投无路的卖扇人突然喜从天降，抱着扇子泣泪叩谢。

苏轼画扇的消息很快传到街市。卖扇人刚一出府门，就被人争相以千钱买走，不一会儿，二十把扇子全部卖光。后赶来的人还为没能买到东坡画扇，懊悔不已。

欠债立刻还清了，卖扇人与绸缎商皆大欢喜，购得东坡字画的人更是洋洋自得。

作为一州之长，苏轼要操劳的事情繁多，每日身体力行，非常辛苦。幸亏他有几个得力的部属，帮助他完成每项工作。

比如，帮助苏轼治理运河、疏浚西湖的苏坚。苏坚，字伯固，泉州（今福建）人。临濮县主簿，监杭州在城商税。苏轼从京城刚到杭州时，苏坚专程到吴兴迎接。苏轼与苏坚工作上相处愉悦，私下里也是很好的朋友。

苏轼在杭州主持的三项水利工程都得到了苏坚等人的大力支持。对于大家的帮助，苏轼心怀感激，在上报给朝廷的奏疏中详细陈述了他们的功绩。即使是官职低微的官吏，苏轼也不会掩盖他们的贡献和成就。作为领导者，苏轼从不独揽功劳，而是充分肯定团队的努力和付出。正是由于他这种开放包容的态度，使得每个人都愿意为他出谋划策，全力以赴。

苏轼每天要处理很多繁杂政务，他会把当日要做的事情写在记事册上，做完的事情一一划掉。一天结束前，所有的事情若都能做完，他就非常开心，能睡一个舒服的好觉。正因为苏轼处理事情有条不紊，尽管琐事繁多，还是能有闲暇纵情山水，享受诗酒之乐。

苏轼游览西湖时，经常令随从仪仗从北山路的钱塘门出发，他自己却只带一两个老兵，从南山路的涌金门划着小船来到湖上。中午，苏轼会在普安院和僧人一起吃个午饭，之后到灵隐寺、天竺寺去逛逛。有时，小吏会抱着公文跟在苏轼身后，到了冷泉亭，苏轼就在那里处理公文，判断积案。他十分认真地研讨每一件纷争诉讼，之后落笔如风。处理完公务，就与同僚一起喝酒痛饮，日落时分，骑马回到城中。老百姓站在路边，争先恐后驻足观看，都想一睹这位亲民太守的风采。

作为知州的苏轼依旧不好奢华，在杭州，他的生活非常简单。在京城时，官员之间，有不得不应付的社交往来，苏轼家里曾蓄养过歌姬。此番在杭州，家里没有一个歌姬。按他的官阶，在当时的社会，不蓄养歌姬是极为少见的。

有一次，苏轼的夫人王闰之的弟弟王箴从眉山前来杭州，心怀期待地以为姐夫家中一定有一批能歌善舞的歌姬。特意带着一副拍板前来，结果却令王箴大失所望。然而，苏轼却幽默地笑着说，这拍板也不是无用的，可以用来伴奏《金刚经颂》。

杭州是南北交通要冲，苏轼的很多朋友来来往往经过这里，他经常沉浸在"座上客常满，樽中酒不空"的欢乐气氛中，与友人共享山水，饮酒品茶。只是，苏轼此番来到杭州，与十五年前大不相同。如今，苏轼已经五十三岁，现在和苏轼往来的，都是一些年轻后辈。很多从前的朋友，都已不在人世。

刚到杭州半年左右，苏轼的老朋友李常、孙觉也都先后离世。人到中年，老朋友渐渐凋零辞世，每有报丧的消息传来，苏轼都会伤心很久，悲叹年华老去、草木凋零。

心情低落的时候，苏轼就把自己放逐于山水。在杭州的两年，苏轼去的最多的地方依然是山林寺庙，在闲暇时，静静享受远离尘嚣的静谧和逍遥，与方外之士谈禅论道，和诗品茶。普通朋友之间往往牵涉利益，存在是非恩怨，而方外之交却完全超脱世俗，那份与利益无关的纯真情谊，就像林间轻风，令人清凉神爽。

西湖寺庙林立，僧侣众多。十几年前，苏轼任通判时，刚到杭州就去拜访孤山的诗僧慧勤，如今孤山依旧林木幽深，楼阁掩映，山后花草繁茂，景色幽美，而慧勤却已作古多年。

元祐五年，孤山上新建了三间僧舍，名为智果精舍。屋宇不大，但环境清幽，景色秀丽，苏轼邀请参寥从于潜来到杭州，做这里的住持。

苏轼被贬时，参寥从杭州千里迢迢来到黄州看望他，在雪堂陪了他整整一年，直到元丰七年四月，随苏轼一同离开黄州。苏轼与参寥因诗歌而结缘，两人志趣相投，互为知己，他们的情谊与遇合，千古难求。

苏轼与参寥在西湖和诗饮茶，流连美景，谈禅说佛的日子，在苏轼心中留下了美好的回忆。苏轼离开杭州时，特意为参寥填了一首《八声甘州》，气势豪放，意境生动。在苏轼后来颠沛流离的岁月，参寥对苏轼更是一如既往，关切不减，令苏轼深深感动。

除了参寥，苏轼也常去龙井的寿圣寺，拜访禅门临济宗的一代宗师——辩才。苏轼一生游历甚广，僧道朋友遍布天下，在众多的高僧大德中，苏轼尤为钦佩辩才法师。

辩才多年持戒修行，身材颀长清瘦，白须碧眼，仙风道骨，有如鹳鹄之姿。他学识广博，道行高深，除了佛法，还精通医术和诗文。辩才曾为苏轼的儿子苏迨摩顶祝赞，令四岁还不会走路的苏迨，立刻奔跑如鹿。

辩才声名远播，名流雅士纷纷慕名而来。如今，辩才已是八十岁的高龄，虽气定神闲，但精力已不如前，因此，从上天竺寺归隐龙井后，辩才立下一条清规，贴于寿圣寺内："殿上闲话，最久不过三炷香；山门送客，最远不过虎溪。"

苏轼经常独自入山，与辩才法师品茗和诗、谈佛论道。一天，苏轼又去龙井拜访法师，座谈一整天，两人都不觉疲倦。傍晚时分，东坡起身回城，辩才亲自送苏轼走出山门，两人边走边聊，相谈甚欢，不知不觉，走过了虎溪桥，到了龙井后山的风篁岭。

辩才自从退居龙井后，这是十多年来，第一次走出山区，随行的僧徒惊声高呼："大师，过了虎溪了。"辩才这才意识到破了自己立下的戒规，与苏轼相视一笑，灵机一动说道："杜甫不是说过吗？与子成二老，来往亦风流。"

苏轼与辩才情谊深厚，两人之间的心灵契合就像溪水逆流一样不同寻常，珍贵无比，因而，苏轼自谦地吟道："我比陶令愧，师为远公优。送我还过溪，溪水当逆流。"为了纪念这段友谊美谈，后人在风篁岭上建了一座亭子，命名为"过溪亭"，又名"二老亭"。

苏轼离开杭州的第二年，元祐六年（1091）年九月，辩才法师圆寂于龙井。苏轼听闻悲痛不已。

杭州净慈寺的善本法师也是一位道行高深的名僧。他持戒严谨，普通信徒必须斋戒沐浴后方敢前往他的禅堂拜访，就如同拜见真佛一般。对于出家人来说，女色是大戒，他更是刻意远离，禅房绝对不允许女性入内。

苏轼却认为善本属于禅宗，而禅宗主张明心见性，"于自性中，万法皆见"，因此不必要注重形式，而是应该将禅意渗透日常，保持一种随缘运用的态度。苏轼决定和善本开一个玩笑。

一天，苏轼和一群人去庙里游玩，故意带了一名歌妓。因为大家都知道善本的禁忌，没人敢进入寺庙，苏轼却故意带着歌妓闯进善本的禅房，大家刚想劝阻，苏轼却已和歌妓大摇大摆地进去了。

善本一向欢迎苏轼的到访，两人曾多次交谈，交往深厚，善本很喜欢苏轼的率性和通透，听到苏轼的声音本来很高兴，突然见到他身后歌妓打扮的女子，善本立刻满脸不悦。

苏轼却满脸嬉笑，写了一阕《南歌子》，让歌姬在禅堂里当着善本的面大声唱起来：

> 师唱谁家曲，宗风嗣阿谁？借君拍板与门槌，我也逢场作戏莫相疑。
> 溪女方偷眼，山僧莫皱眉。却愁弥勒下生迟，不见老婆三五少年时。

佛教中的禅宗在中国佛教各宗派中流传最久，唐宋时代成为佛学的主流。禅宗不像律宗，注重戒律的形式。苏轼的这首词开头一句，"师傅念的是哪家的经？传承的是哪一派的宗风？"借用高僧说法时惯用的开头句式，发问善本，是哪一门派，嘲笑善本，虽为禅师，却执着于戒规束缚，不能自由通透，随缘自如。

一个明艳的歌姬站在禅房里，拿着和尚的木槌，边敲边唱。溪女与山僧，鲜明的反差对立，那种画风，令人瞠目结舌。

歌词听起来似乎不伦不类，却又暗含佛心禅理，善本哭笑不得，拿苏轼一点办法都没有。待歌姬唱完，善本释然开怀，最终还是破颜一笑。苏轼见状，高兴地嚷道："您今天参破老禅了。"

苏轼在杭州做知州，工作上得心应手，地方政务处理得风生水起。此时，弟弟苏辙在京城也是仕途顺遂，大展身手。

元祐四年八月，苏辙被派为贺辽国生辰使，出使辽国。苏轼在京城时，官高位显，作为近臣，也曾被派遣出使辽国，苏轼当时辞谢未去，只是在朝堂上负责接待过辽国使臣。

这次，苏辙出使辽国，带了大儿子苏迟随行。苏辙临行之际，苏轼在杭州寄诗叮嘱弟弟，为弟弟送行：

> 云海相望寄此身，那因远适更沾巾。不辞驿骑凌风雪，要使天骄识凤麟。
> 沙漠回看清禁月，湖山应梦武林春。单于若问君家世，莫道中朝第一人。

苏轼兄弟名扬海外，辽人对苏轼的文采十分崇拜，甚至将他的许多诗文刻字传颂。苏轼玩笑地嘱咐弟弟，如果辽国国主询问你的家世，千万别说苏家是朝中第一等人物。

苏轼两次出仕杭州，心境大相径庭，反映在他的诗文中也呈现出截然不同的色彩。在杭州做知州的这段时间，苏轼写的诗词与十五年前在杭州做通判时相比，多了一份对人生的理性思考，少了一份风花雪月的浪漫。经历了乌台诗案和黄州的沉淀，苏轼变得淡泊名利，超脱世俗。尽管也表达了对故乡的思念、对人生无常的感慨，但总能以超然的心态来调解自己的情绪。

苏轼到了杭州一年多的时间，为百姓做的几件大事都和水有关。疏通运河，建筑堤坝，治理六井，疏浚西湖。

元祐六年（1091）二月，苏轼又计划一件和水有关的工程，在钱塘江上流的石门，开通一条运河，以规避浮山的险隘。

钱塘江水路交通至关重要，苏杭地区产的米粮和食盐都需要通过钱塘江运往各地。由于钱塘江航道较浅，运输时需要借助潮汛，乘潮而行，尤其是在运输米粮、食盐和薪炭时更是如此。

浮山是航道中的必经之路，而潮汛在浮山附近势若雷霆，水流湍急，是钱塘江最险恶的一段，航道深浅无法预测，很容易翻船。即使是多年行船的老手，也只能听天由命。每年在这里沉溺的船只货物不计其数，伤亡之人更是数不胜数。当年，秦始皇为了避开浮山之险，特意从一百二十里之外的秦渡村绕行而过钱塘江。

苏轼与同僚们商讨、勘察后，打算沿江筑岸，利用斥卤弃地，引钱塘之水开凿一条运河，从浙江石门通往大江，一直到龙山闸，与运河接轨，之后再将古河加以浚治，这样就可以绕过浮山之险。

这项工程预计两年可以完工，预算费用为十五万贯钱。如果这条运河修建完成，不但可以拯救无数的性命和财物，还能使各州之间货物流通更加顺畅。于是，苏轼呈递《乞相度开石门河状》，请求朝廷批准这项工程。

这项奏状发出没多久，苏轼却突然收到朝廷诏令，以翰林学士承旨召还。苏轼只好把这件事关百姓生命财产安全的大事寄希望给他的后任。遗憾的是，后来接替他的林希却因私人原因把此事置之一旁。

苏轼即将离开杭州，越州太守钱勰也将离任前往开封，苏轼写下一阕《临江仙》为钱勰送行。仕宦生涯是一场往返无尽、没有终止的聚散离合。今日你为他人送行，明日你也成了远行之人。天地之间，皆为过客，紫陌红尘，同为路人。

> 一别都门三改火，天涯踏尽红尘。依然一笑作春温，无波真古井，有节是秋筠。

> 惆怅孤帆连夜发，送行淡月微云。尊前不用翠眉颦，人生如逆旅，我亦是行人。

杭州是浪漫之地，苏轼即将离开杭州，当然会留下一些风流韵事。苏轼第一次到杭州做通判期间，收得朝云为侍女，这次在杭州，苏轼又遇到一位传奇的风尘女子，琴操。

琴操，钱塘人，出身仕宦之家，从小饱读诗书，兰质蕙心，琴棋书画样样精通。可惜，天有不测风云，琴操十三岁那年，父亲因事获罪，母亲悲极身亡，琴操从此流落风尘。

十六岁时的一天，琴操在西湖听到有人闲唱秦观的《满庭芳》，歌声充满情感，歌者却把"画角声断谯门"唱成"画角声断斜阳"。琴操于是对那人说，你唱错了。"门"字韵唱错成"阳"字，全篇韵脚就都不对了。

那人认得琴操，知道她小有才情，故意问道，你能按"阳"字韵脚，改作一篇新词吗？琴操当即将这首词改作一遍，虽然换了不少文字，但依然保持了原词的意思和风格，词中那份婉转轻愁，与秋凉惆怅的意境甚至不输原作：

> 山抹微云，天连衰草，画角声断斜阳。暂停征辔，聊共引离觞。多少

蓬莱旧侣，频回首、烟霭茫茫。孤村里，寒鸦万点，流水绕低墙。

　　魂伤。当此际，轻分罗带，暗解香囊。谩赢得、青楼薄幸名狂。此去何时见也，襟袖上、空有余香。伤心处，长城望断，灯火已昏黄。

这首改写的新词，令琴操才思尽显，名声大噪。苏轼也听说了琴操的才情，非常欣赏她的悟性，一次邀请琴操乘船游湖，宴饮相陪。

酒过三巡，苏轼一时兴起，突然也想考问琴操一番，就对琴操说："我作长老，汝试参禅。"琴操笑着点头答应。

于是，苏轼问她："何谓湖中景？"

"落霞与孤鹜齐飞，秋水共长天一色。"琴操答。

苏轼又问："何谓景中人？"

"裙拖六幅湘江水，髻挽巫山一段云。"琴操再答。

"何谓人中意？"苏轼步步紧逼。

琴操自负才学，不急不缓，掷地有声："随他杨学士，鳖杀鲍参军。"

"如此意究竟如何？"苏轼依旧不依不饶。

纵使才情如此，又能怎样呢，琴操一时语塞，来不及回答，苏轼脱口替她回答道："门前冷落车马稀，老大嫁作商人妇。"

如此这般，聊起琴操暗淡的未来。身为歌妓，纵使多才多艺，风华绝代，也难免有人老色衰之日，他日终如飘絮浮萍，无处可依。

苏轼对琴操充满同情，特意吟诵白居易写的关于妓女末路的诗句，以此劝说琴操从良，琴操幡然顿悟，突然觉得不如真心入禅，了却一生。于是深鞠一躬，说道：

"谢学士，醒黄粱，世事升沉梦一场。奴也不愿苦从良，奴也不愿乐从良，从今念佛往西方。"

苏轼帮琴操落了籍，从官妓乐籍上除名后，琴操竟真的削发为尼了。如此聪慧灵秀的女子，本该演绎一段才子佳人的浪漫故事，却从此，在玲珑山长伴古佛青灯，终老山寺，令人为之叹惋。

据说，琴操深慕东坡才情，后来，苏轼离任之时，琴操独自站在山林高处，远眺苏轼的背影，暗里目送。

数年后，琴操得知苏轼被贬儋州，很可能有去无回，葬身海外烟瘴之地，琴操黯然魂销，生无可恋，郁郁而终。那一年，琴操年方二十四岁，在女子最美的年华，香消玉殒。

迟暮之年的苏轼，听闻琴操故去，接连三日，面壁而泣。有人说，后来，苏轼在琴操修行的玲珑山将她重新安葬，并为她立碑题字。

民国时期，作家郁达夫到玲珑山游访，感佩琴操之情，翻遍当地资料，却找不到琴操事迹。心中失望，作诗一首："山既玲珑水亦清，东坡曾此访云英。如何八卷临安志，不记琴操一段情？"

其实，苏轼到临安访问琴操，并没什么根据，只是人们的杜撰罢了。因为，苏轼此次离开后，一生再没有机会重踏杭州。就连琴操与苏轼的这段故事，也有可能部分出自杜撰。

对于杭州来说，苏轼是个英雄，是杭州百姓心中的传奇人物。人们总是一厢情愿地给心目中的英雄涂抹些许浪漫的色彩，编织一段绚丽而动人的故事。

天地浩瀚，历史的云烟，早已云消雾散。而那段流淌在光阴里的故事，依旧荡气回肠，如泣如诉，流转千年。

第二十一章　七辞翰林

自从元祐四年（1089）四月，苏轼带着对官场的无限失望，自请离开京城，朝局依旧错综复杂。

苏轼离开京城两个月后，苏辙被封为吏部侍郎，随后又晋升为翰林学士，不久后获准兼任吏部尚书。苏辙频频得到晋升，除了凭借其自身的才华和政治立场外，其中也包含着太后对苏轼的某些补偿和安慰。同时，太后也始终等待着一个合适的时机，以便重新召回苏轼。

苏辙在官场上行事稳健，为人谨慎。元祐五年（1090）五月，太皇太后宸衷独断，封苏辙为御史中丞。

司马光逝世后，洛蜀双方互相攻击，最终两败俱伤，朝廷尽是朔派人物，不但掌握要职，而且把持言路，朔党最终控制了朝廷。刘挚趁机招揽羽翼，成了朔派的领袖。原本是洛学弟子的朱光庭、贾易等人，也纷纷归附在刘挚门下，吕大防与刘挚分任左右相，憨厚忠直的吕大防，逐渐被孤立。

元祐六年二月，朝廷以刘挚为尚书右仆射兼中书侍郎（右相）、以苏辙为中大夫守尚书右丞。

对于尚书右丞这一新的任命，苏辙诚惶诚恐。官场上明争暗斗，苏辙既担忧同僚的嫉恨，又不愿官位超越老兄之上，连上四道状子请辞，希望能和哥哥一起，同进同退，寻找一个相对安全的位置，与钩心斗角的权力核心保持适度的距离，避免无谓的麻烦。

然而，太皇太后重用苏轼兄弟，还有一种深意，为了权力的制衡，避免刘挚独揽大权，这也是一贯的帝王之术。因此，苏辙的请辞并未得到准许。

此次苏轼被召回京，原本拟用为吏部尚书，因苏辙被封为尚书右丞，为了回避兄弟同朝执政的不便，于是，改为以翰林学士承旨召还。

苏轼在杭州收到诏命后，也以回避亲嫌的理由，立刻上书奏请辞免翰林学士承旨，同样没有得到批准。于是，苏轼决定不带家眷，一个人先去京城，希望能当面说服太后，接受他的请辞，给他一个地方州郡的任命。

元祐六年（1091）三月初九，苏轼辞别了为他设宴饯行的杭州同僚，辞别了爱戴他的杭州百姓，乘船离开了杭州。苏轼从未想过，这次离去，此生再无机会踏入被他视为第二故乡的杭州。

这年春天，连续数月淫雨不断，苏州、湖州、常州一带水灾十分严重。苏轼虽已卸任，但他关心民生和百姓疾苦，特意绕道太湖和松江一带，亲自考察灾区情况。

苏轼在担任杭州通判期间，曾对湖州堤防的整修工程进行督查，并对水利问题有过一定的研究。这次考察中，苏轼认为，江南地区水患的主要原因是海口长年淤塞所致。松江海口的淤塞则源自多年来为了航行方便，纤夫们在岸边用绳索拉船，导致岸边挽路逐渐侵占江面。久而久之，为了拉船修筑的长桥桥柱阻碍了水流，海口渐渐淤积堵塞，使得江水无法顺畅回流入海，导致两岸泛滥成灾。

常州宜兴县有个进士名叫单谔，对于水利问题颇为精通，苏轼于是向单谔请教。单谔撰有《吴中水利书》一卷，颇有见地，苏轼认真研究后，与单谔商量出一套解决松江水流加速通过的办法。

苏轼亲眼所见太湖沿岸田庄尽毁的悲惨情形，寝食难安，希望朝廷能够解决江南长期以来的水患问题，让百姓过上富足安宁的生活。随后，苏轼抵达京城，立即上呈一道奏疏《论三吴水利状》，并附上单谔的原著。在奏疏中，苏轼强调了三吴水利对国家财政税收的重要性，请求朝廷派遣精通水利的官员认真考察该工程，以便尽早付诸实施。

遗憾的是，奏疏呈上之后，当朝宰执和相关执政官员却将此事束之高阁，太湖一带的百姓仍然被水患困扰。直到明朝治理三吴水利时，从苏轼的文集中发现了这一宝贵资料，并按照苏轼的想法和单谔的创意完成了这项工程。数百年后，苏轼的心愿终于实现了，倘若他泉下有知，应该感到欣慰吧。

苏轼到了苏州，灾区百姓的饥荒状况令他十分心痛。早在一年前，苏轼曾奏请朝廷拨放钱款，买米平籴。

太皇太后时刻铭记先帝之言，苏轼有宰相之才，因此，涉及天下政务，凡是苏轼奏请，多为应允。圣上很快批准，遗憾的是，发运使昏聩颠预，以江东米贵为由推搪此事，没有及早收籴，以至于灾情之下，饿殍遍野。太皇太后远在京城，对地方状况有所不知，朝中官员为求个人利禄，故弄虚词，致使苏轼孤立无援，只能望天悲叹。

怀着满腔沉痛，苏轼上奏《再乞发运司应副浙西米状》，把他亲身勘查的灾情汇报给朝廷。尽管苏轼已经卸职，但他为了水深火热中的百姓，一路上仍不断地与接任他的林希和淮南转运使一起，商量探讨救灾的方案。

四月，苏轼到了扬州，收到朝廷对他请辞的答复，不允所请。苏轼再上第二道折子，乞身请辞。之后转往南都，去看望张方平，在张家等候朝廷旨意。自从张方平退休后，这已是苏轼第六次赶往南都探望。

在南都，苏轼收到太皇太后降诏，对他的第二状所请，依然不准。苏轼又上第三状，坚决请辞，请求到扬州、越州、陈州或蔡州任职，毫无疑问，第三道奏状依然不准。

苏轼内心十分郁结。两年前，在朝廷被人排挤打压，为了精神上的自由，万般无奈下，苏轼离开了京城。现在的朝廷，依然权势纷争。刘挚独揽权柄，苏辙行事万般谨慎，却也不能安然自保。

不久前，苏辙因举荐王巩，遭到台谏的弹劾，目前正待罪在家。相比弟弟苏辙，苏轼更加被人嫉妒，他若回朝，刘挚怎会容得下他。

回想这二十几年的仕宦生涯，一次次地被攻击、侮辱和迫害，想起御史台一百多天的羁押屈辱，不堪往事历历在目，那般痛苦的滋味，记忆犹新，苏轼怎敢再贸然回京供职。东京的繁华虽令人向往，但京城的纷争却令人步步惊心。

无奈之下，苏轼只好再写第四状请辞，向太皇太后袒露真实的心迹：臣刚褊傲逸，与时世不合，被党人嫌忌，留在朝廷，必犯众怒，白白做了牺牲，对国家没有任何好处。如果朝廷仍愿意驱使，不如将臣外放到一个重难边郡，臣不敢辞避，报国之心，死而后已。恳请太后怜惜予以保全。

太皇太后虽然宽厚却十分精明。她深知朝局被朔党掌控，而吕大防质朴憨厚，不但无法和刘挚抗衡，还经常被操纵利用，就连台谏官也被刘挚所用，刘挚权势一手遮天。太皇太后不想被孤立，她需要一个刚直可信、忠诚如苏轼的人，作为她的耳目。因此，不管苏轼如何沉痛请辞，太皇太后仍然不准。

数十载大好光阴，曾志气凌云，想为国尽忠，为百姓谋福，却一路遭遇排挤，颠沛流离。十几年寒窗苦读，求取功名，今时方知，功名之事，竟是负累。苏轼不敢抗旨，只好离开南都，继续赴京。到了京城，苏轼刻意守持外官身份，没有住到弟弟苏辙的官邸，而是寄宿在兴国寺的浴室院中。

在兴国寺里，苏轼翻阅寺庙留下的名人诗卷，突然看到自己当年的题作，不禁心生感慨。

当年，父亲带着他和苏辙进京赶考，父子三人第一次借住在兴国寺中，那时的他和苏辙胸怀壮志，意气风发。眨眼，三十多年已过，曾经照料他们起居的寺僧惠汶仍在，依旧款待苏轼住进东堂，望着惠汶的身影，苏轼如梦初醒。

三十年过去了，惠汶似乎毫无变化，依旧守护在原地。而自己却经历了半生的劳碌奔波，如今已成了一个鬓角斑白的老翁。

三十年前，跃跃欲试，求取功名，建功立业；三十年后，顾虑重重，一心求退，远离纷争。世间之事就是这样令人无可奈何，当你孜孜以求时，却求而不得，当你甘愿舍弃，却又无法躲避。这无奈的人生，只能令人苦笑和悲叹。

五月二十六日，苏轼上殿报到，依然继续上疏，坚决恳请外放。

苏轼回京，对一些有野心的政客造成极大威胁，正如苏轼所料，他刚回朝廷没多久，侍御史贾易、御史中丞赵君锡就联名上书弹劾苏轼。他们以各种莫须有的罪名攻击苏轼，其中最狠毒的一招是效仿李定等人，企图再制造一场诗狱案。

当年，苏轼曾在扬州上方竹西寺题诗一首："此生已觉都无事，今岁仍逢大有年。山寺归来闻好语，野花啼鸟亦欣然。"他们利用这首诗，指控苏轼大逆不道，听闻先帝驾崩，喜不自胜，在竹西寺题诗庆贺。

神宗宾天后，苏轼曾写下哀痛与感恩的挽词，御史却只字不提，他们故意歪曲事实，想加害苏轼。如果罪名成立，苏轼就有杀头之患。

这些凭空捏造的指控，令苏辙气愤不已，他为哥哥辩护：这首诗是在元丰八年五月，兄长在竹西寺门外，听闻百姓因风调雨顺，盛赞少主"好个少年官家"，加上苏轼承蒙圣恩，准许常州居住，心情愉悦，于是在寺庙墙壁题下此诗。当时距离神宗离世已有两月之久，且此诗在扬州已被刻石，日期清晰可辨。

面对恶意的指控，苏轼深感痛心，偌大的朝堂，竟容不下他这样一位正直良善的忠臣，苏轼一分钟也不想留在这里。自从在杭州收到任命之日起，苏轼已七次上章请辞，泣血相求，请求外放。吕大防认为如果苏轼在京城，朝廷难以安宁，在吕大防和刘挚的调停下，太后终于同意苏轼外放。

八月初五，诏定：翰林学士承旨侍读苏轼为龙图阁学士知颍州。和两年前出知杭州一样，苏轼出知颍州，太皇太后依旧恩礼不减，诏赐对衣一袭，金腰带一条，银鞍辔马一匹。

终于获准外放，苏轼如释重负。苏辙上状请求与兄长一起外放，不被批准，只好继续留任尚书右丞。

苏轼此次还朝，在京城待了不满三个月。离京前，苏轼住进了苏辙的官邸——东府。一天夜晚，苏轼被街上的车马声吵醒，突然又想起怀远驿时，与苏辙风雨对床的约定。

自从宦游四方，兄弟二人多数时间不得相见，每当夏秋之际，风起雨落，草木萧瑟，苏轼就会想起这个约定。每次想起，都会为兄弟二人的聚散离合凄然感慨。

眩眼，三十多年过去了，兄弟两人都已五十多岁，这个旧梦依旧迟迟未能实现。苏轼深感落寞，只能在诗中抒怀这份无奈和惆怅：

> 床头枕驰道，双阙夜未央。车毂鸣枕中，客梦安得长……簪仕记怀远，谪居念黄冈。一往三十年，此怀未始忘。

第七卷　人生到处萍漂泊

第二十二章　连转三州

元祐六年（1091）八月下旬，苏轼抵达颍州（今安徽阜阳）。

颍州位于颍水之滨，故而得名。北宋时期的颍州，地处京畿重地，水陆交通便利，商贸繁盛，民风淳厚，水土宜人，是许多初入仕途的官员任职地方的向往之地，也是朝廷重臣被贬时的最佳之选。

北宋一朝，曾主政过颍州的有晏殊、欧阳修、吕公著、韩琦、范仲淹等震古烁今的大才。

四十三年前，苏轼的恩师欧阳修，在颍州担任知州，因为喜欢这里的风土人情，退休后，就在颍州颐养天年。

颍州也有一个西湖，湖长十里，宽两里，因位于城西，因此也称西湖。颍州西湖虽不如杭州西湖潋滟旖旎，但一样林木成荫，绿意盎然，是当地一大风景名胜。欧阳修的十首《采桑子》，写尽了颍州西湖的绚丽多姿，也淋漓尽致地表达了对颍州西湖的情有独钟。

颍州是个非常小的州郡，面积是北宋开封城的十分之一，政务不多，官事清简，苏轼刚到颍州时，有个当地人对他说："内翰只消游览湖中，就可以了解郡事。"可见，主政颍州，是个十分清闲的工作。苏轼刚离开令他深恶痛绝的官场纷争，抖落一身尘埃，这里正合苏轼当下一心退隐的心情，因此心中十分喜悦。

尤其让苏轼开心的是，这里的同僚多数都是他的旧相识。颍州的签书判官，是苏轼在杭州时的老朋友，名为赵令畤。赵令畤是宗室后代，精明能干，才华出众，为人正直，苏轼对他赞赏有加。后来，苏轼甚至为他改字"德麟"，即赵德麟。

苏轼认为朝廷应该打破不让宗室子弟理国治民的规矩，以充分利用国家人才，使宗室子弟也能为国效力、展现才华。因此，苏轼后来两次向朝廷上疏推荐赵令畤，最终使赵令畤获得光禄丞的职位。

"苏门六学子"之一的陈师道也在颖州。元祐初年，陈师道经苏轼推荐，以布衣之身出任徐州教授，之后到了京城，成为苏门弟子。苏轼在南都时，陈师道擅离徐州，前往南都与苏轼会面，结果被言官揭发擅离职守，降职为颖州教授。苏轼来到颖州，反倒成全了他们师生的重聚之乐。

颖州还有两位与苏轼有深厚交情的人，欧阳修的两个儿子，欧阳棐和欧阳辩。欧阳修共有四子，长子和次子均已过世。值得一提的是，欧阳棐还是苏轼儿子苏迨的岳父，因此，苏轼与欧阳棐还有亲家的关系。元祐四年，欧阳修的遗孀薛太夫人病逝，欧阳棐、欧阳辩此时正在颖州守制。

颖州不像杭州，富有山林寺庙，颖州没有山林名胜可去，闲暇时，苏轼就和这几个人以诗酒为乐。

这一段时间，苏轼心情不错，经常邀友相聚，饮酒作诗。令苏轼扫兴的是，陈师道不喜欢饮酒，两位欧阳又不喜欢作诗。苏轼喜欢热闹，耐不住寂寞，独乐乐不如众乐乐，于是经常想出各种办法，让陈师道打破酒戒，督促两位欧阳作诗，倒增添了不少乐趣。苏轼得意自诩，"宾客之美"不减欧阳当年。

"公退清闲如致仕，酒余欢适似还乡。"在颖州的清闲自在，似乎和退休回到家乡差不多，苏轼心里十分满足。

开心的日子总是过得飞快，平静的时光总有意想不到的悲伤不期而至。眨眼，到了小雪飘扬的十二月。初八这天，苏轼突然收到讣告，张方平在南都病逝，享年八十五岁。

张方平是最早提携苏轼兄弟的人。早在四川眉州时，父亲苏洵带着苏轼两兄弟拜见张方平，初见苏轼，张方平就十分欣赏，立即把他推荐给欧阳修，在得到欧阳修的赏识和提拔后，苏轼从此名动京师。对于张方平的知遇之恩，苏轼兄弟一生感念。五月，苏轼在赴京途中，曾特意绕道南都探望张方平，没想到，那次相见竟是最后一面。

"因嗟萍梗才名客，自叹匏瓜老病身。一榻从兹还倚壁，不知重扫待何人。"元丰三年，苏轼刚被贬谪黄州不久，苏辙被牵连贬为筠州酒监，曾专程去探望张方平。临别时，张方平口赠苏辙一首诗作为临别纪念，目光中充满痛惜和真情。张方平一生从不在人前流泪，口占此诗时，却声泪俱下。

苏轼对这首诗深有感念，铭刻于心。收到讣告当日，苏轼在荐福禅院举哀奠祭，三天后，再次祭奠，并手书这首诗，留存于荐福禅院，寄以哀思，以志永怀。

张方平与苏轼虽然没有任何血缘之亲，张方平对苏轼的厚爱却不输于亲情，他对苏轼一生的影响也至深至远。苏轼为张方平戴孝三个月，撰写了七千多字的墓志铭，感激和怀念之情依然诉说不尽。

正月十五月圆之夜，聚星堂前，梅花盛放，月影花香。"聚星堂"是欧阳修在颍州时修建，也是欧阳修在颍州时的名流燕集之所。

苏轼坐在院子里发呆，不知是在思念恩师欧阳修，还是怀念张方平，倍感低落惆怅。体贴温顺的王闰之看到丈夫情绪低落、闷闷不乐，就对苏轼说，春月胜于秋月，秋月令人悲凄，春月却令人和悦。不如把赵签判等人叫来，陪他一起饮酒花下，共享月圆之美。

苏轼听闻心中大喜，夫人不但体贴贤惠，居然也有了诗情。于是，听从夫人建议，立即邀请赵德麟畅饮花前，微醺之下，就着王夫人的语境，写下一阕《减字木兰花》词：

> 春庭月午，摇荡香醪光欲舞。步转回廊，半落梅花婉婉香。
> 轻烟薄雾，总是少年行乐处。不似秋光，只与离人照断肠。

颍州政务清闲，但苏轼并非毫无作为。初到杭州时，苏轼主持了治水工程和赈济灾民活动，刚到颍州半年，苏轼也做了同样的两件大事。

开封一带经常发生水患，而官吏并未深入研究水患的根源，也未提出可行的解决方案，只是简单地挖通沟渠，将水引入惠民河，结果却导致河水泛滥，进而引发了陈州的水灾。为了解决陈州的水患问题，当局计划开凿八丈沟和颍河，意图将陈州的水引入颍水，再由颍水流入淮河。

对于这一方案的可行性，各方意见不一。因此，尚书省发布文件，广泛征求各地方的意见。苏轼刚上任不久，便立即派人进行实地勘测。勘测结果显示，淮河的涨水线几乎高出新沟一丈多。若将水引入淮河，那么颍州及淮河下游的几个县都将面临被大水淹没的风险。

苏轼立即以《论八丈沟利害不可开状》上奏朝廷，及时阻止了这项既劳民伤财、又危害地方的工程。

这一年颍州久旱不雨，农田歉收。苏轼曾在多地主持过大规模的水利工程，已经具备丰富的治水经验。苏轼认为，充分利用现有的水力资源，做好水利建设，是解决农田旱涝的最根本工作。

苏轼奏请朝廷，把原来计划修黄河的夫役留下一万人，挖掘颍州境内的沟渠，修筑清河三闸，疏通焦陂之水，最后浚治西湖。这项工程直到他离任后，才逐渐完成。

这一年，与颍州相邻的庐州、濠州、寿州等地闹饥荒，很多百姓无以为食，成群结队，扶老携幼，踏上逃荒之路。这些流民除了啃食树皮和草根外，再没有其他食物充饥。若这些流民抵达颍州而未得到官府的救济，将会导致饿殍遍野，盗贼四起。苏轼在担任密州知州期间，对灾荒的影响深有体会。因此立即上书朝廷，请求赐予度牒、以便购储粮食，赈济淮浙流民。

此时，已是大雪纷飞的寒冬腊月。一天晚上，苏轼躺在床上，倾听着窗外狂风呼啸之声，心中忧虑重重。他想起那些饥民，内心顿时涌起难以言喻的痛楚。在如此严寒恶劣的天气下，饥民们的处境将会更加艰难。

苏轼和妻子王闰之谈起此事，决定先拨出一部分粮食，做成炊饼救济饥民。王夫人建议与赵签判商议，因为赵德麟在陈州赈济过灾民，具有丰富的经验，并且受到过朝廷嘉奖。王夫人一句话提醒了苏轼，不等天亮，立即派人邀请赵德麟前来商议。

赵德麟和苏轼一样，心系百姓的疾苦，早已构思了一项救助方案，能够解决贫民迫切需要的粮食和燃料问题。苏轼听后欣喜万分，立即嘱咐赵德麟按照计划去实施。

元祐七年（1092）二月，苏轼收到朝廷诏命，以龙图阁学士充淮南东路兵马钤辖，兼知扬州军州事。

当初，苏轼从扰攘纷争的京城，来到宁静的小城颍州，本以为可以等待合适的机会彻底隐退。然而，没料到仅仅半年的时间，他又被调至新的职位。对于频繁的调动，苏轼心生倦怠，但他还是自我安慰，先到扬州看看，或许之后在扬州致仕回乡，也是不错的选择。他可以在家乡修篱种果，等待着弟弟苏辙的归来，一起风雨对床，仰望林下。

此时的苏辙在朝廷中颇为得意，因为他们最大的政敌刘挚已经罢官离开了京城。苏辙特意派人送信到颍州，希望哥哥苏轼能趁着交接之际，先回京城述职。他期望苏轼能够见过太后，以便被留在京城供职，这样兄弟俩可以一同在朝中施展才华，实现自己的政治理想。然而，苏轼对京城早已厌倦，唯恐避之不及。他决定直接前往扬州，而不是返回京城。

苏轼离开颍州，三月初三到了安徽的怀远县，与两个儿子苏迨和苏过游览了涂山和荆山，十二日到达泗州。途中，苏轼的弟子，现任扬州通判晁补之派人送来一首诗。晁补之得知老师将任职扬州的消息，心中大喜，苦于不能擅离职守，无法亲自出城迎接，只好以诗相迎。

苏轼看到晁补之的诗，心中充满快慰，能和自己的弟子同治一州，这是令人十分惬意的事。

苏轼沿途深入村落，访见百姓，了解民间疾苦。一路上，他目睹了官吏催缴百姓积欠的凶暴情形。由于多年灾情，农田连年歉收，百姓好不容易盼来丰年，麦子初熟，他们才刚刚迎来一年的收成，政府立刻催收农民的陈年积欠。农民无力偿还，只好纷纷逃亡，离乡出走，流浪四方。苏轼一路上看见大批流浪的游民，亲眼所见他们的悲惨生活，心中充满不忍。

早在杭州时，苏轼曾上疏请求朝廷宽免民欠，却因种种原因，未曾得到实施。三月十六日，苏轼到达扬州任上，立刻上奏朝廷，再次请求宽免农民积欠。在奏疏中，苏轼慷慨激昂地指出，"苛政猛于虎。水旱之灾，杀人百倍于虎；而民畏催欠，又更甚于水旱灾荒！"

奏状发出后，很快得到朝廷批示，淮南东、西、两浙路拖欠的赋税，无论新旧，暂停催收一年。这一消息传开后，百姓纷纷奔走相告，喜不自胜。作为地方长官，苏轼能够为百姓办实事，减轻他们的困苦，这让他感到非常欣慰，高兴之情溢于言表，他在诗中抒发了自己的喜悦。

苏轼到达扬州时，正值鲜花盛放的早春时节。唐宋时期，洛阳、扬州等地，春天赏花是一件大事。洛阳的牡丹，扬州的芍药，闻名天下。

宋仁宗时期，钱惟演（977—1034）任洛阳留守，他对洛阳的牡丹非常痴迷，不但亲自种花，还四处寻觅牡丹名品，在公署后面建了一座牡丹园，占地十几亩。

后来，钱惟演始创洛阳万花会。万花会是怎样的绚丽景象呢？据《墨庄漫录》记载："西京牡丹闻于天下，花盛时，太守作万花会，宴集之所，以花作屏帐，至于梁栋柱拱，悉以竹筒贮水，簪花钉挂，举目皆花也。"

从此，万花会成了洛阳一年一度的民俗风情。每年春天，牡丹盛放，暗香浮动，万人空巷。无论是名门贵族还是贩夫走卒，都会争相赏阅，踏春游园。名流雅士以花会友，吟诗作赋，普通百姓扶老携幼，簪花相庆。洛阳不仅洋溢着酒香和花香，还充满了歌舞笙歌的欢乐氛围，吸引了许多外地游客前来观赏。

几年前，蔡京任扬州知州，效仿洛阳的万花会，在扬州也举办了一个芍药万花会。一次花会，要用十余万支芍药，奸商官吏借机扰民敛财，牟取暴利，百姓苦不堪言。

苏轼初到扬州，正值芍药盛放，通判晁补之正准备按惯例筹备一年一度的芍药花会，想借花会对老师的驾到表示欢迎，也想借此机会让百姓一睹新太守风采，与民同乐。

苏轼到任后，深入了解了花会的筹备过程和安排，察觉到其中存在的一些问题。于是，他走访了当地的百姓和花农，结果发现，百姓对花会一事的不满情绪确实十分强烈。

苏轼觉得不应"以一笑乐，为穷民之害"，尽管他十分喜欢赏花和热闹，但他沿途走访百姓，更知民间疾苦。陈年积欠已令百姓举步维艰，这种情形下，身为父母官，不该只顾自己追欢取乐，而是应与百姓忧乐与共。苏轼果断下令，立即停止举办万花会。这一举措深得百姓的赞许，直到今日依然被传为佳话。

自从踏入仕途，三十多年来，苏轼经常在出世与入世之间挣扎徘徊。经历了乌台诗案和京城的纷争混乱，在扬州这段时间，苏轼对仕宦生涯越发厌倦，越来越向往陶渊明式的田园梦想。

苏轼有两个穿越时空的知己，一是白居易，二是陶渊明。苏轼离开杭州时，曾写过一首诗："出处依稀似乐天，敢将衰朽较前贤。便从洛社休官去，犹有闲居二十年。"

白居易虽与苏轼相隔两百多年，却仿佛苏轼的知音。在黄州，苏轼取名"东坡"，是因与白居易境遇相仿。苏轼在杭州修建的苏堤，也是因为受了白居易修建的"白堤"启发。白居易历经宦海沉浮，性情修炼得愈加恬淡从容，洒脱豁达，正如苏轼的"未成小隐成中隐，可得长闲胜暂闲"，两位文人都能在亦官亦隐中享受生活。苏轼喜欢陶渊明，白居易也十分欣赏陶渊明高洁的人品。

陶渊明受道家思想的影响，很小就喜欢自然。少年时，看到树木成荫，听到燕叫鸟啼，心里就非常欢喜。

二十岁时，陶渊明开始游宦生涯，从此在入仕与归隐之间不停徘徊流转，直到四十岁，最后一次出仕，之后彻底归隐田园，再不复出。

陶渊明的最后一次出仕，是到离家不远的彭泽当县令。当时太守派了一名督邮，替他督察县乡。这位督邮鄙俗无礼，他刚到彭泽县，就差人叫县令来见，而且需要县令穿戴整齐，以示恭敬。陶渊明十分厌恶这种装腔作势、狐假虎威之人。他一向蔑视功名富贵，不肯趋炎附势，更不愿为五斗米折腰。当人格和尊严受到伤害时，陶渊明索性解印辞官，彻底开始归隐生活，直到生命结束。那首著名的《归去来兮辞》，就是陶渊明弃官归田时所写。

陶渊明这种不畏权势、独立刚强、率性而为的洒脱令苏轼非常钦佩。苏轼深深羡慕陶渊明进退自如，随遇而安的生活。

陶渊明的田园诗淳朴自然，朴素与平淡中却饱含透彻的人生感悟。苏轼曾在黄州躬耕农田，因此，更能体会陶渊明描写的田园诗，看似平淡却精妙不已。苏轼不但喜欢陶渊明的诗，能读懂陶诗的寄托，更欣赏陶渊明的为人。陶渊明淡泊名利、不与世俗同流合污而坚守节操的品质，令苏轼深深叹服。

正因为陶渊明做人和作诗都离不开一个字"真"，这一点和苏轼的性情非常相近，因此深受苏轼喜爱。苏轼评价陶渊明的诗，"初看似散缓，熟看有奇句……似大匠运斤，不见斧凿之痕"。苏轼与陶渊明都好酒。苏轼虽酒量不大，微醺之下，却总是诗兴大发，舞文弄墨，乐在其中。陶渊明也写过大量饮酒诗。

苏轼自从杭州被召回京，再次受到小人攻击与虐侮，心理上也再次遭到巨大的打击。这段时期，品读陶渊明的诗，令苏轼豁然开阔。扬州之后的苏轼，对功名利禄愈加淡泊，更加向往陶渊明式的洒脱，在这样的心境下，苏轼开始写出一首首和陶诗。陶渊明隐世而不忘世，修心而不心空，他的诗句充满人生百味，纯朴自然中透露着乐观与豁达。苏轼渴望能像陶渊明一样潇洒地归隐田园，拥抱山水自然，却总是无奈而被动地在贬谪中，享受亦官亦隐的闲适生活。

苏轼与陶渊明虽然不在同一朝代，但两人命途相仿，志趣相似，都曾怀才不遇，宦途失落，又都喜欢自然，性情率真。两个相似的灵魂，跨越时空遇见，苏轼深深被吸引，通过文字，共情共鸣。正如苏轼所说："梦中了了醉中醒。只渊明，是前生。"

元祐七年（1092）五月，皇宫内外张灯结彩，灯火辉煌。十六岁的哲宗皇帝举行了隆重的大婚典礼。高太后为哲宗挑选了文静贤淑的名门之后孟氏为皇后，历史上称为昭慈圣献皇后。

大婚之后，哲宗即将亲自主持朝政。按照亲政前的惯例和程序，哲宗将亲行冬季的郊祀典礼。

元祐七年（1092）八月，朝廷诏令苏轼以兵部尚书兼侍读，回京任职，并充当南郊卤簿使。

哲宗第一次亲祀郊庙，意义重大，非同一般，苏轼不敢懈怠，收到诏令立刻启程回京。途中，苏轼拟了几份辞呈，请求在郊祀典礼结束后，依旧准许他外任地方。

苏轼上次离京没多久，朝廷又经历了一番人事变迁。权倾一时的刘挚罢相去职，朝廷以吕大防和苏颂为左右二相，苏辙也颇被器重，从尚书右丞升任为门下侍郎，相当于副宰相。

当年，仁宗曾说，苏家兄弟有宰相之才，英宗对苏轼和苏辙也十分欣赏。太皇太后深受丈夫英宗的影响，对苏氏兄弟十分器重。九年的时间里，苏辙从一个秘书省校书郎被提升为副宰相。元祐四年（1089 年），苏辙还被派封为贺辽国生辰使出使契丹。元祐年间，苏辙在官场的升迁丝毫不逊色于哥哥苏轼。

弟弟身居要职，为了避嫌，苏轼没有住在苏辙的东府官邸，依旧借住在兴国院。苏轼以外臣身份自居，希望郊祀典礼结束后，立刻能被外放。

元祐七年（1092）十一月十二日，苏轼作为卤簿使，伴驾前往景灵宫，祭告太庙后，随驾前往祭天的斋宫——南郊坛。

南郊祀典结束后，苏轼再次上奏，请求外放越州。越州是杭州的邻郡，苏轼对杭州充满眷恋，因此希望能够被派到与杭州仅一江之隔的越州任职。然而，他的请求却未得到批准，反而被诏为端明殿学士兼翰林侍读学士，守礼部尚书。

身兼两学士职，这种情况在当时绝无仅有。苏轼十分惶恐，不知所措，立刻请辞，却依然不被批准。回想起之前在朝廷遭遇的种种诽谤和攻击，苏轼不想再次身陷祸患，在无奈之下，他请求朝廷给予他一个边郡的职位。

多年来，边疆政务松弛，久被朝廷忽视，朝中官吏都想留在京城求取富贵，没人愿去边郡，苏轼宁愿镇守边境，实实在在地做点有意义的事情，也不愿留在京城，再次陷入无谓的纷争。少年时，苏轼就喜读兵书，苏辙在诗中评价哥哥："旧读兵书气已振，近传能射喜征蒐。"

宋神宗熙宁十年（1077 年），李宪在洮州小胜，张方平担心宋神宗骄矜用兵，以致祸患，让苏轼代笔进谏。《代张方平谏用兵书》一文，足以证明苏轼不只文字犀利如刀，在军事上也有一定的见解。苏轼相信自己有能力做好戍边工作。可惜，朝廷依然不准他的请求，苏轼只好就任，继续担任辅佐圣学的工作。

在古代，君权至高无上。对皇权的约束和限制主要有两种方式：一是精神上的限制，比如儒家思想中的君权神授、天人感应等观念；另一种方式是通过辅助圣学，对皇帝进行教育，培养其成为一代明君，避免成为恣意杀戮、昏庸无道的暴君。

既然担任了辅佐圣学的工作，为了天下百姓的福祉，苏轼竭尽所能选取一些皇帝既能理解又对其有益的书籍供其阅读。苏轼认为，君主不仅需要懂得如何治国安邦、处理政务，更需要能够辨别臣子的忠诚与奸诈，亲近贤才，远离小人。

苏轼年少时，曾读过陆贽的《陆宣公奏议》。陆贽是唐德宗时代的宰相，他克己奉公，为匡正王室勇于直言极谏。陆贽的这部著作对当时的财政、经济和军事都有中肯的见解，具有很高的政治和历史价值。正如苏轼对陆贽文章的评价："开卷了然，聚古今之精英，治乱之龟鉴。"

这本书，无论从行文特色还是政治理念，对入仕前的苏轼都有深刻的影响，苏轼把陆贽的奏议文集进呈给哲宗，希望这部书能对哲宗起到潜移默化的影响，让哲宗亲政后能明辨正邪，善于纳谏。

遗憾的是，如今的哲宗正处于十六七岁的青春叛逆时期。太皇太后垂帘听政时，太后与皇帝相对而坐，朝中大臣只当哲宗是个孩子，凡事皆向太后奏对，年幼的哲宗对此记忆深刻，愤愤不平。哲宗后来曾说过一句："垂帘时期，朕只见臀背。"

由于心理上的偏激，造成了排斥和叛逆，哲宗不但对太皇太后选用的大臣态度冷漠，对帝师的进言也毫不在意。

此番再次回京，苏轼已是五十八岁。无论从年龄、心境还有过往的经历，对为官京城都已意兴阑珊，加上对哲宗的失望，更加心灰意冷。苏轼一心想外任地方，对朝廷党争充满倦怠，而此时，偏却再次遭到攻击。

元祐八年三月，御史董敦逸和黄庆基连上七道奏疏弹劾苏轼。手法毫无新意，依旧是袭用李定、舒亶等人惯用的诬陷伎俩。他们罗列出一堆琐碎罪状，其中性质最重的是诽谤苏轼结党营私和指责先朝。

此外，苏轼在朋友帮助下曾在宜兴买到一块田地。田主姓曹，田地卖出后，曹氏却出尔反尔，诈骗耍赖，诬告苏轼。后来经转运使查实，曹氏的指控纯属诬告，田地依旧判归苏轼所有。苏轼不愿与贪财无知的小人计较，同意曹氏按原价赎回。然而，曹氏却无力赎回土地，于是此事被搁置了。御史黄庆基却以此事诬告苏轼侵犯民田。

苏轼推荐王巩、张耒、晁补之、秦观，以及宗室赵令畤等人入朝为官，被攻击为援引川党和亲戚，培养个人势力。他们还从苏轼当年任中书舍人时，承命所拟的诏令中断章取义、穿凿附会，比如，贬吕惠卿的文书，说成是诋毁先帝之政。

董敦逸和黄庆基的指责和诬陷令老实忠直的左相吕大防忍无可忍。吕大防公正地指出，真宗即位后宽免百姓的积欠，仁宗即位后停止修建宫观，这些举措都是为了与民生息，以弥补前朝的缺失。当时的士大夫从未说过这是毁谤先帝的行为，而当朝的谏官却罗织附会，以此指责士人，动机不纯，意在动摇朝政。

太皇太后深知，对于永乐之祸，神宗追悔莫及，每每想起，泪流不止。因此，苏轼并无谤议先朝之罪。最终，董敦逸与黄庆基被贬黜，一场风波暂时平息。

苏轼一生命途多舛，刚刚躲过政治上的中伤，紧接着，又一个沉重的打击接踵而至。元祐八年（1093）八月初一，苏轼的夫人工闰之在京城病逝，年仅四十六岁。

王闰之二十一岁嫁给苏轼，做他的继室。婚后一个多月，就随着丈夫离开了家乡眉州，从此随夫漂泊辗转，宦游四方，与苏轼风雨同舟，患难与共。

王闰之朴素善良，恪守妇道，对待堂姐王弗之子若己出。苏轼身陷御史台监狱，王闰之牵肠挂肚，惴惴不安；苏轼被贬黄州，王闰之陪着丈夫落魄穷苦，缺衣少食。苏轼宦途失意，王闰之不但毫无怨言，还能精打细算，在农事上，勤勉能干；在生活中，对苏轼体贴入微。

在密州时，尽管生活用度并不宽裕，苏轼却散尽家财，救助弃婴。王闰之辛劳操持，与苏轼共度苦寒，一生无悔。在黄州，苏轼与朋友同游赤壁，有鱼无酒时，王闰之能适时地拿出家中藏酒，满足苏轼突如其来的酒兴，令苏轼深深惊喜。苏轼被召回京，扶摇直上成为达官显贵，家境大为改善，王闰之待人诚恳依旧，声色不改，从不骄奢炫耀。

王闰之陪伴了苏轼二十五年，时刻以丈夫为中心，丈夫和孩子就是她全部的世界，丈夫的喜乐就是她全部的快乐。苏轼喜欢呼朋唤友，饮酒花下，王闰之就为他沏茶备酒，居家待客。

苏轼深深敬爱王闰之的品格，尽管她不如前妻王弗冰雪聪明，蕙质兰心，也不如朝云善解人意，青春貌美，但王闰之的体贴温情，令苏轼十分知足。她不懂浪漫，却十分深情，她追随苏轼背井离乡，无怨无悔；陪同夫君，颠沛流离，生死相依。这就是人世间最深情的言语。

可惜，这样一位勤劳贤惠的妻子竟然先他而去，若有一天，他能重回故里，躬耕田下，谁能再给他送茶送饭，谁又倚于门槛等他回家？晚年丧偶，是人生的一大不幸，苏轼满怀凄怆，悲痛矢誓："惟有同穴，尚蹈此言。"

苏轼的生命中共有三个女人，如今，两位妻子已先后离他而去，五十八岁的苏轼突然觉得自己十分苍老。父亲苏洵在五十八岁时离世，此时的他虽然身体康健，却在这个年龄失去了人生中的第二位伴侣。当苏轼沉浸在丧妻之痛中，皇宫也突然传来惊天噩耗，太皇太后高氏于九月初三病逝，谥号"宣仁圣烈太皇太后"。

自从太皇太后垂帘听政，历经八年的时间，天下太平，边境安定，与民休养生息，百姓安居乐业，北宋渐渐恢复了昔日的繁荣。尤其是元祐七年，江南各地风调雨顺，喜迎丰收，百姓额手相庆，东京城内更是繁华灿烂。

太后崩逝，皇权移转，朝局将变。太皇太后高氏的离世，标志着又一个时代的结束。

哲宗亲政，独掌朝纲，在野的新党似乎看到了希望，暗流汹涌，蠢蠢欲动；

在朝的旧党仿佛嗅到了危机，忧虑重重，惶惶不安。宫廷之中，溪云初起日沉阁，东京汴梁，山雨欲来风满楼。

哲宗亲政后的第一道圣旨，恢复内侍刘瑗、乐士宣等人的官职。刘瑗等人是熙丰年间神宗宠信的宦官，与吕惠卿等新党人士关系紧密。此举一出，众臣惊疑。

哲宗好不容易盼来亲政，他的反抗心理使他不愿接近太皇太后任用的那些旧臣，哲宗想秉承父志。在范祖禹、苏辙等大臣的极力阻止下，哲宗迫不得已暂时取消了这一举措，心中却充满了更大的恨意。

在太皇太后离世前，苏轼已被罢免礼部尚书，以两学士充河北西路安抚使，兼马步军都总管、出知定州军州事。

这种安排不知是出自哲宗，对苦口婆心的帝师，嫌烦生厌一脚踢开，还是发自太皇太后，出于对苏轼的眷顾，刻意保全。不管怎样，能够在天下剧变、暴风骤雨来临之前离开波谲云诡的京城，对于苏轼，既是件幸事，也是他一直的心愿。

苏轼离京前，按朝廷惯例，边境重臣应上殿面辞，详细论述军政事宜，皇上也应该留心倾听。然而，年幼的皇帝哲宗却以"本任阙官，迎接的人太多"为借口，拒绝召见苏轼，命他奉诏速行。这种行为让人感到意外，尤其是在哲宗刚刚亲政之际，他就表现出了不愿意听从谏言的态度，轻视重要的边郡问题，苏轼对此深感失望。

尽管如此，为了宗庙社稷和天下生民，苏轼还是留书一封《朝辞赴定州论事状》，再次对年轻的哲宗谆谆告诫：对于朝廷政策，不要轻易有所改变。遗憾的是，被冷落多年的哲宗，好不容易等来大权在握的一天，又怎会甘愿墨守成规，坚守不变。

苏轼即将离开京城，苏辙在自己的东府为哥哥饯行。回顾两人三十多年的仕途之路，数番辗转，跌宕起伏，兄弟俩都感慨无限。

此时正值深秋雨夜，窗外的梧桐在秋风中沙沙作响，眼前的景象让人仿佛回到多年前在怀远驿站的场景。那时，兄弟二人为了考取功名，苦心孤诣，曾经立下了风雨对床的誓言。

转眼间，三十多年匆匆而过，兄弟俩都已是五十多岁的老人。苏轼即将奔赴边郡，苏辙也将不可避免地面临重大的变数。风雨对床的愿望看似简单，实现之日却依然遥遥无期。即使有一天真能同归故里，风雨对床，那时不知身体是否依然健朗。想到这些，苏轼的心情沉重而迷惘，只能把一片愁绪写进送给弟弟子由的离别诗中。

元祐八年（1093）十月二十三日，苏轼抵达定州。定州，今河北省定州市。

后晋天福二年（937），石敬瑭割让燕云十六州（今河北、山西北部地区）给契丹。从此，定州就成了中原与辽国接壤的边境重镇。

中原王朝失去燕云十六州，等于边境失去屏障，辽国骑兵即可从坦荡平原直驱而入。得到十六州的辽国，对中原的觊觎之心更加膨胀，不断在北宋边境挑衅。

宋真宗景德元年（1004）秋，辽军从定州挥师进逼，深入宋境，宋真宗在宰相寇准的力谏下，亲往澶州督战，最终，却被迫与辽讲和，签订了“澶渊之盟”：宋每年送给辽岁币银十万两、绢二十万匹。从此，宋辽结束了长达二十五年的争战，澶渊之盟签订之后，宋辽双方保持了百年的和平。

北宋舍银赠绢换来和平，一方面助长了辽国的野心，日后不断索取，另一方面，北宋以金钱换来和平，不再居安思危，长期以来，边境堡垒荒废，军纪松弛，久不练兵，军政败坏。

苏轼到达定州，面临的就是这样不堪一睹的荒疏状态：将领贪污军饷，敛财掠夺，军人聚众赌博、放高利贷。前任知州不敢整治这些老将，苏轼无所畏惧，上任后，立即重拳出击，严惩贪污将领，明令禁止酗酒赌博，将触犯军法严重者押送司理院。在他的铁腕整治下，军队中的这些恶习顿然断绝，逃跑的士兵和盗贼也渐渐减少。

军队积弊沉疴，军营也年久失修，经常出现漏风漏雨的情况，军人居住环境简陋恶劣。苏轼立即请求朝廷拨款修缮军营，以改善军人的生活条件。苏轼恩威并用，一手大棒一手胡萝卜，他的目的并非单纯安抚军心，而是天性有一颗与民同苦同乐的正义之心。

整顿军务之余，苏轼经过认真考察，认为禁兵虽为北宋的主要兵力，但长年和平，军纪松散，士兵心慵意懒，早已失去了作战能力。如果早晚加紧训练，又担心契丹生疑，反而招惹事端。

定州当地有一个乡兵的武装组织"弓箭社"。守边重任，依靠这些当地乡民反而比禁军更为得力。他们经常遭到契丹掳掠，为保家卫国，自幼娴熟弓马，个个都是骑射的高手，时刻准备奋力抵抗。加上他们熟悉边情，一有敌情，立刻持械为战，因此，他们对守护边境安宁起到了巨大作用。

熙宁年间，王安石推行保甲法，弓箭手被编进保甲里，弓箭社这个地方组织从此不复存在。

苏轼向朝廷建议尽快恢复弓箭社，并豁免他们的保甲负担，这样就可以增加民兵三万。这样一来，平日里这些淳朴的乡民，可以拦截盗贼，保家护院，一旦边境危急，他们也能立刻跨上战马，成为勇士，配合官军守御征战，保乡卫国。

这样的组织，召之即来，挥之即去，可以化整为零，寓军于民，也可合零为整，集中作战，随时随地，自由切换。不但可以增加一部分军力，还可以省去一大笔军饷支出，减轻国家财政负担。

元祐九年春，定州举行隆重的阅兵典礼。苏轼身为北西路安抚使兼马步军都总管，一身将帅戎装，亲自主持军队检阅。

担负定州军务统帅责任的副总管叫王光祖，仗着自己是老将出身，骄横霸道，经常克扣粮饷，以全兵士忍饥挨饿。苏轼虽为王光祖的上司，王光祖却不把苏轼这位文官放在眼里，这次阅兵，所有的将士都到了，只有王光祖故意不来，以显示自己的威风。

苏轼派人去请，王光祖故意称病不参加检阅。士兵都知道王光祖飞扬跋扈，平日里没少受他的欺压，却都敢怒不敢言。此刻，所有的眼睛都在注视着苏轼，这位新上任的边帅。

苏轼立刻叫来书吏，准备向朝廷奏报弹劾，王光祖得知，吓得立刻来到阅兵场上。从此，军纪大振，再无一人敢懈怠。

定州曾是名臣韩琦的旧治，当年，韩琦和范仲淹一起指挥军事，名重一时，人心归顺，天下人称为"韩范"。自从四十多年前韩琦离任，直到苏轼来到定州，当地人才又见到北宋军队的威仪。

苏轼在定州兢兢业业整顿军务，修缮军营，救助灾民，重建弓箭社，半年时间，就做出了一番成就，使得定州军威大振。

令人遗憾的是，苏轼能迅速改善边境军民的生活，却无法改变他自己即将迎来的悲惨命运。

时移世易，风雨将至，无人能阻挡滔天巨浪。

祸福难料，骤然起落，苏轼一生最好的日子已悄然走远。

第二十三章　五道改降

元祐九年（1094）四月十二日，宋哲宗下诏改年号为"绍圣"，寓意子承父业，也就是继承先帝宋神宗时期的新政。

元祐与绍圣，两个年号的更换象征着两种截然相反的政治制度的转变，也标志着执政者的更迭。在政治体制中，国家政策的变革往往从人事的调整开始。王安石推行新法，司马光开创元祐更化，都是从调整人事开始，绍圣朝的变革也不例外。很快，吕大防、范纯仁等人离职，章惇、安焘等新法人士成为宰执大臣。旦夕之间，朝局翻覆。

亲征后的哲宗睥睨天下，态度威严，朝中大臣噤如寒蝉。重回朝堂的新法大臣，一朝得势，立即对旧党人士展开报复，以泄多年来被排挤在外的怨恨。短短两个月的时间里，三十多名在朝官员全被贬到了边远地区。苏辙因上奏反对哲宗继承神宗新法，也遭到贬谪，以端明殿学士知汝州。

苏轼苏辙两兄弟政治主张一致，总是一荣俱荣，一损俱损。苏辙被贬，尽管苏轼已在边郡，也将难逃厄运。这一点苏轼心里十分清楚，三十多年的仕宦生涯，苏轼对官场纷争、升降起伏早已看得明明白白。

看得明白也是枉然，既无处可逃，也无力改变时局。既如此，不如乐天知命，静静享受暴风雨来临前的平静和温煦，与同僚诗词歌赋，和同乡把酒言欢。"白发已十载，青春无一堪。不惊新岁换，聊与故人谈。"

绍圣元年，四月下旬，御史虞策和殿中侍御史来之邵上书弹劾苏轼，指责苏轼在中书舍人和翰林学士任上，所起草的诏诰文字，讪谤君上，讥讽先朝，希望朝廷对苏轼给予处理。

虞策、来之邵的攻击毫无新意，早在一年前，御史董敦逸和黄庆基就已袭用李定、舒亶等人惯用的诬陷伎俩，诽谤苏轼在文字中指责先朝。当时太皇太后在世，苏轼虽遭弹劾，受尽屈辱，却最终都能安然无恙。如今，太皇太后离世，哲宗继承父志，一些投机小人趁机承欢献媚，竟然拿出早已经朝议断定为控告不实的旧事。

自从熙宁以来，经过元丰、元祐两朝，到现在的绍圣时代，从沈括到李定，从朱光庭到贾易，从董敦逸再到今天的虞策和来之邵，十多年的时间里，攻击弹劾苏轼的就有十几人。苏轼性情直率，做事认真讲原则，又有着泾渭分明的是非心和强烈的责任感，在政治官场上遭人嫉恨、被人排挤也是势所必然。

纵使数十人对苏轼攻击诽谤、搬弄是非，却都不能在为人处事中找到苏轼的软肋，只能在他的文字里断章取义，吹毛求疵，可见，苏轼行事端正，实在是无懈可击。

然而，时移势易，奸人当道，小人得逞，苏轼坎坷的命运注定无法改变。绍圣元年（1094）闰四月初三，朝廷诰令下达定州：苏轼语涉讥讪，取消端明殿学士兼翰林侍读学士职位，仍然降到黄州起复时的原官——以左朝奉郎责知英州（今广东英德）军州事。

一下子从正三品又降到了左朝奉郎的正六品。当初，苏轼被升为翰林学士，荣耀加身，百般请辞，却推辞不掉，如今远在边郡，山高水远，避祸千里，仍躲闪不及，仕途真是令人无语。

虽然心中早有准备，知道风暴早晚会来，虽然内心坦然无愧，但真的这一天到来，又怎能不悲叹？年少时勤学苦读，千里迢迢奔赴功名。踏上仕途之后，却一路坎坷，抱负成空。偌大的朝堂，容不下一个敢于直言的忠臣，繁华的东京，留不住两袖清风。哪怕置身边境，依然不为世容。政局翻覆，是非颠倒，事已至此，苏轼只能承旨谢恩：

> "臣草芥贱儒，岷峨冷族，袭先人之素业，借一第以窃名。幼岁勤劳，实学圣人之大道；终身穷薄，常为天下之罪人……福眇祸多，是亦古今之罕有……瘴海炎陬，去若清凉之地；苍颜素发，谁怜衰暮之年。"

苏轼的《进上谢表》，虽然语意感怆，洒脱中含着悲切、无奈，却没有一字辩白，因为他深知辩白无用，倘若哲宗念及八年御前讲席之情，他也不会受到贬谪。时势已变，尽管苏轼博学多才，文采横溢，也无法以一己之力，阻挡这股滔天浊浪。

至此，苏轼对人生已然看透，不再有任何的梦想和期盼，彻底地放下了一颗入世之心。天宽地阔，一蓑烟雨任平生。

按照宋朝制度，凡是被贬谪的官员收到诰命后，必须立即离任前往贬谪之地。苏轼进呈谢表后，立即带着全家老幼，离开了定州。

侍御史虞策对于苏轼的处罚却并不满意，认为判决太轻，于是朝廷又下诏：降为左承议郎，贬谪地没变，仍是知英州，官位级别却变了，从正六品降到从六品。

苏轼一家上路时，正逢梅雨季节，淫雨霏霏，连绵不绝，令苏轼的心情，更加压抑沉重。一家人行到定州西南一百里的临城，突然雨后初霁，晴空万里。苏轼驻足西望，太行山峰峦雄伟，林木青翠，崖谷之间景色秀丽。丽日当空，苏轼仰望太行山，心情突然大好。

当年韩愈被贬为连州阳山县令，后来获得赦免，被授江陵法曹参军。韩愈在夏秋之际离开阳山县，奔赴江陵府路上，经过衡山，和苏轼此时的境遇相仿，来时阴云晦暗，很快丽日晴空，韩愈特意留诗一首。

苏轼很高兴，认为这是吉兆，很快就会如同韩愈一样北还。怀着乐观的想法，苏轼也题诗一首："逐客何人著眼看，太行千里送征鞍。未应愚谷能留柳，可独衡山解识韩。"

一家人行旅匆匆，很快来到相州南四十里的汤阴县。一路风尘仆仆，披星戴月，早已饥肠辘辘，精疲力尽。于是大家一起停下来歇歇脚，喝碗豌豆大麦粥。世间事变化莫测，昨日穿紫配金，位列三公，今朝豌豆充饥，勉强果腹。旦夕祸福、荣辱沉浮，宛若一梦。

苏轼端起粥碗，喝得有滋有味。无论美酒佳肴还是粗茶淡饭，只要内心坦然，都能甘之如饴。他心境平和，随遇而安，一路上还有心情作诗寄给定州的同僚。

苏轼被使臣押解奔赴谪地，朝廷中的小人仍不甘心，希望苏轼永世不得翻身。御史刘拯再次指责苏轼在吕惠卿责降诏中，以公济私，以泄私愤。于是，可怜的苏轼又被加重了处罚："合叙复日不得与叙，仍知英州。"

叙复的意思是，获罪降职的官员到了一定年限，按劳绩可恢复职位。而这道命令直接取消了苏轼叙官的资格。十几天之内，诏令三次更改，朝局如此动荡混乱，令人无语。

苏轼行至临城，仰望太行山，本来心情大好，以为很快就可以北归。然而，这一道诏令一下子浇灭了他的幻想，不仅如此，更让苏轼无法预料的是，他的灾难还远未结束。

此时的苏轼已是老迈之躯，天气炎热，酷暑之下，日行百里，不等到达四千里外的广南，就会客死途中。行到滑州后，苏轼向朝廷奏请，准予乘船而行。

苏辙出知汝州，四月二十一日已到任上。苏轼抵达陈留后，绕道汝州，与苏辙话别。

自从元祐以来，苏辙一直在京城为官，俸禄优厚，这些年稍稍有了些积蓄。而苏轼一直辗转迁移，又好行侠仗义，多次捐助孤儿，俸禄早已消耗一空。如今穷途末路，只好靠苏辙救济。

苏辙给哥哥拿了七千缗，将由苏迈带着大半家人到宜兴居住，靠这些钱和那里的田产能维持生活，解决了苏轼的后顾之忧。

罪官身份不能久留，兄弟俩匆匆一聚，只三四天的时间，就匆匆别离。苏轼回到陈留，收到准许舟行的旨令，于是一家人乘船继续南行。

一路上，苏轼在各地遇到很多旧友。患难见真情，苏轼流亡之际，今非昔比，仍有很多亲朋故旧前来问候送别。

经过雍丘时，雍丘县令米芾派专使相迎；行至九江，杭州同僚苏坚赶来相见；到了扬州，弟子张耒特地派遣两名兵士，将苏轼一路护送至惠州。张未此时在润州做知州，由于官法所限，知州不能随意离开。虽然未能与老师见面，但张耒派的两名兵士忠心耿耿，一路上幸亏有这两人的照顾，使得苏轼得以安全抵达。

苏轼交友遍天下，一路沿途不停地与朋友道别。再往前行，过了大庾岭，就会是一个完全陌生的炎热荒远之地，不会再有旧识，更没有朋友，一种久违的孤独慢慢向苏轼袭来。

六月初七，船行至金陵，因大风天气，不得不停船靠岸。王闰之曾留有遗言，儿子们遵照母亲遗愿，在金陵清凉寺再次恭奉阿弥陀佛像，举行安奉仪式，为亡母祈求冥福。佛事结束后，苏迈辞别了父亲，带领老幼前往宜兴居住。

苏轼被贬岭南，作为旧党的苏轼人生走向低谷，苏轼的故友章惇却迎来了命运的高光时刻。

此刻，章惇已经成为朝廷中的宰相。元祐年间，司马光执政，章惇被贬出京城，一路贬至岭南。年过半百的章惇并没有在遍布瘴毒的岭南倒下，哲宗亲政后，章惇竟然在万里之外的岭南迎来了命运的反转。

人生总是充满变数，改变章惇命运的，是哲宗，这与章惇多年前所做的一件事密切相关。

当年，神宗病危，皇位继承人还未成定局。朝堂中，蔡确等人为谋取富贵，想拥立神宗的弟弟为帝。关键时刻，是章惇，把写有立哲宗为储的诏书拿到神宗病榻前。弥留之际的神宗看到后，泪如泉涌，不住地点头，终于安心地闭上了双眼。

凭着这份拥立之功，加上王安石之后的新法领袖这个标签，哲宗亲政后，立即把贬谪岭南的章惇召回京城，并任命为宰相。

哲宗支持新法，章惇得势，立即援引同党蔡卞、林希等人回京任职，朝廷要职和谏官言路全换成新党人士把持。蔡卞是王安石的女婿，也是王安石旗帜的继承人，蔡卞回京后，在他的运作下，王安石配享神宗庙廷，蔡卞奉命主持重修《神宗实录》。当初，《神宗实录》的修撰由旧党主导，他们不敢批评神宗，却极力否定和批判新法。如今，哲宗亲政，秉承父皇遗志，决定对王安石新法进行重新评价。

没多久，哲宗召蔡京为户部尚书。蔡京，是蔡卞的哥哥。元丰末年，蔡京权知开封府，当时司马光打算罢废免疫法，恢复差役法。蔡京作为当时不得志的新法人士，一直苦苦等着出头的机会，竟然知难而上，在五天时间内，在他所辖地区全部改换了差疫法，令司马光大为赞赏。

这次章惇为相，准备停止差役法，再改回之前的免役法。对此，朝中大臣又开始议论纷纷，悬而不决。蔡京向章惇献媚说，不过是施行熙宁成法而已，用得着辩论吗？于是，又改回了免役法。

此事可见，蔡京，是一个见风使舵，阿谀谄媚，毫无政治原则的人。蔡京，历史上的四大奸臣之一，可悲的是，北宋后期的命运竟落到了蔡京之流手中，最终，将北宋一步步带进深渊。

此时的朝堂在章惇、蔡卞的带领下，复仇之火熊熊燃烧，向元祐诸臣一一展开报复行动，无论在朝在野，无论早已作古还是尚在人世，一个不落，决意将元祐大臣一网打尽。

他们主张挖掘司马光、吕公著的坟墓，劈开棺木，暴虐尸体，以惩处司马光等改变先朝之法的叛逆之罪。幸亏尚书左丞许将说服哲宗，这么做不是盛德之事，于是改为追夺赠谥，至此，司马光和吕公著墓上的石碑文字统统都被砸毁。党争到了如此没有底线的程度，实在令人齿冷。

对死人尚且如此，对活着的人就更不会留有温情。很快，苏辙被降为左朝议大夫知袁州。诏令发出后没多久，又觉得贬谪太轻，于是，再降授知袁州的苏辙，试少府监，分司南京，筠州居住。

元丰年间，苏辙因受兄长乌台诗案牵连，被贬到筠州（今江西高安）做酒监，如今，又一杆子把苏辙打回到了高安。

对苏轼和苏辙兄弟贬谪的制词是由蔡卞亲自撰写。制词，本是官员升迁被贬时，朝廷用来陈明事由，以示公允的文书。如今，却成了权力更迭时，权臣党同伐异的工具。

当年，旧党执政，苏辙无情鞭挞蔡氏兄弟，如今，蔡氏翻身，开始对苏氏兄弟狠狠反击报复。

在新党派的反攻下，吕大防、刘挚等人纷纷被贬出京城。被贬谪的旧臣中，苏轼的处罚最重，也被贬得最远，是被贬到岭南的第一人，这其中的原因并不难猜测。

自从哲宗十岁登基，苏轼便成了他身边的亲近侍臣。作为翰林学士，苏轼职责重大，他不仅参与经筵讲读、承旨拟诏，还担任天子的顾问，时刻陪伴在皇上左右。苏轼与皇帝的密切关系无人能及。而且，哲宗对苏轼颇有感情，苏轼在杭州做知州时，朝廷派出使者到杭州出差，哲宗还秘密赐赠苏轼一包上等的茶叶，并嘱咐使者悄悄带给苏轼。可见，皇帝对苏轼有着特殊的感情，与一般臣子有所不同。

哲宗对苏轼的感情深厚，这一点恰恰是新党人士最担心的。司马光去世后，苏轼成了旧党的核心人物。太皇太后在世时又对苏轼宠爱有加，苏轼在朝，如日中天。新党认为，只要苏轼在朝一日，他们就永无翻身之日。

哲宗刚刚亲政，继承父志，推行新法。由于年轻气盛，血气方刚，在新党的怂恿下，不加思索地贬谪了大批旧党人物。如果某天，哲宗突然醒悟，念及帝师的八年经筵之情，重新召回苏轼，以苏轼的人气和名望，章惇等人很难望其项背。在野多年的新党派好不容易重夺权柄，又怎舍得把刚到手的权利拱手相让。

因此，无论是章惇，还是投靠他的手下，都把苏轼当成了头号敌人，为杜绝后患，一心想置苏轼于死地。

章惇与苏轼素来情谊深厚，如今，章惇却对苏轼痛下狠手，有人认为两人之间的反目成仇或许涉及个人私怨，而这个私怨或许与章惇不为人知的出身有关。

据传闻，章惇的父亲章俞年轻时风流浪荡，行为不检，竟与守寡的岳母私通，并生下了章惇。起初，他们打算把这个私生子扔河里淹死了事，但有人告诉章俞，这孩子的出生八字大吉，将来一定可以光宗耀祖。于是，襁褓里的章惇捡了一条命。

　　章惇与苏轼为同榜进士，做官后，两人开始交往。熙宁八年（1075），章惇在湖州任知州时，苏轼曾在《送章七出守湖州》诗中写道："方丈仙人出渺茫，高情犹爱水云乡。"有传言称，章惇觉得苏轼在诗中嘲笑他不为人齿的出身，因此耿耿于怀，一朝得势，便开始对苏轼肆意报复。

　　尽管这一说法流传甚广，但仔细分析，其中仍有不合理之处。推测应以客观史实为准。事实上，当苏轼被贬黄州时，他与章惇仍有书信往来，向章惇倾诉过黄州生活的点滴。当王珪在神宗面前诬陷苏轼时，章惇还曾为苏轼出头，直言不讳地反击王珪。这表明，两人的交情在那时依然牢固。

　　自从元祐元年，章惇离开京城后，在苏轼的所有诗文和史书中，很少再有两人来往的行迹。可以推断，两人的决裂是从章惇罢枢密院事一职，离京出知汝州之后。对于这一结论，根据章惇的性情，也颇具合理性。

　　当年，章惇第一次参加科举，就已高中。但因章惇的侄子章衡，与章惇同榜且考中了状元，章惇不愿屈居于侄子之下，竟然放弃功名，扬长而去。两年后，章惇再次参加科举，名列第一甲第五名，开封府试第一名。这一次，章惇才稍觉满意，从此踏入仕途。

　　在元祐时期，苏轼的政治地位日益攀升，名望日隆。与此相反，作为新法支持者的章惇，却被贬出京城，身处低谷。

　　一个在朝廷大红大紫，而另一个却受尽排挤，被外放地方，以章惇的性情，比他还年长十岁的侄子排在前面都不能容忍，又怎能接受好友之间如此强烈的反差对比？有的人就是这样心胸狭窄，小肚鸡肠，能接受朋友比自己差，却无法容忍对方混得比自己好。

　　后来，章惇被一贬再贬，从高高在上的朝廷重臣被贬到杭州一处道观做看守，直到最后被贬到岭南。司马光离世，苏轼成了朝廷位高权重的人物，而章惇却在遥远的岭南饱受烟瘴之苦。

　　人在落魄时，更容易对仇恨刻骨铭心。作为不得志的新党派，章惇对司马光、苏轼等所有旧法派充满了仇恨，尤其，对苏轼的怨恨更深更大，此事也与苏辙有着莫大的关系。

当初，司马光一意孤行，全面否定新法，当准备废除免役法时，遭到很多人的反对，包括作为旧法派的苏轼。朝堂之上，最大的反对声音来自新法的坚定捍卫者，章惇。章惇在高太后帘前与司马光等保守派激烈争辩，因一时气怒，章惇竟说出"他日安能奉陪吃剑"这种不逊之词，后来，遭到旧法派诸臣的弹劾。

当时，在诸多弹劾章惇的大臣中，时任右司谏的苏辙的名字也赫然在列。元祐元年（1086）二月，苏辙上章弹劾章惇《乞罢章惇知枢密院状》，五天后，章惇被贬出京城，由知枢密院事出知汝州。

章惇与苏轼交情深厚，苏辙不会不知，但他依然出手弹劾章惇，这与他的政治角色有关。无论苏辙，还是苏轼，都是反新法的官员，他们的身份注定了要与司马光为首的旧党派人物保持一致的政治立场，与新党人士势不两立。

苏辙上任右司谏没多久，便相继弹劾支持新法的宰相蔡确、韩缜以及枢密使章惇等人。他行事果断决绝，毫不留情，这与他的人生遭遇也有一定关系。

当初，苏轼饱受新法派人物折磨，在乌台诗案后被贬黄州，苏辙因受哥哥牵连，被贬到筠州管理盐酒税务。苏辙的工作琐碎而又繁重，为了生计，不得不每天早出晚归，乘船跨江，奔波于盐酒课税，一天下来，精疲力尽。他自己受苦受累还能忍受，关键是妻儿老小也跟着他吃苦受罪。一大家人住在江边，条件十分艰苦，房子破漏不堪，居住条件还不如苏轼在黄州的临皋亭。

苏辙是个非常注重亲情的人，妻子儿女跟随他颠沛流离，饱受苦难，历尽艰辛。甚至一个十二岁的女儿也因病夭折在谪地，苏辙痛苦万分。当年，苏洵的女儿八娘离世，老苏充满了自责和愤懑。和父亲一样，爱女的离世让苏辙备受打击。他与哥哥的被贬落魄都是因新法派一手造成，因此，苏辙对新法派人士充满了深深的怨恨。

章惇万没想到，他与苏轼私交深厚，苏轼的弟弟却翻脸无情，落井下石。尽管章惇与司马光因免役法针锋相对之时，苏轼曾在其中百般调停，但因为苏辙的弹劾，章惇还是和苏轼结下了仇怨，从此形同陌路。

新旧党派相互倾轧，章惇与苏轼的情谊就这样被变法和历史的进程所裹挟，两人曾经的那点儿私人交情，也在落魄的逆境中，被仇恨消耗殆尽。

对于章惇的性情，苏轼十分了解。当年，苏轼与章惇一起游览仙游潭，苏轼不敢过独木桥，章惇胆大于身，轻松走过，面不改色，苏轼曾预言，章惇日后能杀人。果然，被苏轼言中。只是，苏轼当时没料到的是，这位昔日的老朋友举刀相向，日后对准的竟是他。

苏轼知道章惇心狠手辣，睚眦必报，猜想贬谪英州的诏命，可能还会更改。果然被苏轼猜中。苏轼一行人，行至安徽当涂时，已是铄石流金的酷暑天气，船上潮湿闷热。等待他的却是来自朝廷冰冷的寒意，对苏轼的第四次降官处置：落左承议郎，责授建昌军司马，惠州安置，不得签书公事。

一夜之间，苏轼又成了不得签书公事的罪臣，如同在黄州时一样，听候地方安置。至于惠州与英州，对于苏轼而言，却没什么不同，都是广东，大庾岭外，荒炎之地。

苏轼被贬谪知英州是在四月初三。二十多天后，章惇入京任职。章惇拜相后，苏轼收到这份责授建昌军司马、惠州安置的冷酷后命，显而易见，来势汹汹的改降背后，正饱含了章惇对苏轼浓浓的恨意。

运势如此，看来难有起复之望，既是罪人之身，长途跋涉，万里流亡，再没必要拖累家人，苏轼决定独自奔赴贬所。儿子儿媳都很孝顺，他们不放心年近花甲的老父一个人到遥远炎荒的广南，都哭着不愿离开，尤其是二儿子苏迨，哭着请求陪同父亲一起南迁。

苏迨从小就身体不好，常年体弱多病。苏轼深知荒远的烟瘴之地对健康的不利影响，因此他用尽心思劝说苏迨不要前往。最终，苏轼决定只带二十三岁的小儿子苏过同行，而其他家人则由苏迨率领，一同前往宜兴与长兄苏迈团聚。

自从外放颍州，苏轼已陆续遣散家伎、仆人。此时，家中还有两三位侍女。苏轼不愿她们跟着受苦受难，给她们一一安排了去处。唯有侍妾朝云，不愿离开，坚决要追随苏轼，照顾他一路南行。长途跋涉，翻山越岭，患难之际，生死相依，朝云的情深和果敢令苏轼深深感动。

白居易老年时患了风痹症，也就是痛风，体力大不如前，他不得不解散了家仆。跟随白居易十多年的家伎樊素对他依依不舍，但最终还是选择了离开。"不似杨枝别乐天，却如通德伴伶玄"，和白居易相比，苏轼觉得自己十分幸运，因此，特赋一首《朝云诗》，感念这位红颜知己的不离不弃。

六月二十五日，苏轼在当涂亲手撰写了六篇辞赋，赠予苏迨，以此向苏迨告别。再次与家人分别之后，他与苏过、朝云以及两个老仆一起乘船继续前行。

八月初的一天夜晚，船刚靠岸，只听岸边人声嘈杂，数百官兵拿着火把冲上来，很快把苏轼的船团团围住。原来，本路发运使已经得知朝廷对苏轼新颁的降官处置，竟然小题大做，派了五百人前来拦截，准备收回官方提供的坐船。

一个六十岁的老翁被贬，竟招来这么大的阵仗，如此兴师动众，令人哭笑不得。人心不古，世态炎凉，苏轼只能好言好语和对方商量，希望能够借用官船赶往星江，并在抵达码头后尽快雇用私船，将官船归还。否则，在深夜时分、茫茫江海，他们将不得不露宿江边。

对方答应了苏轼的请求，但距离星江仍然遥远，能否在天亮前到达仍然是个未知数。苏轼只好向龙神默默祈祷，希望能一路顺风，一直行到豫章（今南昌）。刚祷告完毕，忽然，江风四起，船夫立刻升帆开船，一夜之间果然顺利到达豫章。

长途跋涉，困难重重，又闯过一关。苏轼再次在江边码头祷告，并在望湖亭上留诗一首："八月渡重湖，萧条万象疏。秋风片帆急，暮霭一山孤。许国心犹在，康时术已虚。岷峨家万里，投老得归无？"

尽管秋风萧瑟，满目凄凉，失意落魄，内心孤寂，苏轼仍怀抱着一颗许国之心，只是不知老迈之躯，何时能回到故乡。

到达豫章后，苏轼自己雇船继续前行。然而，再往前，就是长达三百里非常凶险的水路——赣石。从赣州府城北一直到万安县，这段水路，水流湍急，水下怪石嶙峋，形成了十八个险滩，其中，以黄公滩最为凶险，随时都有船翻人亡的可能。

幸运的是，苏轼等人终于平安地渡过了黄公滩。不幸的是，躲过最凶险的一程暗礁，却没躲过朝廷的第五道改降。苏轼等人刚刚渡过黄公滩，就收到新的诏令："苏轼落建昌军司马，贬宁远军节度副使，惠州安置。"

一路走来，千难万险，抵不过仕途险恶，一贬再贬。一直以来，苏轼对国家忠心耿耿，以为可以兴国安邦，建功立业，却遭到一次次打击和迫害；一次次乘风破浪，披荆斩棘，踏过险阻，迎来的却是朝廷的风云变幻；一直想回归故里，仰望林下，却颠沛流离，沦落天涯。

"便合与官充水手，此生何止略知津。"渡过黄公滩，前路还有未知的险阻，收到第五改诏令，后面不知还有多少惩处。仕途黑暗，晚景凄凉，苏轼自知前途渺茫，虽内心凄苦，却仍能在诗中洒脱地以自嘲的方式面对困境。他笑侃自己，一生经历了无数的风浪，岂止是只知道几个渡口而已，都可以给官船当水手，为官府驾舟行船。假如，朝廷容得下苏轼这样的水手保驾护航，北宋这艘巨轮又怎会轻易触礁倾覆？

绍圣元年（1094）九月，苏轼一行来到了大庾岭。大庾岭位于江西与广东的边界，是南岭中的五岭之一。这些山岭被视为中原与南方蛮荒之地的分界线。当时的岭南地区还是未开发的边陲蛮荒之地，气候炎热，地广人稀，潮湿多雨，沼泽遍布，充满瘴毒之气。

宋朝君臣皆遵守着宋太祖不诛大臣和言官的誓约，臣子犯罪，最严重的惩罚就是贬谪到岭外。宣仁太后垂帘听政后，新党纷纷被贬出朝廷。作为新党之一的蔡确被贬到安州。被贬失意的蔡确游览车盖亭时，写下十首诗，后来被指控为谤讪太皇太后，太皇太后怒不可遏，将蔡确贬到岭南新州（广东省新兴县）。

在当时，被贬往岭南，几乎有去无回，不但意味着政治生命的结束，与判死刑也没多大区别。蔡确被贬到新州，千里岭南，穷乡僻壤，人烟稀少。蔡确到了新州没多久，就抑郁成疾，最终，死在了岭南，时年五十七岁。

蔡确被贬时，范纯仁曾劝说宰相吕大防，"自乾兴以来，尚无人被贬谪至岭南，岭南荆棘丛生已近七十年。今日一旦重开，将来政局变幻，日后难免我们也有同样的下场。"

果不其然，蔡确去世后仅一年，哲宗亲政，局势发生了变化，新党得势。作为旧党的一员，第一个被贬到岭南的竟是苏轼，对皇上有八年讲筵之情的帝师。

身在贬途的苏轼在前往大庾岭途中，想到了道教传说中的海上三神山，内心忽然豁然开朗，再没有以往"把盏凄然北望"的哀伤。仿佛有仙人在为他抚顶，结授长生命符。或许放逐南岭，就是让他割断尘缘，告别过去，以修炼自身，从此进入另一个世界，那里一片静谧而祥和，没有人事纷争，没有世俗熙攘。

大庾岭的林木葱茏，荒凉僻静。苏轼一行穿过山林，偶遇两位道人。他们见到苏轼，立刻转身，隐入茅屋之中。苏轼感到十分惊讶，便对押送他的使臣说："这里似乎有些不同寻常的道士，我们不妨一同进去拜访一下。"

走进茅屋，两个道士都在，仙风道骨，气度非凡。其中一人询问使臣："这是何人？"使臣答道："此乃苏学士。"道人顿时恍然大悟道："莫非就是苏子瞻？"苏轼心中欣喜，想不到即便在岭南这样偏远的地方，也有人知晓他的名字，这让他倍感安慰。

"学士始以文章得，终以文章失。"使臣一路相伴，对苏轼的境遇充满慨然，竟也语出不凡。两位道人相视一笑，说："文章岂解能荣辱，富贵从来有盛衰。"苏轼心中默默思索着这番话，一直回味着。

走出山林很久，苏轼仍在思考着道人的那两句话。他心中明悟，山林间皆有隐居修道之士，人生荣辱富贵，皆为过眼云烟。

终于穿过了大庾岭，来到了韶州（广东省韶关）。这里的南华寺，原名宝林寺，是禅宗六祖惠能弘法之地，故也称为六祖道场。苏轼踏入寺内，来到大鉴塔前虔诚地礼拜。在塔内藏有六祖慧能的真身，苏轼站在塔前，仿佛瞬间被触动，因缘巧合之下，得到了一种超然的领悟，感动得泪如雨下。

离开南华寺后，苏轼顿觉有一种超脱之感，内心无悲无喜，轻松自在。他经过英州，游览了碧落洞、峡山寺；到了广州，又参观了蒲涧寺、滴水岩等名胜，仿佛完全忘却了自己罪臣的身份。

在英州经过浈阳峡时，苏轼遇到修道的老友吴复古。两人相遇，吴复古对于苏轼的得失境遇绝口不提，只是微微一笑说道："卢生曾在邯郸一梦中，就能勘破虚妄归真，如今你亲身经历，是否有所领悟？"

早在杭州时期，苏轼就常与山寺大儒谈禅论道，被贬黄州时，对佛道有了更深的感悟。如今花甲之年，被贬至岭南，走进一个陌生的世界，内心也进入了一个全新的境界。尘世的荣辱离他越来越远，南国的山水自然令他耳目一新。这里不乏高僧、道士和奇人。在广州，苏轼与道士同游罗浮山、滴水岩等名胜，一路行来，游踪所至，兴之所起，皆有诗文留存。

令苏轼欣慰的是同行的儿子苏过，一路上也都有赋有咏，且笔力健劲，初露峥嵘。受父亲的影响，苏过也喜欢道家的养生，每天夜里起来打坐，俨然有超然世外之志，苏轼不胜欣喜，骄傲地作诗赞许："小儿少年有奇志，中宵起坐存黄庭。近者戏作凌云赋，笔势仿佛离骚经。"

经过长达半年之久的跋山涉水、舟车劳顿，绍圣元年（1094）十月初二，苏轼终于抵达贬谪之地，惠州。

惠州在广东省东南，珠江三角洲的东北，属于今天的广东省惠州市惠阳区。

北宋时的惠州尚未开发，还是一个经济文化非常落后的边陲蛮荒之地。土地贫瘠、气候湿热、丛林密布、遍布沼泽，被称为烟瘴之地。在古代，常把朝廷重犯发配到这样的不毛之地。

尽管惠州距离京城万里之遥，穷困偏僻，但苏轼名扬天下，惠州的百姓对于苏轼的名字并不陌生，很少有外乡人到来的惠州，突然来了苏轼这样一个赫赫有名的文人，整个惠州都沸腾了。

百姓扶老携幼，纷纷前来问候和探望，想一睹传说中大名鼎鼎的苏学士风采。只见，这位苏学士鬓发花白，慈眉善目，态度友好，言语和气，大家顿时多了一份亲近之感。再看苏轼所带行囊竟十分简陋，食用器具一概不全，又纷纷从自家取来吃食器皿、薪火土物送与苏轼。

惠州百姓对苏轼礼貌而又盛情，这让初到惠州的苏轼非常高兴，一路上的忧虑一扫而光。惠州民风质朴，四季如春，风景宜人，并不是苏轼想象中的穷山恶水，这让苏轼不但没有任何疏离隔阂之感，反而觉得十分亲切。

不只百姓盛情，惠州的官府对苏轼也礼遇有加，苏轼初来乍到，特意安排他暂住三司行衙的合江楼。

合江楼是掌管全国财政的三司部门巡视惠州时居住的宾馆，楼阁富丽华美，临江而居，视野极佳。苏轼住在楼中，凭栏远眺，江天一色，烟波浩渺，仿佛进入仙境，忍不住感慨："楼中老人日清新，天上岂有痴仙人。"

合江楼毕竟属于三司行馆，只能暂住，作为谪官，不宜久居。半个月后，苏轼不得不搬进嘉祐寺。

嘉祐寺在归善县城内，县城临水靠山，嘉祐寺坐落在一座山脚下，在水之东。苏轼一向喜欢寺庙的静谧清幽，可游览山林，可亭边小憩，可参禅悟道，可打坐修身。

离寺庙不远的山上，有一座松风亭，十月末，亭边梅花已然绽放。贬谪的路上，苏轼总是遇见梅花，去黄州时，在春风岭与梅相遇，如今流落岭南，又见到梅花。

"天香国艳肯相顾，知我酒熟诗清温。"梅花凌风傲骨，素雅芳馨，花姿优美，遗世独立，似乎与卓尔不群的苏轼有着不解之缘，这让身处贬途、善感多情的苏轼生出诸多感慨，连连写下有关梅的诗作。

同样是梅花，和黄州时期相比，带给苏轼的心情却大不相同。被贬黄州时，苏轼四十多岁，心中犹有不甘，因此情绪中充满悲哀。如今，历经沧桑，看透世事，花甲之年，心境早已淡泊平和。无论是在黄州还是岭南，无论是过去还是现在，苏轼一直是珍爱自然、惜花爱花之人。只是置身岭南的苏轼已经宠辱不惊，无论花开花落；心境澄明，无论云卷云舒。

自从到了岭南，附近的很多地方官都来看望苏轼。苏轼天性好交朋友，到惠州没多久，就常有朋友来访，比如，程乡县令侯晋叔，文采气骨兼备，和苏轼很谈得来，特意陪苏轼一起游览八十里外的大云寺，两人携壶林间，野餐松下，举杯言欢，不醉不归。

惠州太守詹范与已故的黄州太守徐大受是至交好友。徐大受在世时与苏轼关系亲密，因此，詹范与苏轼初见时就感到一见如故，十分投缘。

在黄州时，徐大受一有好酒，就来找苏轼一起共饮。詹范也是如此，经常携带美酒前来，与苏轼举杯畅饮。在节日时，詹范还会特地带着厨子和美味佳肴，陪苏轼一同在嘉祐寺共度佳节。苏轼偶尔也会携带美酒、新鲜的鲈鱼，以及用槐叶汁和面做成的饼，去拜访詹范，共度愉快的闲暇时光。

有朋友相伴，生活并不寂寞，日子似乎过得也很快。转眼，到了绍圣二年（1095）正月。

这一年，广南一路派来了一位新的提刑官。提刑官代表朝廷，负责对本路的其他官员和下属的州、县官员进行监察，有权弹劾贪官污吏，审查刑事案件等。这次派来的提刑官是一个精明能干、雷厉风行的人物，此人不是别人，正是和苏家有着一段宿怨的程之才。

程之才，字正辅，眉山人，和苏轼既是同乡，也是苏轼的表兄，更是苏轼的姐夫。当年，比苏轼大一岁的姐姐八娘嫁给程之才后，不受公婆待见，没多久，抑郁而亡。苏洵失去唯一爱女，愤恨不已，从此与程家断绝来往，两家成了仇家。四十二年过去了，两家人一直不相往来。

章惇曾和苏轼来往亲密，他十分清楚苏程两家之间的宿怨，故意起用程之才做广南一路的提刑。他的用意明显而又歹毒，就是想借刀杀人，借程之才之手，置流落岭南的苏轼于死地。

苏轼当年只有十七岁，当苏程两家绝交时，他还年轻。四十多年过去了，他不知道该怎样面对这位既是表兄又是姐夫的提刑官，更不知道程之才将如何对付他，苏轼有些犹豫，也有些担忧。

既然无法躲避，不如主动面对。一番思量后，苏轼委托程乡县令侯晋叔代为问候，试探一下程之才的态度和反应。意外的是，程之才对苏轼并无恶意，到了耳顺之年，回想往事，不免心存内疚，也有心想化解两家多年的恩怨，重修旧好。

于是，三月初，程之才到达惠州时，苏轼特意派遣儿子苏过去江边迎接。第二天，程之才携带丰厚的礼物来到嘉祐寺，探望苏轼。

程之才比苏轼大两岁，两位年龄相仿，少年时期彼此相熟、亲如兄弟的玩伴，四十年后相见，都已步入满头白发的花甲之年。

两个同乡老人在离乡万里的岭南，相对而坐，聊起少年往事，故亲乡情；彼此述说各自家庭状况，共同经历；谈到共同相熟的邻里族人、家乡父老。沧海桑田，人事变幻，世路坎坷，心旅迢遥，近半个世纪的时间弹指而过，两人都不胜唏嘘感叹。表兄弟俩越聊越激动，也越聊越亲近，不知不觉中，久远而缥缈的嫌隙早已烟消云散。

第二天，苏轼前往程之才下榻的三司行衙回访。得知苏轼曾在合江楼暂居时，程之才便吩咐有关部门，待他离开后，继续让苏轼在合江楼居住。于是，三月十九日，苏轼又从嘉祐寺搬回到了合江楼。

程之才在广南的这段时间，两人不但尽释前嫌，再拾亲情，还经常一起游山玩水，往来唱和。后来，程之才还请苏轼给他的曾祖父写了篇传记《外曾祖程公逸事》。

苏轼本身喜好交友，有了程之才的关系，惠州的地方官员对苏轼更加信任。因此，苏轼后来在惠州做了很多慈善事业，得到了当地官员的支持和赞赏，章惇的阴谋彻底失败。

第二十四章　贬谪惠州

惠州偏远闭塞，与外界隔绝，苏迈在宜兴生活，十分惦念父亲，但很难获得岭南的消息，一家人都十分牵挂。

在苏州定慧院里，有个做劳务的杂役名叫卓契顺。他对苏迈说："惠州又不在天上，只要走，总能走得到。"卓契顺愿意亲自前往惠州，探望苏轼，并为苏迈带去家书。他从苏州出发，一路翻山越岭，风餐露宿，只凭着双脚行走。绍圣二年（1095）三月初二，他终于来到了惠州。

卓契顺朴实厚道、古道热肠，苏轼非常感动，但故意开玩笑地问他带了什么土特产来，契顺却双手一摊：一无所带。苏轼打趣道："千里迢迢，竟空着手来，真可惜。"

契顺不只带来了儿子的家书和问候，还捎来了佛印的信函，令苏轼十分欣喜。

"人生一世间，如白驹之过隙，二三十年功名富贵，转盼成空。何不一笔勾断，寻取自家本来面目。"佛印才智超群，出语不凡，劝说苏轼忘却功名利禄，珍惜自己。绍圣四年（1097），佛印离世。这封万里送来的信，成了知音朋友最后的诀别。

契顺在惠州待了半个多月，又将为苏轼捎带写给儿子的家书，准备回去时，苏轼问契顺，他想要些什么。契顺的回答充满智慧："正因为无所求才来惠州。如果有所求，就去上京了。"

苏轼却非要表示一下心意，于是契顺讲了一个故事：唐朝时，鄱阳有个校尉长叫蔡明远。颜真卿在饶州做刺史时，蔡明远敬重颜真卿的德行，常跟随左右。后来，颜真卿改任升州（今南京）刺史，当地发生洪灾，刚到任的颜真卿无米无粮，陷入困境。蔡明远得知颜鲁公绝粮于江淮间，立即筹集资金购得一大批粮食，不远数千里，亲自送去，为颜鲁公解了燃眉之急。颜鲁公感激蔡明远的热心，写了一张字送给他，于是，天下人知道世上有个叫蔡明远的人。

契顺说，他没有米赠给苏公，不过区区万里之行而已。不知是否可以效仿蔡明远，得到苏公几个字相赠。苏轼立刻铺纸研墨，认真地写下一幅渊明的《归去来辞》，赠予了契顺。

契顺回去后，岭北的亲人朋友得到了苏轼的消息，欣慰之余却更加挂念，又纷纷派人到惠州来问候。

苏轼在黄州时，老朋友陈慥曾多次前往黄州陪伴苏轼，这次，陈慥又打算亲自来惠州看望苏轼。苏轼感动不已，但惠州路途遥遥，一路艰难险阻，苏轼担心陈慥的安危，赶紧回信劝阻。

苏轼一向喜欢游山玩水，惠州境内有不少名山古刹，对于苏轼来说，贬谪之地似乎又成了人间乐土。

离惠州二十里有一个白水山，山路迂回，蜿蜒曲折，几泓深潭，幽静清澈。山上有百丈高的瀑布，飞珠溅玉，波澜壮阔。山中还有苏轼最喜欢的温泉，水汽氤氲，热气腾腾。苏轼刚到惠州时，就和儿子苏过一起游览了白水佛迹院，在温泉里沐浴，直到月落时分，才依依不舍赶回家。后来，白水山佛迹岩就成了苏轼常游之地。

惠州城西也有一个西湖，因为湖上水产丰盛，又称丰湖。苏轼一生似乎与西湖有缘，正如秦观在诗中所写"先生所至有西湖"。惠州丰湖上有栖禅寺和罗浮道院，苏轼常常徜徉其间，乐不思归。

苏轼在岭南，像在黄州时期一样，身边很快多了一群新朋旧友，这让身陷贬地的苏轼，日子过得也像在黄州一般，虽一贫如洗，却自在逍遥。

尽管放逐岭外，无权无势，无官无禄，不能为民请命，但苏轼依然乐善好施，热心帮助当地百姓。在惠州这些年，苏轼做了很多善事。只要有助于人，又力所能及的事，他都会尽力而为，从中获得满足与快乐。

一次，苏轼在郊野散步，无意中看到江边有很多枯骨，暴露在荒郊野岭，任凭风吹日晒。这些尸骨虽然不知属于什么年代，但不是士兵就是子民，都是同胞。苏轼不忍心看着他们被蝼蚁啃噬，遂找到惠州太守詹范，商议筹募经费，雇人收埋这些荒冢。后来，在程之才的帮助下，由官府出面，正式处理收埋枯骨之事。尽管自己身处贫困，苏轼也慷慨捐款，并亲笔撰写了《惠州祭枯骨文》，以此祭奠这些亡魂。

苏轼以前在武昌，看到当地农夫用一种木质的农具插秧，这种农具腹如小船，形状如马，叫作"秧马"，播种时，用蒿草将秧苗绑在马头上，一边走一边插秧，又快又省力。苏轼把这种先进的农器告诉了博罗县令林抃，又特意写了一篇《秧马歌》，详细介绍秧马的操作方法，希望能惠及更多的人使用。

在苏轼的帮助下，林抃亲自率领农民制作试验，并把秧马加以改良，从此，插秧工作变得轻松多了，惠州百姓对此赞不绝口。

苏轼又将《秧马歌》寄给所有他认识的县令和州长，希望能广传天下。遗憾的是，其他人没有眼见为实，更没有机会得到苏轼亲自辅助指导，并没放在心上。

程之才离开惠州时，苏轼在博罗县香积寺为表兄践行，发现寺庙下面有一条水势很大的溪水。苏轼建议县令林抃，在溪水附近建一个百步大小的水塘，设置水闸蓄水，利用水力推动碓磨舂米、磨面。林抃觉得苏轼博学多才、见多识广，对苏轼的建议总是深信不疑，立刻照苏轼的想法认真实施，于是，寺庙的僧侣有了水碓磨，砻米方便多了。

惠州与归善县沿江而筑，中间隔着一条东江，江上只有一道简陋的竹桥，行人过江，只能从竹桥通行。江流湍急，竹桥经常被冲毁，对行人非常不便。罗浮道士邓守安有一个建议，用四十艘船联在一起，每两只船并成一块，连接成二十个船舫，再用铁锁将船系在石墩上，这样既比竹桥安全，也结实耐用。

苏轼觉得这个办法不错，就游说程之才和惠州太守詹范等官员帮助筹措资金，并特意邀请邓道士来惠州主事，帮助建桥，苏轼虽然没什么钱，但也竭尽所能，甚至捐出了朝服用的犀带。

一两个月后，船桥落成，名为"东新桥"。竣工之日，惠州百姓争相在新桥试行通过，喜笑颜开。

除了"东新桥"，苏轼还积极参与修建丰湖上的长桥。丰湖上原来的长桥经常损坏，在栖禅寺僧希闻的改造下，新桥全用石盐木构筑，石盐木坚实耐久，不易被虫蛀损坏。苏轼又帮忙筹措资金，襄助建桥，在他的求助下，苏辙的夫人把以前皇宫赏赐的数千钱财都捐了出来。两座新桥落成后，当地百姓欢欣雀跃，云集一起，饮宴相庆，热闹非凡。

苏轼在杭州做知州时，非常关心百姓饮水问题，亲自主持修治六井，使得百姓有足够用水。在其位，谋其政，不在其位的苏轼，依然心系百姓。广州百姓饮水困难，只有官员才能够喝上刘王山的井水，而全城百姓只能饮用又咸又苦的水，因此，春夏之际，经常发生疫病，苏轼知道后非常着急。

在来惠州的途中，苏轼曾游览了广州白云山脚下的蒲涧寺，对那里清澈甘冷的山泉水印象很深。绍圣三年（1096），王古新任广州知州，王古与苏轼的好友王巩是堂兄弟。于是，苏轼就建议王古为广州百姓解决饮水大事。

根据苏轼在杭州治水和修井的经验，他提议在蒲涧山的滴水岩建造一个巨大的石槽，利用山坡地势，通过五根粗大的竹管将泉水引入城中。在城内再建一个大型水槽用于蓄水，然后利用五根竹管将水分流到城中各处，以供百姓使用。苏轼的建议非常详细，包括材料预算、资金筹集以及日常维护等方面。

王古也是一位勤政为民的好官，他立刻采纳了苏轼的建议，派人实地勘察度量，并使用五千根大竹管，从蒲涧山铺设到广州东边的外城，总长度达十里，比苏轼的预算还要省去一半。竹管成功引入山泉水后，尽管苏轼身在惠州，无法亲自品尝广州的水源，但他心中的满足感却胜过了任何泉水的甘甜。

苏轼在惠州，除了助人为乐，游山玩水，与朋友浅斟低酌，还有两个日常爱好充实生活，其一是研究中药。

早在仁宗朝时，朝廷编行《惠民济众方》，苏轼就产生了浓厚的兴趣。在黄州时，苏轼结识了闻名遐迩的聋医庞安常，受他的影响，苏轼开始认真研究中医及养生之道。

在杭州时，苏轼创办药坊，广施草药，救治时疫。在惠州，苏轼又开始研读孙思邈的《千金方》，学习治病用药的知识。通过认真研究和自己的亲身经历，收集了很多证明确有疗效的药方。

苏轼还对肝、脾、胃等人体内脏的生物规律有一定的总结和体会。他写道："凡人，夜则血归于肝，肝为宿血之脏。过三更不睡，则朝旦面色黄燥，意思荒浪，良以血不得归故也。"

惠州穷困落后，缺医少药，水土原因，导致瘴毒遍地。苏轼到了惠州不久，就开始四处搜购药材，调配药物，施舍给当地百姓。有时，遇到惠州买不到的药材，他就委托朋友在广州求购，后来，苏轼在白鹤峰上建造了住宅，就在屋后的院子里自己种植草药，人参、枸杞、甘菊、薏苡、地黄等应有尽有。

除了研究中药，苏轼还有一个爱好，喜欢酿酒。家中经常有客人登门拜访，酒消耗很多，尽管岭南五个州的太守和各州朋友都经常送酒给苏轼，招待客人还是不够用。因此，苏轼就自己酿一些桂花酒、罗浮春等来招待客人。苏轼酿酒用的食材非常简单，比如，酿造"真一酒"，只用白面、糯米和清水，比例各占三分之一，因为食材简薄，味道也非常淡泊。

很多朋友尝过苏轼酿的酒，都呵呵一笑，不置一词，更不敢恭维，他自己却认为是极品美酒，味道能和驸马王诜家的碧玉香相媲美，因此，依旧乐此不疲地酿酒。还把他自认为是琼浆玉液的桂花酒酿造方法刻在石上，藏在罗浮铁桥下，以传给像他一样的隐世求道之人。

苏轼酒量不高，却喜欢置酒待客，看别人举杯慢饮。有人问他，"你没病储备那么多药，没酒量又酿那么多酒，辛苦自己为了别人，何苦呢？"苏轼笑着回答："病人得到药，我为他感到身体轻松，喝酒的人沉醉酒中，我为他感到酣适，实在是为了我自己。"

惠州时的苏轼似乎比黄州时期更快乐，因为他完全抛却了个人荣辱，每天快乐地忙碌着，做自己喜欢的事。"上可以陪玉皇大帝，下可以陪卑田院乞儿"，他满腹才华，名满天下，和善亲民，真诚待人，既可以吟风弄月，挥墨书画，也可以躬耕垄下，种菜养花。他完全超越了世俗，超越了自我，走出人类的苦难，活成了一束光，熠熠生辉，温暖了自己，千百年后依然照亮着世人。

绍圣二年（1095）九月，朝廷大赦天下。尽管苏轼在惠州悠然自处，超然物外，但是小儿子苏过却一直陪着他，不能与宜兴的家人团聚，如果能够北归，当然是一件好事。因此，苏轼听到这个消息，难免心有所动。遗憾的是，元祐大臣不但不在被赦之列，而且终身不得迁徙，这让心情本已平静的苏轼再次陷入沮丧。

没多久，苏轼痔疮的老毛病又发作了，无药可医，非常痛苦。身体的不适，加上心灵的失落，让苏轼对充满神秘的神仙世界充满了向往，求仙问道成了他精神痛苦时寻求解脱的一种方式。这段时间，苏轼开始修仙、炼丹，既修炼调整自身元气的内丹，调摄呼吸吐纳，也烧炼丹砂，服用外丹。

唐代尊崇道教，上自皇室，下至臣民，无论名流雅士，还是乡野布衣，几乎全民信道。到了宋朝时，信道的流风余俗依然不减。唐朝时期有很多炼丹著作，苏轼早在凤翔做通判时，就读过这方面的书籍。贬谪黄州时，苏轼曾得到眉山道士的传授，那时就曾试过炼丹。

在科学技术高度发达的今天，我们都知道，丹砂不过是一种含有汞元素的硫化物矿物，古人因为不了解丹砂的性质，对于红色的丹砂，烧炼后能变成水银，再用黄色的硫黄烧炼，又会变回丹砂，觉得不可思议，因为不明白物质的变化，而觉得神秘、神奇，对之顶礼膜拜，认为是长生不死的仙药。

白居易在庐山草堂烧炼丹砂，眼看就要制成，烧丹的炉鼎却坏了。第二天，白居易就收到诏书，调任他做忠州刺史，于是知道，入世和出世不能两全。

苏轼以前一直有问道求仙的志向，却一直没有成功，他认为是因为一直身在仕途，与尘世有所纠缠。如今，世间事都已结束，他以为可以一心求道了。为此，他还写了一篇炼丹求仙的发愿书，且不论这种行为是否科学，这篇赞丹的小文，语言凝练，文笔流畅，文字之美，颇值一读："饮食之精，草木之华……乃根乃株，乃实乃华。尽炼于日，赫然丹霞；夜浴于月，皓然素葩……"

身陷艰难贫困之地，无法逃离时，此心安处就是天宽地阔。既然北归无望，不如踏踏实实以惠州人自居。这一段世间，苏轼常和几个道友聚在一起，打坐炼丹，谈仙论道，非常热闹。

绍圣三年（1096）正月，程之才收到朝廷召还的诏令。当初，因为之才的关系，苏轼又得以回到合江楼居住。如今，程之才即将离开，苏轼不能在三司行衙继续居住下去了，四月二十日，苏轼一家又搬回嘉祐寺。

自从来到惠州，苏轼先在合江楼住了六天，之后搬到嘉祐寺住了五个半月，后来又搬回合江楼住了一年零一个月，如今又不得不搬回嘉祐寺，几番折腾，犹如水上浮萍，飘无定所。

自从朝廷发出"元祐臣僚，一律不赦"的诏令，苏轼不再对北归抱有任何念想，决定踏踏实实在惠州定居下来。长子苏迈已申请来到粤中任职，假如能够调任，举家搬来惠州，一大家人也需要一个合适的住所。因此，苏轼打算自己建一所房子，以供家人常住一起。

四处察看后，苏轼在归善县城东面的白鹤峰上看中了一块空地。这块地是当初筑城时为刨取山土而挖平的一块峰顶空地。白鹤峰巍然屹立，傍水而居，江水碧波荡漾、澄江如练，住在白鹤峰可"送归帆于天末，挂落月于床头"，苏轼对这块江涵秀色之地非常满意，于是就将它买了下来。

山上已有两户人家，一户姓林，是一位以酿酒为生的老妇；另一户姓翟，是一位稍有学问的老秀才。山上没有水，这两户人家平常用水都是到江边去取，非常不方便。苏轼决定在新居挖一口井，以后也可请这两户人家一起使用。

苏轼根据地势设计好布局，准备建造三间门房，三间正房，一个书斋，加上堂前的廊屋、厨厕等，一共二十间。图样设计好后，就找人请来了木匠和瓦匠，开始动工。

建造房屋需要资金，自从来到惠州以来，苏轼参与收捡暴骨、营建义冢、修建桥梁、施舍药材等慈善事业，花费不少。手头的积蓄本就不多，花钱时又从不吝啬，认为钱财用来行善是件值得的事，因此手里的资金已经所剩无几。

生活所迫，苏轼只好想办法应对。作为宁远军节度副使，他还有一部分食料和厨料券，可从政府领取实物。苏轼决定将领取的实物转换为现金，用以补贴建房费用。作为被贬谪的官员，这些券的数量并不多，而且还要经历衙门的盘剥克扣和市场的折价兑换，最终换到手中时，可能只剩下原值的三成。尽管微薄，但多一点也是好的。然而，即便是这点微薄的补贴，也不容易拿到。苏轼申请了很长时间，十八个月过去了，这笔钱依然未能兑现。

惠州百姓听闻苏轼准备在白鹤峰建房，纷纷前来帮忙，在惠州百姓和朋友的帮助下，房子很快建了起来，预计一年之内能够竣工。苏轼还写信向朋友要了一些花木，准备在门房与堂屋之间的庭院种上柑橘、柚子、荔枝、杨梅和一些松柏。

六月时，苏迈收到韶州仁化县令的任命，即将带着全家南来与父亲团聚，苏轼非常高兴。在哪里生活并不重要，重要的是和家人一起，有亲情、有温暖、有关爱、有欢乐。

这段时间，苏轼在岭南，有朋友推杯换盏，有侍妾朝云陪伴身边，生活宁静怡然。朝云十二岁来到苏家，在苏家慢慢长大，苏家的养育，主母的善待和主公的垂怜让她从小把苏家当成自己的家，把自己当成苏家的一员。

初到苏家时，苏轼任职杭州通判，二十多年间，朝云和苏家人一起见证了苏轼的仕途起落，得意失意；经历了苏家的起落沉浮、兴衰荣辱，也和苏家一起承受着聚散离合，世事变迁。

王闰之在世时，她辅助王闰之分担家务，不争名分，不计较地位。如今，王闰之不在了，她担起了一家主妇的全部职责，照顾苏轼的饮食起居，帮他招待宾客，操持一家人的吃喝用度、日常生活。

朝云曾生有一子，苏遁，儿子的出生，让她的生命有了新的意义，使她对生活充满了感恩和知足。遗憾的是，遁儿不到十个月，不幸夭折，朝云伤心欲绝，从此，开始学佛和习字。佛法通达智慧，澄明宽阔，能抚慰她心灵的伤痛，让她的内心变得强大。临摹习字能排遣忧闷，让她通晓文理，以便更好地读经学佛，精神有所寄托。

朝云充满灵性和悟性，和苏轼在精神上和艺术上息息相通，一阕词，一首曲，足以洞察苏轼情趣；无须多言，一个动作，一个眼神，便可知苏轼心意，深得苏轼喜爱。

绍圣三年（1096）春季，朝云生日。这天，苏轼特意请了很多朋友，并用宫廷官宴般的华丽文字致辞，为朝云的生日庆贺。

"天容水色聊同夜，发泽肤光自鉴人。"尽管朝云陪同苏轼一路颠沛流离，沐雨栉风，历尽沧桑，但依然清新出尘，楚楚动人。

朝云到底有多美，苏轼的学生秦观在诗中用了两个比喻，"美如春园，目似晨曦"。朝云虽美，苏轼为了学道，却不得不与朝云分房独睡，因为学道需要禁欲。为了安慰佳人，苏轼特作一阕《殢人娇》。

朝云美丽而又深情，妩媚又善解人意，他追随苏轼万里，不畏艰辛困苦，为成全先生的事业和理想，无怨无悔。

苏轼已白发苍颜，内心进入了清净无欲的维摩境界，受苏轼的影响，朝云也更加喜读佛经，经常挑灯伴读。

想起两人曾经在一起的快乐时光，苏轼希望那种美好千生万生永在。然而事与愿违，绍圣三年（1096）六月下旬，朝云在惠州不幸身染时疫，病势汹汹，无药可医。

七月初五，朝云气若游丝之际，依然神志清晰，缓缓诵念《金刚经》："一切有为法，如梦幻泡影。如露亦如电，应作如是观。"朝云的声息越来越微弱，念完"六如偈"，遂合眼离世，年仅三十四岁。

这样一个温柔可爱的女子突然撒手离去，苏轼猝不及防，泪流满面。

按照朝云的遗愿，八月初三，苏轼将朝云埋葬在丰湖栖禅寺的山坡上。坡上松林繁茂，浓荫蔽日；寺庙威严神秘，古朴沉静；山顶上的大圣塔高耸入云，碧天空阔。因为浸染了寺院的香火，似乎松林中的每一缕空气都写满了经文，每一棵草木都充满了禅意。

"浮屠是瞻，伽蓝是依。如汝宿心，惟佛之归。"朝云墓地在寺院与佛塔之间，这里山林幽静，安谧祥和，能归依佛法，朝云夙愿得偿。

苏轼为朝云刻墓志铭，评价朝云："敏而好义，事先生二十有三年，忠敬若一。"安葬后，苏轼满怀沉痛，在《悼朝云》诗中写道："伤心一念偿前债，弹指三生断后缘。"

朝云下葬后的第三天夜里，忽然风雨大作。第二天，有人在栖禅寺东南，朝云的墓地旁发现五个巨人的脚印。苏轼带着儿子苏过到山坡察看，道路上果然看见脚印的痕迹。于是，当天晚上，在寺庙为朝云做了一场法事，并作《荐朝云疏》，祈祷湖山安吉，坟墓永坚。希望朝云的亡魂能早升净土，证得无上菩提，常住涅槃。

转眼间又到了重阳佳节，朝云已经离开了两个多月。这一天，苏轼独自一人来到白鹤峰，站在山巅远眺北方。他回想起中原重阳饮宴的热闹场面，回想起家乡的青山绿水，回想起朝云婀娜的身影，心中充满了深深的孤寂。岭南的菊花还未开放，山间的黄草随风摇曳，心爱之人已远去，眼前只剩下一片空寂萧瑟，满目凄凉。

"西湖不欲往，暮树号寒鸦。"惠州的西湖曾是苏轼常常游玩的去处，那里有栖禅寺、罗浮道院、逍遥堂等苏轼钟爱之处。然而现在朝云长眠在那里，苏轼不忍再去，怕见到老树寒鸦，更触目心伤。

一个人时，苏轼常常会想起朝云，回忆起与她相伴的点点滴滴。记得刚来惠州的第二年秋天，他和朝云在院中闲坐，园中青苔遍地，落叶纷飞，秋风萧萧，苏轼顿觉凄然，于是请朝云唱一曲《蝶恋花》，以解心中沉闷。

朝云站起身，清一清喉咙，刚张开嘴，突然，泪珠盈睫，一字也唱不出来。苏轼非常诧异，忙走过去安慰，问她为何如此伤心。朝云低声回答："奴所不能歌者，是'枝上柳绵吹又少，天涯何处无芳草'那两句。"

苏轼花甲之年零落岭南，家境的不断变化，亲人的一再分离，苏轼的满腹愁绪，令活泼的朝云，变得多愁善感。

苏轼借花褪残红、春意阑珊之景，表达惜春伤春之情，同时也是在感叹自己宦海沉浮的命运。朝云不愧是苏轼的知己红颜，她与苏轼心意相通，读到这一句词，想到苏轼命运多舛，零落天涯的凄凉晚景，因此，无限感伤，不能自持，泪如雨下。苏轼明白了朝云所想，假装大笑说："我正悲秋，怎么你却伤起春来了呢？"

如今，佳人离去，回想当时情景，苏轼眼眶湿润，情难自制，从此以后，再也不听这支曲子。苏轼深深思念着朝云，梅花盛开时，想起朝云的冰肌玉骨，粉颊红唇，看到台阶前的金盏草，想起朝云的一颦一笑，温情脉脉。而现在，天人永隔，只能把对朝云的情深写进一篇篇悼念诗词之中。

《雨中花慢》和《题栖禅院》饱含着苏轼对朝云深深的思念和赞誉；回环诗《西江月·咏梅》如它的文字特色，千回百转，荡气回肠；《西江月·梅花》更是为世人所知。这阕词写的是梅花的冰肌玉骨，疏影浅淡，念的是朝云的清丽脱俗，冰洁气韵，语句清丽脱俗，凄清哀婉，情韵悠长，直沁心扉：

> 玉骨那愁瘴雾，冰肌自有仙风。海仙时遣探芳丛，倒挂绿毛幺凤。
> 素面常嫌粉涴，洗妆不褪唇红。高情已逐晓云空，不与梨花同梦。

无论倾注多少笔墨，苏轼都觉得这一生愧歉朝云太多。假如没有遇到他，或许她仍在西湖的水光潋滟处，轻歌曼舞，漫渡流年。虽沦落红尘，却也能避风挡雨，衣食无忧，不至于随他颠沛流离，历尽艰辛，无名无分，殒命岭南。

相遇是缘，对错难断。至少朝云自己从未后悔，临终前口诵"六如偈"，还牵挂着苏轼。她甘愿与苏轼同甘共苦，冷暖相伴。在她心中，苏轼的浪漫才思，温情脉脉，足以抵过一生富贵，一世安暖。

后世文人更是认为，朝云是个幸运的女子。"宋朝陵墓皆零落，嫁得文人胜帝王。"因为苏轼，朝云成了宋词里翩若惊鸿、风华永驻的清丽女子，因苏轼的四字评价"敏而好义"，朝云与苏轼一起走进了历史，名传千载，清芳百代，直到今天，依然被世人讴歌咏赞。

朝云走后，苏轼一个人孤身终老，余生再未纳妾，也再没有任何女子走入他心中。朝云是琴，余音袅袅，婉转悦耳。如今，琴断弦绝，青山绿水再无知音。

新居还未建好，朝云就彻底地离开了。苏轼还沉浸在伤痛之中，此时，惠州的几个好友也将纷纷离去。惠州太守詹范即将任满到期，还有广州太守章楶、循州太守周彦质，这些昔日常和苏轼往来诗酒唱和的朋友也都将离任而去，亲朋故友突然一起流散，苏轼的内心更加冷落、凄凉。

现在能陪伴和照顾苏轼的亲人，唯有儿子苏过。苏过懂事又孝顺，能吃苦、肯担当，不但做事踏实能干，文采也大为长进。苏轼的三个儿子中，无论从性格、喜好，还是才气、天赋，也只有苏过和父亲最像。

苏轼年少时，父亲苏洵曾带着他和弟弟苏辙进京赶考，一路上，父子三人游山玩水，写诗作赋，留下珍贵的《南行集》。如今，苏过陪同父亲来到岭南，父子二人一同迁徙的路上同样饱览名胜，寻古访幽。苏轼对景抒怀，处处留诗，苏过为了哄老父开心，也常与他吟诗唱和，共度美好时光。这让苏轼喜不自胜，他感慨陶渊明虽然闲适自得，却绝不曾有他这样的快乐心情。

苏过的文字电卷风驰，豪气干云，自信满满，正如四十年前进京赶考的苏轼，言论纵横，踔厉风发。当年自己身上的凌霄之志，如今在儿子身上再现，苏轼甚感愉悦和欣慰。

绍圣二年秋天，岭南遭遇了一场严重的飓风灾害，房屋倒塌了两千多间，很多大树被连根拔起。乾明寺有一棵菩提树，从天竺国移植运到岭南，在乾明寺矗立了四百多年，如今，也被这场飓风刮倒，惠州一片狼藉。

作为内陆人，这是苏轼和儿子从未经历过的天灾巨变。飓风过后，惊魂略定，苏轼让儿子写一篇《飓风赋》。苏过很快写好，交给父亲过目，其中关于风势，有这样一段描述："排户破牖，殒瓦擗屋。礌击巨石，揉拔乔木……鼓千尺之清澜，翻百仞之陵谷。吞泥沙于一卷，落崩崖于再触。列万马而并鹜，溃千车而争逐。"

苏轼读完，不住地点头，连连称赞："笔势仿佛离骚经。"

绍圣二年（1095）十二月十九日，苏轼六十岁生日。苏轼作诗抒发感慨，苏过与父亲唱和，和韵作了一首《次大人生日》，为父亲颂祷祝福，不但对父亲的境遇深深理解，还鼓励、赞美父亲学道的精神，苏过真是既聪明又孝顺。

苏轼的三个儿子中，唯有苏过继承了苏轼的绘画天赋。苏过与父亲一样钟爱画石竹图，他画的茂竹怪石，与父亲的作品惊人的相似。此外，苏过身上还和苏轼一样有超然物外的气质，对于尘世荣辱、功名富贵、锦衣玉食毫不在意，这种淡泊傲世的精神与苏轼如出一辙。苏轼忍不住高兴地向朋友王巩写信自夸，"非此父不生此子"。人生若寄，浮云朝露。苏轼曾说，有子继承，人则不死，有书流传，人则不朽。有子如苏过，苏轼心里充满了满足与喜悦。

绍圣四年（1097）二月，白鹤峰新居终于建成。这座建在山上的住所虽然不够宏伟华丽，但依山傍水，环境清幽，风景秀美。

更为重要的是，整座房子完全是苏轼亲自设计，每块砖石的布置和每株草木的摆放都是他亲自谋划。还有儿子苏过四处奔波，亲自到河源督查木材的砍伐情况，这座山居的建成，承载了父子二人的辛勤劳动。

绍圣四年二月十四日，苏轼搬进新居。此时，房前房后鲜花盛放，绿意盎然。新居门前种有两大棵柑橘，刚刚开花；院内栽有荔枝和花草，清香四溢。

三间正厅宽敞明亮，朴实大气，名为"德有邻堂"，左侧是卧房和厨厕，以竹篱花草相隔，充满雅趣。右侧是苏轼的书房，"思无邪斋"。书房面向江海，从窗子向外望去，碧水蓝天，风景如画。

苏轼在新家静静地等待大儿子苏迈携家到来。和家人已经分别三年，如今，儿孙从万里赶来和他团聚，孤独的花甲老人，怎能不欣喜激动。

苏迈与苏过的家眷一同抵达惠州，经历了种种困难，一家人终于团聚。苏过也终于与妻儿重逢，一大家人欢聚一堂，其乐融融。

三年未见，苏轼的孙儿又已长高长大。苏迈的长子苏箪，正值弱冠之年，风华正茂。次子苏符，也已是英姿飒爽的惨绿少年。儿孙满堂膝下承欢，白鹤峰上，欢声笑语，热闹非凡。唯一令人遗憾的是，苏迈到仁化做县令的任命却发生了改变。仁化属于韶州，韶州与惠州相邻。朝廷有新规定，凡是被贬官员的亲属，不得在贬谪之地的相邻县城做官。

不管怎样，令人欣慰的是，一家人在偏远的岭南终于有了一个属于他们自己的居所，可以遮风挡雨，可以御寒避暑，可以忘却红尘嚣嚣，可以抛开纷争荣辱。苏轼在房前屋后观赏走动，十分满足。

像在黄州一样，苏轼也在新居的菜园种了很多蔬菜。每当下雨，他都会满心期待着自己的菜苗再长高一些。那些青绿鲜嫩的时蔬，偶尔还能令苏轼亲自下厨，烹几道小菜。有时，和朋友聊到深夜，肚子饿了，家人就会煮一些菜给他，即使是简简单单的青菜羹，苏轼也总能吃得津津有味。

苏轼偏爱肉食，然而惠州市井萧条，羊肉十分稀缺，每天只有一只羊被宰，因此很难买到羊肉。苏轼不愿与当地官员去争购，只得买下一些官宦人家不喜欢的羊脊骨。这些骨头上带着少许薄肉，他用酒和盐稍做腌制，然后烤至微焦，享用时就如同品尝蟹爪般。尽管每隔几天才能品尝一次羊脊骨，苏轼却已经十分满足，羊脊骨还十分补身。

苏轼穷困潦倒之时，依然自得其乐。他写信给弟弟子由，大谈羊脊骨的美味，并把这种方法介绍给弟弟，与弟弟分享他一饮一食的快乐。苏轼在信中还和弟弟调侃，子由生活优渥，随时饱食上好羊肉，牙齿都陷进肉里也碰不到羊骨头，怎能体会到这种美味呢？我这种吃法实在是不错，唯一不好的就是，每次我把羊骨头啃得干干净净，围在身边的几只狗都很不高兴。

岭南最有名的特产就是荔枝。苏轼第一次品尝到的荔枝，是广南火山四月份所产的早熟品种，果核略大，果肉不厚，味道有些许酸涩，然而苏轼却觉得非常美味，甚至认为它与惟江鲻柱和河豚能相提并论。苏轼喜欢荔枝，自称每天吃的荔枝几乎与饭一样多，正因为对荔枝的超级钟爱，情不自禁，写下了一首既改变自己命运、也流传千古的名句："罗浮山下四时春，卢橘杨梅次第新。日啖荔枝三百颗，不辞长作岭南人。"

苏轼已经适应了岭南，对这方山水产生了情感，他喜欢这里的淳朴民风和惠州的父老乡亲，决定守着朝云之墓，终老惠州，就像陶渊明一样，在山水田园中寻得归处。

然而，这种愉悦和美好只持续了短短的两个月，一场更大的灾难已悄悄逼近白鹤峰，山居的宁静被倏然打破，幸福如割断的弦音戛然而止。

第八卷　兹游奇绝冠平生

第二十五章　流放海南

　　绍圣四年（1097）三月，苏轼在惠州听到消息，大批元祐党人遭到严谴，其中包括弟弟苏辙，也将被贬到岭南。苏轼忧心忡忡，立刻致信给广州太守王古，询问消息的真实性。如果消息属实，他担心自己在惠州也将无法长久安居。如果情况确实如此，他希望能在忧患来临之前提前做好准备，以免措手不及，陷入困境。

　　四月十七日，焦虑不安的苏轼果然收到了坏消息。惠州太守方子容面色凝重，亲自将朝廷诏命送至苏轼处：责授琼州别驾，移昌化军安置。

　　北宋时期的琼州即今天的海南省琼州县，别驾是州刺史的副手。昌化军是北宋时的行政区划，建于宋神宗熙宁六年（1073 年），设在今海南省儋州市西北的旧儋县。

　　方子容将诏命转达给苏轼后，向他提及了一桩奇事。方子容的妻子沈氏一向笃信菩萨，曾梦见菩萨向她告别，菩萨说要与苏轼同行，七十二天后，诏命就会降临。奇巧的是，朝廷诏命传到惠州，正是七十二天后。方子容安慰苏轼，表示一切命中注定，无须忧恨。

　　苏轼听后，淡然回答："世间事，皆为命中注定，何须梦境方知。唯我何德何能，能劳烦菩萨与我同行，难道是前世的宿缘？"既然命运已定，结局不可改变，只能默默接受。收到诰命的第三天，苏轼便与儿子苏过启程，离开了白鹤峰。

　　自从绍圣元年（1094）十月初二来到惠州，到绍圣四年（1097）四月十九日离开，苏轼在惠州生活了两年半。在岭南的岁月，他寄身清风明月，徜徉林木山泉，在江边吟诗作赋，倚梅下对句参禅。无论面临哪种境遇，只要栖身于风景中，他都能安然自处。

然而眼下，即使是在惠州这样人烟稀少的偏远之地，也无法容纳他长久居住。在六十二岁的垂暮之年，他又要踏上颠沛流离的旅途，前往更加荒僻陌生的地方。人生如此凄凉，实在令人唏嘘不已。

海南的穷僻凶险，苏轼早已有所耳闻。他心知自己此次离去，将再无回归之日。苏轼万念俱灰，带着赴死的悲凄，临行前，他向长子苏迈详细交代了身后之事，内心更是冷静地做好了准备。到了海南，他首先准备好一口棺木，选定合适的墓地，以备随时安葬。因此，苏轼正式留下遗嘱，表示自己死后将葬身海外。他自称这是东坡的家风："生不契棺，死不扶枢。"

长子苏迈带着一大家人，从宜兴千里迢迢来到惠州，就是为了能够陪在父亲身边，家人能长久地相聚一起。然而，令人意想不到的是，十几口人风尘仆仆赶到惠州不到两个月，父亲便再次遭到贬谪。

六十多岁的年纪，被贬到凶险无比的海南，朝廷的用意可谓显而易见。贬谪海南虽不是死刑，但也近乎死刑，因为那是一个近乎有去无回之地。

苏迈踏着沉重的步履，带着三个子侄，送别父亲到江边，全家人心如刀割，在江边与苏轼洒泪而别。

五月，苏轼抵达梧州，得知消息称苏辙也在被贬至雷州的途中，目前已经到达滕州。兄弟两人接到贬谪的诏命后立即出发前往谪地，却互不知彼此的状况。得知苏辙与自己仅相隔二百五十里，苏轼立即以诗代信，派人骑马飞奔送去，嘱咐苏辙在滕州等待，他将尽快赶往那里与弟弟相会。

"莫嫌琼雷隔云海，圣恩尚许遥相望。平生学道真实意，岂与穷达俱存亡。天其以我为箕子，要使此意留要荒。他年谁作舆地志，海南万里真吾乡。"

不愧是大才东坡，急切送信之时，还能出口成诗，兄弟同遭贬谪，自嘲洒脱如旧。苏辙收到信息，立刻从滕州奔赴通往梧州的路上，迎候兄长。

兄弟二人在南迁的路途中意外相逢，执手相望，百感交集。自从元祐八年，兄弟俩在京城一别，已整整四年未见。四年的时光，哥哥又添白发，满面倦容，一身沧桑，尽管身形愈见消瘦，却更淡逸从容，泰然自若。弟弟面颊依旧红润，气色不减，看起来依然健朗如初，哥哥心里非常欣慰。

兄弟俩在路旁一处卖汤饼的摊贩前坐了下来。荒远之地，只有简单粗粝的饭食充饥。汤饼端上来后，苏辙吃了一口饼，实在难以下咽，于是，放下筷子，长叹一声。苏轼却很快把他那份食物吃完，看了眼苏辙，慢慢问道："你还要细品慢咽吗？"说完哈哈大笑。

多年来，苏轼一直辗转漂泊。面对生活的清苦，食物的粗糙，环境的恶劣，苏轼早已学会随遇而安，无论何种困境他都能安适如常。苏辙看着哥哥拿起汤碗一饮而尽，心底涌起一种无法言喻的无奈和酸楚。

兄弟二人一起从滕州奔赴雷州，一路上共赏风景，笑谈往事，共叙亲情，相伴了二十多天。这二十多天，是兄弟俩最珍贵的快乐时光。他们就像少年时进京赶考一样，一路上同吃同住，朝夕相伴，形影不离。

其实，从滕州到雷州并不需要走那么久，贬途相逢，机遇难得，未来难料，此次一别，不知是否后会有期，兄弟俩都非常珍惜这段时光。为了能在一起多待几天，因此故意拖延路上的时间。

苏轼只带了幼子苏过前往琼州，苏辙和兄长一样，也只带了夫人和幼子苏远一家前往谪地，另两个儿子和家眷全部留在颍川，守田度日。

六月初五，苏轼、苏辙兄弟抵达雷州。雷州太守张逢和海康县令陈谔偕同雷州官吏在府衙前迎接他们的到来，安排他们住在监司行衙，并在第二天设宴为他们接风洗尘。

谪令在身，苏轼在雷州不敢久留，四天后，六月初八，苏轼即将离开雷州，继续奔赴谪地。临行前的最后一夜，苏轼因痔疾，痛苦不堪，彻夜难眠。苏辙守在哥哥身边，为哥哥背诵陶渊明的《止酒》诗，也整宿未合眼。苏辙苦劝哥哥戒酒，苏轼被痔疾折磨多年，决心接受弟弟劝告。"从今东坡室，不立杜康祀"。为了让弟弟安心，苏轼特作一首《和陶止酒》，既向弟弟做了承诺和保证，也以此诗与苏辙作别。

绍圣四年（1097）六月十一日，苏轼从雷州徐闻县登船离去，苏辙将哥哥送到海滨，看着船只越来越远，直至消失在茫茫大海，苏辙仍伫立在海边，呆呆地遥望，仿佛化成了一尊石像。

在人生的渡口，苏辙曾无数次送别哥哥。苏轼去凤翔任职，苏辙从东京汴梁一直送到百里之外的郑州；苏轼上任杭州通判，苏辙从陈州一直送哥哥到颍州。无论是骑马还是坐船，无论是水路还是陆路，虽然每次分离都充满忧伤，但没有一次像今天这般心如刀割，牵肠挂肚。

琼崖，偏僻荒凉，流金铄石，粗野土人，鼠啮虫穿，九死一生之地。此次兄弟二人雷州相见，感觉就像一场生离死别。

两兄弟一个奔赴琼崖，一个身居广东南端的雷州半岛，两岛之间隔着苍茫大海，遥遥相对，因此，苏轼在诗中自嘲笑侃，"莫当琼雷隔云海，圣恩尚许遥相望"。洒脱的背后是深深的无奈和心酸。或许，他们没有预料到这一别的长久，也或许，他们彼此心知肚明，至此一别，海角天涯，直至终老，兄弟二人也只能遥遥相望。

事实的确如此，雷州一聚，竟是这对儿史上最亲密无间的兄弟最后的相见，从此，他们再也没有机会重逢。

琼崖，即今天的海南岛，位于中国大陆的最南端，是古代四大流放地之一。

自汉武帝时期起，中原王朝便在琼崖设立了珠崖、儋耳二郡，开始对海南进行有效的统治和开发。唐朝时，又在琼崖设置了崖州、儋州、振州，宋朝时，海南设立了琼、崖、儋、万安四州，形成了一琼一崖一北一南的局面。

苏轼的贬谪地是儋州，从琼州府治西行，经过澄迈，到达儋州，全程两百里，到处是山洞盘伏，坡地环绕。正如苏轼诗中所言："四州环一岛，百洞蟠其中。我行西北隅，如度月半弓。"

传说，苏轼被贬儋州，又是他恣意洒脱、才思不断惹下的祸根。

"报道先生春睡美，道人轻打五更钟。""日啖荔枝三百颗，不辞长作岭南人"。苏轼高才，每有新诗，很快传到京城。章惇闻之，十分惊叹，苏轼竟然还能如此快活！于是，他决定把苏轼贬得再远一些。贬到哪里呢？苏轼，字子瞻，"瞻"与"儋"字形相似，那就贬到儋州吧。

除了苏轼被贬儋州之外，据传说，苏辙（字子由）被贬至雷州，刘挚（字莘老）被贬至新州等，其贬谪地也均是由章惇恶作剧般戏取他们名字的偏旁而定。传说未必真实，但章惇为人的确嚣张跋扈，对待朝廷重臣轻狂傲慢，处理性命攸关的人事安排上态度轻佻，加之他对苏轼的嫉恨，因此这个故事也就越传越远，真伪难辨。

琼州海峡惊涛骇浪，水流湍急，苏轼坐在船中，逆水行舟，乘风破浪，时而风驰电掣一路向前，时而在狂风恶浪中迂回旋转。海水翻卷裹挟着船身，上颠下坠，一路险象环生。

终于登岸，躲过了又一劫难，踏上海南。先到澄迈，再前往昌化，一路乘轿在山谷之间穿行，一步三摇，晃晃悠悠，颠簸使苏轼很快打起瞌睡。睡梦里，"千山动鳞甲，万谷酣笙钟。"突然一阵疾风劲雨，将苏轼吹醒。他登高望远，环顾四周，一片茫然，回望中原，目之所见，唯有海天一色，浩浩荡荡。

海南，天涯的尽头，似乎也是生命的尽头。终于意识到已行至山穷水尽处，一种异国他乡，漫无归期的悲凉涌上心头。天地玄黄，宇宙洪荒，国之渺小，如沧海一粟，何况个人的烦恼？既如此，不如忘却悲哀，既来之，则安之。苏轼自我宽慰，写下了到海南的第一首诗：

> "四州环一岛，百洞蟠其中。我行西北隅，如度月半弓。登高望中原，
> 但见积水空。此生当安归，四顾真途穷。"

绍圣四年（1097）七月初二，苏轼终于抵达昌化军贬所。这里土地炎热，海风呼啸，山中经常是雨雾天气，燥湿之气不能散去，浑浊的空气吸入口鼻，水中之毒侵入肺腑。对于中原人来说，踏入这块土地就等于一脚踏进鬼门关。因此，苏轼在进上谢表中写道："并鬼门而东骛，浮瘴海以南迁。生无还朝，死有余责……臣孤老无托，瘴疠交攻。子孙恸哭于江边，已为死别；魑魅逢迎于海上，宁许生还……"

海南人烟稀少，据记载，昌化军治下三个县的百姓一共只有八百余户，人口只有三千人左右，真正的穷乡僻壤、绝域蛮荒之地。

初到昌化，苏轼很不适应，和当地土著人无法沟通语言。这里没有一个认识的人，只能租借几间官舍住下。官舍破败不堪，通风漏雨，挂在床上的帏帐已经腐烂，爬满蝼蚁。

海南岛孤悬海外，由于交通不发达，货运食物供给非常不便。不像雷州，还能仰仗四方供应。这里无酒无肉，无药无炭，市场萧条，食物短缺，对于苏轼来说，更难过的是，没有朋友。

幸好，苏轼在惠州的故友郑嘉会等人，通过海船救济苏轼酒米药物等，并为他们传递家书，使得初到海南的苏轼能够勉强度日。

刚到昌化时，苏轼无处可去，每天在简陋的官屋中静坐，日子非常沉闷。唯一的精神寄托就是写几首和陶诗，寄给弟弟子由。有时会在梦中回到白鹤峰，与子孙团聚，在梦里重温欢快的时光，梦醒后则更加失落。

两个月后，随着新任昌化军使张中的到来，苏轼落寞、孤独的生活略有改变。张中久闻苏轼才名，在途经雷州时曾拜见雷州太守张逢，通过张逢的介绍，张中对苏轼有了更深的了解，对这位大文豪也更加敬佩。张中到任后，立即带着张逢的书信前来拜见苏轼。

张中与苏过年龄相仿，性情相投，两人一见如故，很快成为莫逆之交。苏轼居住的官舍东临州衙，张中往来方便，经常过来与苏过下棋。苏轼闲暇无事，就坐在旁边观看他们对弈。

小小棋局蕴含人间百相，万千世态。失之毫厘谬以千里，一步之差，或惊心动魄，山穷水尽，或天宽地阔，再现生机。世事如棋局，扑朔迷离，一招不慎，满盘皆输。

苏轼以前只好诗词书画，并不擅长下棋。现在每天看儿子与张中沉浸于对弈之乐，想起以前独自游览白鹤观，长松翠柏之间只听下棋落子之声，不见人际踪影。绿水青山，静中有动，那种意境令人喜悦。

空钩钓鱼，意在垂钓之乐，棋手对弈的乐趣也并不在输赢，"胜固然欣，败亦可喜"。苏轼静静地观看棋子起落，陷入思考，在诗中写出了理趣横生的人生感悟。人生如棋，无论是非成败，沉浮荣辱，只要超脱淡然，就可悠然自得。

立冬之后，苏轼住的官舍因破旧不堪，经常漏风漏雨，有时一个晚上要搬挪几次。尽管如此狼狈不堪，苏轼却一点没觉得难过，反而睡得非常香甜。风雨灌入房间，黄叶落满枕前，他浑然不知。而以前，住在华屋高堂，躺在双层的坐卧垫褥，却时常忧愧得睡不着觉。

陶渊明超然物外的精神深深影响着苏轼，苏轼觉得自己和陶渊明一样，都是身负异禀之人。陶渊明追求恬淡，觉得只有回归田园，躬耕陇上，才能自在安然。苏轼佩服陶渊明能很早看破红尘，悠然世外。欢乐时尽情尽兴，并保有余乐，悲伤时也允许自己偶尔颓然感伤一下，生命的美好，在于过程，在于真实，在于自然。

绍圣五年二月，苏轼作《和陶渊明归去来兮辞》，并寄给弟弟苏辙，希望苏辙也和写一篇。这篇文章写完后，苏轼闲着无事，又写了《归去来集字十首》。

苏轼并不在意住舍的破旧，但张中却心有不忍。他假借修理伦江驿的名义，派人将苏轼父子住的屋舍整修了一番。岂料，就是这样微不足道的一件小事，竟给张中埋下了祸患。

在昌化，苏轼不仅居住的房屋简陋，其他生活条件也十分艰苦。没有澡盆可供洗头沐浴，饮食中没有肉食和酱料，连羊脊骨也买不到。生病时无药可用，有时遇到恶劣天气，船舶停运，或者岛上干旱，连米面也会短缺。苏轼父子只能吃些芋头或煮一些菜羹。最困难的时候，父子俩甚至不得不尝试道家的辟谷方法。每天早晨，吞吸阳光，代替食物，以抵御饥饿。因此，苏轼在海南瘦悴多病，父子两人如同两个苦行僧一般。可怜满腹才华学问，难抵一餐温饱，令人悲叹。

海南贫穷落后，生活上的困苦，苏轼总能乐观忍受，唯独没有朋友，让他感到非常寂闷。后来，经过张中的介绍，苏轼终于认识了几个世代居住本地的人。

城东南的黎子云家，有一个很大的鱼池，林木幽深，景色不错。黎氏兄弟经常邀请苏轼和张中等几个朋友去钓鱼，大家也都喜欢到他家聚会。只是，黎家也非常穷困，房屋都已破败。有人建议，大家捐一些钱来修整一下，以后就作为朋友们相聚的一个站点。苏轼欣然同意，并把新修的房屋命名为"载酒堂"。

"借我三亩地，结茅为子邻。鴃舌倘可学，化为黎母民。"儋州方言虽然很难学，但苏轼还是能与当地的土著人融洽相处，友好往来。渐渐地，苏轼适应了昌化的生活。有时他会一个人跑进寺院，静坐修心，有时会在城乡四处闲逛，认识更多的当地土著人。

苏轼修养深厚，气质不凡，待人真诚，当地人对苏轼非常和善友好，相亲邻里经常送他酒食，街上不相识的樵夫会主动送他衣布，田间老妇也喜欢和他打趣聊天，小孩子喜欢围着他笑闹。随着结识的熟人朋友越来越多，他在昌化的生活也越发安定。

然而，老天似乎总是喜欢捉弄人。每当苏轼被贬一处，渐渐适应贬谪地的生活时，就会有意想不到的灾祸突然降临。

绍圣五年，朝廷诏告天下，从六月戊寅朔开始，改元为元符元年，皇帝在紫宸殿大宴群臣，宣布天下大赦。然而，遗憾的是，远在海南的苏轼不但没能得到赦免，反而面临着更凶险的灾难。

几个月前，章惇任命董必为广南西路按察使。原本是湖南一名提举常平官员的董必，因在衡州残暴迫害元祐党人而受到章惇青睐。章惇曾派遣苏轼的堂兄程之才对付苏轼，以图借刀杀人，结果计谋失败，章惇心有不甘，这一次，他挑中了董必这样一个心狠手辣之人。

北宋共有十五路行政区域，雷、琼、儋、崖四个州属于广南西路。苏轼在儋州，苏辙在雷州，董必察访广南西路，苏轼和苏辙在劫难逃。

果然，董必一到雷州，立即对雷州太守张逢提出了弹劾。他指责张逢在苏轼和苏辙到达雷州时，偕同雷州官吏款待苏氏兄弟，并协助苏辙租借房屋。基于这一理由，张逢被免去职务，而海康县令陈谔也因协助苏辙装修房屋而被调离职务。

元符元年（1098）七月，苏辙被迁往循州安置。收拾完苏辙，董必转身准备对付苏轼。

在章惇执政时期，朝廷规定被流放的官员不得占用官屋。昌化军使张中曾派人维修伦江驿，以供苏轼父子居住。董必抓住这一点纠举张中，而苏轼也将面临相应的惩罚。

董必有一位亲信，他聪明且有才干，深得董必信任。他苦劝董必不要对苏轼过于苛刻，因为"谁家都有子孙"。这番话让董必省悟，最终听从了亲信的建议，放下了手中高举的屠刀。他只派遣一名小吏过海，将苏轼父子从官舍中驱赶出来。

苏轼父子无处可去，只能在城南桃榔林下栖身数日。后来，苏轼倾囊而出，就在桃榔林中买了一块空地，自己建造房屋。

一些当地的居民和朋友纷纷前来帮忙建房，即便军使张中因苏轼被牵连而受到察举，他也毫无怨言，反而亲自参与挖土搬运。人多力量大，经过大约一个月的时间，五间平房便建成了。虽然房屋简陋，但总算有了一个遮风挡雨的住处，苏轼父子不再需要在林中栖息。苏轼将新建的住所命名为"桃榔庵"。

建房耗尽了苏轼所有的积蓄，新居空空如也，一无所有。几位善心的邻居从自家中拿出一些器物赠送给苏轼父子。尽管这些生活用品十分简陋，但蕴含着无比珍贵的情谊，对于苏轼父子而言，犹如雪中送炭。

"且喜天壤间，一席亦吾庐"。天地之大，能有一席容身之地，苏轼就很知足，即使在林中的数日，他依然超然自得，哪怕生活十分艰苦，苏轼也不怨怒。"人间无正味，美好出艰难。"有了自己的房子，又可以种菜了。自己种的菜，看着养心养眼，吃起来更是香甜无比。

当苏轼安适于新家菜园之乐，突然听到苏辙被迁往循州的消息，非常担忧。循州地域偏僻，人际荒凉，到达循州必经的一条水路非常难走，苏轼的两个儿子苏迈、苏过都曾走过这条水路，亲身体验过路途的艰难。于是，苏轼想尽办法通知大儿子苏迈和弟弟苏辙，希望苏辙在经过惠州时能将家人留在白鹤山庄，与苏迈一同生活。

苏辙接受了哥哥的建议和安排，在经过惠州时，留下了家眷，只带了幼子苏远奔赴循州贬所。

八月，苏辙抵达循州，由于初到贬所，人地两生，一时找不到信使向兄长报平安。苏轼迟迟收不到苏辙来信，十分担忧。每天翘首以待弟弟的消息，一个多月过去了，苏轼依然没有得到任何音讯，更加焦虑不安，只好用占卦求签的方法，来占卜家人的凶吉祸福。

章惇执掌朝政后，苏轼和苏辙的朋友和门人都遭到了不同程度的打压。时局动荡，社稷不安，自从苏轼贬谪岭南，一些旧友为了躲避灾祸，不敢再与苏轼往来，多年情谊自此成陌路。一些朋友自身也遭受到排挤，流转他地，与苏轼失去了联系，包括苏门四学士，在苏轼渡海后，音信全无。

然而，也有一些亲戚朋友情意深重，不但不顾个人安危，还想方设法探访苏轼。参寥就打算带着弟子越岭跨海，前往昌化看望苏轼。落难之际，朋友不离不弃，不远万里，愿来相见，苏轼备受感动。从杭州到昌化，路途遥遥，行船艰难，苏轼曾有切身体验，他不愿参寥冒险，赶紧写信劝阻。

"道人航海曾何劳，久将身世轻鸿毛。只恐西湖六桥月，无人主此诗与骚。"苏过也被参寥的风操和情谊所感动，写了一首诗，和父亲的书信一起寄给参寥。

面对千难万险，参寥毫不在意。然而，最终，他还是未能成行，而这与苏轼有关。吕惠卿对苏轼恨之入骨。他的弟弟吕温卿任浙江转运使，对与苏轼和苏辙关系密切的人进行打击报复，不论苏氏兄弟的朋友还是门客，都未能幸免，包括出家人参寥。

参寥原名昙潜，苏轼为他改名为道潜。一名与参寥有嫌隙的僧人举报参寥，假冒他人之名使用度牒，于是，参寥被勒令还俗，并被编管到兖州，无法再前往昌化看望苏轼。

除了参寥，苏轼的眉山同乡杨济甫、亡妻王闰之的弟弟王箴等，都曾打算到儋州看望苏轼，或被苏轼劝阻，或因苏轼北归而止步。苏轼的道友吴复古，是第一个渡海探访苏轼的人，两人曾一起游览丰湖逍遥堂。在这些情谊深厚，高义薄云的朋友中，最令人感动的是苏轼的眉山同乡巢谷。

早在苏轼被贬黄州，穷困落魄之时，巢谷就不远千里，从老家眉山来到黄州，陪伴苏轼，饮酒赋诗，月夜泛舟。黄州一别后，巢谷又回到了眉山。苏轼和苏辙重回朝廷，在京城位高权重，如日中天之时，巢谷在眉山默默无语，不去京城攀高结贵，也不写信问候打扰。又过十年，苏轼苏辙再次遭遇不幸，流落岭南，此时，巢谷已经七十多岁，身体消瘦，体弱多病。他听说了二苏的境遇，毅然起身，决定徒步万里，奔赴岭外，去看望苏轼兄弟。

元符二年正月，巢谷跋山涉水，终于到达梅州。苏辙与巢谷，翘首相望，老泪纵横。巢谷在梅州写信给苏轼，表示即将前去拜访。苏轼收到巢谷的信，深感震惊，这种古人才有的情谊令他备感动容。

从梅州到儋州，数千里的路途，一路艰难险阻，苏辙见巢谷年迈体弱，苦苦劝阻，不要再冒险渡海，巢谷却坚持奔赴儋州看望苏轼。苏辙无法阻拦，只好凑了些路费给巢谷，巢谷便立即启程。

行到新会时，巢谷的行囊被当地盗贼抢劫一空，身上分文不剩，他无法前往儋州，心情十分沮丧。后来，听说盗贼已在新州被抓到，巢谷立刻赶回去，想要追回失窃的盘缠。因为着急，巢谷连夜赶路，风尘仆仆，疲惫不堪，到了新州因心力交瘁，一病不起，没多久就不幸离开了人世。巢谷在新州没有任何亲友，于是，官方将其简陋收殓。

一年多后，苏轼在北归途中得知巢谷病逝的消息，悲痛欲绝，声泪俱下。故人已逝，生者亦悲。巢谷的灵柩仍安置在新州，苏轼担心灵柩受损，于是致信给广东常平的提举孙蓥，托他照管。

巢谷有一子名巢蒙，仍在眉州，苏轼立即写信通知巢蒙，并托人资助他路费，以便前往新州将父亲的遗体接回故乡安葬。

远在千里的故人不幸遇难之时，近在咫尺的朋友也遭到了祸患。元符二年二月，张中收到朝廷的处分决定，被免去昌化军使一职。

人生最凄凉的晚景，是在孤苦落寞中，不得不与朋友面对别离。苏轼内心凄伤，作诗一首，送别张中。张中不忍抛下苏轼父子，迟迟不愿离开。直到十个月后，终究还是不得不告别，才与苏轼父子依依惜别。

"悬知冬夜长，恨不晨光迟。"张中即将离去，苏轼心中也充满了不舍之情。更让人伤感的是，传闻张中离开后没多久，这位从小喜好兵法，身强力壮，才智双全之人，还未来得及治边带兵、报效国家，就不幸离开了人世。

在贫瘠荒芜的海南，苏轼最大的快乐来自精神的寄托。渡海之初，行色匆匆，苏轼来不及携带书籍，流转海南无书可读，只有一集陶渊明的作品，又不舍得读太多，每次只读一篇，唯恐全部读完，再无书籍可供消遣。然而，一本陶集百余首诗篇，终有读完的一天，苏轼深感苦恼和寂寥。幸亏，海南黎子云家有数册《柳宗元集》，苏轼借去整日诵读。那段日子里，柳宗元和陶渊明的书整日伴随苏轼左右，就像苏轼的两个老朋友，成了苏轼南迁岁月的知己。

在海南，生活清苦，生活用品短缺，苏轼都能忍耐，唯独缺少笔墨纸砚，对于苏轼来说，是极大的痛苦。初到海南，岭南的一些朋友送给苏轼一些纸墨，但很快用完。没有纸墨，何以自娱？苏轼为此闷闷不乐。

元符二年（1099）四月，一个叫潘衡的墨工来到儋州，苏轼喜出望外。海南松树遍地，松多而煤富，可以用来造墨。于是，苏轼请来潘衡，自己搭棚烧火，伐松炼煤，自制墨丸。一开始，收得很多烟煤，但是墨丸质量却不佳。苏轼琢磨良久，让潘衡把烟囱移远一些，这样灶坑的容量就增大不少，简而远，少而精，虽然烟煤的产量减少了一半，但煤质非常优异。

造墨成功，苏轼得到五百丸上好佳墨，足够一生使用，非常满足和欣喜。后来，苏轼把潘衡推荐给了南华寺的长老，于是，潘衡继续帮助寺庙造墨。

宣和年间，潘衡在江西卖墨，打着曾为东坡造墨、并得其秘传的旗号，生意非常兴旺。后来，潘衡又到了杭州，借助苏轼在杭州百姓心中的地位和知名度，潘衡的墨声名鹊起，文人争相抢购，墨价倍增。

元符二年（1099）五月，苏轼的老友郑嘉会从惠州运给苏轼一千多卷书，有了这些书籍，苏轼就可以在桄榔庵里，努力著书以排遣孤寂，漫度大把悠闲的时光。

困苦成就文学。周文王被拘禁，世上始有《周易》，仲尼陷入困境，人间方有《春秋》，屈原因被放逐，得以写成《离骚》。苏轼也不例外，官场上的失意，造就了苏轼文学的登峰造极。黄州、惠州、儋州，每次贬谪，都成就了苏轼在文学上的巨大收获。

苏轼贬谪黄州时，撰写了《论语说》五卷，在海南，苏轼首先把在黄州时所作的《易传》整理一遍，编成了《易传》九卷，之后又撰写了《书传》十三卷。

对于《易传》《论语说》和《书传》这三部手稿，苏轼花费了大量的时间和心力。过往如云烟，已经微不足道，唯有这三部书，令他一生欣慰，因此，苏轼十分珍视。

令人遗憾的是，苏轼的《论语说》五卷在清代已经失传。后世之人只能在苏辙的《颍滨论语拾遗》中，窥见苏轼与苏辙观点相同的一小部分内容。

苏轼在海南除了著书，也继续做和陶诗。早在扬州时，苏轼对功名利禄愈加淡泊，就开始写和陶诗。苏轼被贬惠州，缺衣少食，历经挫折。陶渊明崇尚自然的精神，支撑着苏轼把自己放逐于山水，以回归自然的旷达，排解生命中遇到的重大变故，在困苦中继续乐观地生活。那时起，苏轼又继续做《和陶归田园居》，并且发愿要和尽所有陶诗。

从扬州到惠州，从惠州到海南，直到元符三年四月，苏轼已作一百二十四首和陶诗，整理一起，编辑成《和陶别集》，可见他对陶渊明文字的喜爱。

关于苏轼所作的和陶诗与原诗意境是否相似，后世之人争论不休。其实，苏轼的这些和陶诗，并非为求貌似，苏轼与陶渊明作跨越时代的唱和，既是对陶渊明文字的推崇，也是苏轼自己对人生的体悟。对于这种创作，苏轼曾骄傲地对弟弟子由说，古代诗人，有模拟古人之作，没有追和古人的人。追和古人，从他开始。

有了苏轼的青睐和推崇，陶诗在北宋掀起了一阵热潮。苏轼的和陶诗与原诗韵脚相同，语境相仿，文字笔墨各有千秋，值得品味。

贬谪海南，虽然是苏轼的不幸，但对于海南来说，却是蛮黎土著的一大幸运。苏轼在海南期间完成的经学著作和文学作品成了海南历史上最早的诗文集。东坡诗文，雄视百代，对海南的文化教育观念和风气的转变影响巨大。

同时，这些东坡作品流传到大陆中原，使得中原人士对孤悬海外的海南有了进一步的了解。东坡诗文中对海南风土民情、山水自然的描绘，改变了海南在当时世人眼中的形象，对中原与海南的沟通往来作出了一定的贡献。

作为一名被贬蛮邦的官员，穷困潦倒的文人，花甲之年，沦落海南，苏轼在"桄榔庵"过着菜羹充饥的日子，却皓首穷经，撰书传世，并教导学生，传授学问。

海岛上的士人都知道苏轼才学深厚，纷纷前来请教。江阴人葛延之不远万里，来到昌化，向苏轼请教文章的写作方法。在苏轼的指导下，葛延之茅塞顿开，进步神速。琼山人姜唐佐向苏轼问学，长达半年之久，苏轼热情接待，谆谆教诲。后来，姜唐佐北上参加科举考试，不负苏轼的栽培，成了海南有史以来的第一名进士。

海南文化落后，当地土人愚昧无知，能以自己的知识教书育人，改变乡野陋俗，苏轼感到非常喜悦。

岛上缺医少药，当地人生病，就用迷信的方法，杀牛祭鬼，驱除疾病。当地土著不好耕作，全靠海南特产的香料为生，杀牛往往花费多年积蓄，苏轼为此深感心痛。他怀着悲悯惜生之心，书写了一篇柳宗元的《牛赋》，请琼州僧人道赟代他传布黎民，希望他们能爱惜耕牛，改变这种愚昧的风俗，从而提高生活品质。

海南无医无药，苏轼就经常到田间寻觅草药，并亲身尝试，一一标注。此外，苏轼还广泛收录药方，四处求助朋友寄来药物，以施赠给当地无医无药的黎民。苏轼喜欢养生，对于医药和名方，很早就开始关注研究。对于一些民间流传的药方，他会仔细研考，根据时令酌情增减用量，以求达到最佳效果。

海南经济落后，也和当地土著的一项陋俗有关。男人好吃懒做，无所事事，女人却承担着上山砍柴等全部体力劳作。为此，苏轼又写了杜甫的一首诗《负薪行》，为女性呼吁，希望能减轻她们的负荷，同时提高海南的经济发展。

苏过受父亲的言传身教，在海南期间，也和父亲一起沉浸于写作、抄书之乐。无论是惠州还是海南，贬谪岁月，苏过一直长伴苏轼左右，照顾父亲起居琐事，陪伴父亲清苦度日，虽然承受着与妻儿长年分离之苦，但也有着巨大收获。父子二人在海外相依为命，苏轼有大把的时间教儿子画竹石枯木、写诗词文章。

在父亲的指导下，苏过的画技进步神速。苏轼为苏过的《枯木竹石图》题过一句极高的赞美，"老可能为竹写真，小坡今与竹传神。"文同是画竹大家，把儿子与文同相提并论，可见，作为父亲，苏轼那种喜不自胜的骄傲之情。对儿子毫不吝啬的溢美之词，也蕴含了老父对儿子深深的喜爱和鼓励。从此，苏过就以"小坡"之称，声名远扬。

有了父亲的点拨，苏过的文章更加精进。比如，文章《志隐》文采斐然、出类拔萃，不但风格与气势，和父亲的文笔如出一辙，文章的思想和内涵也几乎是父亲精神的体现。苏轼看后，十足欣慰，自认他可以长眠于岛上也不觉遗憾了。不过，为了儿子的未来考虑，苏轼还是建议苏过遵循儒家思想，以求为世所用。

苏过十分孝顺，在海南，生活清苦，食材短缺，有时只有芋头充饥。为了让父亲能有食欲，苏过想方设法，变着花样，用同一食材做出不同的口味。苏过用芋头煮出的"玉糁羹"令老父吃得十分香甜，认为是天下极致的美味。

有人高官厚禄、香车宝马，却难填心中的欲望。苏轼谪居海南，偃息于桄榔林中，吞吐吸呼海氛瘴雾，食无肉，病无药，活着，居所就是住宅，死了，住处就当是墓地。在这样艰苦的环境中，却能随遇而安，超然自得。晨起梳头，中午打盹儿，夜晚洗足，就已觉得舒适无比，充满情趣。因为乐观，所以心安，因为心思简单，所以知足快乐。

从黄州到惠州，从惠州到儋州，朝廷将苏轼一贬再贬，而无论多么恶劣的环境，苏轼都没有倒下，他以四海为家，无论走到哪里，面对何种境遇，都能很快与当地人融为一体，与民同乐，与民同忧，随缘自适，安然当下。

苏轼一生的曲折经历同他的诗词文章交相辉映，感人至深，令人惊叹。他的人格魅力与才华一样流光溢彩，光照千秋。

第二十六章　获赦北归

元符二年年末的一个深夜，苏轼做了一个奇异的梦。梦中，他身处惠州的合江楼，清凉的月色下，韩琦骑着仙鹤缓缓飞来。韩琦告知苏轼，他即将获准返回中原。苏轼惊醒后，心中感慨万千，想到朝中局势，不由得叹息不已。这或许只是一场虚幻的南柯一梦，他怎能指望章惇轻易放过元祐诸臣呢？

然而，几天过去了，苏轼却仍然念念不忘这个梦。有一天早晨，他突然对苏过说，他有一种强烈的感觉，他们很快就能回到中原。静默片刻后，苏轼又表示，他将默写一遍自己平生所作的八篇赋，如果能一字不差，那他们的北归愿望一定能够实现。

苏轼的八篇赋加在一起篇幅庞大，比如，赤壁赋两篇就有上千字之多，而且是他四十五岁时在黄州所作。如今已过了十八年，苏过担心父亲太过执着，反而更加失落，但他又深知无法阻止父亲的决定，只能默默为他捏一把汗。

准备好笔墨纸砚，苏轼焚香静坐，一番郑重祷告之后，开始认真默写。等待全部写完，父子俩一起核对，竟然真的一字不差。苏轼大喜，说道："吾归无疑矣！"

没过多久，朝廷果然经历了翻天覆地的变故，苏轼的命运也随之发生了转折。

元符三年（1100）正月初九，年仅二十五岁的哲宗驾崩。

哲宗英年早逝，身后无子，由哲宗的弟弟、神宗的第十一子赵佶继位，即宋徽宗。徽宗登基时虽已成年，但只有十八岁，因此向太后垂帘听政。徽宗即位后，大赦天下，并决定恢复元祐诸臣的官职。

在二三月之际，苏轼通过他的道友吴复古得知了这一消息。吴复古是苏轼的好友，两人曾在惠州时一同游览丰湖逍遥堂和西山罗浮道院，情谊深厚。当苏轼贬谪海南时，吴复古不顾危险，第一个跨海前来探望他。现在得知苏轼兄弟将要回到中原的好消息，吴复古再次跨海来到儋州，给苏轼送来了喜讯。

苏轼的学生秦观从横州贬迁雷州后，终于重新和老师取得了联系。秦观最先听闻苏轼被迁至廉州，立即写信向老师通报。

皇位的更迭、权力的移转，决定了一批批朝臣政客的兴衰荣辱。对于宦海起落，荣耀富贵，苏轼早已看淡，他心中只有一个愿望，那就是能够回到惠州白鹤峰，远离红尘喧嚣，与家人一起团聚，安安静静度过余生，如此，他就非常知足。

元符三年（1100）五月，苏轼在儋州收到诏令：以琼州别驾、廉州安置，不得签书公事。

谪居海南三年，在孤岛上虽已接受了命运的主宰，随缘自适，活得通透。但毕竟，这里，缺衣少食，瘴毒侵扰，亲朋疏离。如今，流放生涯终于要结束了。有生之年能够生还内地，苏轼大喜过望。获得北归，不但能与家人团聚，还意味着屈辱得到昭雪，污蔑得到澄清，一颗刚正不阿的心被世人肯定，这是苏轼最大的欣慰。

苏轼立刻写了一篇谢表，喜悦之情溢于言表。在谢表中，苏轼表达了惊魂甫定、否极泰来的欣喜。

无论升迁还是被贬，无论心中充满喜悦还是悲伤，苏轼的每一篇上谢表都写得精辟干练，不卑不亢。这一次突然喜从天降，苏轼的文字更加精彩：

"使命远临，初闻丧胆。诏词温厚，丞返惊魂。拜望阙庭，喜溢颜面。否极泰遇，虽物理之常然；昔弃今收，岂罪余之敢望。"

无论是黄州、惠州，还是儋州，苏轼在贬谪之地一次次建好家园，将身心交付于山野田间，命运却总让他没过多久就再次搬迁，那些倾注心力一砖一瓦建造的家园，弹指成为尘世的驿站。

六月，苏轼和儿子整理好行装，即将离开昌化。邻里和朋友纷纷携带酒食，前来送别。当地的一些黎民送给苏轼很多礼物，苏轼非常感谢土著朋友的盛情，但物品一律辞谢。

符、黎两家是苏轼最早结识的土著朋友。在海南期间，苏轼与他们来往密切，尤其黎民表家，与苏轼住得最近，苏轼常到黎家菜园讨菜。临行前，苏轼特意到黎家辞行，题诗一首赠给黎民表，并在诗后附言，笑称抵偿多年菜钱。

"九死南荒吾不恨，兹游奇绝冠平生。"数日后，苏轼抵达澄迈，六月二十日，登船渡海。这一夜，云散月明，涛声阵阵，苏轼一夜无眠。回想海南的三年时光，几番流离，濒临绝境，死里逃生。如今，凄风苦雨都已过去，随着云消雾散，胸怀也更加开阔，内心清澈，毫无怨愤之情。对于海外三年的艰辛历程，他只当作是一场奇绝的旅游体验。

从奔赴海南前的"首当作棺，次当作墓"，到初抵儋州时的"登高望中原，但见积水空"，如今，离开海南，回望过往，"兹游奇绝冠平生"。只有从绝境中走出，才能发现生命的瑰丽与广阔。也只有经历境遇的转变，方能真正放下曾经的艰辛，以轻松的心态告别过去，自在地迎接未来。

苏轼迁徙至廉州，与此同时，苏辙也接到诏令，被任命为濠州团练副使，岳州居住。兄弟俩几乎同时启程，一个从昌化赶往廉州，另一个则从雷州前往岳州，由于法令禁止私自越境，他们失去了最后一次相见的机会，尽管两个岛屿遥遥相望。

苏轼苏辙内迁的同时，苏门四学士也纷纷重被起用。黄庭坚被调往鄂州任盐税监，张耒前往黄州任通判，晁补之则调为吏部郎中兼国史院编修。晁补之、张耒、黄庭坚三人分散在四方，收到诏命后，陆续奔赴新职，也未能与老师见上最后一面。

唯有秦观从横州贬迁雷州后，与苏轼仅一海之隔。秦观被调至应州，但尚未动身启程，收到老师的信件，约定在徐闻相见，因此在原地等候。

到了二十一日，苏轼渡过琼州海峡，平安抵达徐闻，与秦观重逢。阔别七年，终于相见，师生二人互诉离情，悲喜交加。

秦观比苏轼小十三岁，如今也已年过半百，两鬓斑白。苏轼更是身形消瘦，垂垂老矣。

看着眼前这位面容憔悴的弟子，苏轼不禁回想起秦观年轻时的样子，长衫飘飘，俊逸洒脱，神采奕奕，一身傲气和才情。后来，秦观一次次赴试赶考，一次次名落孙山，心情落寞，郁郁寡欢。

元祐年间，苏东坡在朝廷声望日隆，力荐秦观入仕，在苏轼的举荐下，秦观入京参加贤良方正科考试，入馆阁任国史编修。可惜，好景不长，苏轼被贬岭南，苏门四学士全部受到牵连，秦观更是一贬再贬，直到流放郴州，那是水路的尽头，满目荆榛的荒凉之地。

无尽的贬谪和流放让秦观的意气风流消磨殆尽，政局的动荡多变让生性敏感的秦观心有余悸，情感上的浪漫多情又总令他充满哀伤和凄怆，他饱受磨难，身心俱疲，对未来前途充满了忧虑。

临别之际，秦观竟自作挽词一篇，赠予师友。命途多舛，未来难料，苏轼也曾背着儿子写过一篇墓志文。同是天涯沦落人，苏轼对秦观的心情非常理解，如今，苏轼早已豁然通透，看淡生死，对此并不见怪，他轻抚秦观的后背，好言安慰。

欢快的时光总是过得飞快，相聚的四五天眨眼过去，苏轼要奔赴廉州，秦观又奉新诏量移衡州。

送别恩师，秦观以一阕《江城子》记述了与师重逢的心情，万语千言，诸多感慨，尽在不言中：

> 南来飞燕北归鸿，偶相逢，惨愁容。绿鬓朱颜，重见两衰翁。别后悠悠君莫问，无限事，不言中。

苏轼离开后，秦观也立即启程，奔赴衡州。一个多月后，秦观行到滕州（今广西藤县），时逢流火铄金的盛夏，秦观冒暑前行，一路奔波，最终为暑气所伤，于八月十二日不幸离世，享年五十二岁。秦观自作挽词，谁能料到，竟一词成谶，此次与苏轼雷州一见，竟成永别。

苏轼离开雷州后，继续前往廉州，正赶上接连数日的大雨。大水漫溢，桥梁尽毁，七百多里的陆行不得不临时改成乘船而行。

月隐星疏之夜，小船荡漾在漆黑的大海上，巨浪滚滚，小船摇摇晃晃，不停颠簸，时刻会有颠覆的危险。苏轼心中充满忧虑，死并不可怕，让他深感痛惜的是，他耗费心力所著的《东坡易传》《书传》和《论语说》。这些手稿一路随身携带，这次渡海如遇不测，将无缘问世，那会是他一生最大的遗憾。

好在一路虽险象环生，最终有惊无险，历经一个多月的长途奔波，七月初四，苏轼平安到达廉州合浦。在廉州刚安顿下来才一个多月，八月二十四日，苏轼又收到新的诏命：迁舒州团练副使、量移永州。

此时，苏辙在迁往岳州的途中，也收到新的诏令：诰授太中大夫、提举凤翔府上清太平宫，外州军任便居住。这意味着他可以根据自己的意愿选择居住地。苏辙的家在许昌，收到这一诏命后，他欣喜万分，立即启程奔向许昌回家了。

永州离岳州不远，若苏辙未有改变行程，或许兄弟俩还有机会相见。然而令人遗憾的是，苏辙已经启程离去，兄弟俩错过了最后一次见面的机会。

八月二十九日，苏轼和儿子苏过离开了廉州。此时，苏轼的次子苏迨按照父亲之前的指示，已来到惠州。苏迈则遵父命，带着全家人到梧州与父亲汇合，之后，一大家人一起从贺江登船奔赴永州。

九月初六，苏轼抵达郁林（今广西桂林）。第二天，苏轼惊闻秦观离世的消息，悲痛万分，食不下咽。得知秦观的女婿范温和兄弟范冲正在滕州处理秦观的后事，苏轼立即星夜兼程赶赴滕州，希望能亲自向秦观祭奠，以解追思之情。然而，苏轼马不停蹄抵达滕州时，范家兄弟已于半个月前离开了滕州，带着秦观的灵柩回乡了。

未能再见最后一面，苏轼深感悲痛和遗憾。他将秦观最著名的两句词"郴江幸自绕郴山，为谁流下潇湘去"题写在一方扇子上，感叹道："少游已矣！虽万人何赎？高山流水之悲，千载而下，令人腹痛。"

怀着对秦观的深深追念，苏轼凄伤地离开了滕州。九月中旬，父子俩先到了梧州，苏迈、苏迨及家眷还未到达。因为秋季干旱，江水枯竭，无法行船前往永州，苏轼只好改道从广州穿越大庾岭。

二十四日，苏轼父子俩来到德庆，一起游览了鬼斧神工般的名胜景观三洲岩。

"崎岖七年中，云海同浩渺。"自从绍圣元年（1094）陪伴父亲南迁到惠州，直至今日与父亲一起北归，苏过已经从二十三岁未经世事的小伙子长成三十而立，"忧患始知田舍乐"的青年。岭外七年，布衣粝食，生活清苦。父子二人，生死与共，相依相伴。如今父亲终于获赦，他们很快就要到达广州，与多年未见的兄长及家人团聚，苏过内心激动，乘兴题诗一首，寄给两位兄长。

苏过的诗让老父感同深受，苏轼也期盼全家团聚后，无论身处何地，都不再分离，只要一家人守在一起，安然度过清淡朴素的时光，就是最大的幸福。

九月末，苏轼终于到达广州。苏迈和苏迨也携家人赶到，与两个儿子离别多年，终于再次相聚一起，苏轼由衷地感到喜悦。

孙儿们已经长高长大，两个儿子，也更加成熟稳重。苏迈，已步入不惑之年，待人接物颇有大家之举、长者风范。苏迨也已过而立之年，由于早年体弱多病，多年来专注于医学研究，以强健身体。如今，他看起来面色红润，精神饱满。

在海外的三年，苏轼度日如年，总觉得岁月漫长无边，如今家人重逢，又仿佛弹指一挥间，时光如梦，令人唏嘘。儿孙满堂，膝下承欢，自是欢乐无比，热闹非凡，仿佛又回到了白鹤峰的愉快时光。

广州的提举常平孙瑴等人宴请了苏轼。孙瑴，字叔静，杭州人，和苏轼是故友。苏轼的两个弟子，晁补之和黄庭坚之女，分别嫁给了孙瑴的两个儿子，因此，苏轼与孙瑴关系更加密切。

孙瑴淡泊名利，做事端正，苏轼非常敬重他的人品。在广州旅馆与他秉烛夜饮，促膝长谈。

连续数月的长途奔波，旅途劳累，加上秦观的离世让苏轼心悲神伤，刚到广州，苏轼就病了一场。卧床数日后，病情好转，孙蒨给苏轼送来了烧羊。

苏轼最喜羊肉，苦于海南无肉，他已多年不知肉味。看着烧羊诱人的色泽，早已垂涎欲滴。香味入鼻，更是胃口大开，吃到嘴里，顿觉鲜香味美，十分满足。苏轼的几个孙子也吃得酣畅淋漓，津津有味。苏轼看在眼里，非常高兴。

孙蒨不只送来烧羊，还在自己的府邸宴请苏轼，请他"饮官法酒，烹团茶，烧衙香，用诸葛笔"，从无酒无肉、无药无纸笔的蛮荒海外，来到富庶繁荣的广州，一日之内，享受四美，苏轼特别开心，尤其是对诸葛笔，念念不忘。

北宋时的广州，是最主要的外贸港口之一，舟车辐辏，商旅熙攘。苏轼在广州期间，广州的三司衙门也屡次邀请苏轼参加宴会。酒席上，文人学士常常互相鉴赏各自收藏的书画文物，苏轼也常被求请题诗写字，东坡先生豪爽如旧，有求必应，在广州期间留下了大量文字，如《韦偃牧马图》诗等。

在广州停留了一个多月后，苏轼带着一大家人乘船离去，准备在吉安登陆后，奔赴湖南长沙，再转往永州。

十一月十五日，正准备向浈阳峡进发时，苏轼突然收到孙蒨派专差送来的消息，朝廷又有新的诏令。这一次，是一个特大的喜讯："令苏轼复朝奉郎，提举成都玉局观，在外州军，任便居住。"

玉局观提举属于祠禄官，是个无职无事、只食官禄的闲职。宋真宗时期，北宋道教盛行，朝中官高位显的大臣，因年老不能任事者，常被任命为祠禄官，那时，祠禄官是品阶高贵的象征。自从神宗时期开始，祠禄官的人数开始增多，一些受排挤的贬官和退休官员也会被安置为祠禄官。

苏轼对佛教和道教一直有着浓厚的兴趣，尤其是遭遇"乌台诗案"的打击之后，在贬谪黄州期间，为寻求精神寄托，潜心修道，他一度沉迷于养丹和炼丹的修行。玉局观是一个非常有名的道观。而苏轼被任命为成都玉局观的提举，使得道观成了他宦途生涯的终点。这似乎在暗示着苏轼与道教有着不可分割的缘分，为他一生增添了神秘色彩。

　　和苏辙一样，苏轼也得到了自由选择定居的许可。能够不再奔赴湖南，苏轼由衷地欣喜，觉得十分幸运和满足。一生不停地辗转迁徙，无尽的长途跋涉，天南地北的奔波，对于这种漂泊无定的生活，苏轼真的累了、厌倦了。桑榆晚年，他只想找一个清净宜居之地，和弟弟苏辙一起朝夕相伴，共度余年。

　　既然可以任意选择居住地，苏轼立刻改变了原定的行程，打算先从英州到韶州，然后再到南雄，最终跨越大庾岭北归。苏轼带领全家人首先抵达英州（今广东英德）。英州是一个山水奇美的小城，但经济落后、瘴气密布。当初，苏轼从定州被贬的第一个地方正是这里。

　　英州地势低洼，三面环水。江水灌入城内，很容易冲坏城中的木桥。因此，英州郡守何智甫率领城中百姓建造了一座石桥。新桥落成之时，正赶上苏轼的到来。何智甫便亲自向苏轼求索碑文。应何守之邀，苏轼提笔为新桥写下一篇铭诗《何公桥》："天壤之间，水居其多。人之往来，如鹅在河……"

　　苏轼一家人在英州小住了几日，韶州通判李公寅等派人前来迎接。到达韶州后，韶州太守狄咸、通判李公寅等为苏轼接风洗尘。

　　李公寅是李公麟之弟。李公麟是北宋著名的画家，那幅举世闻名的《西园雅集》就是李公麟所作。两兄弟都极富才华，哥哥擅长绘画，弟弟李公寅则以文辞著称。

　　苏轼不只与李氏兄弟是旧识，三十年前，苏轼在开封府做推官时，与李家兄弟的父亲也常相往来。李父信道，曾自己炼丹，那时，常与苏轼谈丹论道。如今，李父早已辞世，李公寅也已两鬓斑白，岁月匆匆流逝，三十年恍然如梦。

　　李公寅的家乡在龙眠（安徽桐城），位于江淮之间，青山绿水，风景秀丽。李公寅建议苏轼到他家乡居住，苏轼为此心动不已，甚至曾托人去打听是否有田庄可买。

　　李公寅对苏轼热情洋溢，其兄李公麟对待苏轼的态度却并非始终如一。元祐时期，苏轼在朝廷红得发紫，李公麟为苏轼画遍家庙神像。当苏轼被贬南迁后，李公麟却从此对苏轼不闻不问，断了往来。即使路上遇到苏轼的弟子，也假装没看见，用扇子遮挡住脸。李公麟画技高超，在艺术领域出类拔萃，为人处事却如此现实势利，着实令人遗憾。

苏轼离开韶州到达南雄，已是年底。六个多月的长途奔波，乘船骑马，水陆交替，历经酷暑秋凉，夏雨冬风，一路上又接连不断的交朋会友，饮宴应酬，苏轼的体力越来越差，索性在南雄度过岁末，修养数日，待年后再过岭北归。

宋徽宗登基一年后，朝廷改年号为"建中靖国"。"建中"意为建立不偏不倚的中正之道，"靖国"是指消除党争，使得国家安定。徽宗以此为年号是想昭告天下他的治国理念，希望新旧两党放下三十多年的争斗，以民为重，以国为重。

徽宗诏书一下，新党垄断朝政的局面渐渐被打破，被贬谪地方和岭外的旧党纷纷被启用召回。苏轼兄弟就是在这种政治形势下，从岭外得以北归，且居住地越改越近，官职也恢复得越来越高。

靖国元年（1101年）正月初四，苏轼一家离开了南雄，终于来到大庾岭下。

七年前，苏轼越过这座山岭，被贬至惠州，从此开启了在岭南长达七年的贬谪岁月。这七年之间的艰辛隐忍，困难重重，犹如一场不堪的噩梦。如今，千帆过尽，熬过逆境，终于死里逃生，有生之年，能够重返岭北，苏轼不禁百味杂陈：回顾这一生，他从未像狡兔一样，给自己预先留过退步以躲避灾祸。即便面对逆境，他也从未怨天尤人。韩愈当年被贬至潮州，却深受百姓爱戴，他离去，潮州人为他立庙，直到今天，人们仍在祭拜追念。是非曲直，荣辱祸患，成败得失，自有天道和人心来评判。

苏轼信道，如今，得了玉局观提举这一官职，"玉局观"洞天福地，很有名气。他期盼某天真能跋涉七千里外，走出剑门关，前往四川成都的玉局观游览一番，那样他将非常满足。

尽管元旦刚刚过去，华南的气温却相对较高，岭上梅花才刚刚结子。苏轼站在山岭上，凝望着枝头的青梅若有所思，良久，淡然微笑，吟诗一首："梅花开尽百花开，过尽行人君不来。不趁青梅尝煮酒，要看细雨熟黄梅。"

正在吟哦之时，一个白发老翁从一家村店中走出，看见苏轼面容清瘦，长衫飘飘，虽垂暮之年，却依旧气度不凡，不禁好奇地问随行的仆从：

"这位官人是谁？"

"是苏尚书。"仆从回答。

"是苏子瞻吗？"

"正是。"

老翁兴奋地走上前，对苏轼说："我听说有人千方百计地陷害苏学士，如今，您终于得以北归了，真是老天保佑善人。"

"问翁大庾岭头住，曾见南迁几个回。"时来运转，苦尽甘来，苏轼也倍有欣幸之感，笑着向老翁拱手回礼致谢，随后，他在村店的墙壁上留诗一首，豁达之心如旧，豪情不减当年。

跨越了大庾岭，苏轼一家人在建中靖国元年（1101）元宵节前抵达虔州。由于赣江江水干涸，船只不能通航，苏轼一家只好在虔县住下来，等待江水上涨，再继续前行。

滞留在虔州期间，苏轼闲着没事，每天带着一个药袋到县城或山野溜达，遇到病人，就送药给对方，并教他如何煎药服药，如何调养治疗。遇到寺庙或道观，他就进去逛逛。

古刹森森、梵音袅袅，山风轻拂，徜徉于晨钟暮鼓的回旋声中，一派悠然致远，仿佛见到了安定祥和的中原气象，令苏轼倍感亲切。

当地的人都听说了大名鼎鼎的苏子瞻路过此地，一些人慕名追随，预先打听到他的行踪，每到寺观这样的地方，想要求取苏轼墨宝的人，包括一些文坛新秀和僧人道士，就会在他要去的寺观备好桌案及上好的笔墨纸砚，每张纸上都写着自己的名字，一张张整齐地摆放在桌案上，之后站在一旁恭敬地等候。

苏轼来了之后，看见桌案上的纸笔，心中了然，微微一笑，一句话也不问，拿起笔，蘸满墨，纵笔挥毫，写好就按纸上的名字送人。待到日落时分，苏轼写得也有些疲倦了，可桌案上仍有很多纸没写完，苏轼就笑着说："天色已晚，恐怕写不完了，不如把你们的书斋名或者佛偈告诉我。"于是，大家回去的时候，每个人都有收获，高高兴兴地散去。

在虔州这段时间，苏轼常到赣城东南的慈云寺，与慈云长老谈佛论道，饮茶参禅。他悠闲地在山间漫步，酣畅淋漓地在慈云寺沐浴，兴之所至，就作诗一首，戏赠慈云长老。

当苏轼到达虔州没多久，正自在逍遥地打发时光、等船过江时，朝廷又发生了一件影响深远的大事。

建中靖国元年（1101）正月十四日，向太后在慈政殿崩世，享年五十六岁。向太后和婆婆高氏一样，都是反对新法之人。宋徽宗继位，向太后垂帘听政，朝廷启用韩忠彦为宰相。韩忠彦乃韩琦之子，与其父一脉相承，皆为旧党重臣。向太后辞世后，韩忠彦势力式微，朝野风云骤变。

哲宗时期，一向护佑苏轼的太皇太后高氏驾崩，章惇掌权，苏轼被贬岭南。如今，向太后离世，政局波谲云诡，朝廷权力更迭，表面上对于以闲职待居的苏轼似乎没什么影响，却间接地让苏轼的命运发生了不可逆转的改变。

苏轼在虔州期间，遇到了一个和他志道不同，却命运相似的一个人，刘安世。

刘安世（1048－1125），字器之，魏州人，司马光弟子。元祐时期，司马光执掌朝政，援引各方学士。司马光去世后，朝廷分裂成三个主要派系：朔党、洛党和蜀党。朔党即以刘挚、刘安世为首。

虽然同为旧党人士，但苏轼与刘安世，于公，政治理念不同，于私，没有任何私人交谊。元祐初期，苏轼与刘安世同在中书省共事，两人因性格不同，处事态度和风格也截然相反。刘安世魁梧高大，声如洪钟，性格刚直，不苟言笑。苏轼豪放不羁，自由任性，喜欢高谈雄辩，心直口快。刘安世认为苏轼虚浮不实，充满豪家习气，苏轼则骂刘安世是乡巴佬。两个人互不欣赏，更不相往来。

章惇执掌朝政，元祐诸臣纷纷被贬谪，在所有流亡贬黜的旧党大臣中，有两个人遭受的处分最重。其一即为苏轼，因为声望太高，且身为帝师，与皇帝关系特殊，令章惇十分忌惮。而另一位则是刘安世，他同样刚直敢言，令章惇深感不安，因此也被一贬再贬，从英州到梅州，历尽磨难。

这是一个铮铮硬汉，也是一个命大之人。宋徽宗后来任用蔡京为相，刘安世再次遭到不断地流放，他一生的大部分时光不是在被贬的蛮荒之地度过，就是在被贬的路上。

在宋代，贬官常被流放的八州恶地是："春、循、梅、新　高、窦、雷、化"，刘安世历尽七州。在当时，八州中的任何一州都被认为是九死一生之地。刘安世坚强不屈，百炼成钢，竟然能安然无恙。

此时，在虔州，这两个被贬最狠，又最晚被召回的元祐臣子，竟然不期而遇。同样经历了七年外放的艰辛坎坷，同样的颠沛流离、居无定所，如今，又同时被召回，同在北归的路上。劫后重生，偶然相逢，多年前的成见与摩擦早已烟消云散。同是天涯沦落人，相逢一笑泯恩仇，两人很自然地结成了旅伴。

刘安世喜欢参禅悟道，却不喜欢游览山林。正逢寒食节，山上春笋刚刚破土而出，最为新嫩。苏轼想约刘安世游山吃笋，怕他不愿意去，就故意说，山上有玉版和尚，擅长说法，想不想去参禅？刘安世欣然前往。

到了光孝寺，苏轼建议先坐下来一起烧笋品尝。笋烧好后，苏轼吃得津津有味，刘安世也觉得味道鲜美，忍不住问笋的名字。苏轼看着刘安世，笑呵呵地说："名玉版。"刘安世眉头微皱，苏轼见他不解其意，慢悠悠解释道："此老僧善说法，令人得禅悦之味。"

刘安世茅塞顿开，方知上当，看着苏轼哭笑不得。苏轼小计得逞，哈哈大笑，开心地作诗一首以记之。

苏轼在虔州待了将近七十多天，直到三月下旬，赣江水涨，船只雇到，苏轼一家与刘安世一家一同离开了虔州。一路上，两人继续谈禅论道，谈古说今，吟诗饮茶，旅途充满了愉悦。几十天相处下来，苏轼与刘安世对彼此都有了新的认知和评判。苏轼称赞刘安世坚强不屈，临危不惧；刘安世则评价苏轼，"浮华豪习尽去，已不再是从前的子瞻了。"时间能改变一切，时间更能证明坚韧的心志。

建中靖国元年（1101）四月，苏轼一家到达南昌，之后途经舒州、当涂，于五月初到达金陵。当初南迁路上，苏轼曾到崇因禅院，在观世音像前许下心愿：有生之年，如果能够北归，一定再到这里，为观音作颂。此时来到金陵，苏轼言而有信，特来还愿，作《观音颂》。

自从允许任便居住，苏轼一直在考虑一大家人的居住之地。路过韶州时，韶州通判李公寅曾劝说苏轼到舒州居住，苏轼曾一度动心，后来认真思量后，觉得舒州并不理想，于是放弃了这一考虑，经过舒州也未做停留。

家乡眉山暂时也不能考虑，主要原因是，进出蜀道太难。如今拖着老迈之躯，又带着一大家人，跋山涉水，实在不便。加上四川的亲戚朋友也所剩无几，苏轼这一辈儿的苏氏子孙就只剩三人，苏轼，苏辙，和留在故乡的苏子安，其他都已离世。

杭州是苏轼最感亲切和舒服的地方，西湖秀美，寺庙林立，尤其苏轼深得杭州百姓的喜爱，然而，苏轼在杭州无田无宅，手头又比较拮据，在杭州生活成本颇高，对于一大家人来说也不适合。

常州是苏轼选择养老的地方之一。常州是鱼米之乡，粮丰农稳，苏轼也曾在常州买田，那里气候温和，景色宜人，常州附近还有一群知心故友。在苏轼的生命中，朋友是不可或缺的一部分。老友钱世雄来信说，已经替他借到常州暂时居住的房屋，苏轼打算到常州买田置地，以求能像陶渊明一样，远离尘嚣，静享田园之乐。

此时，弟弟苏辙却不断传来家书，邀请哥哥一家到许昌（颍昌）居住，兄弟俩好彼此有个照应，两大家人能同处一地，其乐融融。

自从做官以来，两兄弟各奔东西，总是聚少离多，相距遥远。即使短暂小聚，也因公务缠身，不得不匆匆擦肩。在他们分开的四十多年里，彼此念念不忘风雨对床的约定，遗憾的是，人在仕途，身不由己，如此简单的梦想，如此小小的约定，却一直没能实现。

苏轼当然愿意与弟弟住在一起，朝夕相伴，践诺期盼多年的"夜雨对床"之约定。然而，考虑到苏辙的经济状况并不理想，苏轼心存顾虑。他担心一大家人前往许昌会增加弟弟的负担。

苏轼不愿去许昌，还有一个原因，许昌离京城太近。这么多年，对于官场纷争，红尘扰攘，苏轼早已看透、生厌，他只想找一个远离是非的清净之地，安顿余生。因此，思来想去，苏轼还是觉得常州最为适合。

苏辙知道了哥哥的决定，非常失落。再次来信苦劝哥哥，多年离别，命途辗转，桑榆暮年，终于北归，荣辱与共的老年兄弟怎能再忍别离之苦？苏辙的文字伤感惆怅，愁肠百结，苏轼读着弟弟的信，犹见苏辙声泪俱下，不免为之动容。

苏辙真诚地邀请哥哥一起居住，为了说服哥哥，还特意托了李之仪等几个朋友分别劝说苏轼。苏轼不忍再让苏辙失望，终于答应了弟弟，到许昌定居。下定决心后，苏轼计划了行程，从淮泗行船到汴河，到陈留后登岸，之后陆行到许昌。

苏迨的妻儿目前还在宜兴，苏轼让苏迈和苏迨先去宜兴接他们，顺便变卖宜兴的田产，以便日后家中有现金可以使用。接下来，苏轼打算带着家人与两个儿子在仪真会合。考虑到两个儿子前往宜兴的往返路程大约需要一个多月的时间，苏轼便决定利用这段时间与程之元、钱世雄一同游览金山寺妙高台。

妙高台，是苏轼的僧友佛印开凿崖石所建。台高十丈余，上有阁，又称晒经台。妙高台三面是陡峭的悬崖，一面临江，站在台上俯瞰江水奔腾，一望无际，云雾缭绕，犹如仙境。

苏轼与佛印交往深厚，之前曾多次游览金山，在寺庙小住。金山秀美，寺庙清净，每次来到这里，苏轼的内心都会感到宁静而恬淡。贬谪岭外七年，如今再登妙高台，抚今追昔，苏轼感慨万千。

金山寺有一幅苏轼画像，是画家李公麟所绘。苏轼站在自己的画像前，回首自己失意的一生，几番起落，荣辱得失，虽有凌云之志，却一生坎坷，直到垂垂老矣，仍壮志未酬。苏轼一声长长的悲叹，拿起笔，在画像上挥毫落墨：

> 心似已灰之木，身如不系之舟。
> 问汝平生功业，黄州惠州儋州。

如果说，苏轼一生的功业，不是翰林学士，不是地方知州，不是心系百姓、执政为民，不是修桥建堤、施药赈灾，而是三州被贬之地，那一定是在清贫困苦的岁月中，孕育出来的流传千古的诗文辞赋。正如弟子黄庭坚所说，"东坡岭外文字，读之使人耳目聪明，如清风自外来也"。

苏轼计划七月抵达许昌，从此与弟弟长相厮守，实现多年前的夙愿。然而老天像是有意与这对感情深厚的兄弟过不去，就在苏轼等待家人到齐，一起前往许昌时，朝廷又传来新的变局。

向太后离世后，曾布趁机在朝廷机要位置上，遍插自己的党羽。韩忠彦老实忠厚，不擅权谋，尽管担任宰相，实际权力却落入副宰相曾布之手。

曾布揣度皇帝心思，推测徽宗有继承父兄遗志的意愿，于是，为迎合上意，暗中指使御史中丞赵挺之，在朝廷发动绍述之说。一些反对绍述的人接连遭到免职，元祐时期的大臣也纷纷受到排挤。此时的政局充满了再度翻覆的种种迹象。

苏轼对曾布的人品非常了解，对赵挺之的个性和政治手段更是深有体会。在元祐年间，赵挺之担任监察御史，曾上章弹劾苏轼，诽谤先帝。赵挺之对苏轼的攻击让苏轼心有余悸，往事历历在目，回想起来，伤痛如昨。

赵挺之在历史上的形象令人争议，但他有一个儿媳非常有名，千古第一才女，李清照。恰巧，就在这一年，十八岁的李清照嫁给了赵挺之的儿子赵明诚。后来，李清照的父亲不幸落难，赵挺之为划清界限，拒绝了儿子儿媳的求助。李清照非常失望，在诗里评价赵挺之，"炙手可热心可寒"。李清照的故事，又是一个充满悲欢离合、颠沛流离的历史传奇。

许昌离京城太近，苏轼兄弟同在许昌，朝廷中的政敌定会深感不安。苏轼不想置身祸患，让历史再次重演，更不想再次经历曾经的痛楚，立刻取消了前往许昌的计划。

苏轼最终决定居住在常州，于是写信给弟弟，告知缘由，对兄弟不得相聚，表达了深深的遗憾。即使朝廷某日有重启的诏命，他也一定力辞不就，只想带着儿子们闭户治田，怡情养性。苏轼在信中告诉苏辙："君子作事，应省力避害。"

几次三番地遭到攻击和诽谤，苏轼终于学会了"君子不立危墙之下"，学会了保护自己，躲避祸害。事实证明，苏轼的担忧并非多余，没过多久，董敦逸再次成为御史，又想弹劾苏轼和苏辙，幸好被常安民制止，董敦逸耿耿于怀，后来，指控常安民"主元祐党"，常安民因此被贬。

苏轼取消了定居许昌的计划，然而，苍天不佑，躲过了政治上的狂风暴雨，却没躲过来势汹汹的疾病。

五月下旬，苏轼一家抵达仪真。之前，苏轼曾在仪真购置了几间市屋，用来收租以维持生计，现在由于急需用钱，决定把房子出售，因此，在仪真停留下来，泊船在东海亭下。

此时的江南已经非常炎热。苏轼一家人栖身竹篷船中，白天骄阳似火，酷暑难耐，夜晚蒸气滞留，船舱里潮湿闷热，难以成眠，几日下来，一家大大小小，多数因中暑而病倒。

为了避暑，白天，苏轼经常到仪真的东园去乘凉。东园是公家所建，占地约百亩左右，林木繁茂，流水清澈。亭台楼阁，池馆水榭，掩映在青松翠柏之间，景色优美，是当地的一大胜景。

此时，米芾也在仪真，在当地办了一个西山书院。得知苏轼路过这里，立刻赶到东园求见。

六月初一，苏轼与米芾在东园重逢。他乡遇故知，苏轼大喜过望。两人在东园愉快地畅谈一整日。第二天，苏轼随米芾来到西山，游览了他的西山书院。自此，两人来往数日，十分欢畅。

米芾有两幅珍藏多年的字帖，《太宗草圣帖》和《谢安帖》，请求苏轼为之作序，苏轼愉快地答应下来。只是，此次相逢，苏轼对于当下时政绝口不提，只谈文字书画和海外奇事。

苏轼在船中居住，船中闷热，让他难以入眠，因此每晚都是通宵露坐。六十五岁的老人，在遍布瘴毒的岭外生活长达七年，肺腑受瘴疠之气侵袭，身体早已衰弱。从元符三年六月离开昌化，至今整整一年又几乎都在路上，一路舟车劳顿，作息不定，早已疲惫不堪，精力衰退。

因为酷热，接连数日不能入眠，精疲力尽，又饮凉过量，六月初三那天，苏轼腹泻不止，整整折腾了一整夜。天亮后，家人为他熬了黄蓍粥，苏轼喝了一碗，腹泻稍有缓解。

可是没过多久，体内瘴毒又开始发作，继续腹泻。由于胸闷胃胀，不能进食，加上整晚未能合眼，苏轼的体力越来越差。如此折腾了两天两夜，终于体力不支，病倒在床。

苏轼躺在船上，船下河水，污浊不堪，加上白天太阳炙烤，空气更加浑浊，令人难以呼吸。苏轼让船家将船泊在离闸门稍远的地方，希望活水快风能带来清凉，洗除病滞。船只划过通济亭，迁到闸外后，虽然风气稍清，但由于不能进食，过了两天，苏轼的病情依然有增无减。

苏轼生病期间，米芾十分牵挂，数次前来探望、送药。只是，苏轼身体虚弱，下笔无力，米芾请苏轼写的那两帖题跋，苏轼不想草率完成，知道米芾十分珍视这两幅帖，就派人先送还米芾，待日后身体康复，再为之题跋。

此时，苏迈和苏迨去宜兴还没回来，只有苏过日夜守在床前，照顾着父亲。苏轼躺在床上，神情萎靡，几日前，还能与米芾谈笑风生，而如今却几乎不能言语，苏过看着父亲形神交瘁，心痛不已，背转身，忍不住偷偷垂泪。

晚上，苏过坐在父亲床前，朗声诵读一篇文字，米芾的《宝月观赋》。不知苏过从何处得来此赋，苏轼听了一半，激动得从床上一跃而起。与米芾相识二十年，只知米芾画技精湛，竟不知他有如此出色的文采，苏轼立刻写信给米芾，称赞他有"迈往凌云之气，清雄绝世之文，超妙入神之字"。

当年欧阳修不遗余力地提携苏轼，如今，苏轼同样毫不吝啬地作书赞誉后辈，这种精神，与当年欧阳修的伯乐情怀如出一辙。自从在黄州，米芾第一次前来拜见，苏轼便独具慧眼，认为米芾极富天赋。如今，苏轼更加笃定，米芾无须借助他人，凭借自己的才华将很快闻名于世。

苏轼豁达乐观，性格豪爽，米芾性格怪异，狂傲不羁，两人都是文学书画的奇才。苏轼与米芾相互欣赏，彼此挂念，所谓知音，便是如此吧。

第二十七章　病故常州

六月十二日，苏轼一家离开仪真，渡江来到润州。这里有一个苏轼已故的亲人，他的堂妹小二娘。

小二娘于绍圣二年病逝，当时苏轼远在惠州，收到讣报梦泪濡茵，悲痛万分。小儿娘的丈夫柳仲远也已去世，柳家世代居于润州，小儿娘和丈夫的墓地就在这里。

自从小二娘离世，苏轼这一辈分的兄弟姊妹只剩下苏轼、苏辙和眉山的苏子安三人。亲族凋零，令人扼腕叹息。苏轼和小二娘从小感情深厚，因此，尽管抱病在身，仍不惧劳累，坚持从病榻上爬起，亲往小二娘的墓前，深情祭奠。

追念小二娘已经让苏轼心神悲沮，而此时，又有一个人刚刚离去，令苏轼哀伤不已。

建中靖国元年（1101）六月十八日，前朝宰相苏颂在润州与世长辞，享年八十二岁。

苏颂，字子容，出身福建望族，宋仁宗庆历二年进士，一生博学多才，天文、地理、医药、经史无所不通。他领导制造了世界上最古老的天文钟"水运仪象台"，并在医药学方面做出了巨大贡献，所著的中医学著作《图经本草》非常完善，为后世提供了很高的科学价值。

熙宁之初和元祐时期，苏轼和苏颂同朝为官，苏颂作为前辈和五学士之首，对苏轼一直颇有关照。在私交上，早在嘉祐年间，苏洵便与苏颂因同姓而结为宗盟。

苏轼视苏颂如族中长辈，得知苏颂逝世的消息，忍不住低声啜泣。由于体力不支，无法起身，只好让儿子苏过代他前往苏家吊唁，同时请僧人在寺庙为苏颂祭奠亡灵。苏轼还试图挣扎着起身，想为苏颂亲自写一份功德疏，然而身体实在虚弱，无法完成。

宋徽宗改年号"建中靖国"，旧党人士纷纷被启用。自从苏轼从海南北归，朝廷内外一直传闻，苏轼将入朝为相。

苏轼德高望重，不只朝廷官员有这种猜测，地方百姓也对苏轼抱以期待。此次，苏轼来到江南，从地方知州到城中百姓，都听说了苏轼即将为相的消息，这让苏轼备受瞩目。这个谣言却越传越远，传到了章援的耳朵里，这让他坐立不安。

章援，章惇的儿子，哲宗元祐三年进士。那一年，苏轼作为朝廷名望大臣，奉命主掌贡举考试。章援，是苏轼所录取的门生。按照北宋礼俗，门生与主考官从此便建立了师生关系，如同当年的欧阳修和苏轼。

对于欧阳修，苏轼永记师恩，终生不忘。而章援却并非如此，不只是章援，章惇有四子，其中章援、章持，都是元祐时期，苏轼所录取的门生。由于父亲章惇与苏轼的政治主张不同，加上私人关系恶化，章援、章持与师门已断绝往来多年。

宋徽宗继位之前，章惇因为一句"端王轻佻，不可君临天下"，注定了他的命运。徽宗即位后，朝廷反对章惇的人越来越多，章惇渐渐失势，1101年三月，章惇被贬到雷州任司户参军。

章惇到了雷州，首先面临的头等大事是需要找一个地方落脚，但去了几户人家，都无法租到房屋。当年，苏轼与苏辙一起抵达雷州，苏辙在雷州太守的帮助下，成功租借了民屋，然而，后来官吏破门而入，当地百姓知道是章惇指使。如今，章惇在雷州想租借房屋，没有一户人家愿意租售。苏轼和章惇在民众心中的声望，显然是有天壤之别。

章援因安顿家眷，当时并没有随父亲前往雷州。如今，章援从浙东来到润州，听到苏轼从海南北归，正好也经过润州，内心百感交集，忐忑不安。

父亲章援对待苏轼的种种行为，章援心知肚明，对于苏轼的名望，章援更是完全清楚。眼下，徽宗继位，父亲被贬，似乎旧法派又有执掌朝政的趋势。司马光已经去世，旧法派大臣中，只有苏轼的威望最高，章援认为朝廷定会顺应民心，因此，对苏轼即将拜相一说深信不疑，这让他日夜担忧，怕苏轼拜相后，对父亲有意报复。

章援想拜见苏轼，为父亲求情，又因多年荒废门生之礼，心有愧疚。犹豫再三，最后给苏轼写了一封长达七八百字的书信。

苏轼读完章援的信，一声长叹。多年来，章援对师门刻意冷落，苏轼不但没生气，对其父章惇曾经的心狠手辣也毫不计较。如今，章惇被贬失意，章家遭遇不幸，苏轼并没有快意恩仇，反而对章家父子充满了同情，甚至还对儿子苏过大赞章援的文字，称其如"司马子长之流"。

苏轼从病榻上爬起，亲笔回信给章援，安慰他不要过于担心，雷州风土不算太坏，各种生活所需船舶都有运输，只需多备一些药物，除了自用，还可送给乡亲邻里。听说章惇自养内外丹，苏轼还特意叮嘱，切不可服用外丹，并表示愿把自己在海南写的养生心得《续养生论》，给章惇借鉴。

过去的事情，多说无益。至于曾经的种种恩怨，苏轼只是轻描淡写地一句，"但已往者更说何益，惟论其未然者而已"。苏轼与章惇相识四十年，这期间的政见分歧、恩恩怨怨，苏轼一笔带过，洒脱放下。心胸之开阔，气度之恢宏，令人惊赞！

虽然这么多年，党争纷沓，两人曾经疏离，但苏轼一直认同他与章惇的友情。遗憾的是，他们一生再没有机会重逢。

苏轼离世五年后，章惇病逝。崇宁三年（1104年），苏轼和章惇的名字都被权相蔡京刻进了元祐党籍碑。二人一生政治立场相反，却在死后殊途同归，都成了"元祐奸党"，历史就是这般诡秘莫测。

六月十五日，苏轼乘船沿着运河奔赴常州。这一天，苏轼忽觉体力稍有恢复，就坐了起来。当地的百姓听说苏轼路过此地，争先恐后来到运河两岸，希望一睹大名鼎鼎的东坡风采。那种热闹的场面，有如当年司马光回京，万人空巷，百姓欢庆的盛况。

苏轼头戴一顶小帽，身上披着一件背心，坐在船舱中，欣赏两岸的风景，看见河两岸密密麻麻的人群，玩笑地说："这些人是来看杀苏轼的吗？"

苏轼的朋友钱世雄，早早地在奔牛埭等候苏轼的到来。船靠岸后，钱世雄登船拜见，但此时苏轼的病情已经加剧，他缓缓坐起，开始对钱世雄交托身后事。苏轼将自己最珍视的三部书稿《易》《书》《论语》托付给钱世雄，并嘱咐他暂时不要拿出示人："待三十年后，会有知者。"

钱世雄含泪劝慰苏轼，不必急着交代这些，他一定能好起来，三十年后，会亲自处理这些书稿。苏轼却无奈地摇摇头，他对自己的身体状况非常清楚，深知已病入膏肓，大限将至。对于死亡，苏轼并不恐惧，唯一的遗憾是，自从贬谪到海南，没能再见到苏辙一面。如果从此与兄弟永诀，他将感到无比痛心和遗憾。

无论从身体状况还是内心愿望来看，苏轼都明白自己已无法再担任官职。因此，他向朝廷上奏请求致仕。抵达常州后，苏轼便搬进了钱世雄为他租借的孙宅。钱世雄几乎每天都来看望苏轼，陪他聊天，谈论往事。有时，苏轼会拿出在岭外时期所写的诗文给钱世雄欣赏，两人谈笑风生，谈到兴奋处，苏轼会开心一笑，他的开怀笑容令钱世雄甚感欣慰。钱世雄忽觉苏轼喜悦时，"眉宇之间，秀爽之气，照映坐人"。

很快，酷暑炎炎的七月来临。常州久旱，尽管已经退休在家，还抱病在身，但苏轼仍然像曾经在地方任职时一样，亲自上香祈雨，为民祈福。不过，这一次他无法亲自前往寺庙，只能在家中对着一幅黄筌画的龙，默默祈祷。

七月十二日，苏轼突然感到精神焕发，身心舒畅，心生写作之欲，便让家人备好笔墨，起床书写了自己在惠州所作的《江月五首》。第二天，他又写了一篇《跋桂酒颂》，并将两部作品一并赠送给了钱世雄。

接连几天，苏轼的病情似乎有所好转，精神也逐渐振奋，家人无不欣喜。然而，七月十四日的夜晚，苏轼的病情突然恶化，一夜高烧不退，伴随牙床出血直到天亮方止，苏轼折腾一宿，未能合眼，身体感到疲惫至极。

一年多来，苏轼一直在路途中奔波，身体已经十分疲惫虚弱。在经历了暑热、腹泻和瘴毒的折磨后，他的体力已经严重透支。此时，又突发牙床出血，逆气上涌，难以平卧，只得依靠一块懒板，一种有靠背的坐具，垫在身后，稍感舒适些许。

苏轼对医药颇有研究，他仔细分析自身病情和症状，自我诊断为热毒发作，且病根深入，因此决定采用清凉之药。他停止了其他药物的使用，只是让人煎煮人参、茯苓和麦门冬这三味药材成浓汁，代替茶饮。当口渴时，就少量饮用此药茶。

看着苏轼的病情越来越重，钱世雄非常着急，四处寻医问药，最后弄来一副"神药"给苏轼。苏轼认为神药理贯幽明，未可轻议，没有服用。

知道自己将不久于人世，苏轼把三个儿子叫到床前，对他们说，他一生没有作恶，相信自己死后也不会坠入地狱。他请求他们在他去世时不要哭泣，让他能够平静坦然地离去。三个儿子强忍着泪水，默默点头答应。

七月二十三日，苏轼睡醒后，看到径山寺长老维琳的名帖，维琳长老和苏轼年纪相仿，他在酷热的天气里专程出山前来探望苏轼，这让苏轼既惊叹又感动。他立即写信邀请维琳长老在晚间凉爽的时候过来一叙。

十年前，苏轼任杭州知州时，常与僧道交往。那时，苏轼特意聘请维琳担任径山寺的主持。后来，苏轼被贬，没有机会再与维琳见面，但维琳对苏轼的情谊从未减淡。苏轼贬谪海南，维琳和其他僧友得知后，每天为他祷告祈福。

七月二十五日，苏轼病情危急，但神志却异常清醒。他深知自己已接近生命终点，因此特意写信向维琳告别。此时，苏轼内心平静坦然，面对死亡，没有丝毫的畏惧。在万里之外的海南，他能奇迹般地重返故土，而退隐田间，准备安度晚年时，却突然一病不起，苏轼觉得这就是天命。对于苏轼来说，生死都是命中注定，没有什么值得抱怨。怎么死不重要，重要的是，活着时，应该怎样地活着。曾经竭尽所能，善待自己的生命，因此对过去毫无悔恨。

第二天，维琳对苏轼说了四句偈语，苏轼气息微弱，却依然神志清醒，他口诵一句偈语，答复维琳："与君皆丙子，各已三万日。一日一千偈，电往那能诘？大患缘有身，无身则无疾。平生笑罗什，神咒真浪出。"

苏轼相信，疾病是因为有身体存在，一旦身体消亡，疾病也就不存在了。因此，对于生病或死亡，他心存平和，认为这是自然规律，不足为惧。感到可笑的是，即便是高僧鸠摩罗什，也未能洞悉生死的真谛。

苏轼的答偈，维琳却没全懂，他不知"神咒"何意，苏轼只好让人拿来纸笔，写道："昔鸠摩罗什病急，出西域神咒三番，令弟子诵以免难，不及事而终，后二日属纩。"

高僧鸠摩罗什病危之际，不想死去，让弟子给他念诵神咒，希望能挽救生命，但最终还是无法逃脱死亡的命运。

苏轼一生豪放不羁，临终前也洒脱依旧。他不信神药，更不相信神咒。这简短的一句话，展示了他面对死亡的平静和坦然，成了苏轼一生的绝笔。

建中靖国元年（1101）七月二十八日这一天，苏轼的生命走到了尽头。弥留之际，气若游丝，却依然神志不乱。

临终前，苏轼的听力近乎丧失，维琳在苏轼耳边大声叮嘱："端明勿忘西方。"

"西方不是没有，但个里着力不得。"苏轼声音微弱。

钱世雄在一旁着急地喊道："至此更需着力。"

苏轼再答："着力即差。"

苏轼一生喜好佛学，临终前，真正做到了佛家"放下"的境界，不强求往生西方极乐世界，他深知太用力和太刻意，都会适得其反，求而不得，不如任其自然，随缘造化。

儿子苏迈含泪上前，凑近父亲耳边，问及后事，苏轼再无一言。

北宋建中靖国元年（1101）七月二十八日（公历八月二十四日），一代文豪，千古东坡，走完了他跌宕起伏、颠沛流离的人生之路，在常州城内顾塘桥畔孙氏馆，与世长辞，享年六十六岁。

苏轼走了，如他光风霁月的一生，坦然地离去，视死若归，无牵无挂。

他在清寂中安静地离开，貌似寥落的退场，却注定了绮丽的延续。

苏轼犹如朗月清风，犹如人间的一道明光，轻拂和温暖着人世的心灵。

> 人生到处知何似，应似飞鸿踏雪泥。
> 泥上偶然留指爪，鸿飞那复计东西。

东坡已经离世九百多年，他这只飞鸿并没有消失在历史的尘埃，而是依然翱翔在岁月的时空。

东坡的文字，千古流芳；东坡的人格，魅力四射。直到今天，依然散发着迷人而又璀璨的光芒。

身后之事：

苏轼的老家眉山路途遥远，巫山巴水，出蜀入蜀都十分艰难。因此，无法归葬于苏家祖坟。遵循苏轼与苏辙之前的约定和苏轼生前的遗愿，苏辙将哥哥续妻王闰之的灵柩从京师道院迁至汝州，崇宁元年（1102）六月，与苏轼合葬于汝州郏城县峨眉山。

苏轼曾言，"死则同穴"。对于陪伴他大半生的继妻王闰之，苏轼如约兑现了他的诺言。

当苏轼初次病重时，曾交代苏辙，他离世后，将他葬在嵩山下，并让苏辙为他撰写墓志铭。苏辙收到信时，悲痛大哭。他如何忍心，又如何能承受为兄长撰写墓志铭的痛苦？

如今，兄长已经先他而去，苏辙悲不能言，却不得不忍痛为兄长撰写墓志铭："见义勇于敢为，而不顾其害。用此数困于世，然终不以为恨。"在《东坡先生墓志铭》中，苏辙的这句话，精准地概括了苏轼的一生，充满了浩然正气和豁达之心。

虽然不能叶落归根，值得安慰的是，苏轼的墓地所在也叫峨眉山，与家乡的名山峨眉同名，也许，这也是冥冥中的天意。

自从苏轼离世，苏辙变得形单影只，意志消沉，十分孤独。在情感上，苏辙爱憎分明，快意恩仇；在官场上，隐忍理性，沉稳内敛，进退有据。然而，当哥哥故去后，苏辙万念俱灰，从此对政事不闻不问，意兴阑珊；对仕途心灰意冷，无欲无求。

宋徽宗建中靖国元年辛巳（1101）十月，苏辙在颍昌整理旧书，偶然发现了兄长的一篇遗稿。这是绍圣五年二月，苏轼在海南写的《和陶渊明归去来兮辞》。苏轼寄给苏辙，希望弟弟和作一篇。当时，正逢苏辙从雷州被贬至循州，仓促迁徙，疲于奔命，没来得及和写。如今，再次看到这篇文字，兄长已逝，苏辙悲不能言，含泪和作了一篇。

苏辙与哥哥，一生相重相惜。无论苏轼在仕途上得意失意，苏辙始终与兄长同进退，共荣辱。

苏辙稳重寡言，处事低调。与哥哥相比，苏辙的后半生较为顺遂，尽管同样地遭受贬谪，却懂得韬光养晦，静待时运。虽然苏辙在文学上的名气不如苏轼，但在仕途上却远胜兄长，不仅官位比哥哥高，做到副宰相，还多次帮助因不断写诗而麻烦不断的哥哥。

俗话说，长兄如父。苏氏兄弟却正相反，弟弟大部分时光都在帮助那个心直口快、万事不顾、孩子般永远惹祸的哥哥摆脱困境。苏轼三番五次被政党攻击，每次哥哥有难，苏辙总是挺身而出，极力为哥哥辩护。苏轼身陷牢狱时，苏辙更是不顾一切挽救兄长生命。

苏轼喜好扶危救困，多年辗转迁移，经常散尽钱财。被贬岭南时，穷困潦倒，难以为继，苏辙立刻拿出七千缗接济兄长，帮助他安顿家眷，解决了苏轼的后顾之忧。苏轼去世后，苏辙对子侄一如既往，为了救济苏轼的三个儿子，苏辙不惜卖掉家业，筹得九千缗，全部资助给侄儿。无论在苏轼生前还是身后，苏辙对哥哥，可谓情深似海。

有这样一位情深义重的弟弟，是苏轼一生最大的幸运和福气。作为兄长，苏轼对苏辙的感情也绝非寻常。尽管苏轼十分喜好美食，但为了能和弟弟离得近些，他甘愿放弃美味珍馐，从杭州任职期满后，自请任职山东，宁可曾受密州桑麻之地的穷困。

苏轼与苏辙从小一起长大，少年时，朝夕相伴，形影不离；成年后，相互勉励，相互扶持。在暮年，彼此牵挂，守望相助。

历史上，同室操戈之事太多了，即使在普通人家，兄弟阋墙也屡屡发生。而苏轼和苏辙始终兄弟情深，即使两人入仕分开后，也一直保持书信往来，彼此关爱，相互惦念，这样的感情，既是兄弟，更是知己。

人世间，千金易得，知己难求。兄弟成为知己者，更是凤毛麟角。苏轼兄弟，千古长情，流芳千古！

苏轼离世后，北宋朝廷由蔡京掌权，党祸复起，朝廷削苏辙五官，降授朝议大夫。苏辙在颍州终日整理旧书、读书著述、静坐修禅，绝口不谈时事，谢绝一切宾客往来。直到大观二年（1108 年），朝廷恢复苏辙朝议大夫官职，迁任中大夫。

政和二年（1112 年）十月初三，苏辙在颍昌离世，享年七十四岁。

苏辙去世后，安葬于郏县小峨眉山苏轼墓旁。在苏轼去世十一年后，这对历史上最亲密无间的兄弟，历经青山白浪、万重千叠，终于永久地相聚在一起。

峨眉山上，汝水河畔，昼夜相伴，终圆当年林下意，对床夜雨听萧瑟。一年四季，草如茵，花如雪。

"清颍东流，愁目断、孤帆明灭。宦游处、青山白浪、万重千叠。孤负当年林下意，对床夜雨听萧瑟。恨此生、长向别离中，添华发。一尊酒，黄河侧。无限事，从头说。相看恍如昨，许多年月。衣上旧痕余苦泪，眉间喜气添黄色。便与君、池上觅残春，花如雪。"

2024 年 3 月 31 日夜完稿于纽约曼哈顿

附录　年谱

宋仁宗时期（1022—1063）

景祐三年（1036）：十二月十九日，苏东坡出生于四川眉山。

宝元二年（1039）：二月二十日，苏辙出生。

庆历二年（1042）：苏轼七岁，开始读书。

庆历三年（1043）：苏轼八岁，就学于天庆观北极院，以道士张易简为师。

庆历四年（1044）：苏轼九岁，苏辙六岁。苏辙亦入天庆观读书。

庆历五年（1045）：苏轼十岁，苏辙七岁。苏洵游学在外，母亲程夫人教苏轼兄弟读书。苏洵次女卒。

庆历八年（1048）：苏轼十三岁，苏辙十岁。苏轼兄弟在城西寿昌院读书，师从刘巨。

皇祐四年（1052）：苏轼十七岁，苏轼姐姐八娘因受婆家虐待抑郁至死，苏程两家绝交。

至和元年（1054）：苏轼十九岁，娶青神县乡贡进士王方之女王弗为妻，王弗年十六。

至和二年（1055）：苏辙十七岁，娶妻史氏。

嘉祐元年（1056）：苏轼二十一岁，苏辙十八岁。三苏五月抵京师开封。苏轼、苏辙八月举进士于京师，兄弟二人皆入选。

嘉祐二年（1057）：苏轼二十二岁，苏辙十九岁。苏轼兄弟同科进士及第。4月母亲程氏卒，三苏父子奔丧返蜀。

嘉祐四年（1059）：苏轼二十四岁，长子苏迈出生。七月丁忧结束，十月举家沿水路行船赴京。三苏父子沿途赏景作诗，诗文整理为《南行前集》，苏轼作《南行前集叙》。

嘉祐五年（1060）：苏轼二十五岁。二月，苏轼一家抵达京师。

苏轼授河南福昌县主簿，苏辙授河南渑池县主簿。因举制策，均未赴任，移居怀远驿备考。

嘉祐六年（1061）：苏轼二十六岁。8 月仁宗御崇政殿试所举贤良方正直言极谏科策问。苏轼入第三等，苏辙入第四等。

制科入第后，苏轼除大理评事、凤翔签判。11 月苏轼赴凤翔签判任。

嘉祐七年（1062）：苏轼二十七岁。苏洵在京修纂礼书，苏轼签判凤翔，苏辙在京侍父。

嘉祐八年（1063）：苏轼二十八岁。3 月仁宗去世，英宗继位。

宋英宗时期：（1063—1067）

治平元年（1064）：苏轼二十九岁。12 月罢凤翔任。

治平二年（1065）：苏轼三十岁。正月苏轼还京，差判登闻鼓院，二月入直史馆。五月，妻王弗卒，年二十七。

治平三年（1066）：苏轼三十一岁。四月，父亲苏洵卒于京师，年五十八。六月，苏轼兄弟护丧出都返蜀。

治平四年（1067）：苏轼三十二岁。正月英宗崩，神宗继位。苏轼兄弟在四川丁忧。

宋神宗时期（1067—1085）

熙宁元年（1068）：苏轼三十三岁。苏轼兄弟居父丧期满，十月苏轼续娶王弗堂妹王闰之为妻，十二月挈家还京。

熙宁二年（1069）：苏轼三十四岁。二月还朝，在京任殿中丞直史馆判官告院。

熙宁三年（1070）：苏轼三十五岁。在京任殿中丞直史馆判官告院，权开封府推官。苏迨出生。

熙宁四年（1071）：苏轼三十六岁。苏辙任陈州学官。苏轼以太常博士、直史馆通判杭州，7 月出都赴陈，谒张方平，看望苏辙，留七十余日。

　　熙宁五年（1072）：苏轼三十七岁，通判杭州。有《汤村开运盐河雨中督役》《吴中田妇叹》等讥刺新政之诗。

　　熙宁六年（1073）：苏轼三十八岁，通判杭州，协助知州陈述古修复钱塘六井成，作《钱塘六井记》。冬，赴常、润等地赈饥。苏辙改任齐州掌书记。

　　熙宁七年（1074）：苏轼三十九岁，朝云入苏家。4月王安石罢相，出知江宁。

　　5月被命知密州，9月离杭，11月到任，上《论河北京东盗贼状》。

　　熙宁八年（1075）：苏轼四十岁。2月，王安石复相。

　　苏轼知密州，作《江城子·记梦》，《江城子·密州出猎》。苏轼在密州建超然台。

　　熙宁九年（1076）：苏轼四十一岁。10月王安石再次罢相，从此闲居金陵。

　　苏轼建盖公堂并作《盖公堂记》。又作《水调歌头·丙辰中秋》，思念苏辙。12月移知河中府，离密州。

　　熙宁十年（1077）：苏轼四十二岁。苏辙改官著作佐郎，张方平辟为南京签书判官。2月苏辙自京往迎苏轼。抵陈桥驿，告下，苏轼改知徐州，不得入国门，遂居郊外范镇东园。为长子苏迈娶妻。4月苏辙送苏轼赴徐州。

　　黄河决口，8月21日水及徐州城下，苏轼率军民防洪，徐州得以保全。

　　元丰元年（1078）：苏轼四十三岁。为防水之再至，苏轼组织徐州军民修筑外城，并建黄楼。

　　元丰二年（1079）：苏轼四十四岁。3月苏轼改知湖州，4月到任。7月以谤讪新政的罪名被捕入京，12月责授黄州团练副使。苏辙坐贬监筠州盐酒税。

　　元丰三年（1080）：苏轼四十五岁。2月1日苏轼到达黄州贬所，初居定惠院，后徙城南临皋亭。

　　元丰四年（1081）：苏轼四十六岁。苏轼贬官黄州，躬耕东坡，并自号东坡居士。

元丰五年（1082）：苏轼四十七岁。筑雪堂。3月游沙湖，作《定风波》（"莫听穿林打叶声"）。7月和10月两次游赤壁，作前后《赤壁赋》和《念奴娇·赤壁怀古》。

元丰六年（1083）：苏轼四十八岁。朝云生子苏遁，苏轼作《洗儿》诗。

元丰七年（1084）：苏轼四十九岁。4月量移汝州。苏轼赴汝途中，绕道筠州访苏辙；过金陵，访王安石，相与唱和。7月，幼子苏遁夭折于金陵。年终抵泗州，上表求常州居住。

苏辙贬官筠州。9月以苏辙为绩溪令，12月离筠州赴绩溪任。

元丰八年（1085）：苏轼五十岁。3月神宗病逝，哲宗继位，高太后听政。以司马光为门下侍郎。

苏轼赴汝途中，于2月抵南都，谒张方平。告下，允轼常州居住，5月至常州。

6月告下，起知登州。10月到登州任，到官五日被召还朝任礼部郎中。

宋哲宗时期（1085—1100）

元祐元年（1086）：苏轼五十一岁。4月王安石去世，9月司马光去世。

苏轼还朝半月升起居舍人，三个月后升中书舍人，不久又任翰林学士、知制诰。

苏辙2月至京，改除右司谏，9月除起居郎，11月任中书舍人。

元祐二年（1087）：苏轼五十二岁。因政见不同，逐渐形成以程颐为首的洛党，以苏轼为首的蜀党，以刘挚为首的朔党，党争日演日烈。11月，苏辙除户部侍郎。

元祐三年（1088）：苏轼五十三岁。3月苏轼权知礼部贡举。

元祐四年（1089）：苏轼五十四岁。3月以龙图阁学士出知杭州。7月到达杭州任。苏辙任户部侍郎，6月改翰林学士、知制诰以代苏轼，寻又权吏部尚书。10月奉命出使契丹。

元祐五年（1090）：苏轼五十五岁。知杭州。疏浚西湖，整治钱塘六井。

苏辙任翰林学士。自契丹还朝，5月以苏辙为龙图阁学士、御史中丞。

元祐六年（1091）：苏轼五十六岁。3月被召入京任翰林学士、知制诰，兼侍读。6月到京。8月以龙图阁学士出知颍州。

2月苏辙由御史中丞迁尚书右丞，为六执政之一，位同副相。

元祐七年（1092）：苏轼五十七岁。2月苏轼自颍州改知扬州，3月到任。8月以兵部尚书召还，9月到京，诏兼侍读。12月迁端明殿学士兼翰林侍读学士，守礼部尚书。

苏辙任尚书右丞。4月哲宗立后，以苏辙摄太尉，充告期使。6月以苏辙为太中大夫，守门下侍郎。

元祐八年（1093）：苏轼五十八岁。苏轼任端明殿、翰林侍读两学士，守礼部尚书。8月苏轼继室王闰之卒于京师。

9月高太后崩，哲宗亲政。9月苏轼出知定州。

绍圣元年（1094）：苏轼五十九岁。知定州，4月以讥斥先朝的罪名贬知英州，未至贬所，再贬宁远军节度副使，惠州安置。10月2日到达惠州。长子苏迈、次子苏迨归宜兴，幼子苏过、侍妾朝云随行。

苏辙出知汝州。6月苏辙再贬袁州，7月再贬筠州。

绍圣二年（1095）：苏轼六十岁。贬居惠州，苏辙贬居筠州。

绍圣三年（1096）：苏轼六十一岁。在白鹤观买地筑屋，做长住打算。7月爱妾朝云卒。

绍圣四年（1097）：苏轼六十二岁。4月责授琼州别驾，移昌化军安置，苏辙远谪雷州。5月兄弟两人相遇于滕州，同行至雷州。6月苏轼渡海，兄弟二人别于海滨，遂成永别。

元符元年（1098）：苏轼六十三岁。贬居儋州。七月苏辙被迁往循州安置。

元符二年（1099）：苏轼六十四岁。苏轼贬居儋州。苏辙贬居循州。

宋徽宗时期（1100—1126）

元符三年（1100）：苏轼六十五岁。正月哲宗去世，徽宗继位，大赦天下。

五月，苏轼量移廉州。六月渡海，七月至廉州贬所。九月改舒州团练副使，永州安置。行至英州，复朝奉郎、提举成都玉局观，外州军任便居住。年底度岭。

苏辙二月量移永州。四月移岳州。十一月被命提举凤翔上清宫，外州军任便居住，遂居颍昌。

建中靖国元年（1101）：苏轼六十六岁。苏轼度岭北归。正月抵虔州。五月至真州，瘴毒大作，暴病，止于常州。六月上表请老，以本官致仕。七月二十八日，苏轼在常州离世。

崇宁元年（1102）：六月，苏轼与王闰之合葬于汝州郏城县峨眉山。

政和二年（1112）：十月三日，苏辙在颍昌离世，享年七十四岁。苏辙死后，葬于郏县小峨眉山苏轼墓旁。